国家社会科学基金及其学术成果统计报告：1991—2015

王东波　白　云　朱丹浩　姜　霖　著

国家圖書館出版社

National Library of China Publishing House

图书在版编目(CIP)数据

国家社会科学基金及其学术成果统计报告:1991~2015/王东波等著. --北京:
国家图书馆出版社,2015.12
ISBN 978 - 7 - 5013 - 5362 - 0

Ⅰ.①国…　Ⅱ.①王…　Ⅲ.①社会科学—研究成果—
研究报告—中国—1991~2015　Ⅳ.①C12

中国版本图书馆 CIP 数据核字(2015)第 311393 号

书　　名　国家社会科学基金及其学术成果统计报告:1991—2015
著　　者　王东波　白　云　朱丹浩　姜　霖　著
责任编辑　王　雷　王炳乾

出　　版　国家图书馆出版社(100034　北京市西城区文津街 7 号)
　　　　　　(原书目文献出版社　北京图书馆出版社)
发　　行　010 - 66114536　66126153　66151313　66175620
　　　　　　66121706(传真),66126156(门市部)
E-mail　　nlcpress@ nlc. cn(邮购)
Website　　www. nlcpress. com ──→投稿中心
经　　销　新华书店
印　　装　北京科信印刷有限公司
版　　次　2015 年 12 月第 1 版　2015 年 12 月第 1 次印刷

开　　本　787 毫米 ×1092 毫米　1/16
印　　张　23. 75
字　　数　500 千字

书　　号　ISBN 978 - 7 - 5013 - 5362 - 0
定　　价　100. 00元

本书出版获得以下研究项目的资助：

国家自然科学基金青年项目(71303120)：基于 CSSCI 的句法级汉英平行语料库构建及知识挖掘研究

江苏省社科基金青年项目(13XWC017)：大数据环境下汉英短语级平行语料标注及知识挖掘研究

2011 湖北省协同创新中心项目(JD20150101)：面向应急推演平台的海量突发事件知识库与模型库构建研究

前　言

自1991年国家社会科学基金(简称国家社科基金)设立以来,无论是在立项的数量上还是所产生的成果上均达到了一定的规模。如何对国家社科基金及其成果从历时的角度进行定量统计与分析,以便于更好地发挥国家社科基金在"推进我国学术理论创新、为协调推进'四个全面'战略布局、促进经济社会持续健康发展提供有力理论支撑"历史进程中的重要作用,逐步被提上了议事日程,正如中央政治局委员、中央宣传部部长刘奇葆在2014年国家社科基金项目评审工作会议上所强调的,"要加强国家社科基金管理工作,创新选题规划、立项资助、成果评估和推广应用机制",其中"成果评估"作为重要的一方面便位列其中。

在上述这一大的背景下,结合信息计量学的方法,基于国家社科基金项目数据库中的项目基本信息和中国知识基础设施工程(CNKI)中国家社科基金资助的学术论文,本专著主要从国家社科基金的基本信息、国家社科基金标题内容分析、国家社科基金的结题情况、国家社科基金的学术研究成果四个方面对马列·科社,党史·党建,哲学,理论经济,应用经济,政治学,社会学,法学,国际问题研究,中国历史,世界历史,考古学,民族学,宗教学,中国文学,外国文学,语言学,新闻学与传播学,人口学,统计学,图书馆、情报与文献学和体育学22个人文社会科学的国家社科基金及其研究成果进行了统计和分析,从整体上勾勒出了1991—2015年间的国家社科基金发展概貌。有关国家社科基金统计和分析的四个方面具体如下:

首先,国家社科基金基本信息方面。在获取到的国家社科基金基本信息的基础上,本专著主要从社科项目年度分布、项目类型分布、项目负责人和项目承担单位等几个方面进行统计和分析。针对项目负责人的相关信息,在统计的过程中又对项目负责人出现的频次、项目负责人的职称情况进行了细化的统计和分析。

其次,国家社科基金标题内容方面。基于内容分析的方法,结合自动分词的技术,本专著以汉字和词汇为基本单位,统计了22个学科国家社科基金项目标题的长度,并对标题的长度分布情况进行了分析。在对标题自动分词的基础上,本专著统计了标题中常用的汉语词汇,并依据词汇出现的频次,分析了不同学科项目标题中常用的词汇情况。

再次,国家社科基金的结题情况。根据国家社科基金数据库中的结项信息,本专著主要从国家社科基金的结项时间跨度、结项专著的出版机构统计和结项评定结果三个方面进行了统计和分析。在时间跨度的长度选择上,本专著对于超过八年以上结题的国家社科项目没有进行统计和分析。

最后,国家社科基金的学术研究成果方面。根据从CNKI获取到的由国家社科基金项目资助的学术论文,本专著主要从项目类型的学术论文产出数量分布、项目学术论文的类型分布、项目论文发表的期刊分布、项目论文的作者数量分布、项目论文的高频作者分布、项目论文的机构分布、项目论文的高频机构分布、项目的高被引论文和学术研究热点等几个方面进行了细致而全面的统计和分析。在统计论文机构的过程中,论文机构被设定为二级单位机构,比如,在统计高校这一类的机构时,二级单位设定到院或系。

　　在上述国家社科基金统计和分析的整体框架基础上,基于统计的方法、内容分析的方法和比较的方法,本专著虽然从历时的视角上对国家社科基金及其学术研究成果进行了多角度、多层面的呈现,但由于国家社科基金项目的数据和学术成果的论文数据均来自互联网,并且在确定统计和分析的具体内容方面均是从我们自己的研究兴趣点着手的,所以势必会造成统计和分析的不全、不当和不妥之处,敬请各学科的研究者、项目的管理者和对该研究感兴趣的读者谅解、批评和指正,我们定将逐一改正并万分感激。

王东波

2015 年 12 月

目　录

1 引言

自 1991 年全国哲学社会科学规划办公室成立以来,围绕着人文社会科学的马克思主义·科学社会主义,党史·党建,哲学,理论经济,应用经济,政治学,社会学,法学,国际问题研究,中国历史,世界历史,考古学,民族问题研究,宗教学,中国文学,外国文学,语言学,新闻学与传播学,图书馆·情报与文献学,人口学,统计学,体育学,管理学,教育学,艺术学,军事学 26 个学科,通过重大项目、年度项目、特别委托项目、后期资助项目、西部项目、中华学术外译项目 6 类主体项目,中国的人文社会科学研究得到了健康、有序和快速的发展。近年来,随着国家社科基金项目和经费的不断增长,对社科基金项目管理的科学化提出了新的要求和挑战。截至 2015 年 4 月,国家社科基金项目累计立项已达到 47058 项,如何对这一时间跨度已达 25 年的国家级项目从立项基本信息到结项基本信息再到项目的成果进行多层次、全方位和历时的评价,逐步被提上了议事日程。在这一大的背景下,通过获取每一学科的国家社科项目及发表的学术论文,本专著从国家社科项目的年度分布、项目类型分布、项目负责人、负责人职称分布、承担单位、标题的字(词)长度与高频词、项目结项时间跨度、专著出版机构、项目评定结果、项目类型发表论文数量、论文类型及期刊分布、作者数量及高频作者、机构数量及高频机构、研究热点统计和高频论文分析等几个方面对 25 年来的国家社科进行了统计和分析。

1.1 国家社科基金的相关研究

从提高项目管理效率的角度,East(1964)针对基于美国自然科学基金所产生的学术文献的集约化管理问题进行了相应的论述。通过系统整理和归纳信息学科的相关研究情况,Resnikoff(1980)完成了对美国自然科学基金所资助的信息学科项目的统计与分析。基于 1945—1975 这一时间跨度下的美国自然科学基金项目,Harden(2003)回顾了生物学研究的整体情况,并对研究的主要关注点进行了相应的分析。根据美国自然科学基金项目有关陶瓷学科的经费资助情况,Madsen 和 White(2014)对瓷器学科的工程性与教育问题的投资情况进行了系统的论述。以环境生物学的院系为单位,Watts 等(2015)对美国自然科学基金在促进环境生物学的发展中所发挥的作用进行了多方面的分析。从美国国家自然科学基金所资助的项目对美国民众科学素养影响的角度,Roos(2014)对时间跨度为 5 年的美国自然科学基金进行了多角度的分析。基于 2000—2011 年间的社会学、行为学和经济学的美国自然科学基金项目,Nichols(2014)通过主题模型对学科间的跨学科性进行了探究。从科学学和创新研究的角度,Hall(2014)对美国自然科学基金的研究机构及其相关研究进行了系统的分析。基于 360 个生物、工程、数学和物理学科的美国自然科学基金项目的摘要内容,Kamenetzky(2013)对科学基金的影响力标准进行了计量性的研究。Mata 和 Scheiding(2012)对社会科学在 20 世纪 70 年代末和 80 年代初兴起的原因进行了多方面的探究。Gorman(2011)对美国科学基金中所涉及的科学、技术和社会三个方面的关系进行了探究。根据美国科学基金的研究报告,Simpson(2011)针对复杂的工程系统提出了改进的跨学科设计优化方案(MDO)。Jeffrey(2009)从资金投入和研究的需求角度对科学基金进行了分析。从美国科学基金资助的角度,Colón(2008)对美国化学生物学的研究情况进行了历时的统计和分析。基于国家科学基金,Ben 等(2006)对创新力支撑工具这一研究专题进行了系统的分析。

陈媛媛、周鑫(2015)对国家社科基金数据库 1994—2014 年涉及"图书馆、情报与文献学"的项目数据进行了计量分析。通过文献计量学方法,许新军(2007)对十余年来获得国家社科基金资助的"图书馆、情报与文献学"项目的人员,从地域分布、单位分布、核心研究者等方面进行分析研究。以 2006—2011 年国家社科基金民族研究立项材料为样本,利用 SPSS15.0 和 ROSTNAT 软件,方付建(2012)对立项数目、机构、学科、议题、成果形式、研究群体等进行频数和社会网络分析。姚嘉慧等(2015)对 1994—2012 年国家社科基金项目中图书馆、情报与文献学学科分类立项项目的整体情况进行了统计分析。在文献资料法、调查访问法、网络信息法和数理统计法等方法的基础上,金曼、李锋(2015)对 2009—2013 年江苏省体育学社科基金项目进行分析研究。谢征对 1991—2013 年国家社科基金结项的旅游类项目学术专著成果的出版情况进行了统计分析。黄华伟、傅秀兰(2012)以 2001—2010 年社科院系统国家社科基金项目立项情况为研究对象,分析了项目类别、年度分布、单位分布、学科分布,并与前期进行了比较。徐俊、风笑天(2014)以 2004—2013 年国家社科基金社会学年度立项数据为样本,使用 SPSS20.0 软件对近十年来社会学立项类别、机构、地区、单位等维度进行了分布特征分析。石磊等(2014)以 2009—2013 年国家社科基金"新闻学与传播学"立项项目为主要参照,从中归纳整理出了新闻学与传播学研究的学术热点。余春燕(2014)通过对 2009—2013 年国家社会科学基金资助文献学项目的统计分析,揭示了当前我国文献学研究的发展概况和研究热点。何小贞、廉超(2014)以 2003—2013 年我国 31 个省、直辖市、自治区的国家社科基金立项项目为研究对象,采用空间差异及演变特征测度指标,对我国图情类国家社科基金项目立项的空间差异进行分析。采用文献计量法,王海宏、王健(2014)以国家社科基金体育学(2009—2013)项目数据为研究对象,从立项类型、立项数量、立项单位、所属系统和课题指南与研究领域进行了数理统计。秦嘉杭(2013)对近三年(2011—2013 年)国家社会科学基金在图书馆、情报与文献学类立项资助项目的关键词进行了归类与分析。王晴(2013)通过分析 2012 年度国家社科基金中图情档领域的项目名称,并与项目课题指南进行对比,归纳总结出新一年度图书馆学的研究热点和特征分布。张永汀(2013)采用文献计量学方法对 1993—2012 年期间我国政治学科研究领域的国家社科基金项目情况进行了统计,对立项时间、立项数量、立项类型、地区分布、核心研究者、所属单位、立项成果形式等外部信息进行了全面系统的分析。闫洁(2013)选取近十年外国文学课题立项项目作为研究对象,通过项目类型、单位和地区分布等多维度的历时统计分析,同时通过自建 2003—2012 年国家社科基金外国文学立项课题项目名称语料库,从研究国家、文体和类型三方面对其立项情况进行实证的索引统计研究。石磊等(2013)以 2009—2012 年国家社科基金立项项目中"艺术学"和"新闻传播学"为择取范畴,遴选出影视学论题 73 项,对其进行整理与分析。周霞(2013)对 2002—2011 年期间的国家社科项目的整体情况进行了系统的统计与分析。王晓丽等(2015)对"九五"以来甘肃省国家社科基金的立项数量、单位分布、学科结构及核心负责人等进行了多角度的统计与分析。唐雅琳(2015)统计了2011—2013年国家社会科学基金情报学立项课题的总体数量,对立项课题数量、立项类别年度分布、课题地域分布、立项人员机构分布、预期成果类型分布、立项主题等进行了详细的计量分析。基于2000—2012年的国家社会科学基金出版研究立项项目,孙艳、曾润喜(2013)从立项项目数量、项目类别、立项单位、项目负责人的职称、学科分类和立项主题6个方面对出版研究的发展状况进行了回顾和分析。通过对国家社科基金对学术期刊资助情况的统计分析,曾梁羚(2013)揭示了我国未来学术期刊的发展态势。张永汀(2013)用文献计量学的方法对1993—2012年期间我国政治学科研究领域的国家社科基金项目情况进行了统计。陈梅芬(2012)对1999—2011年期间我国语言学研究领域的国家社科基金项目情况进行了统计。杨光、白玉(2013)通过对2008—2012年间国家社会科学基金(以下简称国家社科基金)立项项目的数量、类型、研究成果、地区分布与主题进行统计和分析,从宏观上反映了我国图书情报与文献学研究的轨迹、现状及发展趋势。徐芝兰(2012)以2000—2012年间安徽省国家社会科学立项项目为样本,通过项目的年度、学科、类别、机构、选题等情况的统计,实证考察安徽省学术生产的格局。刘婧(2012)以国家社科基金艺术学项目中戏曲学立项情况为研究对象,从戏曲学在艺术学里总体立项比例、高校与科研单位立项比例、核心主持人、课题地域分布等方面对此国家级课题进行分析研究。李秋杰(2012)对2001—2010年10年间图书情报学领域批准立项的国家社科基金项目的关键词进行了计量分析。黄华伟(2012)以"十一五"期间高校国家社科基金项目立项情况为研究对象,分析项目类别、地区分布、学校分布、学科分布,并与"十五"状况进行比较。黄建伟(2012)应用统计分析法,对近十年相关国家社科基金项目及其成果的具体信息进行了统计分析。姚颉靖、彭辉(2012)运用文献计量学方法对上海市1993—2011年国家社科基金项目的立项状况进行了统计分析。刘雪梅(2012)根据11年来(1999—2009)国家社科基金中新闻学与传播学类立项资助项目的数据,分析了相关项目的表面特征以及走势所显现的含义。黄华伟(2012)以近十年我国33所农林高校获国家社科基金项目立项情况为研究对象,统计分析项目的立项时间、立项类型、立项单位、学科分布、核心主持人等。董明(2010)以1993—2010年期间国家社会科学基金项目党史党建学科的立项数据为研究对象,分析党史党建学科项目总体数量、年度分布、项目类型、项目主持单位系统、项目研究内容及项目预期成果形式。王晓华、董明(2010)以1993—2010年期间国家社会科学基金项目考古学学科的立项数据为研究对象,分析考古学学科项目总体数量年度分布、项目类型、项目主持单位系统、项目研究内容及项目预期成果形式。杜芳娟、朱竑(2010)通过1993—2009年中国国家社会科学基金对"民族文化"资助项目进行了分析。李振(2010)通过对1993—2008年国家社会科学基金政治学类立项项目的统计分析,从立项数目、立项主题、项目成果形式和立项机构分布等方面呈现了中国政治学现阶段的发展状况。周志峰(2009)对图书情报学1994—2008年国家社科基金项目类型、立项时间、立项单位及所属系统、地区、项目负责人等形式特征和主题内容特征进行了统计与分析。伍玉伟(2009)对近十年我国档案学国家社科基金立项项目进行了统计与分析。彭云、王伦安(2009)以近五年四川省获得的国家社科基金项目情况为研究对象,运用统计学方法,分析项目依托单位、学科领域、项目类别、成果形式、年度分布等。王玉琴(2009)通过对国家社科基金项目宗教学科课题的历年资助项目数据统计,并结合课题指南,分析其所立项目的特点。纪蔚蔚(2009)以1998—2007年《中文核心期刊要目总览》"科学、科学研究"类期刊中的国家基金论文为统计数据源,运用文献计量学的原理和方法,对中国科学学国家基金论文生产力发展水平进行计量学研究,在这一研究的基础上,王东波(2015)基于1998—2012年间的科学学的国家社科项目对这一学科下的社科项目及其学术成果进行了更进一步的探究。鄂丽君(2009)从项目年度分布及类型、项目的地域分布、高校分布、承担课题的高校及二级机构、项目负责人、项目内容等方面对高校系统承担国家社科基金该类项目的研究现状进行了分析,并统计了自1994年至2008年10月图情国家社科基金论文的产出情况。陈秋玲(2009)对1993—2008年期间我国外国文学研究领域的国家社科基金项目情况进行了统计。杨荔嫒、朱庆华(2008)以"图书馆、情报与档案管理"一级学科2000年以来的国家社会科学基金和自然科学基金项目为研究对象,从项目数量、项目类型、负责人及其单位、项目主题等方面进行了全面系统的比较分析。凤元杰、范全青(2008)对浙江省1993—2006年国家社科基金立项的项目从学科、地区、行业系统等方面进行综合分析。韩兆洲、安康(2008)利用统计学国家社科基金项目的相关数据,对我国统计学发展导向的问题进行了探讨。蔡尚伟、刘锐(2008)对1993—2007年间新闻学与传播学国家社科基金立项项目进行了综合分析。吕国光(2008)运用文献计量学的方法对湖北省1993—2007年国家社科基金项目立项状况进行了统计分析。张俊瑞、王鹏(2008)通过对1993—2007年15年间国家社科基金应用经济学科资助项目的统计分析与研究,发现了社科基金在资助学科、研究领域、选题上的一些规律。汪静嫒、赵良英(2008)对1993—2007年近15年间国家社科基金资助经济学项目的类型分布、时间分布、隶属系统分布、地区分布、学校分布、主持人分布等进行了统计分析。吕国光(2008)对1993—2007年国家社科基金22个学科获准立项的13000余项课题进行了多角度的统计和分析。邵伟德、王守钧(2003)对1997—2002年国家社会科学基金(体育学)立项项目进行了统计分析,结果表明立项数量和资助力度逐年上升。田雨普和张文静(2006)采用文献资料调研和归纳等研究方法,对1997—2005年国家社会科学基金项目体育学研究课题进行分析。王守炳(2003)通过自制研究工具对党校系统承担项目数量、学科分布、单位分布、研究内容等进行了介绍和分析。冯昆思(2005)介绍和分析了有关民族问题项目的立项数量、类型、成果形式、主持人所属地区以及项目选题内容范围、频度、动态及倾向热点。凤元杰、范全青(2005)发现1993—2004年国家社科基金立项项目的学科与地区分布极不平衡。徐元君(2004)对1997—2003年国家社科基金体育学研究项目申报立项状况进行了统计分析与研究。刘君(2008)对1993—2007年15年间贵州省获准立项的国家社科基金资助项目,从立项年代分布、项目类型分布、项目学科分布、立项机构分布、项目内容特征等方面进行了全面的统计和分析。唐雪琼等(2008)通过对1993—2007年批准立项的国家社科基金有关女性项目进行归类统计。贺显斌(2005)了解过去十多年的国家社科基金立项情况。王红玲、张齐增(2005)对图书馆、情报与文献学学科立项基本情况和立项研究内容进行了简要分析。陈雪梅(2005)对近十年获国家社科基金资助的"图书馆、情报与文献学"研究课题做了穷尽性的分析。金霞等(2015)运用文献资料法、数理统计法和逻辑分析法等研究方法对2010—2014年国家社科基金体育学一般项目的立项区域分布与内容等进行了统计分析。徐俊等(2014)基于178篇国家社会科学基金立项研究综述的文献分析,回顾相关研究对于国家社会科学基金立项的分析论域和研究特点,评价其存在的不足。田时中等(2014)对国家社会科学基金资助的管理学研究项目的立项数量、立项区域、立项单位、预期研究成果等进行了统计分析。李英(2014)以图书情报与档案管理学科2009—2013

年的国家社会科学基金和国家自然科学基金项目立项情况为研究对象,从立项数量、立项类型、立项单位及其所属行业、项目负责人以及项目的主题内容特征等方面进行系统分析比较。崔雁黎(2013)通过对2003—2012年间国家社会科学基金立项项目的数量、类型、主题、立项单位类型、地域和预期成果进行统计和分析,揭示我国图书情报文献学领域研究的现状、热点与发展趋势。张佳慧(2013)以2008—2012年国家社会科学基金低碳研究立项项目为样本,从立项数量时间分布、立项类别、所在地域与机构、所述学科分布、项目预期成果形式和立项主题展开研究,从而回顾我国低碳的发展状况。高毅(2013)以国家社会科学基金法学项目为样本,从项目数量、类别、地域、预期成果、学科分布、研究群体等方面进行统计分析,展现当代中国法学学术生产格局。基于2010—2012年新闻学国家社科基金立项项目的论题选取,庞弘(2013)对新媒体及其效应、全球化背景下的媒介状况、传媒时代的法制与伦理、突发性公共危机的报道和处理、文化产业与传媒发展、受众及其舆论引导等研究热点进行了分析。刘泽梅(2013)对2006—2012年度国家社科基金项目体育类立项项目进行统计,从年份、地域、所在单位、项目类别、学科分类以及预期成果6个方面进行了分析。基于翻译研究的分类视角,采用内容分析法,年晓萍(2014)对近十年国家社科基金翻译立项进行分布特征的统计描述和主题内容的量化分析。通过对1993—2011年国家社会科学基金著作权问题研究立项项目的统计与分析,张文娟(2012)发现该类研究以青年项目和一般项目为主要资助类型、法学、图书馆·情报与文献学和民族问题研究是立项的主要学科。通过对近十年来国家社科基金公布的课题指南及获批的资助项目的文献数量特征和变化规律的描述,林艳丽、李坚(2012)探索了我国社会保障领域研究的动态、特点、趋势与发展的轨迹。张晓阳、窦美玉(2012)对"图书馆、情报和文献学"国家社科基金1997—2008年208个立项结题项目进行统计分析,揭示该领域项目的结项率、结项时限、结项成果、项目鉴定等级等方面的特征。刘文云、耿庆军、李勇(2007)对1994—2006年的294项图书情报的国家社科项目进行了从基本信息到主题内容的多角度统计和分析。

1.2　研究的整体框架

本专著的整体框架由数据的抓取、数据的清洗、数据的统计和数据的分析4个主要部分构成,具体4个组成部分的内容如下:

首先,面向网络抓取国家社科项目基金的基本信息以及相应学术论文的信息。抓取的数据主要由两部分组成,一部分为面向"国家社科基金项目数据库"获取国家社科的基本信息,该信息主要包括如下内容:项目批准号、项目类别、学科分类、项目名称、立项时间、项目负责人、专业职务、工作单位、单位类别、所在省区市、所属系统、成果名称、成果形式、成果等级、结项时间、结项证书号、出版社、出版时间、作者、获奖情况,具体抓取的国家社科基金项目数据库页面如图1-1所示,本专著获取数据的时间为2015年5月10日,通过程序获取到了在这一时间之前的"国家社科基金项目数据库"中的所有社科项目。

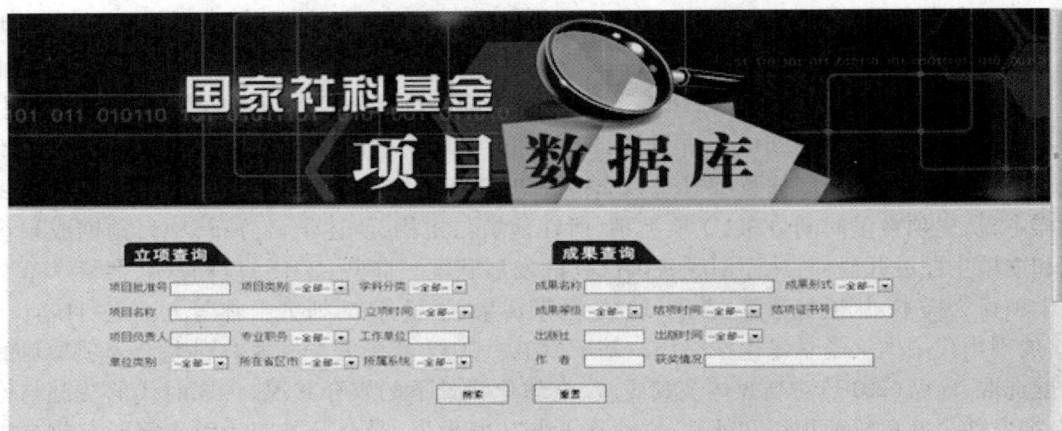

图 1-1　获取国家社科项目的国家社科基金项目数据库图例

　　另一部分为通过国家社科基金项目的名称或者编号，基于开发的专门抓取程序，从中国知识基础设施工程（CNKI）网络平台上获取该基金资助的学术论文的基本信息，具体的信息主要包括如下内容：学术论文的标题、学术论文的作者、学术论文作者的机构、发表学术论文的期刊、学术论文的关键词、学术论文的被引次数、学术论文被下载的次数等基本信息。抓取的 CNKI 的网络页面如图 1-2 所示，本专著抓取 CNKI 上的学术论文的时间跨度为 2015 年 7 月 1 日—2015 年 7 月 28 日，所获取的学术论文时间跨度为 1991—2015 年间的国家社科基金项目资助的所有论文。

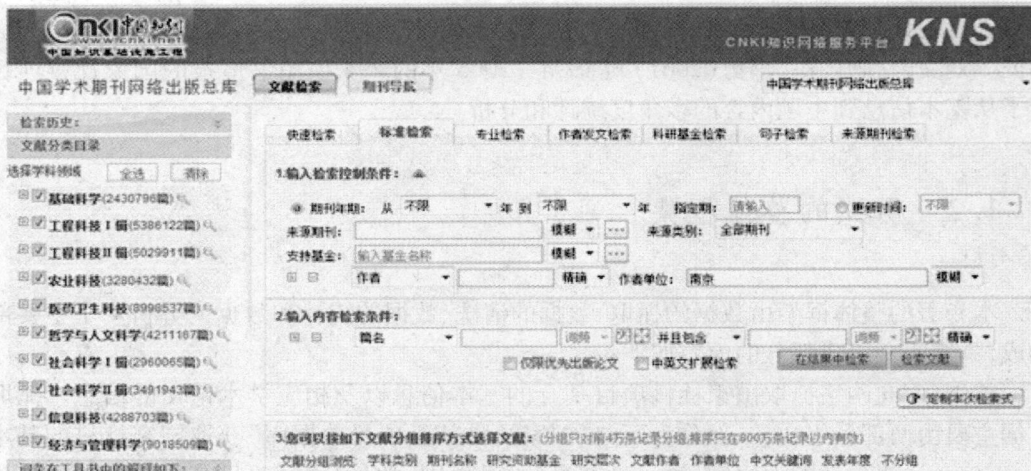

图 1-2　获取学术论文的 CNKI 图例

　　其次，完成对所抓取社科项目基本数据及所发表学术论文数据的清洗。该部分的工作主要由两部分构成，一方面由人工制定相应的清洗规则，比如高校名称变化表，另一方面在制定的规则基础上，通过设计相应的程序完成对数据的清洗。本部分主要清洗的对象包括国家社科项目单位的清洗、结项时间的规范、抓取学术论文的自动去重、资助项目名称的规范等。

　　再次，完成对国家社科项目和所发表学术论文的统计。数据统计主要由两部分构成，一部分为国家社科基本信息的统计,从本统计报告研究的角度出发,主要统计了某一学科社科项目的年度分布、社科类型分布、项目负责人及其职称分布、项目承担单位分布、项目结项时间分布、项目专著出版情况,另一部分主要统计了不同类型项目发表学术论文的数量情况、学术论文的类型、学术论文的期刊分布、作者数量分布、高频作者情况、发表学术论文机构分布、高频机构情况、学术论文的研究热点情况、高被引论文分布情况。

最后,基于统计数据完成了对国家社科项目及所发表学术成果的分析。在分析的过程中,主要通过比较的方法、内容分析的方法、时间序列方法对国家社科项目的基本信息与所发表的成果进行了多角度的统计分析。具体研究的整体框架见图1-3。

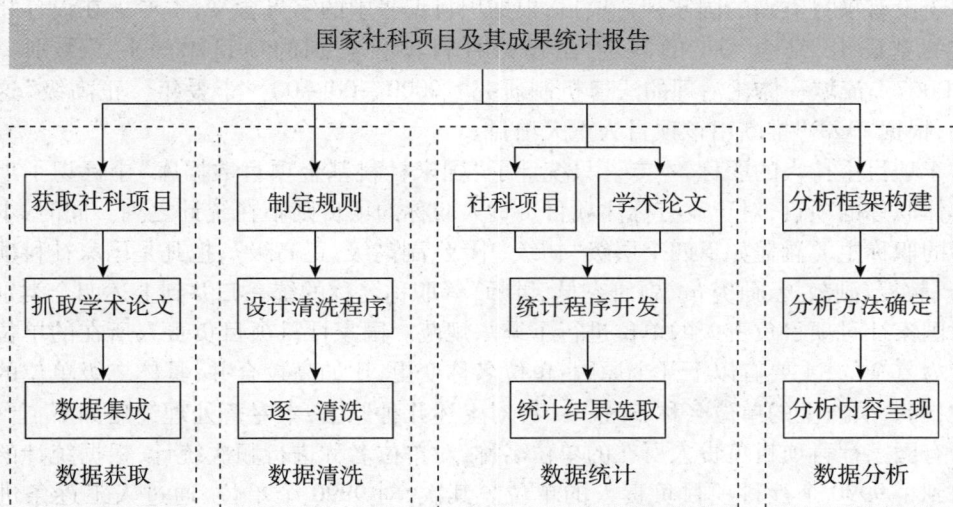

图 1-3　国家社科项目及其成果统计报告研究整体框架

1.3　相关数据的说明

(1)关于国家社科项目基本数据的说明

虽然国家社科项目在1986年就设置了,但全国哲学社会科学规划办公室是由中央于1991年在全国哲学社会科学规划领导小组下设立的。规划办成立后,国家社科项目的申请、立项、结项形成了统一的管理规范,同时在已有相关国家社科项目基本信息的基础上开发了国家社科基金项目检索平台。从数据的规范性、完整性角度考虑,本专著统计的国家社科项目是从1991年开始的,因此对于相关社科项目的数据说明如下:

凡是立项时间在1991年之前的社科项目基本数据均不在本统计报告当中呈现,比如在抓取的数据中对于1987年立项的"教学心理研究与应用"和"中国儿童心理发展的特点与教育"这类项目。同时"国家社科基金项目数据库"中标注错误的数据记录也不在本统计报告中,比如"123456　重大项目　0　dasdasda　0000-01-01　dasd　0""批准号　课题名称　0000-00-00　首席专家"。

对于在抓取的数据中凡是没有标注具体时间的项目,如果可以根据项目编号推断出具体年份的,通过人工标注上具体的年份,比如对于"10BDJ026 一般项目 党史·党建 中国共产党全国代表大会制度研究 0000－00－00 孙功 副高级"这一条国家社科项目的信息,根据项目编号"10BDJ026"可以推断出该项目立项的时间为2010年。

对于没有标注学科类别的国家社科项目,本专著主要根据项目名称,结合搜索引擎获取到的项目负责人的信息,给社科项目标注相应的学科类别,以便于统计。在没有学科类别的项目中,重大社科项目相对校对,比如对于"09&ZD062 重大项目 中国特色社会主义司法制度研究 2010－01－30 陈桂明 正高级",根据项目名称和项目负责人,判定该类项目为"法学类"。

对于没有项目类别的国家社科项目,根据项目编号中的字母含义,本专著在设计相应软件判定的基础上,结合人工的判定,给没有社科项目类别的项目添加上了类别。比如"15AZD067 流域一体化治理的法律机制研究 0000－00－00 李爱年 正高级"这一个项目中,根据"AZD"推断出该项目为重大项目。

对于项目主持人的职称,本专著只统计了"国家社科基金项目数据库"中标识了项目主持人具体职称的项目,对于没有标注项目负责人职称的项目则不在统计之列。同时,本专著中所指的职称主要涵盖如下四个层级"初级、中级、副高级、正高级",把凡是国家社科项目中标注为"教授、副教授、研究员、副研究员、讲师"等职称名称的统一归并到上述四个类别中。

对国家社科项目负责人的单位进行了统一规范。国家社科项目负责人所在的单位的规范是较为复杂的,主要有以下几个原因:单位名称变更,比如高校合并;具体二级单位的名称不一致;同一层次上的单位名称不统一。针对上述几种原因,本专著处理策略如下:首先,提取出所有国家社科项目负责人所在的单位名称,对单位名称进行频次统计,根据统计的结果共获取到了9990个社科项目负责人的单位。其次,对9990个单位,通过人工逐条进行处理,对于名称已变更的单位,以现在的名称为主,对于包含二级单位的机构名称进行统一的归类处理,只保留上一层架的单位名称,对于同一性质的单位,在名称上进行一致性归类处理,具体机构名称处理的规范样例见表1－1。最后,在上述人工整理的规则基础上,设计专门的程序完成对社科基金项目负责人机构的规范。

表1－1 国家社科项目负责人单位规范样例表

编号	规范前机构名称	规范后机构名称	机构规范的规则
1	中国社会科学院哲学研究所	中国社会科学院	去掉二级单位
2	中共北京市委党校	北京市委党校	统一单位名称
3	武汉大学经济与管理学院	武汉大学	去掉二级单位
4	徐州师范大学	江苏师范大学	归并到新的名称
5	徐州师范学院历史系	江苏师范大学	归并到新的名称并去掉二级单位名称
6	宁夏医学院	宁夏医科大学	归并到新的名称
7	中共青海省委党校党史党建教研室	青海省委党校	统一单位名称并去掉二级单位
8	江苏南京师范大学外文系	南京师范大学	统一单位名称并去掉二级单位

编号	规范前机构名称	规范后机构名称	机构规范的规则
9	陕西省咸阳师专	咸阳师范学院	归并到新的名称
10	江西财经学院农业经济系	江西财经大学	归并到新的名称并去掉二级单位名称

对项目结项的时间跨度进行了相应的处理。本专著对社科项目结项的时间跨度是通过课题结项时间点与立项时间点的差值计算出来的,计算单位为年。本专著报告只呈现了"国家社科基金项目数据库"中标识了这两个时间的项目,对于没有标注这两个时间的社科项目本文没有进行统计,同时对于计算出的时间跨度为负值的或者时间跨度过大的社科项目,在专著分析报告中也进行了相应的删除。

对于项目结项的评定级别这一数据,本专著只统计了"国家社科基金项目数据库"中已经标注了具体结项级别的社科项目,对于没有标注结项级别的国家社科项目,本研究没有进行统计,具体的评定级别主要由"优秀、合格、良好"三种类型构成。

对于出版社科项目专著的出版机构,本专著也只统计了"国家社科基金项目数据库"中社科项目结项成果为专著并且提供了专著出版机构的社科项目,对于没有提供出版机构的国家社科项目,本专著没有进行统计和分析。

对于所统计的国家社科项目标题中含有的字和词的长度分布这一数据,在计算字和词的长度过程中,主要进行了如下处理:统计字和词的长度时把具体的数字比如"20"视为一个长度单位进行了计数;对国家社科项目的标题进行了自动分词,自动分词是调用"NLPIR – ICTCLAS2015"程序完成的,具体分词的样例如下:没有分词社科项目标题:"毛泽东研究中的历史虚无主义观点评析",分词后的标题:"毛泽东/研究/中/的/历史/虚无主义/观点/评析/"。

(2)关于国家社科项目资助的学术论文数据说明

对于不同项目类型的学术论文产出分布情况这一数据,如果某一篇学术论文是由多个项目资助的,这一篇学术论文则各在资助的项目下计数一次,同时在统计相应的成果过程中,如果是"国家社科基金特别委托项目"的成果则不在统计之列。对于学术论文发表期刊分布这一统计的数据,本专著只统计了 CNKI 所包含的期刊发表的学术论文,对于 CNKI 没有收录的期刊,本专著没有进行统计,比如《情报学报》这一期刊,CNKI 中没有收录,统计数据中就没有《情报学报》的相应统计数据。

对于学位论文的作者分布数据,一方面,根据一篇论文的作者数量,统计了学术论文的作者数量分布,具体统计的过程中是根据 CNKI 中对论文作者进行分开的";"这一符号进行的,比如"刘文云;耿庆军;李勇;"这一作者序列有三个";"则计数为 3。另一方面,对于学术论文的高频作者分布这一数据,在统计的过程中没有区别第一作者、第二作者或者通讯作者,只要作者出现在学术论文中则被计数一次。

学位论文的机构分布数据,一方面,根据一篇学术论文中的机构数量,统计了学术论文的机构数量分布,具体统计的过程也是根据 CNKI 中对论文作者所在机构进行分开的";"这一符号进行的,比如"南京农业大学信息科学技术学院;南京大学信息管理学院;南京大学双语词典研究中心;"这一机构组合中有三个";"则计数为 3。另一方面,对于学术论文的高频机构分布这一数据,在统计的过程中只要机构出现一次就为该机构计算一次;由于发表学术论文的机构基本上是由二级单位构成的,所以在统计发表学术论文的高频机构的过程中只保留了二级单位的机构,没有呈现一级高频机构单位的分布情况。

对于高频关键词这一数据,本专著根据从 CNKI 中获取到的国家社科项目资助的论文中的关键词序列,统计了每一关键词的出现次数,根据分析的需要选取了前 50 的高频词。在分析的过程中,对于关键词没有进行筛选,主要是根据出现频次列举在了每一学科的分析当中。

对于"管理学""军事学""艺术学"和"教育学"这四个学科,由于"国家社科基金项目数据库"中关于"管理学"的社科项目只提供了 2004—2010 年间的社科项目,整体数据量缺失较大,所以在本统计报告中没有统计"管理学"这一学科。"军事学"和"艺术学"的社科项目整体数量较少,缺乏统计的价值,所以也不包括在本报告之中。"教育学"这一学科的 2013 年之前的社科项目在"国家社科基金项目数据库"中均没有社科项目编号,这一情况既不方便统计社科项目本身也不便于获取社科项目所发表的学术论文,因此本报告也没有对"教育学"进行统计和分析。

1.4　小结

首先,本章系统地梳理了国内外有关国家资助项目的研究情况,主要是围绕着有关国家社科项目的相关研究进行了多角度、多层面的文献综述,从微观上有关于某一学科的国家社科项目的情况,从宏观上也有关于某一时间跨度下的国家社科项目的研究情况。其次,本章给出了研究的整体框架,本框架主要涵盖了数据的获取、数据的清洗、数据的统计和数据的分析四个方面,重点对数据的获取和数据的清洗进行了详细的介绍。最后,本章对正本统计报告中所使用的数据进行了详细的介绍,主要是使用了哪些数据、剔除了哪些数据、对哪些数据进行了细致的加工等。

2 马列·科社

2.1 马列·科社国家社科项目基本信息

本章主要对国家社科项目中的马列·科社项目年度资助情况、社科项目类型分布、项目负责人出现频次、项目负责人的职称分布和各项目承担单位的分布几个方面进行统计,从而反映我国社科项目中马列·科社项目的一些基本特征。

(1)马列·科社的国家社科项目年度资助情况分析

经过数据收集、数据整理,并用人工的方式去除了不符合规范的一系列项目以后,本文得到2001个马列·科社方向的国家社科基金项目。表2-1列出了每年的马列·科社社科项目数量分布情况。

表2-1 马列·科社国家社科项目的年度分布情况

编号	项目立项时间	项目资助数量	百分比	编号	项目立项时间	项目资助数量	百分比
1	1991	33	1.65%	13	2003	34	1.70%
2	1992	59	2.95%	14	2004	56	2.80%
3	1993	41	2.05%	15	2005	63	3.15%
4	1994	31	1.55%	16	2006	63	3.15%
5	1995	13	0.65%	17	2007	66	3.30%
6	1996	60	3.00%	18	2008	101	5.05%
7	1997	32	1.60%	19	2009	106	5.30%
8	1998	32	1.60%	20	2010	149	7.45%
9	1999	38	1.90%	21	2011	170	8.50%
10	2000	34	1.70%	22	2012	233	11.64%
11	2001	33	1.65%	23	2013	241	12.04%
12	2002	39	1.95%	24	2014	274	13.69%

从上表中可以看出马列·科社的社科项目数量近年来呈现出了快速增长的形势。从1991—2003年,每年申请立项的项目数基本趋于稳定,项目申请数在30—40左右波动。1995年的项目申请数量最少,总共13项,占所有申请量的0.65%,是申请数量唯一低于1%的一年。其中,1992年和1996年这两年的申请量是这期间最多的两年,申请数量分别为59和60,约占申请总量的3%。从2004年开始到2014年这11年,马列·科社项目呈现出线性上升趋势:从2004年的56项上升到2014年的274项。其中2012年的每年涨幅点达3.14%,是每年涨幅点中最高的一年。

11

(2) 马列·科社的国家社科项目类型分布状况

马列·科社的国家社科项目类型总共有 8 种,分为中华学术外译项目、成果文库、重大项目、后期资助项目、重点项目、西部项目、青年项目和一般项目。具体类型分布情况可以参见表 2 - 2。

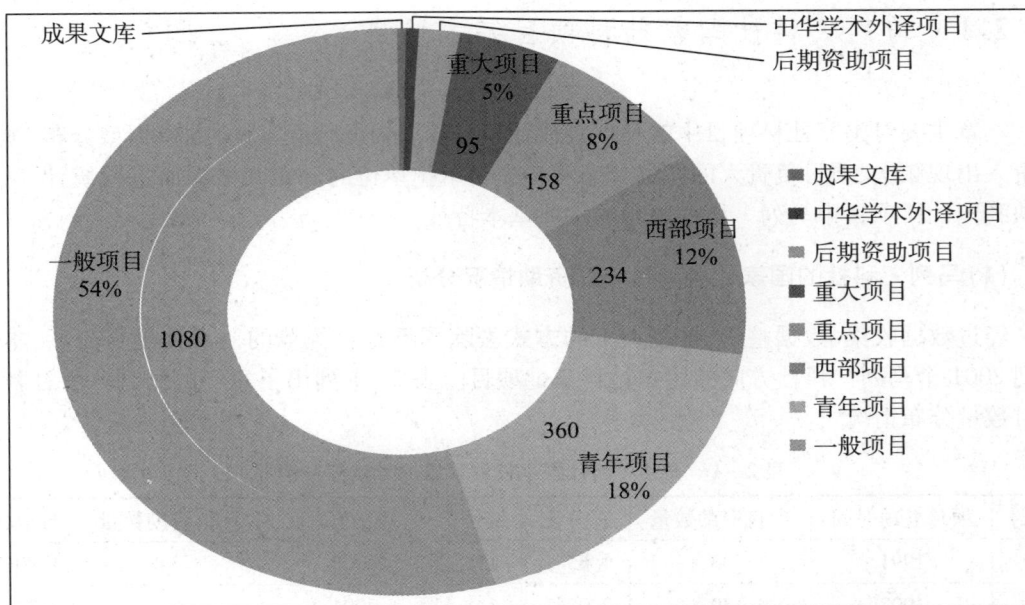

图 2 - 1　项目类型分布状况图

从图 2 - 1 中,可以看出一般项目是马列·科社国家社科基金项目中的主要项目类别,总共 1080 项,占据所有项目类别的一半以上,它的比重高达 54.41%。青年项目和西部项目次之,分别占所有项目类别的 18.79% 和 12%。重点项目、重大项目、后期资助项目相对较少,项目占比均低于总项目数的十分之一。而中华学术外译项目和成果文库所占比例最小,加起来约为总项目数的 1%。

(3) 马列·科社的国家社科项目负责人出现频次

综合考虑到同名和同机构项目承担者的情况后,整理数据,得到在马列·科社领域的研究者主持项目的频次分布情况。结果列在表 2 - 2 中。

表 2 - 2　国家社科项目负责人出现频次

编号	主持项目频次	具体人数分布	百分比
1	1	1639	91.31%
2	2	127	7.08%
3	3	23	1.28%
4	4	6	0.33%

在马列·科社国家社科项目中,主持过项目最多的人有 6 个,他们每人均主持过 4 个项目。但这些负责人只占总体负责人的 0.33%。主持过 3 个项目和主持过两个项目的人数分别占所有项目的 1.28% 和 7.08%,所占比重加起来也不足 10%。而绝大部分情况下,一个人一般只主持过一个社科项目,这批人数所占比重高达 91.31%。

(4) 马列·科社的国家社科项目负责人职称分布

对所有马列·科社国家社科项目负责人的职称统计后得到表 2-3 的结果。负责人职称包括正高级、副高级、中级和初级四种。

表 2-3　国家社科项目负责人职称分布

编号	专业职务	人数	百分比
1	初级	1	0.07%
2	中级	192	12.69%
3	副高级	472	31.20%
4	正高级	848	56.05%

从表中可以看出:正高级的人数最多,占总数的 56.05%,比重高达总体的一半以上;副高级和中级次之,占总体比例的 31.20% 和 12.69%;而属于初级职务的仅有 1 人,所占比重最小,为总体的 0.07%。

(5) 马列·科社的国家社科项目承担单位分布情况

承担马列·科社国家社科项目的单位数量很大,本研究按照各机构主持项目的数量进行降序排列。在此仅展示承担马列·科社项目数量排名前 50 名的机构,这 50 个机构总共负责了 878 个项目,将近占据了马列·科社项目总数的一半,具体结果见表 2-4。

表 2-4　承担国家社科项目的前 50 个单位分布情况

编号	单位名称	项目数量	编号	单位名称	项目数量
1	中央党校	86	14	南京师范大学	18
2	中国社会科学院	55	15	重庆邮电大学	18
3	中国人民大学	44	16	湖南师范大学	17
4	华中师范大学	40	17	清华大学	17
5	武汉大学	31	18	苏州大学	17
6	山东大学	28	19	中央编译局	15
7	河南省委党校	26	20	福建师范大学	14
8	北京大学	23	21	湖北大学	14
9	南开大学	23	22	中山大学	14
10	东北师范大学	21	23	安徽师范大学	13
11	复旦大学	21	24	湖南省委党校	13
12	吉林大学	21	25	辽宁省委党校	13
13	郑州大学	20	26	山东师范大学	13

续表

编号	单位名称	项目数量	编号	单位名称	项目数量
27	陕西省委党校	13	39	华东师范大学	10
28	云南省委党校	13	40	江西师范大学	10
29	黑龙江省委党校	12	41	南京大学	10
30	陕西省社会科学院	12	42	四川省社会科学院	10
31	广西师范大学	11	43	辽宁大学	9
32	贵州大学	11	44	新疆师范大学	9
33	贵州师范大学	11	45	浙江大学	9
34	河南省社会科学院	11	46	国家行政学院	8
35	天津师范大学	11	47	河北省委党校	8
36	湘潭大学	11	48	河海大学	8
37	北京师范大学	10	49	河南师范大学	8
38	福建省委党校	10	50	湖北省委党校	8

这里可以看出,在申请马列·科社国家社科基金项目的所有机构当中,各地区高校在前50个机构中占据了34个,成为了马列·科社国家社科项目申请和承担的主要机构。而其次申请较多的机构是中央和各地区党校,在前50个机构中占据了10个,最后是各地区社会科学院的参与,另外中央编译局和国家行政学院也分别申请了15个和8个项目。

在所有科研机构当中,主持马列·科社国家社科项目最多的是中央党校,立项数有86个,中国社科院和中国人民大学次之,立项数分别为55和44。在这前50名机构所申请的项目数量中,这三所机构的申请总量达185项,占前50所申请量总数五分之一以上,是马列·科社项目的最主要研究机构。

2.2 马列·科社国家社科项目标题分析

本章利用自动分词技术对马列·科社国家社科项目标题的字长、词长和词频分别进行了详细统计分析,以期望挖掘到马列·科社项目课题的标题特点,从而发现这一领域的研究热点。

(1)马列·科社的国家社科项目标题字的长度分布

根据汉字编码的格式,对马列·科社国家社科项目的标题的字长进行了统计,统计结果详情见表2-5。

表2-5 社科项目标题字的长度分布

编号	标题字长度	项目数量分布	编号	标题字长度	项目数量分布
1	5	3	3	7	10
2	6	9	4	8	22

续表

编号	标题字长度	项目数量分布	编号	标题字长度	项目数量分布
5	9	31	21	25	60
6	10	38	22	26	60
7	11	60	23	27	52
8	12	74	24	28	23
9	13	87	25	29	31
10	14	122	26	30	16
11	15	126	27	31	20
12	16	136	28	32	12
13	17	165	29	33	6
14	18	147	30	34	3
15	19	143	31	35	8
16	20	135	32	36	5
17	21	100	33	37	1
18	22	111	34	38	11
19	23	79	35	39	5
20	24	89	36	40	1

　　从表2-5中可以看出,马列·科社国家社科项目的标题字长的分布范围为5—40字,且其数量分布基本呈正态分布。项目标题字长小于8字和项目标题字长大于27字的项目数均小于等于31项,其中项目标题字长为37字和40字的仅有一项。项目数在30—100项之间的项目标题字长主要分布在9—13字和23—29字之间。标题字长在14—22字的项目数量均达到100项以上,其中,项目标题为17字长的项目最多,总共有165项。

(2)马列·科社的国家社科项目标题词的长度分布

　　除了字长之外,对于一个文本而言更加重要的就是单词的分布情况。本节利用了自动分词技术对标题进行了分词处理,并统计了词长及其项目数量分布,便于对马列·科社国家社科课题有更加深入的研究。项目标题的词长分布结果如表2-6所示。

表2-6　马列·科社国家社科项目标题词的长度分布情况

编号	标题词长度	项目数量分布	编号	标题词长度	项目数量分布
1	2	15	6	7	261
2	3	46	7	8	245
3	4	125	8	9	229
4	5	178	9	10	204
5	6	219	10	11	142

续表

编号	标题词长度	项目数量分布	编号	标题词长度	项目数量分布
11	12	121	17	18	8
12	13	81	18	19	8
13	14	47	19	20	4
14	15	37	20	21	3
15	16	13	21	22	3
16	17	11	22	23	1

从表 2–6 中可以看出马列·科社项目标题词的词长在 2—23 词之间,且分布呈现右偏分布。其标题词长度集中分布在 4—12 词之间,其项目数量皆超过了 100 项;6—10 词的项目数量超过 200 项;其中 7 词的项目数量达到了顶峰,总共有 261 个项目。2—3 词与 13—17 词的项目数相对较少,在整个项目集合中所占比重不是很大。在整个项目集合中,18—23 词之间的项目数均小于 10,约占总数的 1%。

(3)马列·科社的国家社科项目标题高频词分析

在对标题进行分词的基础上,还对单词的词频进行了统计,对马列·科社项目的研究上升到内容的层面。通过对标题中词汇计算机统计,我们选择了标题中排名前 50 的高频词汇进行进一步的分析与说明。统计结果如表 2–7 所示。

表 2–7　社科项目标题中的前 50 个高频词

编号	标题中的词汇	频次	编号	标题中的词汇	频次
1	研究	1189	16	中	155
2	的	1131	17	社会	155
3	与	623	18	和	148
4	社会主义	298	19	问题研究	143
5	理论	281	20	新	142
6	思想	266	21	及	138
7	中国	245	22	教育	130
8	发展	237	23	实践	125
9	马克思主义	232	24	"	124
10	建设	230	25	"	124
11	当代	215	26	对	101
12	文化	203	27	我国	94
13	中国特色社会主义	175	28	意识形态	93
14	政治	170	29	、	92
15	下	158	30	马克思	91

编号	标题中的词汇	频次	编号	标题中的词汇	频次
31	体系	88	41	邓小平	61
32	创新	86	42	对策研究	60
33	大学生	85	43	经济	60
34	社会主义核心价值体系	79	44	--	60
35	价值	74	45	民主	59
36	及其	73	46	道路	59
37	构建	72	47	制度	58
38	马克思主义中国化	66	48	民族	57
39	地区	66	49	科学发展观	57
40	历史	64	50	社会主义核心价值观	54

去掉标点符号后不难发现，高频词"研究""的""与"的使用频率递减严重，而这些词都是一些无实际意义的虚词，我们无法从这些词中获取马列·科社项目的研究内容信息。由于只统计了排名前50的词，去掉不能反映内容的单个字后，暂且将排名前4—50的词均作为中频词，那么马列·科社项目的研究内容便一目了然。其中，"社会主义""马克思主义""发展""中国特色社会主义"等均是马列·科社项目整体的研究内容。这一点正好符合"齐普夫定律"，即高频词传递信息的能力弱，中频词传递信息的能力强。

2.3 马列·科社国家社科项目的结项情况统计

本章主要统计分析马列·科社项目的结项情况，主要从结项时间跨度、出版马列·科社国家社科项目专著的机构、马列·科社项目国家社科项目结项评定结果来展示马列·科社项目的结项情况。结项时间以立项时间到结题时间的时间跨度为基准。

（1）马列·科社的国家社科项目结项时间跨度

由于科研条件和科研水平以及科研能力等诸多方面的原因限制，项目研究经历了不同的时间跨度。除去还未结项的项目外，本研究中未将结项时间超过8年的结果计入其中，结项时间具体分布数量如图2－2所示。

经过统计，结项时间在8年内的项目数量总共有828项，其中结项时间集中分布在3年和4年，分别有226项和201项，占统计总数的一半以上。结项时间为5年的项目有116项。结项时间为1年、2年、6年、7年、8年的项目数量均不超过100项，其中结项时间为1年的项目数量最少，仅仅有14项。

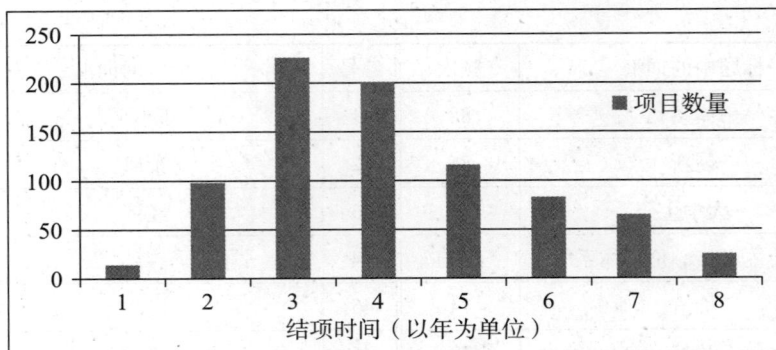

图 2 - 2 马列·科社社科项目结项时间跨度分布图

（2）出版马列·科社国家社科项目专著的机构统计分析

专著是马列·科社国家社科基金项目主要成果类型之一，对马列·科社专著的出版社进行统计分析是衡量马列·科社国家社科项目完成质量的一个重要的参考内容。本研究按照出版专著数量的降序排列选择了出版量位于前 25 的出版社进行详细说明，具体统计结果见表 2 - 8。

表 2 - 8 出版马列·科社专著的前 25 个单位

编号	出版社名称	出版数量	编号	出版社名称	出版数量
1	人民出版社	35	14	红旗出版社	4
2	中共中央党校出版社	10	15	中国工人出版社	3
3	中国社会科学出版社	10	16	天津人民出版社	3
4	四川人民出版社	8	17	光明日报出版社	3
5	河南人民出版社	7	18	河南大学出版社	3
6	重庆出版社	6	19	吉林人民出版社	3
7	社会科学文献出版社	6	20	安徽人民出版社	3
8	山东人民出版社	5	21	湖南人民出版社	3
9	学习出版社	5	22	当代世界出版社	3
10	山东大学出版社	5	23	当代中国出版社	3
11	中央文献出版社	5	24	宁夏人民出版社	2
12	安徽大学出版社	4	25	华中理工大学出版社	2
13	中国人民大学出版社	4	26	——	——

从表 2 - 8 可以看出，人民出版社是马列·科社国家社科项目专著出版最多的出版社，出版数量高达 35，占统计出版数量的 24%，远远超过位于第二的中共中央党校出版社，这与其作为国内第一大出版社的地位密不可分。此外，中共中央党校出版社和中国社会科学出版社的出版专著量均为 10 部，位居第二。除去上述三个出版社外，其余出版社出版的专著量均小于 10 部。出版量在 10 部以内的出版社中主要以出版量为 3 部的出版社最多，总共有 9 家出版社；其次是出版量为 5 部的出版社有 4 家；接下来出版量为 4 部的出版社有 3 家，

6 部和 2 部的出版社均有 2 家,出版量为 7 部和 8 部的出版社最少,均只有 1 家。

(3)马列·科社的国家社科项目结项评定结果

马列·科社国家社科项目结项评定结果分为"合格""良好"和"优秀"三个等级。依照这三个等级,研究对各个项目的结题评定类别进行统计,计算出不同等级的项目数量占总体的百分比。结果如表 2-9 所示。

表 2-9 马列·科社的国家社科项目评定结果分布

编号	项目结果评定类别	具体项目数量	百分比
1	合格	133	28.85%
2	优秀	80	17.35%
3	良好	248	53.80%

由于大部分项目未结题,所有已经结题并被评定的项目总数仅有 461 个,占所有马列·科社项目总数的 23.04%。从上表中可以看出,项目评定结果为"良好"的项目数量最多,总共有 248 项,占所有评定结果的 53.80%;评定结果为"合格"的项目数有 133 项,占总数的 28.85%,位居第二;评定结果为"优秀"的项目数量最少,仅有 80 项,占所有评定结果总数量的 17.35%。从上述结果中不难看出,我国对马列·科社国家社科项目的结题要求较高。

2.4 马列·科社国家社科项目学术研究成果统计

在中国期刊网(CNKI)学术论文数据库中,根据马列·科社国家社科基金项目编号和课题的名称,检索得出马列·科社社科项目发表的各类学术论文及其主要题录信息,并对所得数据进行校对和去重。为了对马列·科社国家社科项目资助的学术研究进行全面系统的分析,本章从 9 个角度对所得数据进行了详细的分析,具体角度为不同类型马列·科社项目类型的学术论文产出数量分布情况、马列·科社项目学术论文的类型分布统计、学术论文发表的期刊分布、学术论文的作者数量分布、学术论文的高频作者分布、发表学术论文的机构分布、发表学术论文的高频机构分布、高被引论文的统计分析和学术研究热点分析。

(1)不同马列·科社项目发表论文数量分布情况

国家社科基金资助下的学术论文的产出量受项目类型的特征、学科类型的特征等多种原因的影响。根据不同的项目类型,将马列·科社项目根据项目类型分为 8 类,并统计各项目类型的发表论文数量及其所占论文总量的比重。统计结果的详情见表 2-10。

表 2-10 不同社科项目发表学术论文数量的分布情况

编号	项目类型	发表论文数量	百分比
1	一般项目	7009	57.73%
2	青年项目	1819	14.98%

续表

编号	项目类型	发表论文数量	百分比
3	重大项目	1336	11.00%
4	重点项目	950	7.82%
5	西部项目	929	7.65%
6	后期资助项目	63	0.52%
7	成果文库	32	0.26%
8	中华学术外译项目	4	0.03%

在这其中发表论文数量最多的是一般项目,论文数量为7009篇,发表的论文量超过项目资助发表论文数量的一半。居于二、三位的是青年项目和重大项目,发表论文篇数皆超过1000篇,占所有发表论文数量的10%以上。重点项目和西部项目随其后,分别占发表论文总量的7.82%和7.65%。结合图2-1项目类型分布情况:重点项目和重大项目的资助项目数量少于西部项目,但其发表论文数量却多于西部项目。由此可见,重点项目和重大项目在国家社科基金中具有很大的影响力。

由于中华学术外译项目、成果文库和后期资助项目这三种类型的项目所产生的成果形式多以专著为主,所以这三类项目发表的学术论文数量比较少,总共发表的论文数量不过100篇,占所有发表论文数量的0.81%。

(2)马列·科社项目所发表论文的类型及期刊分布情况

本研究统计了马列·科社项目所产出的学术论文中属于期刊和会议两种形式的论文,总共统计论文量有12142篇。统计结果详情如表2-11所示。

表2-11　马列·科社社科项目发表学术论文类型情况

编号	论文类型	论文数量	百分比
1	期刊	11964	98.53%
2	会议	178	1.47%

从表2-11中不难发现,期刊论文占所有论文量的98.53%,而会议论文仅占1.47%。说明我国社科基金资助下的马列·科社项目所产出的学术论文最主要以期刊的形式发表出版,仅有少部分的会议论文。

因此,我们将期刊作为主要的研究对象,统计了刊载马列·科社项目所产生的论文量排名前50的期刊,用来进一步揭示马列·科社项目下论文的期刊分布特征。具体分布详情见表2-12。

表2-12　发表马列·科社社科项目论文前50的期刊分布

编号	期刊名称	论文数量	编号	期刊名称	论文数量
1	当代世界与社会主义	188	3	社会主义研究	171
2	马克思主义研究	181	4	学校党建与思想教育	139

续表

编号	期刊名称	论文数量	编号	期刊名称	论文数量
5	学术论坛	126	28	理论与改革	57
6	科学社会主义	120	29	广西师范大学学报（哲学社会科学版）	57
7	理论探讨	116	30	河北学刊	56
8	求实	113	31	中国特色社会主义研究	56
9	理论导刊	108	32	理论探索	53
10	思想理论教育导刊	104	33	中州学刊	53
11	学习论坛	101	34	中共天津市委党校学报	52
12	广西社会科学	100	35	中共福建省委党校学报	52
13	毛泽东邓小平理论研究	95	36	人民论坛	52
14	前沿	93	37	桂海论丛	51
15	理论月刊	88	38	贵州师范大学学报（社会科学版）	49
16	探索	88	39	淮阴师范学院学报（哲学社会科学版）	49
17	思想教育研究	87	40	湖南师范大学社会科学学报	48
18	思想理论教育	87	41	学理论	46
19	理论学刊	85	42	重庆邮电大学学报（社会科学版）	45
20	湖北社会科学	84	43	中共中央党校学报	45
21	马克思主义与现实	80	44	社会科学家	44
22	思想政治教育研究	76	45	学术交流	43
23	求索	64	46	甘肃社会科学	43
24	山东社会科学	60	47	郑州大学学报（哲学社会科学版）	43
25	江汉论坛	60	48	长白学刊	42
26	教学与研究	59	49	信阳师范学院学报（哲学社会科学版）	41
27	毛泽东思想研究	58	50	河南师范大学学报（哲学社会科学版）	41

从表 2-12 中可以看出，排名前 50 的期刊刊载的论文量均超过 40 篇。论文量排名前三的期刊分别是《当代世界与社会主义》《马克思主义研究》《社会主义研究》，这三种期刊所刊载的论文数量均高于 170 篇，分别为 188 篇、181 篇和 171 篇。而这三种期刊也正是马克思主义研究的核心期刊。并且其他文献量超过 100 的期刊在该学科领域也具有较高的影响力。

（3）马列·科社项目所发表论文的作者分布情况

本节主要从马列·科社项目所发表论文的作者数量分布和作者出现频率进一步揭示项目中的作者合作现象和高频作者分布情况。

本研究统计了不同作者数量下的论文数量，发现所有论文的作者数小于 6，在表 2-13 中展示了与作者数量对应的论文数量及其所占论文总量的百分比。

表 2 – 13　马列·科社学术论文作者数量分布情况

编号	作者数量	论文数量	百分比
1	1	7370	60.83%
2	2	3933	32.46%
3	3	687	5.67%
4	4	95	0.78%
5	5	31	0.26%

在马列·科社国家社科项目中,随着作者数量的增加,相应论文数量呈明显的下降趋势。学术论文为单个作者的有 7370 篇,占所有论文总数的 60.83%。作者为两人的论文有 3933 篇,占论文总量的 32.46%。作者为 3 人的学术论文量为 687 篇,占论文总量的 5.67%。而作者数为 4—5 人的论文量加起来才有 1.04%。说明马列·科社国家社科项目的论文产出以单个作者为主,二人合作次之,三人及其以上的合作甚少。

通过对马列·科社项目下所有发表论文的作者及其所发论文数量做了统计后,筛选出了发表论文数量排名前 50 的作者。具体作者及其所发论文数量见表 2 – 14。

表 2 – 14　学术论文高频作者分布表

编号	作者姓名	频次	编号	作者姓名	频次
1	方世南	56	20	左亚文	28
2	俞良早	55	21	石国亮	28
3	莫凡	54	22	方文	28
4	谭培文	50	23	黄明理	28
5	肖贵清	47	24	刘勇	28
6	汪青松	47	25	刘邦凡	28
7	黄娟	46	26	李宪伦	27
8	王浩斌	45	27	王先俊	26
9	王永贵	45	28	张作云	26
10	曹富雄	41	29	陶文昭	26
11	成金华	40	30	聂运麟	25
12	韩振峰	33	31	陆扬	25
13	胡建	32	32	乔耀章	25
14	刘昀献	31	33	徐成芳	25
15	夏东民	30	34	张富文	25
16	张康之	30	35	苏星鸿	25
17	卢丽刚	30	36	傅安洲	25
18	施雪华	30	37	王凤才	24
19	孟宪平	29	38	黄韫宏	24

续表

编号	作者姓名	频次	编号	作者姓名	频次
39	周向军	23	45	颜佳华	21
40	李宁	22	46	俞吾金	20
41	袁银传	22	47	顾绍梅	20
42	陈学明	22	48	王淼	20
43	路日亮	21	49	曾鹏	20
44	戴玉琴	21	50	王学俭	20

所发论文数排名前50的作者中,发表论文最多的达到了56篇。其中发表论文为50篇及以上的作者共有4位。所发论文数量在40—49篇和30—39篇均有7位。而所发论文数量在20—29篇的作者数达32人,占前50的作者数的五分之三以上。而所有排名前50的作者的所发论文最少的达到了20篇,并且前50位作者所发论文的平均数达到了30篇。

(4)马列·科社项目所发表论文的作者机构分布情况

本节通过对所发论文机构的数量分布的统计和论文高频机构的统计来发现马列·科社项目的研究中机构之间的合作情况以及论文高频机构的发文情况及其分布特征。

作者合作的现象不仅包括统一机构的作者之间的合作,还包括不同机构之间的作者进行学术合作。因此,在所发表的论文中会出现多个作者机构。表2-15展示了马列·科社项目的学术论文机构数量的分布情况。

表2-15 马列·科社学术论文机构数量分布情况

编号	论文机构数量	发表论文数量	百分比
1	1	8909	73.73%
2	2	2551	21.11%
3	3	544	4.50%
4	4	63	0.52%
5	5	16	0.13%

同样,经过统计后发现,同一篇论文中存在的最多合作机构不超过5个。且合作机构越多,与其相对应的论文的数量就越少。这一点与上一节所描述的作者合作之间存在着相同的分布规律。但是,在所发表的论文中所属机构为1的文献有8909篇,占所有文献总量的73.73%,这一比例远远超过作者数为1的文献比。而合作机构大于1的文献所占比例总共有3174篇,占所有文献总数的26.26%。由此可见,国家社科基金下的马列·科社项目所发表的论文中部分合作作者来自同一机构,也有少部分的作者合作来自不同的机构。

通过对作者所属机构及其所发表论文数量的统计,按照所发论文数量由大到小的顺序将对应的作者机构进行了排序,选出发文量在前20的作者所属机构。如表2-16所示。

表2-16　学术论文高频机构分布表

编号	作者机构	论文数量	编号	作者机构	论文数量
1	中国人民大学马克思主义学院	154	11	山东大学马克思主义学院	75
2	武汉大学马克思主义学院	130	12	燕山大学经济管理学院	67
3	广西师范大学政治与行政学院	121	13	南京大学政府管理学院	67
4	南京师范大学公共管理学院	113	14	南开大学马克思主义教育学院	67
5	苏州大学政治与公共管理学院	109	15	燕山大学文法学院	64
6	华中师范大学政治学研究院	100	16	广西师范大学经济管理学院	62
7	清华大学马克思主义学院	98	17	安徽师范大学马克思主义研究中心	62
8	中国社会科学院马克思主义研究院	84	18	北京大学马克思主义学院	55
9	河海大学马克思主义学院	80	19	兰州交通大学马克思主义学院	55
10	南京大学哲学系	80	20	东北师范大学思想政治教育研究中心	55

首先,从作者所属机构的名称来看,排名在前20的研究机构中,除了中国社会科学院外,其他的研究机构均是高校的院系;其次,这些高校院系的名称中绝大多数以马克思主义学院命名。可见承担研究任务的机构均属于研究"马克思主义"的专门机构。

在所有的研究机构中,属于中国人民大学马克思主义学院的作者的论文量达到了154篇。接下来依次是武汉大学马克思主义学院、广西师范大学政治与行政学院、南京师范大学公共管理学院、苏州大学政治与公共管理学院、华中师范大学政治学研究院,这些作者所属机构的论文量都超过了100篇。在发表论文数量排名前20的机构里,所发表的论文量最少的也有55篇。

通过与表2-4比较可以看出,科研机构承担马列·科社项目的数量与其所产出的文献数量并没有呈现出承担项目数量多,发表文献量多的特点。而是有的机构承担项目数量多,发表文献数量相对较少。比如,承担项目数量在前20的中央党校、中共河南省委党校、东北师范大学等机构的发文量不在前20中。有的机构承担的项目数量虽然没有很多,但其产出的论文量却相对较多。比如,发表论文量在前20的机构中山东大学、燕山大学、兰州交通大学所承担的马列·科社项目数量少于8项(承担马列·科社项目数量排名在第50的机构所承担的项目数量),但其发表论文的数量至少有55篇,属于发表论文数量排名前20的机构。

(5)马列·科社社科项目的研究热点分析

一项科研项目往往从其标题中就可以获取其研究方向以及主要研究内容。通过对某一学科包含的科研项目标题进行处理和挖掘能够得到该学科领域的研究内容以及研究特征。同时根据项目的研究时间跨度可以揭示某一时期内该学科领域的研究热点。本节通过对国家社科基金资助下的马列·科社项目的标题中的关键词进行提取和频率统计来分析马列·科社项目的研究内容以及研究热点。我们按照关键词出现频次的降序排列,将出现频次在前50的关键词视为高频关键词。表2-17列出了马列·科社项目研究的高频关键词。

表 2 – 17　马列·科社社科项目研究的高频关键词

编号	关键词	频次	编号	关键词	频次
1	马克思主义	552	26	全球化	100
2	马克思	328	27	价值	92
3	中国特色社会主义	322	28	路径	90
4	思想政治教育	319	29	核心价值观	89
5	大学生	289	30	恩格斯	86
6	社会主义核心价值体系	289	31	创新	84
7	中国共产党	264	32	中国特色	84
8	社会主义	253	33	中国	82
9	社会主义核心价值观	224	34	资本主义	82
10	马克思主义中国化	213	35	中国特色社会主义理论体系	81
11	生态文明	210	36	改革开放	81
12	毛泽东	204	37	文化	79
13	科学发展观	196	38	实践	73
14	意识形态	184	39	以人为本	70
15	邓小平	160	40	中国道路	69
16	对策	155	41	理论创新	68
17	列宁	154	42	价值观	68
18	中国梦	143	43	社会思潮	65
19	和谐社会	135	44	问题	61
20	马克思主义大众化	120	45	河北省	61
21	中国化	114	46	培育	60
22	高校	114	47	群众路线	60
23	启示	102	48	文化产业	59
24	大众化	101	49	文化建设	59
25	发展	100	50	建设	58

　　在排名前 50 的关键词中,"马克思主义"和"马克思"分别以 552 次和 328 次的频次居于前两位,居于第三位的"中国特色社会主义"即"科学社会主义"也出现了 322 次。这三个关键词主要反映了马列·科社项目的主要研究内容。

　　结合当今时政热点,我们可以发现"大学生社会主义核心价值观""科学发展观""中国梦""全球化"等政治研究的热点均以较高的频率出现。说明排名前 50 的高频词在一定程度上也反映了当今时政的研究热点。

(6) 马列·科社社科项目的高被引学术论文分析

　　通过对中国期刊网中下载下来的马列·科社项目下的论文标题名称及其被引次数及其

下载次数的统计,选择了被引次数位于前20的标题名称来揭示高被引论文的研究主题。具体论文标题名称及其被引次数和下载次数见表2-18。

表2-18　马列·科社社科项目资助下的高被引论文分布

编号	论文标题名称	被引次数	下载次数
1	政府公共资本投资的长期经济增长效应	255	4961
2	地方政府行为、投资冲动与宏观经济稳定	225	3723
3	自媒体:新媒体发展的最新阶段及其特点	197	5585
4	企业网络位置、吸收能力与创新绩效——一个交互效应模型	192	5350
5	论当代中国马克思主义大众化内涵及其价值	97	1270
6	全球化背景下维护我国文化安全的战略思考	95	1296
7	新媒体环境下的大学生思想政治教育新载体探析	85	2272
8	扎根理论研究法与管理学研究	78	2766
9	推进社会主义核心价值体系大众化的路径选择	76	3056
10	影响我国主流意识形态建设的西方主要意识形态透视	75	1759
11	努力促进人的全面发展	71	624
12	论社会主义社会主流意识形态	70	1721
13	大学校园文化建设的价值取向	67	2540
14	企业网络位置、间接联系与创新绩效	67	2420
15	论网络思想政治教育的主客体关系特性与教育创新	65	1267
16	生态环境问题的制度根源及其出路	62	1293
17	论网络舆情对高校群体性事件的影响	59	1825
18	高管团队组成特征与行为整合关系研究	57	2434
19	中国区域经济趋同与差异的因素贡献分析	55	1740
20	论执政党公信力:内涵、功能与实现途径	55	1050

从表2-18中可以看出被引次数超过100次的有4篇,且其被引次数从高到低依次是255次、225次、197次、192次。且排第4的论文被引次数远远超过排第5的论文。统计的其余的高被引论文的引用次数群分布在55—100次之间。同时从表2-18中可以看出论文的被引次数与其下载次数之间并不是正向相关的关系,即下载次数高的论文其被引次数未必都高。

并且从论文的标题可以看出,表2-17所统计的高频关键词在表2-18的论文标题中部分有所体现,但绝大部分没有出现在高被引的论文标题中。高被引论文标题中出现的频率较高的关键词有"政府""大学""网络""企业"等,这些词更能体现当代马列·科社的研究热点。所以高频关键词在一定程度上不能完全揭示马列·科社项目的研究热点。

2.5　小结

本研究统计了国家哲学社会科学规划办公室所发布的国家社科基金资助下的马列·科社项目的详细信息以及根据其项目标号和项目名称从 CNKI 所获取的其研究成果。根据统计的具体结果,从项目的基本信息、项目标题特征、项目结项情况以及项目成果四个方面分析国家社科基金下的马列·科社项目的研究情况。

国家社科基金资助下的马列·科社项目的申请近年来呈现指数形式的增长,且一般项目是马列·科社项目的主要类型。其项目主持人一般只主持过一个项目,也有少部分的人主持过的项目多于一个,但其最多主持的项目数不超过 4 个。负责马列·科社项目研究的负责人职称有超过一半的是正高级。在所有申请马列·科社项目的机构中,中央党校、中国社科院、中国人民大学是承担项目最多的机构。且所有机构中,承担项目的主要机构是各地区的高校,其次是中央及各级党校。

马列·科社项目的项目标题字长分布范围为 5—40 字,且集中分布在 14—22 字之间,标题字长为 17 字的项目最多。马列·科社项目的项目标题词长分布范围为 2—23 词,且集中分布在 4—12 词之间,词长为 7 词的项目最多,其中标题中"社会主义""马克思主义""科学社会主义"等反映马列·科社研究内容特征的词出现的频率高。

马列·科社国家社科项目的结项数量未达已立项数量的一半,其中结项的时间跨度集中分布在 3—4 年,有极少部分的项目一年就结项了。在负责出版结项专著的出版社中,人民出版社出版的专著数量最多。其余出版社的出版量分布在 10 部以内。对马列·科社国家社科项目的评定要求较高,大多数评定结果为"良好","优秀"所占比例较少。

在学术研究成果方面,一般项目下所产生的论文数量最多,这与其项目类型所占比重有密切关系。其次,重点项目、重大项目所产生的论文数量相对较多。在所有的学术论文中,主要以期刊论文为主,有少部分的会议论文。论文刊载量最高的期刊是《当代世界与社会主义》《马克思主义研究》《社会主义研究》,这些期刊是该领域的核心期刊。这些论文的作者主要以单个作者为主,也有部分论文出现了多个作者合作的情况。高产作者的发文量集中在 20—29 篇之间。且这些论文的作者机构同样以单个机构为主,也有少量的跨机构合作现象,但所占比例不是很大。发文量高的机构中还是以高校为主,这与项目承担机构的分布情况完全符合;但是承担项目多的研究机构,其发文量不一定都高,也有少部分其承担项目数少,但其发文量相对较高。从论文标题中统计出马列·科社项目的研究内容有马克思主义、中国特色社会主义、科学发展观等。从其论文标题中提取的高频关键词都比较宏观,并不能反映马列·科社的研究热点,但是从高被引论文的标题中可以明显地得出其研究热点。此外,论文的被引次数与其下载次数不一定呈现正相关的关系,有的论文的下载次数相对较高,但被引次数并没有很高。

3 党史·党建

3.1 党史·党建国家社科项目基本信息

本部分主要围绕着党史·党建的国家社科项目的每年资助的数量、不同项目类型的分布、项目负责人的出现频次、项目负责人的职称分布和项目承担单位等几个方面进行分析。

(1)党史·党建的国家社科项目年度资助情况分析

基于已经获取的数据,在数据筛选和清洗的基础上,通过去除不规范的社科项目,本书共获取到1073个不同类型的党史·党建的国家社科项目,按照年度进行排序,具体见表3-1。

表3-1 党史·党建国家社科项目的年度分布情况

编号	项目立项时间	项目资助数量	百分比	编号	项目立项时间	项目资助数量	百分比
1	1991	9	0.84%	13	2003	28	2.61%
2	1992	31	2.89%	14	2004	41	3.82%
3	1993	18	1.68%	15	2005	63	5.87%
4	1994	13	1.21%	16	2006	54	5.03%
5	1995	6	0.56%	17	2007	46	4.29%
6	1996	37	3.45%	18	2008	46	4.29%
7	1997	21	1.96%	19	2009	55	5.13%
8	1998	19	1.77%	20	2010	66	6.15%
9	1999	21	1.96%	21	2011	90	8.39%
10	2000	27	2.52%	22	2012	92	8.57%
11	2001	33	3.08%	23	2013	109	10.16%
12	2002	32	2.98%	24	2014	116	10.81%

从表3-1可以看出,党史·党建的国家社科项目整体上是逐年增加的,只有1995年这一年的国家社科项目变化比较大,为历年中立项最少的一年,仅有6项,占整个年份的0.56%。从2009年开始,党史·党建的国家社科项目立项增速增加幅度比较大,其中2011年达到了8.39%,而2013年度整个项目的立项数量达到了109个,突破了三位数。

(2)党史·党建的国家社科项目类型分布状况

党史·党建的国家社科项目覆盖了中华学术外译项目、成果文库、后期资助项目、重大项目、重点项目、西部项目、青年项目和一般项目8种类型的国家社科项目,具体项目资助数目在10以上的项目类型的分布见表3-2。

表3－2 项目类型分布状况表

编号	项目类型名称	项目数量	百分比
1	后期资助项目	20	1.89%
2	重大项目	30	2.83%
3	重点项目	85	8.01%
4	西部项目	140	13.20%
5	青年项目	163	15.36%
6	一般项目	623	58.72%

根据表3－2可知,一般项目是党史·党建国家社科项目中的主要类别,占整个项目的58.72%,是党史·党建国家社科项目的主体。青年研究者是学术活动中最活跃的人群,在党史·党建中青年项目的数量仅次于一般项目,达到了15.36%。从整个项目的比重来看,重大项目达到了2.83%,从一定程度上说明了该学科在探究重大社会问题上表现出了较强的活力。

(3)党史·党建的国家社科项目负责人出现频次

根据党史·党建研究者所承担项目的数量,结合同一姓名和同一单位的项目承担者,本研究统计了项目负责人的出现频次,具体见表3－3。

表3－3 国家社科项目负责人出现频次

编号	主持项目频次	具体人数分布	百分比
1	1	886	91.15%
2	2	72	7.41%
3	3	12	1.23%
4	4	2	0.21%

基于表3－3可以看出,在所有的项目主持人当中,主持过1个项目的研究者占据了绝大部分,为91.15%,主持过两个项目的研究者相对主持过1个项目的研究者,人数急剧下降,仅为7.41%。从统计的数据来看,研究者主持项目最多的数量为4个,而达到这个数量的研究者人数仅有两位。

(4)党史·党建的国家社科项目负责人职称分布

从可以获取到的党史·党建的项目中所列出的研究者职称,本研究统计了承担党史·党建的研究者所具备的职称,具体见表3－4。

表3－4 国家社科项目负责人职称分布

编号	专业职务	人数	百分比
1	初级	2	0.25%
2	中级	85	10.73%

续表

编号	专业职务	人数	百分比
3	副高级	292	36.87%
4	正高级	413	52.15%

从表3－4可以看出,党史·党建的国家社科项目负责人的职称涵盖了初级、中级、副高和正高等职称的四个类别。正高职称在所有的职称类别中占据了大部分,达到了52.15%,中级职称者人数相对较少,仅为10.73%,而初级职称者则寥寥无几,在党史·党建这个学科中,仅有两人。

(5)党史·党建的国家社科项目承担单位分布情况

在对项目承担单位进行整理和统一的基础上,经过统计,本章获取到了承担国家各种类型社科项目的前50个单位,具体分布情况见表3－5。

表3－5　承担国家社科项目的前50个单位分布情况

编号	单位名称	项目数量	编号	单位名称	项目数量
1	中央党校	32	22	江西省委党校	10
2	北京市委党校	19	23	陕西省委党校	10
3	上海市委党校	17	24	辽宁省委党校	9
4	中国社会科学院	16	25	中国延安干部学院	9
5	中央党史研究室	16	26	重庆市委党校	9
6	湖北省委党校	15	27	杭州市委党校	8
7	河南省委党校	14	28	湘潭大学	8
8	山东省委党校	14	29	中国浦东干部学院	8
9	甘肃省委党校	13	30	中央文献研究室	8
10	福建省委党校	13	31	成都市委党校	7
11	黑龙江省委党校	13	32	北京大学	7
12	四川省委党校	13	33	宁波市委党校	7
13	天津市委党校	13	34	山西省委党校	7
14	华中师范大学	12	35	同济大学	7
15	延安大学	12	36	浙江省委党校	7
16	中国人民大学	12	37	贵州省委党校	6
17	北京师范大学	11	38	湖南科技大学	6
18	东北师范大学	10	39	湖南师范大学	6
19	河北省委党校	10	40	华南师范大学	6
20	湖南省委党校	10	41	南开大学	6
21	华东师范大学	10	42	陕西省社会科学院	6

续表

编号	单位名称	项目数量	编号	单位名称	项目数量
43	四川大学	6	47	中南民族大学	6
44	新疆生产建设兵团委员会党校	6	48	赣南师范学院	5
45	云南省委党校	6	49	广东省委党校	5
46	中国井冈山干部学院	6	50	武汉大学	5

从前 50 个社科项目承担单位的分布情况来看,排在首位的为中央党校,共承担了 32 个党史·党建类的项目,相对于排第二位的北京市委党校来说,多出了 13 个。从整个社科项目的承担单位情况来看,排在前 10 的单位中,党校类的单位占据了 8 个。从具体项目的分布上看,承担社科类项目低于 14 个的单位,从选取的数据来看,相对分布比较集中,从表 3 - 5 中可以看出,承担 8 个项目的单位为 4 个,承担 7 个项目的单位为 6 个,而承担 6 个项目的单位则达到了 11 个。

3.2 党史·党建国家社科项目标题分析

根据获取到的党史·党建的国家社科项目的标题,基于自动分词的技术,结合内容分析的方法,本章对党史·党建社科项目标题的字、词的长度分布和高频词分布进行了统计和分析。

(1)党史·党建的国家社科项目标题字的长度分布

根据汉字的编码,本章统计了党史·党建中国家社科项目标题所用字的长度,具体长度分布见表 3 - 6。

表 3 - 6 社科项目标题字的长度分布

编号	标题字长度	项目数量分布	编号	标题字长度	项目数量分布
1	4	2	12	15	78
2	5	2	13	16	70
3	6	4	14	17	64
4	7	8	15	18	66
5	8	8	16	19	58
6	9	19	17	20	54
7	10	25	18	21	67
8	11	35	19	22	46
9	12	50	20	23	52
10	13	55	21	24	44
11	14	58	22	25	34

续表

编号	标题字长度	项目数量分布	编号	标题字长度	项目数量分布
23	26	29	31	34	5
24	27	25	32	35	4
25	28	18	33	36	4
26	29	25	34	37	9
27	30	17	35	38	6
28	31	10	36	39	2
29	32	9	37	40	1
30	33	10	38	42	1

从表 3－6 可以看出,党史·党建大部分社科项目标题字的长度分布平均在 12—21 字之间,标题长度为 15 字的国家社科项目数量最多,为 78 个,其次为长度 16 字的,整个项目数量为 70 个,再次为长度 21 字的,项目数量达到了 67 个。项目标题字长度最短为 4 字,项目数量为 2,而项目标题字长度最长为 42 字,项目数量仅存在 1 个。

(2)党史·党建的国家社科项目标题词的长度分布

为了更进一步地统计和分析标题的组成内容,在对标题进行分词的基础上,本文以词为单位统计了党史·党建国家社科项目标题的长度分布情况,具体的以词为单位的党史·党建的国家社科项目标题长度分布见表 3－7。

表 3－7　党史·党建国家社科项目标题词的长度分布情况

编号	标题词长度	项目数量分布	编号	标题词长度	项目数量分布
1	2	6	13	14	36
2	3	18	14	15	26
3	4	45	15	16	20
4	5	79	16	17	12
5	6	107	17	18	5
6	7	118	18	19	8
7	8	118	19	20	5
8	9	118	20	21	3
9	10	127	21	23	1
10	11	103	22	26	2
11	12	68	23	29	1
12	13	48	24	——	——

从标题词汇的长度可以看出,党史·党建的国家社科项目的标题长度主要集中在 6—11 词之间,其中长度为 10 词的标题最多,达到了 127 个。长度为 18 词以上的社科项目标题数量均在 10 个以下,其中最长的达到了 29 词。长度为 5 词以下的国家社科项目相对较少,其

中由两个词构成的国家社科项目数量只有 6 个。

（3）党史·党建的国家社科项目标题高频词分析

在分析了国家社科项目标题的词汇长度分布基础上，为了更进一步地了解党史·党建国家社科项目中所使用词汇的分布情况，本研究在对标题进行分词的基础上，获取到了常用的高频词。按照频次的高低获取到的前 50 个词汇具体见表 3-8。

表 3-8 社科项目标题中的前 50 个高频词

编号	标题中的词汇	频次	编号	标题中的词汇	频次
1	的	658	26	"	60
2	研究	539	27	"	60
3	与	361	28	下	57
4	中国共产党	245	29	制度	56
5	党	197	30	改革	54
6	建设	196	31	中	54
7	历史	146	32	创新	53
8	中国	124	33	（	50
9	新	118	34	）	50
10	和	116	35	——	50
11	经验研究	111	36	对	49
12	执政	90	37	地区	47
13	思想	77	38	民族	45
14	及	77	39	在	45
15	基层	76	40	基本	44
16	实践	76	41	政治	42
17	工作	75	42	经验	40
18	领导	75	43	党建	39
19	以来	73	44	关系	39
20	时期	67	45	文化	38
21	问题研究	66	46	机制研究	37
22	理论	66	47	中共	36
23	农村	64	48	能力	36
24	社会	63	49	对策研究	36
25	发展	63	50	考察	36

在具体统计的过程中，标点符号也作为一个单独的词被进行了统计，在党史·党建的国家社科项目标题中主要出现了"、、（、）、——5 个高频的符号。在前 10 个高频词中，"的、与、和"三个虚词分别处于第一、第三和第十位，占据了相当大的比重，而"研究、中国共产党、

党、建设、中国、历史"这6个实词代表了党史·党建社科项目标题中的主要关注点。"农村、基层、创新、民族、机制研究"等入选的高频词基本上涵盖了党史·党建这一学科在不同时间段研究的主体内容。

3.3 党史·党建国家社科项目的结项情况统计

结合党史·党建项目已有的立项时间、结项时间、出版专著的出版社和项目评定的结果,本研究对社科项目结项的时间跨度、专著出版社的分布和项目评定结果进行了统计分析。

(1)党史·党建的国家社科项目结项时间跨度

通过结项时间与立项时间的差值,党史·党建社科项目结项的时间跨度被逐一计算出来,根据时间跨度出现的频次,党史·党建的社科项目结项的时间跨度分布情况具体见图3-1。

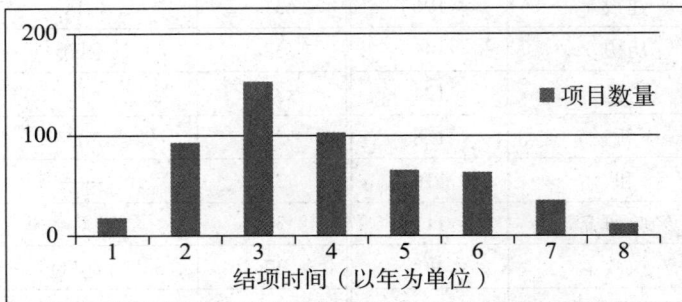

图3-1 党史·党建社科项目结项时间跨度分布图

在具体选取数据过程中,凡是低于10的项目数量本研究没有选取,在具体时间跨度上,凡是超过8年以上的时间跨度本研究没有列入在内。从表3-9中可以看出,党史·党建国家社科项目的结项时间主要集中在2年和4年这一区间内,最多的时间跨度为3年。最短的结项时间为1年,共有18个项目。5年以上结项的项目相对较少,并且随着时间的增加,类似的项目数量则直线下降,8年结项的项目仅有12个。

(2)出版党史·党建国家社科项目专著的机构统计分析

专著是党史·党建国家社科项目重要的成果形式之一,从出版专著的机构这一角度,本研究给出了出版党史·党建国家社科专著的不同出版社的分布情况,具体见表3-9。

表3-9 出版党史·党建专著的前25个单位

编号	出版社名称	出版数量	编号	出版社名称	出版数量
1	人民出版社	19	4	中国方正出版社	8
2	中央文献出版社	12	5	上海人民出版社	7
3	中共党史出版社	11	6	四川人民出版社	7

编号	出版社名称	出版数量	编号	出版社名称	出版数量
7	湖南人民出版社	6	17	广东教育出版社	3
8	中国社会科学出版社	6	18	中央编译出版社	3
9	福建人民出版社	5	19	陕西人民出版社	2
10	厦门大学出版社	5	20	北京大学出版社	2
11	湖北人民出版社	4	21	党建读物出版社	2
12	红旗出版社	4	22	甘肃人民出版社	2
13	黑龙江人民出版社	4	23	宁夏人民出版社	2
14	吉林人民出版社	4	24	南开大学出版社	2
15	中共中央党校出版社	4	25	内蒙古人民出版社	2
16	广东人民出版社	3	26	---	---

人民出版社、中央文献出版社、中共党史出版社、中国方正出版社、上海人民出版社这 5 家出版社是党史·党建社科专著的主要出版机构,其中人民出版社是主体。在剩余的 20 家出版社中,"人民"类的出版社占据了大部分,共有 11 个出版机构。

(3) 党史·党建的国家社科项目结项评定结果

根据党史·党建关于评定结果的"合格、良好和优秀"的评定标准,本研究从能获取到的关于党史·党建国家社科项目的评定统计出了整体的分布情况,具体见表 3 – 10。

表 3 – 10　党史·党建的国家社科项目评定结果分布

编号	项目结果评定类别	具体项目数量	百分比
1	合格	117	34.62%
2	良好	170	50.30%
3	优秀	51	15.09%

从党史·党建国家社科项目的类型分布上看,"良好"是党史·党建国家社科项目评定结果中的主要类别,达到了 170 个。"优秀"这一类别的党史·党建国家社科项目评定结果是三个类别中最少的,仅为所确定的评定类别中的 15.09%。

3.4　党史·党建国家社科项目学术研究成果统计

根据党史·党建国家社科项目的名称或者项目编号,结合 CNKI 学术数据库中的学术论文,本研究获取到了以党史·党建社科项目发表的各种学术论文并从不同党史·党建项目类型的学术论文产出分布情况、党史·党建学术论文的类型分布统计、学术论文发表的期刊分布、学术论文的作者数量分布、学术论文的高频作者分布、发表学术论文的机构分布、发表学术论文的高频机构分布、高被引论文的统计分析和学术研究热点分析等 9 个方面对党史·党建资助的学术论文进行了系统的统计与分析。

(1)不同党史·党建项目发表论文数量分布情况

一般项目、重大项目、青年项目、西部项目、重点项目、后期资助项目和成果文库7种不同党史·党建的国家社科项目依据其自身项目属性的不同在发表学术论文上有一定的差异,不同项目具体的发表论文情况见图3-2。

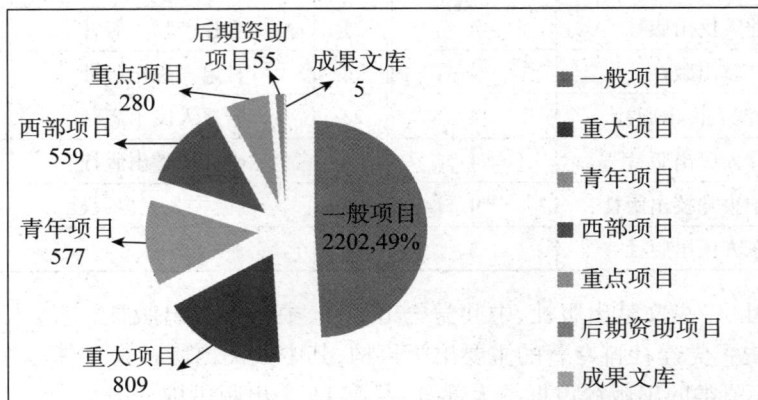

图3-2 不同社科项目发表学术论文数量的分布情况

从图3-2可以看出,由于党史·党建的成果文库和后期资助项目这两类项目是以出版专著为主,所以这两类项目发表的学术论文数量非常少,分别仅占1.23%和0.11%。党史·党建的一般项目是整个项目的主体,从发表的学术论文数量上看,这一类项目发表了整个党史·党建接近一半数量的学术论文。重大项目的数量相对重点项目、青年项目和西部项目来说虽然非常少,但从其发表18.03%的学术论文来看,党史·党建的国家社科项目影响力还是非常大的。

(2)党史·党建项目所发表论文的类型及期刊分布情况

党史·党建社科项目所发表的学术论文主要由会议论文和期刊论文这两类论文构成,具体的组成见表3-11。

表3-11 党史·党建社科项目发表学术论文类型情况

编号	论文类型	论文数量	百分比
1	期刊论文	4450	99.18%
2	会议论文	37	0.82%

从表3-11可以看出,党史·党建社科项目所发表的学术论文中,基本上全部是期刊论文,共占据了99.18%的比重。不同期刊发表了不同数量的党史·党建社科项目的学术论文,具体论文发表数量居前50的期刊分布见表3-12。

表 3-12 发表党史·党建社科项目论文前 50 的期刊分布

编号	期刊名称	论文数量	编号	期刊名称	论文数量
1	理论探讨	86	26	当代世界与社会主义	31
2	理论学刊	74	27	广西社会科学	31
3	理论探索	69	28	江西社会科学	30
4	理论导刊	59	29	求实	29
5	中国井冈山干部学院学报	58	30	长白学刊	28
6	中共党史研究	58	31	唯实	27
7	探索	55	32	中国延安干部学院学报	26
8	中州学刊	50	33	党史研究与教学	26
9	学习论坛	49	34	求索	26
10	领导科学	48	35	岭南学刊	25
11	毛泽东思想研究	45	36	中共云南省委党校学报	25
12	中共福建省委党校学报	42	37	理论月刊	25
13	中国浦东干部学院学报	40	38	思想政治教育研究	24
14	理论与改革	39	39	西南民族大学学报(人文社会科学版)	24
15	甘肃理论学刊	38	40	延安大学学报(社会科学版)	24
16	社会主义研究	38	41	江西师范大学学报(哲学社会科学版)	24
17	桂海论丛	35	42	湖南科技大学学报(社会科学版)	23
18	学校党建与思想教育	34	43	当代中国史研究	23
19	学术论坛	33	44	马克思主义研究	23
20	兰台世界	33	45	湖南师范大学社会科学学报	23
21	江汉论坛	33	46	传承	22
22	中共天津市委党校学报	33	47	中共南昌市委党校学报	22
23	上海党史与党建	32	48	云南行政学院学报	22
24	思想理论教育导刊	31	49	科学社会主义	22
25	中共中央党校学报	31	50	湖北行政学院学报	21

从表 3-12 可以看出,发表论文数量超过 50 篇的期刊共有 8 个,其中发表论文最多的前 5 个期刊中,有 4 个为理论探讨类期刊,发表学术论文最多的期刊为《理论探讨》,达到了 86 个。

(3)党史·党建项目所发表论文的作者分布情况

本研究统计了论文作者数量的分布情况,具体作者分布的情况见表 3-13。

表3-13 党史·党建学术论文作者数量分布情况

编号	作者数量	论文数量	百分比
1	1	3047	68.00%
2	2	1270	28.34%
3	3	132	2.95%
4	4	24	0.54%
5	5	10	0.22%
6	6	1	0.02%

表3-13列出了党史·党建中学术论文作者整体分布的情况,1个作者的学术论文占据了绝大多数,达到了68.00%。3个作者的学术论文数量相对两个作者的学术论文数量则直线下降,仅为2.95%。4个以上作者的学术论文数量基本上可以忽略不计了。在学术论文作者的分布中,根据作者出现的次数,本研究统计了同一个作者出现的频次,具体统计结果见表3-14。

表3-14 学术论文高频作者分布表

编号	作者姓名	频次	编号	作者姓名	频次
1	刘红凛	59	21	王允武	20
2	程勉中	48	22	邹谨	19
3	韩强	46	23	涂小雨	19
4	齐卫平	41	24	张万杰	18
5	韩振峰	38	25	刘绍卫	18
6	方涛	35	26	李方祥	18
7	蒋仁勇	33	27	蒯正明	18
8	黄明哲	31	28	谢春红	17
9	张俊国	31	29	孙会岩	17
10	何祥林	30	30	王东维	17
11	顾华详	28	31	吴克明	17
12	唐棣宣	27	32	王鹏程	16
13	高军	25	33	周显信	16
14	于学强	24	34	李飞龙	16
15	赵成斐	24	35	薛小荣	16
16	唐莲英	23	36	王世谊	16
17	冯治	23	37	莫纪宏	16
18	朱前星	23	38	陈宏	15
19	季建林	22	39	胡松	15
20	双传学	20	40	陆旸	15

编号	作者姓名	频次	编号	作者姓名	频次
41	孙忠良	15	46	高国舫	15
42	杨东	15	47	李良明	15
43	孙秀民	15	48	李永春	14
44	郎维伟	15	49	刘昀献	14
45	李朝阳	15	50	韩广富	14

在选取的前50个高频的作者中,出现频次超过20次以上的共有21个作者,频次达到30次以上的作者共有10个。在前5个高频作者中,出现次数超过40次以上的作者为4个,达到50次以上的作者仅有一个,频次为59。频次低于18次的作者分布相对较为集中,17次的为4个作者、16次的为6个、15次的为10个。

（4）党史·党建项目所发表论文的作者机构分布情况

基于一篇论文作者所属的不同机构,本著作统计了一篇论文机构的整体分布情况,具体数据分布的情况见表3-15。

表3-15　党史·党建学术论文机构数量分布情况

编号	论文机构数量	发表论文数量	百分比
1	1	3466	77.80%
2	2	744	16.70%
3	3	224	5.03%
4	4	21	0.47%

根据数据的分布,表3-15选取了数量为4以上的学术论文发表机构的分布情况,从中可以看出一个机构所发表的学术论文数量占据了绝大部分,达到了77.80%,以两个机构发表的学术论文则成指数下降,百分比为16.70%。相对一个机构发表的学术论文,4个机构发表的学术论文数量则微乎其微了。在统计所有机构的发文数量之后,本研究选取了学院、学部和系这一层面发表学术论文数量处于前20的机构进行分析,省一级的党校没有选择具体的学院、学部和系这一层级的单位,具体机构和发文数量见表3-16。

表3-16　学术论文高频机构分布表

编号	作者姓名	论文数量	编号	作者姓名	论文数量
1	华中师范大学政法学院	56	7	西南大学马克思主义学院	28
2	华东师范大学政治学系	54	8	中共江西省委党校	27
3	中共河南省委党校	44	9	华东师范大学社会科学部	24
4	江南大学人文学院	32	10	广西大学政治学院	23
5	吉林大学马克思主义学院	30	11	湖南科技大学马克思主义学院	23
6	北京联合大学人文社科部	28	12	东北师范大学政法学院	23

续表

编号	作者姓名	论文数量	编号	作者姓名	论文数量
13	南昌大学马克思主义学院	22	17	中共中央党校中共党史教研部	21
14	陕西师范大学政治经济学院	21	18	延安大学政法学院	21
15	湖南师范大学公共管理学院	21	19	西南大学政治与公共管理学院	20
16	中国人民大学马克思主义学院	21	20	同济大学马克思主义学院	20

从表 3-16 可以看出,前 5 位的机构发文量均在 30 篇以上,其中华中师范大学政法学院和华东师范大学政治学系这两个单位的发文量达到了 50 篇以上。在前 20 个发表论文高频的机构中,马克思主义学院共有 6 个机构,在整个高频机构中占有相当的比重。

(5)党史·党建社科项目的研究热点分析

通过获取党史·党建社科项目发表论文的所有关键词,本研究统计出了党史·党建社科项目学术论文的关键词分布,频次居于前 50 的党史·党建的社科项目的关键词见表 3-17。

表 3-17 党史·党建社科项目研究的高频关键词

编号	关键词	频次	编号	关键词	频次
1	中国共产党	492	21	思想政治教育	41
2	毛泽东	159	22	陕甘宁边区	39
3	党的建设	135	23	历史经验	38
4	学习型政党	91	24	建设	37
5	党内民主	86	25	中央苏区	37
6	马克思主义	85	26	路径	37
7	群众路线	78	27	科学发展观	37
8	领导干部	69	28	意识形态	37
9	延安时期	66	29	基层党组织	36
10	邓小平	64	30	反腐倡廉	35
11	启示	62	31	党员干部	34
12	创新	60	32	社会主义	33
13	中国特色社会主义	52	33	党群关系	32
14	执政能力	51	34	纯洁性	32
15	对策	51	35	问题	31
16	学习型党组织	47	36	发展	31
17	改革开放	46	37	党建	30
18	执政党	44	38	经验	29
19	马克思主义中国化	44	39	基层党建	29
20	中国梦	41	40	中国特色	28

编号	关键词	频次	编号	关键词	频次
41	习近平	28	46	科学化	26
42	民族地区	27	47	基本经验	26
43	科学化水平	27	48	大学生	26
44	中国化	27	49	农村基层党组织	25
45	民主政治	27	50	先进性	25

从表 3-17 中可以看出,频次超过 100 以上的关键词有三个,分别为"中国共产党、毛泽东、党的建设"。有关党的研究,主要集中在"党的建设、党内民主、学习型政党、学习型党组织、执政党、基层党组织、党群关系、党建、基层党建、农村基层党组织"10 个关键词上。在关于党史的研究上主要体现在"延安时期、陕甘宁边区、中央苏区"三个关键词上。

(6)党史·党建社科项目的高被引学术论文分析

根据 CNKI 中学术论文的被引次数,本研究选取了被引次数居于前 20 个高被引论文,具体论文的情况见表 3-18。

表 3-18　党史·党建社科项目资助下的高被引论文分布

编号	论文标题名称	被引次数	下载次数
1	"风险社会"视角下的社会问题	82	3660
2	建设社会主义新农村的目标与政策突破	81	1044
3	信任与风险社会——西方理论与中国问题	70	2852
4	社会网排斥与发展困境:基于流动农民工的经验研究——一项弱势群体能否共享社会发展成果问题的研究	69	1262
5	空间化:一种新的叙事和理论转向	68	1622
6	大学校园文化建设的价值取向	66	2529
7	多中心治理诠释——基于承认政治的视角	65	2803
8	刍议网络思想政治教育的特点	60	825
9	当代社会学理论的社会空间转向	56	1695
10	社会资本与社区建设	56	1244
11	"红色资源"的界定及其转化的必然性	55	593
12	网络舆论的功能及社会效应	50	1028
13	中国经济适用房制度发展动力和制度背景分析	49	1615
14	网络群体性事件中执政公信力的流失及其防范——基于社会动员的分析视角	48	1764
15	社会基础变迁与民法双重体系建构	48	2413
16	社会分类与群体符号边界——以农民工社会分类问题为例	47	1457
17	网络传媒时代马克思主义大众化的若干问题	43	1168

续表

编号	论文标题名称	被引次数	下载次数
18	提高劳动者报酬的产业结构升级效应及其现实启示	41	643
19	从政府理性到公共理性——构建社会主义和谐社会的理性路径分析	39	978
20	"引咎辞职":现状、问题与对策	38	501

从所选取的前 20 个高被引的学术论文来看,被引频次超过 60 次以上的学术论文共有 8 篇,在这 8 篇学术论文中,被引频次超过 80 次以上的共有两篇。在给出高被引论文的被引频次的同时,本研究也列出了学术论文的下载次数,在选取的前 20 篇学术论文中,共有 17 篇学术论文的下载次数超过了 1000 次以上,最高的达到了 3660 次。从所选取的学术论文的标题可以看出,围绕网络的相关研究是高被引论文关注的热点,在 20 篇高被引学术论文中共有 4 篇学术论文与网络密切关联。

3.5　小结

本章围绕党史·党建的国家社科项目及其相应学术研究成果,结合统计和内容分析的方法,从党史·党建社科项目的年度分布、项目类型分布、项目负责人、负责人职称分布、承担单位、标题的字(词)长度与高频词、项目结项时间跨度、专著出版机构、项目评定结果、项目类型发表论文数量、论文类型及期刊分布、作者数量及高频作者、机构数量及高频机构、研究热点统计和高频论文分析等几个方面进行了系统的探究,从整体上勾勒出了党史·党建国家社科项目的整体轮廓。

4 哲学

4.1 哲学国家社科项目基本信息

哲学国家社科项目的基本信息包括社科项目的年资助项目数量、项目类型的分布、项目负责人出现的频次、项目负责人的职称分布以及项目的承担单位分布这五个方面的基本情况。

(1)哲学的国家社科项目年度资助情况分析

经过数据的收集、数据的筛选和清理(比如,人工方式去除项目信息不规范的社科项目)后,本研究共整理得到 2980 个不同类型的哲学国家社科项目。下图 4－1 是按照时间排序后的哲学国家社科项目的年度分布情况。

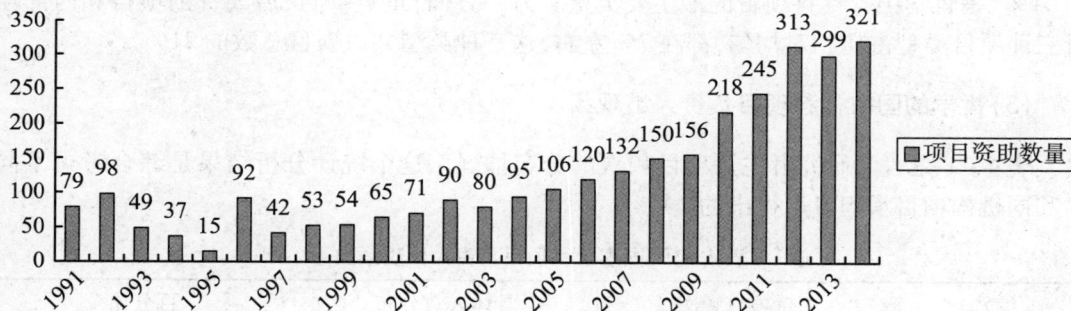

图 4－1　哲学国家社科项目的年度分布情况

从图 4－1 展示的数据的整体趋势来看,哲学的国家社科项目资助年度数量在 1991—1997 年间有两次较大的波动,1997 年之后呈现出阶梯状增长的态势,并最终呈现上扬的态势。其中,1995 年是项目资助数量最少的一年,立项数量仅有 15 项,仅占总资助项目数量的 0.5%。而增幅最大的一年却是 1996 年,共有 92 个立项,到 1997 年,资助数量立刻下降到 42 项,仅为 1996 年的 46%。1997 年到 2002 年和 2003 年到 2008 年是哲学国家社科项目年度资助数量平稳发展的两个阶段。2009 年后的两到三年间隔内,资助数量呈现大幅增长的现象,并在 2014 年达到最高峰。

(2)哲学的国家社科项目类型分布状况

哲学的国家社科项目共包含 8 种项目类型,分别是中华学术外译项目、成果文库、重大项目、后期资助项目、重点项目、西部项目、青年项目和一般项目。各类型的项目数量及其占比情况展示在下图 4－2 中。

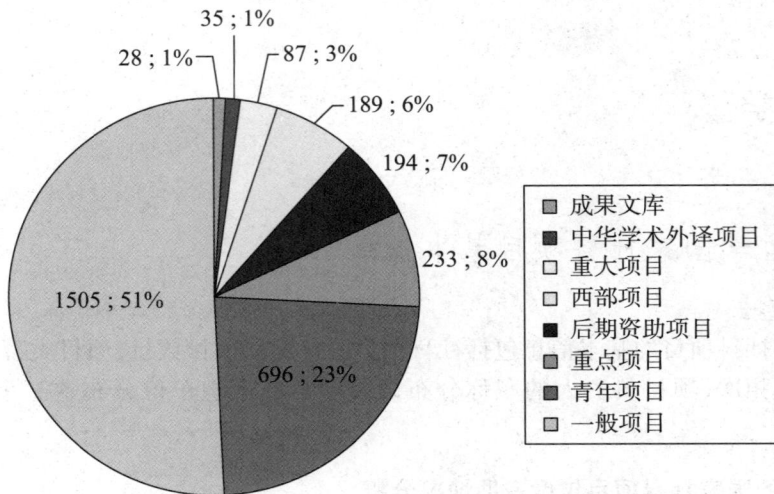

图 4 - 2　项目类型分布状况表

从图 4 - 2 中的数据可以清楚地看到，一般项目和青年项目是哲学国家社科项目中最主要的两个项目类别，这两种类型共占到了整体数量的 74%。且一般项目占的比重最大，达到了 51%，是哲学国家社科项目的最主要类型。另一方面，重点项目、后期资助项目和西部项目三种项目类型占比相对均匀，都在 7% 左右，这三种类型共占项目总数的 21%。

（3）哲学的国家社科项目负责人出现频次

表 4 - 1 是哲学研究者主持项目频次的分布情况。这个统计分析结果是综合考虑了同名和同机构项目承担者后得出的。

表 4 - 1　国家社科项目负责人出现频次

编号	主持项目频次	具体人数分布	百分比
1	1	1896	81.51%
2	2	302	12.98%
3	3	100	4.30%
4	4	28	1.20%

从表 4 - 1 中可以看到，在所有哲学国家社科项目主持者中，主持项目达到 4 次的有 28 位研究者，但仅占项目负责人总数的 1.20%。绝大多数负责人都只主持过一个社科项目，这些负责人的数量占了项目负责人总数的 81.51%。哲学国家社科项目负责人出现频次呈现项目负责人数量随项目主持频次增多而下降的状态。

（4）哲学的国家社科项目负责人职称分布

对已明确显示其职称的哲学国家社科项目负责人的职称进行统计分析后，得出下图 4 - 3。

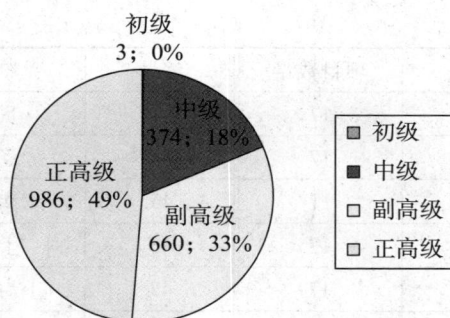

图4－3 国家社科项目负责人职称分布

哲学国家社科项目负责人的专业职务包括初级、中级、副高级和正高级。在这些负责人当中,正高级的负责人最多,占比49%,接近一半。其次是副高级的负责人,占总体的33%,再次是中级职称的负责人,其比例占总体的18%。在这些项目负责人中,占据了绝大比例的负责人是高级、中级职称的负责人,占比为99%之多,而初级职称负责人最少,不足1%。

(5)哲学的国家社科项目承担单位分布情况

承担哲学国家社科项目的单位有很多,我们依据各个单位主持项目的数量进行排序后,整理得到排名前50的单位,如下表4－2。

表4－2 承担国家社科项目的前50个单位分布情况

编号	单位名称	项目数量	编号	单位名称	项目数量
1	中国社会科学院	126	18	西南大学	31
2	中国人民大学	96	19	陕西师范大学	29
3	北京大学	89	20	首都师范大学	28
4	武汉大学	69	21	厦门大学	27
5	南京大学	66	22	苏州大学	27
6	北京师范大学	65	23	四川师范大学	26
7	中山大学	64	24	华中师范大学	24
8	复旦大学	56	25	东南大学	24
9	清华大学	56	26	黑龙江大学	23
10	中央党校	50	27	南京师范大学	23
11	华东师范大学	49	28	中南大学	22
12	浙江大学	48	29	华南师范大学	21
13	南开大学	43	30	中南财经政法大学	20
14	吉林大学	39	31	安徽师范大学	19
15	湖南师范大学	38	32	四川大学	19
16	山西大学	37	33	湖北大学	18
17	山东大学	33	34	同济大学	18

续表

编号	单位名称	项目数量	编号	单位名称	项目数量
35	湖南大学	17	43	贵州大学	15
36	郑州大学	17	44	辽宁大学	15
37	安徽大学	17	45	南昌大学	15
38	华中科技大学	17	46	上海大学	14
39	河南大学	17	47	上海师范大学	13
40	江西师范大学	16	48	昆明理工大学	13
41	上海社会科学院	16	49	上海财经大学	13
42	东北师范大学	15	50	武汉理工大学	13

从上表4-2看,各地高校占哲学国家社科项目承担单位的绝大多数,是哲学国家社科项目的最主要承担单位。同时,根据各单位的项目申请数量的多少,我们可以将这些单位分为三个层次来分析。第一层次是排名前7的单位,他们承办的项目数量都在60次以上,具有绝对优势;第二层次是排名在第8(含)到第20(含)之间的单位,这些单位承办的项目数量在60到28个之间;第三层次是排名第21(含)到第50(含)之间的单位,他们承办项目的数量则在28个以下。其中,中国社会科学院的立项数量最多,共承担了126个哲学类的基金项目,是哲学研究领域在承担项目方面上遥遥领先的单位。

4.2 哲学国家社科项目标题分析

自动分词技术可以帮助研究人员统计分析某一字段的字长、词长、词频分布。本章也是借助这种技术来实现对哲学国家社科项目的标题字段的上述分析,以期能得到社科项目标题的特点,并进而挖掘出该领域的研究热点。

(1)哲学的国家社科项目标题字的长度分布

首先,本节依据汉字的编码格式,对哲学国家社科项目的标题的字长进行了统计,统计的结果如下表4-3所示。

表4-3 社科项目标题字的长度分布

编号	标题字长度	项目数量分布	编号	标题字长度	项目数量分布
1	2	1	7	8	120
2	3	2	8	9	180
3	4	12	9	10	172
4	5	39	10	11	204
5	6	85	11	12	211
6	7	69	12	13	189

编号	标题字长度	项目数量分布	编号	标题字长度	项目数量分布
13	14	226	27	28	27
14	15	190	28	29	22
15	16	205	29	30	17
16	17	165	30	31	11
17	18	155	31	32	8
18	19	129	32	33	8
19	20	118	33	34	12
20	21	87	34	35	9
21	22	74	35	36	3
22	23	64	36	37	2
23	24	53	37	38	3
24	25	33	38	39	1
25	26	43	39	40	4
26	27	27	40	—	—

从表 4-3 可以看到,哲学的社科项目标题的字长度在 2—40 个字之间。标题长度为两个字的项目有 1 个,长度为 40 个字的项目有 4 个。其中,大部分项目的标题字长在 8—20 字之间,这个长度区间的项目频次在 100—226 次之间。同时,标题字长为 14 字的国家社科项目最多,数量达到 226 个,频次次之的是 14 字左右如 11 字、12 字、16 字的标题字长。另一方面,我们还可以计算出,哲学国家社科项目的标题中,平均字长较短,为 15 字。

(2)哲学的国家社科项目标题词的长度分布

本节主要讨论哲学国家社科项目标题中的词长分布情况。主要手段是利用 NLPIR 分词系统对标题中的词长及其词频进行统计和分析,并据此对标题的组成内容做进一步的分析。整理后,我们依据标题词长度进行排序,结果如下表 4-4 所示。

表 4-4 哲学国家社科项目标题词的长度分布情况

编号	标题词长度	项目数量分布	编号	标题词长度	项目数量分布
1	2	23	8	9	309
2	3	131	9	10	257
3	4	224	10	11	177
4	5	298	11	12	153
5	6	357	12	13	92
6	7	354	13	14	65
7	8	358	14	15	61

续表

编号	标题词长度	项目数量分布	编号	标题词长度	项目数量分布
15	16	33	21	22	2
16	17	22	22	23	2
17	18	22	23	25	1
18	19	22	24	26	1
19	20	9	25	28	1
20	21	6	26	——	——

如图4-4所示,如果按照标题词长度升序排列,哲学的国家社科项目标题中的词长分布呈现橄榄型的趋势。集中趋势分布在标题词长度为4—10词,频次为224—358次之间,词频最大的标题词长度为8词。项目频次的递减分布是在标题词长度为9词及以上这部分。同时,标题词长度最短的是2词,项目频次为23,最长的是28词,项目频次为1。

(3)哲学的国家社科项目标题高频词分析

在上述的标题词长度分析的基础上,我们还根据词频对高频词进行了统计分析,以期可以对词汇分布有更加全面的认识。本节以词汇在标题中出现的频次为依据,得到了高频词统计表,在这里取排名前50的高频词进行展示和分析。

表4-5 社科项目标题中的前50个高频词

编号	标题中的词汇	频次	编号	标题中的词汇	频次
1	中国	195	17	我国	27
2	当代	157	18	文化	26
3	马克思	101	19	20	21
4	马克思主义	93	20	经济	21
5	《	76	21	和谐	21
6	》	76	22	先秦	21
7	现代	61	23	从	20
8	西方	51	24	哲学	18
9	科学	45	25	生态	16
10	"	42	26	现象学	16
11	"	42	27	历史唯物主义	16
12	社会	35	28	道德	16
13	基于	35	29	科技	15
14	新	33	30	儒学	14
15	社会主义	32	31	邓小平	14
16	儒家	30	32	以	14

48

编号	标题中的词汇	频次	编号	标题中的词汇	频次
33	唯物史观	14	42	关于	10
34	中	13	43	道家	10
35	西部	13	44	技术	10
36	审美	11	45	后	9
37	市场经济	11	46	制度	9
38	康德	11	47	逻辑	9
39	人	11	48	实践	9
40	全球化	11	49	宋代	9
41	自然	11	50	信息	9

从表4－5中,我们可以看到,标点符号也被当成词语统计出来了,并且,高频标点符号是""和《》。如果将词频60设为哲学领域关注热点的界限值,那么排名在前七位的词汇就有可能是哲学领域的关注热点。其中,标点符号《》的词频达到了76,排名第五、第六位,在数量上有较大的比重,但它们没有实意。剩下的词汇有现代、马克思主义、马克思、当代和中国,我们排除掉作为时间和区域限制的现代、当代和中国,所以马克思主义、马克思成为哲学的国家社科项目的关注热点。表中的其他词语则相应构成了该领域研究的主体内容。

4.3 哲学国家社科项目的结项情况统计

本章主要从项目的结题时间跨度、专著出版社的分布情况和项目评定结果三个角度来对哲学国家社科项目的结项情况进行研究。项目的结题时间跨度这一数据来源于项目的立项时间和结题时间,而专著出版社的分布、项目评定结果数据是对所有项目的专著出版社和项目评定结果进行统计分析得来的。

(1) 哲学的国家社科项目结项时间跨度

计算各个项目的结项时间与立项时间的差值,我们就得到了项目结项时间跨度,然后可以得到不同结题时间跨度的项目数量。按照结项时间跨度的升序排列,我们得到如下图4－4所示的结果。

关于本研究的数据筛选,在这里,我们遵循的一个原则是:项目结题时间跨度超过8年的项目不列入表中。筛选后入选的项目有1341个。从图4－4中,我们可以看出哲学的项目结题时间跨度的分布是不均匀的,其中,结题时间跨度在3—5年间的项目最多,数量都在245个以上,且结题时间跨度为4年的项目数量最多,达到300个。同时,结题时间跨度为6年及以上的项目在数量上开始连续跌落。但哲学社科项目总数2980项与本表入选的项目数量1341项相比,可以看出,还有很大一部分的项目结题时间在8年以上,表明哲学国家社科项目延期现象是比较严重的。

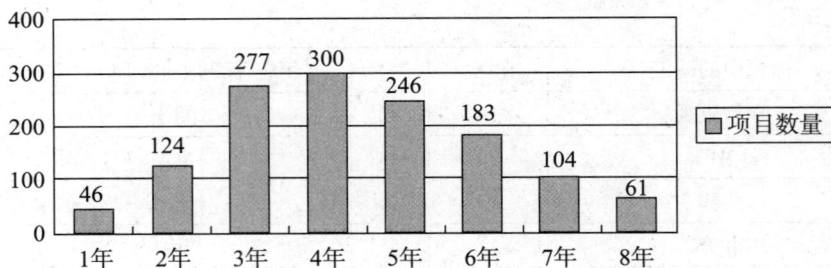

图 4-4 哲学社科项目结项时间跨度分布图

(2)出版哲学国家社科项目专著的机构统计分析

专著是哲学国家社科项目的重要成果形式之一,对专著出版社的统计分析也是对结题项目情况进行统计分析的一个指标。本研究依据不同出版社的专著出版数量进行排序,结果如下表4-6所示。

表 4-6 出版哲学专著的前 25 个单位

编号	出版社名称	出版数量	编号	出版社名称	出版数量
1	人民出版社	71	14	华东师范大学出版社	4
2	中国社会科学出版社	32	15	湖南人民出版社	4
3	北京大学出版社	21	16	广东人民出版社	3
4	社会科学文献出版社	13	17	湖南大学出版社	3
5	上海人民出版社	11	18	中央民族大学出版社	3
6	北京师范大学出版社	11	19	科学出版社	3
7	江苏人民出版社	10	20	清华大学出版社	3
8	中国人民大学出版社	8	21	陕西人民出版社	3
9	商务印书馆	7	22	中央编译出版社	3
10	中华书局	7	23	湖南师范大学出版社	3
11	东方出版社	5	24	吉林大学出版社	3
12	江西人民出版社	5	25	湖北人民出版社	3
13	中山大学出版社	4	26	——	——

从表4-6可以看出,哲学国家社科项目专著主要的出版机构是人民出版社、中国社会科学出版社和北京大学出版社这三个出版社,其中,人民出版社的出版数量最多,数量为71部。从排名第一到第三位,出版数量大幅度下降,表中大部分的出版社都只出版了3—5部专著。说明哲学国家社科项目专著出版社分布比较分散,同时,也凸显了人民出版社在哲学领域专著出版上的优势地位。

(3)哲学的国家社科项目结项评定结果

哲学关于项目结项评定结果分为三个等级:"合格""良好"和"优秀"。本节对各项目的评定结果进行整理,并统计各等级的项目数量及所占总数的百分比,依据上述等级列举如下表4-7。

表4-7 哲学的国家社科项目评定结果分布

编号	项目结果评定类别	具体项目数量	百分比
1	优秀	172	20.72%
2	合格	205	24.70%
3	良好	453	54.58%

从表4-7中看来,项目数量占比最大的等级是"良好",达到了54.58%。其次是"合格",占比24.70%,接近项目总体的四分之一,而等级"优秀"的比率为20.72%。以上数据说明哲学的国家社科项目的成果审核过程还是比较严格的。

4.4 哲学国家社科项目学术研究成果统计

在中国知网(CNKI)学术论文数据库中,依据哲学国家社科项目的名称或者项目编号,采集得到哲学社科项目发表的各类学术论文及其信息。为了对哲学资助的学术论文进行全面系统的分析,本章从9个角度对所得数据进行了讨论。这9个角度具体为不同类型哲学项目类型的学术论文产出数量分布情况、哲学学术论文的类型分布统计、学术论文发表的期刊分布、学术论文的作者数量分布、学术论文的高频作者分布、发表学术论文的机构分布、发表学术论文的高频机构分布、高被引论文的统计分析和学术研究热点分析。

(1)不同哲学项目发表论文数量分布情况

不同的社科项目类型,其学术论文的产出数量的特点也有所不同,下表4-8是哲学的国家社科项目中的7种项目类型所对应的学术论文产出数量的统计结果,对各类型学术论文产出数量的占比也已标出。

表4-8 不同社科项目发表学术论文数量的分布情况

编号	项目类型	发表论文数量	百分比
1	一般项目	6443	44.96%
2	青年项目	3170	22.12%
3	重大项目	2321	16.20%
4	重点项目	1042	7.27%
5	西部项目	843	5.88%
6	后期资助项目	374	2.61%
7	成果文库	113	0.79%
8	中华学术外译项目	23	0.16%

我们知道,成果文库、后期资助项目这两种类型的项目所产生的成果形式以专著为主,因此,这两类项目发表的学术论文数量相对较少,分别占总体数量的 0.79% 和 2.61%。从表 4 - 8 中可以看出,哲学国家社科项目学术论文产出的主体是一般项目,占比接近论文总体数量的二分之一。其次是青年项目和重大项目,两者在学术论文产出数量上也占了比较大的比重。

（2）哲学项目所发表论文的类型及期刊分布情况

学术论文类型主要有期刊和会议论文两种,下表 4 - 9 是对两种论文类型的论文数量及其百分比的统计。

表 4 - 9 哲学社科项目发表学术论文类型情况

编号	学术论文类型	论文数量	百分比
1	期刊	14099	98.31%
2	会议	243	1.69%

哲学社科项目发表的学术论文类型主要是期刊论文,占比达到 98.31%。同时,这 98.31% 的期刊论文又分布在多种刊物中。接下来,我们对各论文刊登的期刊进行统计,再按照不同期刊刊登的哲学论文数量进行降序排序,选出刊载论文量排名前 50 位的期刊,统计结果如下表 4 - 10 所示。

表 4 - 10 发表哲学社科项目论文前 50 的期刊分布

编号	期刊名称	论文数量	编号	期刊名称	论文数量
1	哲学研究	358	14	江西社会科学	87
2	自然辩证法研究	331	15	江苏社会科学	84
3	哲学动态	287	16	社会科学战线	83
4	伦理学研究	222	17	河北学刊	80
5	道德与文明	195	18	学术月刊	78
6	科学技术哲学研究	182	19	社会科学	76
7	自然辩证法通讯	133	20	马克思主义研究	74
8	学习与探索	113	21	山东社会科学	74
9	马克思主义与现实	105	22	广西社会科学	73
10	现代哲学	102	23	南京社会科学	72
11	学术研究	101	24	理论月刊	70
12	天津社会科学	95	25	江汉论坛	70
13	江海学刊	87	26	东岳论丛	69

编号	期刊名称	论文数量	编号	期刊名称	论文数量
27	南昌大学学报(人文社会科学版)	68	39	哲学分析	59
28	吉首大学学报(社会科学版)	68	40	求索	58
29	贵州师范大学学报(社会科学版)	66	41	齐鲁学刊	57
30	福建论坛(人文社会科学版)	66	42	学术交流	54
31	中州学刊	66	43	武汉大学学报(人文科学版)	54
32	湖南师范大学社会科学学报	64	44	西南民族大学学报(人文社会科学版)	54
33	理论探讨	63	45	社会科学辑刊	53
34	教学与研究	63	46	中国哲学史	52
35	中国社会科学	62	47	淮阴师范学院学报(哲学社会科学版)	52
36	武汉科技大学学报(社会科学版)	61	48	浙江社会科学	52
37	世界哲学	60	49	甘肃社会科学	51
38	湖南大学学报(社会科学版)	60	50	井冈山大学学报(社会科学版)	51

表4-10中,刊载论文量超过100篇的期刊共有11个,其中发文量最多的期刊是《哲学研究》和《自然辩证法研究》,共发表了论文358篇和331篇,发文数量远超其他期刊。

(3)哲学项目所发表论文的作者分布情况

我们知道,每篇论文包含的作者数量是不一样的,本节内容也对此进行了简单讨论。我们将作者数量与论文数量对应起来,得到了表4-11所示的结果。

表4-11　哲学学术论文作者数量分布情况

编号	作者数量	论文数量	百分比
1	1	10011	70.01%
2	2	3688	25.79%
3	3	460	3.22%
4	4	100	0.70%
5	5	41	0.29%

哲学国家社科项目发表的学术论文中,数量占论文总数量的大部分的是单个作者发表的论文,比例高达70.01%。两位及以上的作者合作撰写的论文数量则随作者数量增加而急剧下降。其中,两人合著的论文也占了一定的比例,达到论文总数量的25.79%。

如果要对学术论文的作者进行更深入一些的分析,我们便可以根据作者的出现频次进行整理并筛选出频次排名前 50 的高频作者,具体结果如表 4－12。

表 4－12 学术论文高频作者分布表

编号	作者姓名	频次	编号	作者姓名	频次
1	蔡方鹿	60	26	王晓升	33
2	姚本先	56	27	王进	33
3	王浩斌	55	28	魏义霞	32
4	陈晓平	52	29	廖小平	32
5	王东浩	50	30	何裕民	31
6	张立文	49	31	周宗奎	31
7	吴宁	49	32	宫敬才	31
8	高新民	47	33	孙伟平	30
9	陈忠	44	34	毛新志	30
10	张宗明	44	35	马立新	30
11	朱汉民	41	36	易显飞	30
12	詹世友	39	37	杨大春	30
13	王志远	39	38	彭传华	29
14	韩秋红	39	39	何向东	29
15	蔡尚伟	37	40	殷杰	29
16	唐代兴	35	41	武庆荣	28
17	许恒兵	35	42	蔡仲	28
18	杨明刚	35	43	朱志荣	28
19	刘邦凡	35	44	彭定光	28
20	倪愫襄	34	45	陈波	28
21	樊浩	34	46	李承贵	28
22	邬焜	33	47	陈新汉	27
23	马俊峰	33	48	程广丽	27
24	钱广荣	33	49	邱均平	27
25	魏屹东	33	50	张盾	27

表 4－12 显示,作者出现频次在 40 次及以上的有 11 人,频次达到 30 次的作者有 26 人。在排名前 11 的高频作者中,出现频次最高的是蔡方鹿,共出现了 60 次。同时,出现频次在 30—39 次的作者最多,占到前 50 的半数之多。

(4)哲学项目所发表论文的作者机构分布情况

与一篇学术论文的作者数量类似的是,其所属机构也可以由一到多个机构共同完成。本节便是对论文机构数量的分布情况进行的探讨。根据论文中包含机构数量进行升序排列,并统计出各种类型论文的发表数量及其百分比,可以得到如下表 4－13 所示的结果。

表4-13 哲学学术论文机构数量分布情况

编号	论文机构数量	发表论文数量	百分比
1	1	10753	75.60%
2	2	2615	18.38%
3	3	776	5.46%
4	4	80	0.56%

由表4-13可知,我们选取的研究样本是合作机构数量在4个及以内的论文。其中,单一机构发表的论文最多,数量上占总体的75.60%。而两个机构共同完成的论文的数量占比就下降到了18.38%。由4个机构合作完成的论文的数量占比则已经不足1%了,由此可以看出,哲学国家社科项目的研究十分缺乏多研究机构的交流与合作。

为达到增进对学术论文所属机构的了解与认识的目的,本节还根据发表学术论文数量对参与哲学国家社科项目并发表论文的研究机构进行了统计,并选择排名前20的研究机构展示在下表4-14中。

表4-14 学术论文高频机构分布表

编号	作者姓名	论文数量	编号	作者姓名	论文数量
1	南京大学哲学系	240	11	北京大学哲学系	96
2	华东师范大学哲学系	165	12	四川大学文化产业研究中心	90
3	中国人民大学哲学院	158	13	中山大学哲学系	83
4	武汉大学哲学学院	153	14	厦门大学哲学系	81
5	复旦大学哲学学院	147	15	湖南大学岳麓书院	75
6	南开大学哲学院	138	16	西南大学逻辑与智能研究中心	69
7	山西大学科学技术哲学研究中心	123	17	吉林大学哲学社会学院	67
8	东南大学人文学院	115	18	安徽师范大学政法学院	65
9	中国社会科学院哲学研究所	101	19	吉林大学哲学基础理论研究中心	63
10	华中科技大学哲学系	97	20	安徽师范大学马克思主义研究中心	63

表4-14显示,南京大学哲学系发表学术论文数量最多,共发文240篇,占了高频机构所发表论文总量的10.96%,比其他的研究机构具有更大的优势。其次为华东师范大学哲学系,发文165篇。剩余的其他机构发文数量在160—63篇之间。同时,在表中列举出的高频机构中,研究所、研究中心的产文量占比为23.25%,说明各研究所和研究中心是哲学研究中的重要力量。

(5)哲学社科项目的研究热点分析

关于某一领域的论文的关键词可以体现出该领域的研究热点。因此,对哲学学术论文中高频词的统计便成了哲学研究热点分析的关键。下表4-15是对哲学发表的学术论文中高频关键词统计,然后依据词频降序排序并选出排名前50名的关键词得出的结果。

表4-15 哲学社科项目研究的高频关键词

编号	关键词	频次	编号	关键词	频次
1	马克思	351	26	科学发展观	71
2	马克思主义	183	27	文化产业	69
3	现代性	156	28	唯物史观	69
4	道德	138	29	伦理学	69
5	伦理	137	30	方法论	68
6	历史唯物主义	128	31	意义	68
7	价值	125	32	黑格尔	66
8	实践	119	33	全球化	65
9	意识形态	116	34	资本逻辑	65
10	大学生	113	35	辩证法	64
11	文化	111	36	朱熹	64
12	康德	109	37	形而上学	64
13	自由	107	38	发展	63
14	生态文明	106	39	理学	63
15	理性	92	40	市民社会	60
16	和谐社会	87	41	马克思主义中国化	59
17	正义	86	42	社会主义核心价值体系	59
18	政治哲学	86	43	价值观	58
19	儒家	84	44	资本	57
20	哲学	81	45	中国哲学	57
21	自然	80	46	平等	56
22	马克思主义哲学	73	47	《资本论》	56
23	主体性	72	48	孔子	56
24	科学	72	49	以人为本	56
25	技术	71	50	德性	55

从表4-15中可以看出,哲学中高频词频次差别较大,频次最高的词为"马克思",词频为351次,频次最低的词为"资本论",词频为55次。且呈现出词频差距逐渐缩小的趋势。从词频在100次以上的关键词中,我们可以大致归纳出,关于当前社会环境及热点的马克思主义是哲学研究的热点。

(6)哲学社科项目的高被引学术论文分析

本节讨论的重点是哲学社科项目的高被引学术论文。而论文高被引数据来源于 CNKI 学术论文数据库中提供的论文被引和下载频次。我们将其中被引频次排名前20的论文的基本信息编成表4-16。

表 4-16　哲学社科项目资助下的高被引论文分布

编号	论文标题名称	被引次数	下载次数
1	我国大学生心理健康教育研究的现状与展望	128	9920
2	国外低碳经济研究综述	117	6005
3	公共领域·公共利益·公共性	112	3127
4	"公共性"的价值信念及其文化理想	111	2410
5	"公共精神":培育当代民族精神的核心理论维度	108	1828
6	"复杂性"研究的若干哲学问题	108	819
7	网络行动的规定与特征——网络社会学的分析起点	101	1270
8	新时期大学生价值观演变的轨迹、特点及原因	100	3063
9	当代大众文化的本质特征	96	1062
10	企业 R&D 投入的影响因素:基于资源观的理论分析	92	711
11	新形势下大学生理想信念教育的问题与对策	79	3353
12	略论西方马克思主义的生态伦理价值观——兼论生态伦理的制度维度	79	1442
13	"文字上移":20 世纪 90 年代末以来中国乡村教育的新趋向	79	2660
14	政府是否是"经济人"?	78	918
15	对生态移民的理性思考——以浑善达克沙地为例	74	688
16	医患沟通的障碍	70	1041
17	当前我国网络舆论监督存在的问题和解决路径	69	2385
18	非物质文化遗产概念研究述论	68	1519
19	青少年学生的自立人格	68	1690
20	大学校园文化建设的价值取向	67	2549

在表 4-16 展示出的 20 篇文献中,被引频次超过 100 次的有 8 篇,其中一篇的被引频次达到了 128 次。其余论文的被引次数均在 60—99 次之间。另一方面,下载次数与论文被引次数并没有直接的关系,而其中两篇论文的下载次数达到了 5000 次,且最高达到 9920 次。从论文的标题内容看,"公共性"和"大学生"是哲学领域关注的重点,涉及"价值""经济""网络"等的研究。

4.5　小结

本研究在中国知网(CNKI)学术论文数据库中,通过限制研究项目的基金名与基金号,得到了关于哲学国家社科项目的基本信息,利用"自动分词""统计和内容分析"相结合的方法,从"项目基本信息""项目标题分析""项目结题情况"和"学术研究成果"四大方面对这些项目进行了系统的展示和探讨。其中"项目基本信息"包括年度资助情况、项目类型分布状况、项目负责人出现频次、项目负责人职称分布、项目承担单位分布情况;"项目标题分析"由标题字长分布、标题词长分布、高频词三个指标构成;"项目结题情况"模块讨论了项目结题时间跨度、项目专著的机构统计及项目结题评定结果；最后"学术研究成果"部分，展示了发表学术论文分布情况、发表学术论文期刊类型及刊载论文量的期刊分布、论文作者数量分布及高频作者分布、论文机构数量及高频机构分布、高频关键词、高被引论文分布的情况。上述讨论结果构成了哲学国家社科项目的大体框架。

总的来说，1991年以来的国家社科基金资助的哲学项目数量虽然出现过两次大幅度的波动，但总的趋势仍是上升的。哲学国家社科基金资助项目类型多为一般项目，这些项目多被各高校中的高级职称的学者承担，且绝大多数学者只主持过一次国家社科项目。因此，国家可以增大对青年项目的支持，并且鼓励多位学者的合作研究。

从项目标题角度看，哲学国家社科项目的标题字长多为11—16字间，14字最常见。词长多为4—10个词，6个词语的标题最常见。"马克思""马克思主义"是哲学国家社科项目关注的热点和常使用的关键词。

哲学国家社科项目存在大量的项目延期的现象，在已结题的项目中，结题时间跨度通常为3—5年。其专著出版社的分布呈现分散的趋势，人民出版社在该领域的专著出版中有明显优势。通过统计发现，国家对已结题的哲学国家社科项目的成果评定是比较严格的，近25%的社科项目都仅达到了"合格"等级。

在"学术研究成果"部分可以发现哲学国家社科项目研究的主力军。比如，从项目类型角度出发，一般项目立项数量多，占所有项目类型的51%，其产文量也是所有项目类型中最多的，比例为44.96%；从论文类型及其期刊分布角度看，绝大部分的学术成果类型是期刊，其中《哲学研究》这一期刊发文量最多；从作者数量及高频作者分布、作者机构及高频机构分布情况看，两个指标都是单个作者、单个机构承担和发表学术论文的比例最大，达到70%以上，两个作者及机构的比例在20%左右，相对缺乏三个及以上的作者和机构的合作，应鼓励多作者、多机构的交流和合作；从高频作者统计结果来看，蔡方鹿等人是这个领域较活跃的人物。各研究所、研究中心的总产文量占比为23.25%，可以看出，虽然研究所的承担项目数量不如各大高校，但是研究所的研究更为成熟，在哲学研究的成果领域牢牢地占有一席之地；从高被引论文的基本情况和研究热点的讨论中，可以得到如下结论：关于当前社会环境及热点的马克思主义是哲学研究的热点。

5 理论经济

5.1 理论经济国家社科项目基本信息

本文主要对理论经济的国家社科项目年度资助情况、项目类型分布、项目负责人出现频次、项目负责人的职称分布和各项目承担单位的分布几个方面进行统计,从而反映我国社科项目的一些基本信息。

(1)理论经济的国家社科项目年度资助情况分析

经过数据的收集和整合、大量人工和非人工的处理过程,本文得到了符合规范的一系列国家社科项目。表 5 - 1 列出了从 1991 年开始每年的理论经济社科项目数量分布。

表 5 - 1　理论经济国家社科项目的年度分布情况

编号	项目立项时间	项目资助数量	百分比	编号	项目立项时间	项目资助数量	百分比
1	1991	38	1.41%	13	2003	76	2.82%
2	1992	100	3.71%	14	2004	116	4.31%
3	1993	59	2.19%	15	2005	124	4.61%
4	1994	41	1.52%	16	2006	125	4.64%
5	1995	17	0.63%	17	2007	114	4.23%
6	1996	101	3.75%	18	2008	107	3.97%
7	1997	61	2.27%	19	2009	145	5.39%
8	1998	64	2.38%	20	2010	183	6.80%
9	1999	64	2.38%	21	2011	220	8.17%
10	2000	74	2.75%	22	2012	229	8.51%
11	2001	72	2.67%	23	2013	233	8.66%
12	2002	78	2.90%	24	2014	251	9.32%

从表中可以看出理论经济的社科项目呈阶段性增长的趋势。1991—1996 年的变化幅度较大,在 1995 年项目资助数量达到最低 17 个,占所有项目的 0.63%。1997—2003 年之间基本保持较为平缓的增长趋势,项目资助数量均为 70 个左右,所占百分比均在 2%—3% 之间,7 年间的最大变动幅度为 17 个项目。2004—2008 年间的变化幅度同样相对稳定,所占百分比在 4% 左右,2007 和 2008 年的数值相对下滑,2008 年跌到最低为 107 个。而 2009—2014 年之间整体呈指数增长趋势,2011—2013 年这三年数值基本稳定,所占百分比为 8%—9% 之间稳步增长,此外所占百分比相对上一年基本都增长了 1 个百分点。项目资助数量在 2014 年达到峰值为 251 个,所占百分比最高为 9.32%。

（2）理论经济的国家社科项目类型分布状况

我国的理论经济国家社科项目一共有 8 个类型,分别是成果文库、中华学术外译项目、后期资助项目、重大项目、西部项目、重点项目、青年项目和一般项目。各自项目数量所占百分比情况如下表所示:

表 5 – 2　项目类型分布状况表

编号	项目类型名称	项目数量	百分比
1	成果文库	14	0.52%
2	中华学术外译项目	32	1.19%
3	后期资助项目	64	2.39%
4	重大项目	87	3.25%
5	西部项目	168	6.27%
6	重点项目	257	9.59%
7	青年项目	645	24.07%
8	一般项目	1413	52.72%

由上表可见,所有项目类型中一般项目的项目数量远多于其他项目,项目数量达到 1413 个,所占百分比也超过所有项目类型的一半,占到 52.72%。其次项目数量比重较大的是青年项目,为 645 个,所占百分比为 24.07%。其他 6 个项目类型中,除了重点项目和西部项目占了相对较多的比重,分别为 9.59% 和 6.27%,其余 4 个成果文库、中华学术外译项目、后期资助项目和重大项目的项目数量较少,所占比重加起来也不足 10%。

（3）理论经济的国家社科项目负责人出现频次

根据收集并加工处理的数据,经过人工处理同名和同机构的项目负责人的情况后,得出理论经济领域的国家社科项目负责人出现频次分布情况,结果如表 5 – 3 所示。

表 5 – 3　国家社科项目负责人出现频次

编号	主持项目频次	具体人数分布	百分比
1	1	2146	89.98%
2	2	193	8.09%
3	3	33	1.38%
4	4	13	0.55%

如上表所示,主持项目最多的人数最少,主持过 4 个项目的负责人仅为 13 人,占所有项目负责人的 0.55%。主持项目最少也就是只主持过一个项目的人数最多为 2146 人,所占百分比高达 89.98%。此外,也有相当一部分人主持过两个项目,所占百分比为 8.09%。由此可以看出,主持项目次数越多的人数越少,绝大多数人都只主持过一个项目。

（4）理论经济的国家社科项目负责人职称分布

理论经济的国家社科项目负责人的职称一共有四种,包括正高级、副高级、中级和初级。

如表 5 - 4 所示:

表 5 - 4　国家社科项目负责人职称分布

编号	专业职务	人数	百分比
1	初级	3	0.16%
2	中级	329	17.42%
3	副高级	633	33.51%
4	正高级	924	48.91%

由表 5 - 4 可得,理论经济的国家社科项目负责人的职称大多是正高级、副高级,其中正高级所占比重最大,为 48.91% ,人数达到 924 人,副高级所占比重为 33.51% ,人数为 633人。此外,中级职称的负责人也有一定的比重,为 17.42% ,人数为 329 人。相反地,初级比重就非常低,仅为 0.16% ,人数也非常稀少,仅有 3 人。由表 5 - 4 可以看出,理论经济国家社科项目负责人中职称越高的人数越多,职称越低的负责人越少。

(5)理论经济的国家社科项目承担单位分布情况

本文对承担理论经济的国家社科项目数量进行降序排列,并在众多的承担单位中选取了排名前 50 的机构展示,如下表 5 - 5 所示:

表 5 - 5　承担国家社科项目的前 50 个单位分布情况

编号	单位名称	项目数量	编号	单位名称	项目数量
1	中国社会科学院	121	18	西安交通大学	25
2	中国人民大学	104	19	江西财经大学	24
3	复旦大学	81	20	辽宁大学	24
4	南开大学	80	21	首都经济贸易大学	23
5	厦门大学	65	22	中央财经大学	23
6	武汉大学	55	23	湘潭大学	22
7	上海财经大学	51	24	东北财经大学	21
8	西南财经大学	48	25	对外经济贸易大学	21
9	北京大学	46	26	河南省社会科学院	21
10	吉林大学	38	27	西北大学	21
11	南京大学	34	28	四川大学	20
12	北京师范大学	32	29	郑州大学	20
13	中南财经政法大学	32	30	中央党校	20
14	河南大学	30	31	山东大学	19
15	上海社会科学院	27	32	山东财经大学	18
16	湖南大学	26	33	中山大学	18
17	浙江大学	26	34	长沙理工大学	17

续表

编号	单位名称	项目数量	编号	单位名称	项目数量
35	暨南大学	17	43	湖南商学院	14
36	重庆大学	17	44	华东师范大学	14
37	湖北大学	16	45	南昌大学	14
38	清华大学	16	46	重庆工商大学	14
39	云南大学	16	47	华中科技大学	13
40	安徽财经大学	15	48	南京财经大学	13
41	河南财经政法大学	15	49	四川省社会科学院	13
42	河南大学	14	50	安徽大学	12

由表5-5可以看出,承担国家社科项目的单位绝大多数是各地区高校,在这50个机构中占到了45个,还有少量的各地区社会科学院为4个,党校仅有1个。

排名在1到14,也就是从中国社会科学院到河南大学中,项目数量均在30个及以上,从最高的121到30个,下降的幅度较大。而排名在15到30,也就是江西财经大学到中央党校,项目数量均在20多个,最大的变化幅度也就是7个,基本比较稳定。排名31到50的承担单位项目数量同样比较稳定,保持在十几个,最大的变化幅度也为7个。

在所有的承担单位中,中国社会科学院的项目数量最多,为121个,其次中国人民大学为104个,都是所有机构中项目数量过百的单位。而安徽大学的项目数量最少,仅为12个。

5.2 理论经济国家社科项目标题分析

本文通过计算机自动分词技术结合人工手动分词效果统计出了理论经济的国家社科项目的字长、词长和词频,以展示理论经济项目的标题的分布状况。

(1)理论经济的国家社科项目标题字的长度分布

通过统计每一个标题所包含的字的数量,本专著获取到了理论经济这一学科的社科项目标题的字的长度分布情况,具体字的长度分布见表5-6。

表5-6 社科项目标题字的长度分布

编号	标题字长度	项目数量分布	编号	标题字长度	项目数量分布
1	4	1	7	10	64
2	5	4	8	11	67
3	6	4	9	12	87
4	7	10	10	13	121
5	8	25	11	14	115
6	9	25	12	15	142

续表

编号	标题字长度	项目数量分布	编号	标题字长度	项目数量分布
13	16	165	28	31	25
14	17	179	29	32	24
15	18	179	30	33	25
16	19	154	31	34	16
17	20	177	32	35	13
18	21	152	33	36	13
19	22	181	34	37	4
20	23	146	35	38	5
21	24	112	36	39	15
22	25	105	37	40	7
23	26	83	38	41	3
24	27	84	39	42	2
25	28	60	40	44	1
26	29	57	41	50	1
27	30	40	42	---	---

　　由表 5－6 可以看出,理论经济国家社科项目的标题长度都在 4—50 字之间,字最短和最长的项目数量都较为稀少,4 个字和 50 个字的项目数量都只有 1 个。大部分的项目的字长都集中在 13—22 字之间,此区间的项目数量均在 100 个以上,22 字长的达到最高点,项目数量为 181 个。

(2)理论经济的国家社科项目标题词的长度分布

　　除了字长之外,本文还对项目的标题词长进行了统计分析,以便深入挖掘课题的研究意义,如下表所示:

表 5－7　理论经济国家社科项目标题词的长度分布情况

编号	标题词长度	项目数量分布	编号	标题词长度	项目数量分布
1	2	4	14	15	89
2	3	20	15	16	71
3	4	76	16	17	38
4	5	157	17	18	29
5	6	183	18	19	27
6	7	257	19	20	18
7	8	297	20	21	18
8	9	303	21	22	4
9	10	284	22	23	4
10	11	270	23	24	1
11	12	211	24	25	1
12	13	201	25	26	1
13	14	128	26	29	1

从表中可以看出,词长的分布规律和字长相似,都是词长最短和最长的项目数量最为稀少,词长为 2 词的项目只有 4 个,而词长为 29 词的项目数量更是仅有 1 个。大部分的词长分布在 7—13 词之间,这个区间的项目数量都在 200 个以上,占所有项目数量的绝大多数,其中词长为 9 词的项目数量更是达到峰值,有 303 个。整个词长的分布情况呈先增长后下降的趋势。

(3)理论经济的国家社科项目标题高频词分析

本文通过分词得到的数据,还统计出了标题中的词汇的出现频次,并按降序的方式对频次排列,筛选出排名前 50 的标题的词汇展示,以深入分析国家社科项目标题的高频词的分布状况。

表 5 - 8　社科项目标题中的前 50 个高频词

编号	标题中的词汇	频次	编号	标题中的词汇	频次
1	的	1580	26	创新	136
2	研究	1391	27	对	133
3	与	1194	28	企业	128
4	经济	838	29	西部	125
5	发展	603	30	分析	124
6	中国	564	31	机制研究	124
7	我国	371	32	基于	123
8	理论	333	33	国际	118
9	、	277	34	对策研究	106
10	下	251	35	机制	105
11	和	250	36	经济增长	103
12	及	243	37	改革	101
13	区域	241	38	市场	100
14	产业	227	39	"	98
15	中	207	40	"	98
16	问题研究	192	41	:	96
17	结构	189	42	影响	96
18	政策	186	43	开发	94
19	制度	182	44	视角	92
20	战略	157	45	实证	92
21	经济学	153	46	社会	91
22	地区	149	47	农村	90
23	金融	141	48	体系	88
24	——	141	49	及其	86
25	新	137	50	城乡	84

从表中可以看出,标点符号也占据了高频词的一个部分,可以得出项目的标题不少都带有标点符号,不过这对统计分析高频词来说并没有实际意义。词频排名前三的词汇是"的""研究"和"与",其中"的"和"与"都不是有实际意义的词,分别是结构助词和连词,所以标题词汇中出现的有实际意义的最频繁的词是"研究"。在不考虑标点符号和一些助词、连词等没有实际意义的词汇的基础上,可得出理论经济的研究热点是中国经济发展的理论,其中,区域产业是较为关注的热点。

5.3　理论经济国家社科项目的结项情况统计

本文主要从项目的结项时间跨度、专著出版机构的统计分析和结项评定结果三个方面来展示理论经济的国家社科项目的结项情况。

(1)理论经济的国家社科项目结项时间跨度

项目结项的时间跨度也就是项目立项到结项之间的时间跨度,以年为单位,并统计出每个时间跨度对应的项目数量。本文选取的是结项时间跨度在 8 年及以内的社科项目,如下表所示:

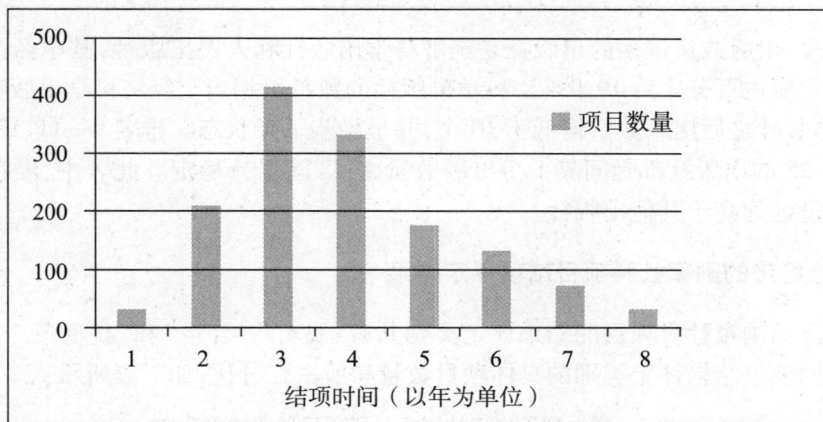

图 5-1　理论经济社科项目结项时间跨度分布图

由上图可以看出,理论经济项目跨度和项目数量大体呈正太分布的趋势,时间为 1 年时,项目数量对应最少的 37 个,到时间为 3 年时,明显高于其他时间,到达最高峰 417 个,之后又逐步下降至最低值同样是 37 个。也就是说在 1 年之内结项和延续到 8 年之久的项目较为稀少,大部分的项目都在 3、4 年之间完成。

(2)出版理论经济国家社科项目专著的机构统计分析

本文对专著出版社出版数量统计并进行降序排列,展示出所有出版社对应的出版数量,如下表所示:

表 5 – 9　出版理论经济专著的前 25 个单位

编号	出版社名称	出版数量	编号	出版社名称	出版数量
1	经济科学出版社	50	14	西南财经大学出版社	6
2	人民出版社	28	15	上海财经大学出版社	6
3	中国财政经济出版社	20	16	北京大学出版社	6
4	中国人民大学出版社	18	17	重庆出版社	5
5	中国经济出版社	16	18	北京师范大学出版社	5
6	科学出版社	11	19	浙江大学出版社	5
7	中国社会科学出版社	9	20	江西人民出版社	5
8	上海人民出版社	8	21	吉林人民出版社	4
9	经济管理出版社	7	22	天津人民出版社	4
10	四川大学出版社	7	23	高等教育出版社	4
11	商务印书馆	7	24	经济日报出版社	4
12	社会科学文献出版社	6	25	新疆人民出版社	4
13	清华大学出版社	6	26	——	——

根据上表，出版数量最多的出版社是经济科学出版社和人民出版社，其中经济科学出版社的出版数量所占百分比约 19.9%。科学出版社的数量仅相当于经济科学出版社的五分之一，从科学出版社之后出版数量均低于 10 个，并呈稳步下降状态。排名 9—11、12—16、17—20 以及 20—25 的出版社都是间隔 1 个出版数量，各区间保持稳定。此表中，经济科学出版社的出版数量远远高于其他出版社。

(3) 理论经济的国家社科项目结项评定结果

理论经济的国家社科项目的结果评定类别共有"良好""合格"和"优秀"三个类别。本文统计出不同项目结果评定类别的具体项目数量和所占百分比，如下表所示：

表 5 – 10　理论经济的国家社科项目评定结果分布

编号	项目结果评定类别	具体项目数量	百分比
1	良好	438	52.71%
2	合格	258	31.05%
3	优秀	135	16.25%

由上表可以看出，理论经济的国家社科项目结果评定类别为良好的具体项目数量为 438 个，所占百分比高达一半以上，为 52.71%。而评定为优秀的项目数量最少为 135 个，仅占 16.25%。这说明越优秀的项目越稀少，也可看出项目结果评定为优秀的标准更高。

5.4 理论经济国家社科项目学术研究成果统计

本文通过得到的数据统计分析,展示了"不同理论经济项目发表论文数量分布情况""理论经济社科项目发表学术论文类型情况""发表理论经济社科项目论文前 50 的期刊分布""理论经济学术论文作者数量分布情况""学术论文高频作者分布表""理论经济学术论文机构数量分布情况""学术论文高频机构分布表""理论经济社科项目研究的高频关键词""理论经济社科项目资助下的高被引论文分布"。

(1)不同理论经济项目发表论文数量分布情况

本文列举了 7 种类型的社科项目和成果文库的发表论文数量及所占的百分比,揭示了不同项目发表论文数量的特点。可参见下表:

表 5 – 11　不同社科项目发表学术论文数量的分布情况

编号	项目类型	发表论文数量	百分比
1	一般项目	7808	48.65%
2	青年项目	3993	24.88%
3	重点项目	1807	11.26%
4	重大项目	1186	7.39%
5	西部项目	1007	6.27%
6	后期资助项目	169	1.05%
7	成果文库	48	0.30%
8	中华学术外译项目	30	0.19%

由上表可以看出,一般项目的发表论文数量是 7808 篇,所占百分比为 48.65%,遥遥领先于其他项目,接近全部发表论文的一半。青年项目紧追其后,有 3993 篇,占 24.88%。重点项目、重大项目和西部项目保持着一定的比重,不过仍然和前两个相差甚远。而成果文库和中华学术外译项目的发表论文数量更是稀少,均不足 1%,加起来也不到百篇。由此可看出,项目类型中一般项目和青年项目的比重最大,最具影响力。

(2)理论经济项目所发表论文的类型及期刊分布情况

理论经济的社科项目发表学术论文类型共有期刊论文和会议论文两种,由下表可看出两种类型的论文数量和所占百分比。

表 5 – 12　理论经济社科项目发表学术论文类型情况

编号	论文类型	论文数量	百分比
1	期刊	15728	97.93%
2	会议	332	2.07%

由上表可以看出,期刊论文的论文数量为 15728 篇,所占百分比高达 97.93%,远远高于会议论文的数量,相当于会议论文数量的 47 倍。会议论文仅有 332 篇,所占百分比仅为 2.07%,相当稀少。这说明二者之间更广泛发表并具有影响力的是期刊论文。

本文根据相关数据,统计出不同期刊的论文数量并进行降序排列,如表 5 - 13 展示出排名在前 50 的期刊的分布情况。

表 5 - 13　发表理论经济社科项目论文前 50 的期刊分布

编号	期刊名称	论文数量	编号	期刊名称	论文数量
1	统计与决策	224	26	财经科学	87
2	经济问题探索	203	27	华东经济管理	86
3	国际贸易问题	182	28	经济经纬	85
4	经济学动态	182	29	商业时代	84
5	经济研究	164	30	经济评论	83
6	经济学家	153	31	经济体制改革	83
7	中国工业经济	148	32	中国人口·资源与环境	82
8	当代经济研究	141	33	生态经济	79
9	财经研究	140	34	经济与管理研究	78
10	经济纵横	134	35	金融研究	76
11	管理世界	132	36	现代经济探讨	74
12	世界经济研究	131	37	山西财经大学学报	73
13	数量经济技术经济研究	119	38	现代管理科学	73
14	经济理论与经济管理	110	39	财贸研究	72
15	世界经济	109	40	改革	70
16	商业研究	107	41	当代经济科学	69
17	经济管理	105	42	财经理论与实践	69
18	财贸经济	105	43	软科学	68
19	中国软科学	105	44	经济学(季刊)	67
20	经济地理	103	45	工业技术经济	65
21	当代财经	100	46	国际经贸探索	64
22	科技进步与对策	100	47	经济社会体制比较	64
23	生产力研究	94	48	制度经济学研究	63
24	科技管理研究	93	49	财经问题研究	63
25	经济问题	87	50	中央财经大学学报	63

《统计与决策》《经济问题探索》两种期刊的论文数量最多,均在 200 篇以上。而到《生产力研究》期刊的论文数量已经不到百篇了,也就是论文数量 100 到 200 之间的期刊共有 20 个。表中论文数量最少的期刊分别是《制度经济学研究》《财经问题研究》和《中央财经大学学报》,均只有 63 篇。

(3)理论经济项目所发表论文的作者分布情况

一篇论文的作者可能是一人至数人,分析发表论文的作者数量的分布,可以反映出作者之间的合作关系,如表5-14可以看出不同作者数量对应的论文数量及所占的百分比。

表5-14 理论经济学术论文作者数量分布情况

编号	作者数量	论文数量	百分比
1	1	5791	36.23%
2	2	6949	43.48%
3	3	2742	17.16%
4	4	415	2.60%
5	5	85	0.53%

由上表可以看出作者数量为两人的论文数量最多,论文有6949篇,占所有论文的43.48%,说明大部分的论文都是由两个作者合作完成的。紧接着,作者数量为1的论文数量紧追其后,有5791篇,占36.23%。作者数量为1人和两人的共占79.71%,也就是所有论文数量的大部分。此外,有相当一部分论文的作者数量是3人,它的百分比占到了17.16%。而作者数量为4和5人的论文数量就非常稀少了,加起来也不到4%。也就是说,大部分论文都有1个或两个作者,少部分有3个作者,3个作者以上的论文非常稀少。

本文在对理论经济项目发表论文的作者分析中,进一步统计出了高频作者的发表频次并降序排列,展示了排名前50名的作者的分布状况。如下表所示:

表5-15 学术论文高频作者分布表

编号	作者姓名	频次	编号	作者姓名	频次
1	陈柳钦	78	15	熊鹏	44
2	黄鲁成	74	16	陈钊	43
3	欧阳峣	70	17	谢赤	43
4	胡宗义	67	18	刘亦文	42
5	刘志彪	62	19	王克强	42
6	生延超	59	20	梅强	41
7	张杰	57	21	马宇	41
8	陆铭	57	22	刘刚	41
9	徐康宁	52	23	李炳炎	38
10	张爱国	50	24	陈继勇	37
11	苗长虹	50	25	朱金鹤	37
12	段军山	48	26	卢现祥	37
13	范从来	45	27	魏后凯	37
14	李国平	44	28	胡健	36

续表

编号	作者姓名	频次	编号	作者姓名	频次
29	葛扬	36	40	王林辉	33
30	胡海峰	35	41	保建云	33
31	赵伟	35	42	高帆	32
32	刘红梅	35	43	刘金全	32
33	崔登峰	35	44	耿志民	32
34	洪名勇	35	45	董直庆	32
35	景普秋	35	46	许和连	32
36	易先忠	35	47	刘建江	31
37	张桂文	34	48	安树伟	31
38	张平	33	49	周靖祥	31
39	刘华军	33	50	李季刚	31

由上表可以看出,陈柳钦、黄鲁成、欧阳崤三位作者出现的频次最高,并且出现频次均在70次以上。整体作者的出现频次呈缓慢下降趋势,出现频次最少的作者为刘建江、安树伟、周靖祥、李季刚,均出现31次。排名前50的作者中从23到50,也就是有28名作者的出现频次在31—38次之间,也就是大多数作者所在的区间,说明大多数的作者出现的频次在30多次左右。而排名前三的作者的出现频次遥遥领先于大多数其他作者。

(4)理论经济项目所发表论文的作者机构分布情况

与发表论文的作者的分布相似,发表论文的机构也存在一篇论文由一个或多个机构共同发表的分布状况。如表5-16可见不同论文机构数量对应的不同发表论文数量及所占百分比。

表5-16　理论经济学术论文机构数量分布情况

编号	论文机构数量	发表论文数量	百分比
1	1	9276	58.47%
2	2	4239	26.72%
3	3	1856	11.70%
4	4	325	2.05%
5	5	169	1.07%

由上所见,论文机构数量为1个的发表论文数量最多为9276篇,所占百分比高达58.47%,超出所有发表论文数量的一半以上。机构数量为两个和3个的发表论文数量分别为4239和1856篇,所占百分比分别为26.72%和11.70%,也占了相当一部分的比重。而论文机构数量为4个和5个的就非常稀少,加起来的比重也不超过4%。所以,大部分的论文都是由对应的一个机构发表的,并有相当一部分是由两个或3个机构合作发表的,而4个及以上的机构合作发表论文的情况非常稀少。

本文根据统计出的发表机构的相关数据,得出不同机构的论文数量并降序排列出排名前20的机构,如下表所示:

表 5-17　学术论文高频机构分布表

编号	单位名称	论文数量	编号	单位名称	论文数量
1	南京大学经济学院	228	11	中南财经政法大学经济学院	139
2	中国人民大学经济学院	205	12	西北大学经济管理学院	136
3	南京大学商学院	174	13	北京师范大学经济与工商管理学院	127
4	南开大学经济学院	174	14	湖南大学工商管理学院	118
5	西安交通大学经济与金融学院	172	15	四川大学经济学院	109
6	湖南大学经济与贸易学院	172	16	暨南大学经济学院	105
7	武汉大学经济与管理学院	161	17	湘潭大学商学院	105
8	东南大学经济管理学院	159	18	复旦大学管理学院	104
9	复旦大学经济学院	141	19	吉林大学数量经济研究中心	104
10	重庆大学经济与工商管理学院	139	20	吉林大学商学院	98

南京大学经济学院和中国人民大学经济学院的论文数量最多,均在200篇以上。排名20的吉林大学商学院的论文数量最少为98篇,也就是排名前20的机构的发表论文的数量都超过100或接近100篇。排名第三的南京大学商学院相比第二名少了近30篇论文,之后论文数量的减少较为平缓,变化幅度均不超过10篇。可以得出,南京大学经济学院和中国人民大学经济学院的发表论文数量超过其他机构不小一段距离。

(5)理论经济社科项目的研究热点分析

本文通过分析关键词的形式来分析理论经济社科项目的研究热点,统计出项目研究的词频并降序排列,展示了排名前50的关键词的词频分布,结果如下。

表 5-18　理论经济社科项目研究的高频关键词

编号	关键词	频次	编号	关键词	频次
1	经济增长	673	11	人力资本	143
2	城市化	200	12	区域经济	140
3	产业集群	192	13	全要素生产率	131
4	产业结构	189	14	对策	125
5	技术创新	158	15	收入分配	121
6	可持续发展	148	16	工业化	117
7	影响因素	148	17	货币政策	117
8	城镇化	147	18	技术进步	112
9	经济发展	143	19	外商直接投资	111
10	中国	143	20	通货膨胀	106

续表

编号	关键词	频次	编号	关键词	频次
21	面板数据	104	36	制度	81
22	FDI	103	37	制度变迁	78
23	自主创新	102	38	低碳经济	75
24	金融危机	98	39	对外直接投资	75
25	金融发展	97	40	城乡收入差距	73
26	制造业	96	41	比较优势	70
27	产业转移	95	42	产业升级	69
28	中小企业	91	43	经济转型	69
29	创新	90	44	西部地区	69
30	产业集聚	88	45	社会资本	69
31	国有企业	84	46	区域差异	68
32	收入差距	84	47	新疆	67
33	协调发展	82	48	实证分析	67
34	战略性新兴产业	82	49	指标体系	64
35	农民工	81	50	基尼系数	64

"经济增长"的词频最高为 673 次,显著高于其他关键词,相对于排名第二的"城市化"词频仅为 200,明显低于"经济增长"。可见"经济增长"是理论经济国家社科项目的一大研究热点。排名 3 和 4 的"产业集群"和"产业结构"的词频差距不大,而第 5 名的词频比第 4 名少了 31 个,除此之外词频下降的趋势就较为平缓了,相邻排名之间的下降幅度均不超过 10 个。因此,可以基本得出"经济增长"是理论经济国家社科项目的一大研究热点,而"城市化""产业集群"和"产业结构"也有较高的关注度。

(6)理论经济社科项目的高被引学术论文分析

本文收集了理论经济国家社科项目的论文的被引次数并降序排列,整理出了排名前 20 的被引论文的次数及下载次数,如下表所示:

表 5 - 19 理论经济社科项目资助下的高被引论文分布

编号	论文标题名称	被引次数	下载次数
1	自然资源丰裕程度与经济发展水平关系的研究	745	7277
2	中国二氧化碳的环境库兹涅茨曲线预测及影响因素分析	618	8691
3	外商直接投资与技术外溢:基于吸收能力的研究	586	5154
4	中国转型期生产性服务业发展与制造业竞争力关系研究——基于面板数据的实证分析	480	6370
5	中国区域经济差异的时空尺度分析	439	3879

编号	论文标题名称	被引次数	下载次数
6	经济增长的源泉：人力资本、研究开发与技术外溢	428	6079
7	生产性服务业与制造业互动发展：文献综述	405	6905
8	成长性、成熟性和衰退性产业上市公司并购绩效的实证分析	389	2751
9	全球代工体系下发展中国家俘获型网络的形成、突破与对策——基于 GVC 与 NVC 的比较视角	355	3276
10	中国区域环境效率与环境全要素生产率增长	351	7794
11	经济增长与环境污染——环境库兹涅茨曲线假说的中国检验	351	5028
12	生产者服务业发展与制造业效率提升：基于地区和行业面板数据的经验分析	338	4696
13	国际贸易、污染产业转移和中国工业 CO_2 排放	332	8252
14	国际技术溢出：基于进口传导机制的实证研究	322	1470
15	A、B 股之间的信息流动与波动溢出	310	2130
16	金融发展与中国经济增长——基于跨地区动态数据的实证研究	305	3295
17	税收竞争、地区博弈及其增长绩效	302	5881
18	分割市场的经济增长——为什么经济开放可能加剧地方保护？	289	6306
19	经济增长与环境污染：基于面板数据的联立方程估计	283	4920
20	中国战略性新兴产业培育及其政策取向	281	4966

　　由上可见，排名第一的论文的被引次数为 745 次，超过第二名 127 次，差距相对较大。在排名前 20 的论文中，被引次数超过 500 次的前三篇论文，排名 4—7 之间的论文的被引次数均在 400—500 次之间，排名 8—17 的论文的被引次数均在 300—400 次之间，而最后三篇论文基本稳定在 280—290 次之间。可以看出，被引次数在 300—400 次之间的论文有 9 篇，也就是占了大多数，这 20 篇论文反映出大部分论文的被引次数在 300—400 次之间，超过 500 次的和低于 300 次的论文数量都很少。

　　从排名第二的论文下载次数第一，排名 13 的下载次数第二可以看出，被引次数和下载次数之间并没有必然的联系，不是被引次数越多下载次数就越多。

5.5　小结

　　本文收集理论经济数据，利用人工自动分词技术，辅助非人工手动筛选以及相应的统计分析方法整理出基础数据，以"项目基本信息""项目标题分析""项目结题情况"和"学术研究成果"四个方面为基本框架，深入分析理论经济的国家社科项目的分布状况，展示了理论经济社科项目的各方面的特点和变化趋势。

　　本文通过分析表格的形式来阐释理论经济国家社科项目各方面的内容。基本框架中"项目基本信息"主要包括年度资助情况分析、项目类型分布状况、负责人出现频次、负责人职称分布、承担单位分布情况，"项目标题分析"则包括标题字的长度分布、标题词的长度分布、标题高频词，"项目结题情况"介绍了项目结项时间跨度、专著的机构统计分析、结项评定结果，"学术研究成果"则涵盖了发表论文数量分布情况、类型及期刊分布情况、作者分布情况、作者机构分布情况、目的研究热点分析、高被引学术论文分析等，全面而深入地分析了理论经济的国家社科项目方面的内容。

综合全文，可以得出一些理论经济的国家社科项目的相关结论。理论经济的国家社科项目正呈逐年增长趋势，其中一般项目类型更是占了很大的比重。主持项目次数越多的人数越少，绝大多数人都只主持过一个项目。理论经济国家社科项目负责人中职称越高的人数越多，职称越低的负责人越少，负责人中正高级、副高级职称的人数居多。承担项目的机构的分布情况是，中国社会科学院的项目数量最多，为 121 个，其次中国人民大学为 104 个，都是所有机构中项目数量过百的单位。

大部分的项目的字长都集中在 13—22 字之间。而大部分的词长分布在 7—13 词之间，这个区间的项目数量都在 200 个以上，占所有项目数量的绝大多数。理论经济的研究热点是中国经济发展的理论，其中区域产业是较为关注的热点。项目结项时间跨度分布中大部分的项目都在 3、4 年之间完成。出版数量最多的出版社是经济科学出版社和人民出版社。从项目评定的结果得出，越优秀的项目越稀少，也可看出项目结果评定为优秀的标准更高。

项目类型中一般项目和青年项目的比重最大，最具影响力。期刊论文和会议论文两者之间更广泛发表并具有影响力的是期刊论文。在发表项目论文的期刊分布中"统计与决策""经济问题探索"两种期刊的论文数量最多，均在 200 篇以上。从论文作者分布情况来看，大部分论文都有一个或两个作者，少部分有 3 个作者，3 个作者以上的论文非常稀少。陈柳钦、黄鲁成、欧阳崤三位作者出现的频次最高。部分的论文都是由对应的一个机构发表的，并有相当一部分是由两个或 3 个机构合作发表的，而 4 个及以上的机构合作发表论文的情况非常稀少。学术论文高频机构分布中，南京大学经济学院和中国人民大学经济学院的论文数量最多，均在 200 篇以上。"经济增长"是理论经济国家社科项目的一大研究热点，而"城市化""产业集群"和"产业结构"也有较高的关注度。大部分论文的被引次数在 300—400 次之间，超过 500 次的和低于 300 次的论文数量都很少，被引次数和下载次数之间并没有必然的联系，不是被引次数越多下载次数就越多。

6 应用经济

6.1 应用经济国家社科项目基本信息

本文主要通过对应用经济方面的国家社科项目年度资助情况、社科项目类型分布、项目负责人出现频次、项目负责人的职称分布和各项目承担单位的分布这几个方面的统计分析，综合反映出我国社科项目的一些基本信息情况。

（1）应用经济的国家社科项目年度资助情况分析

首先经过电脑程序对数据进行抓取、收集并整理，再用人工的方式去除不符合规范的一系列项目以后，本文一共得到 4762 个应用经济方向的国家社科基金项目。表 6 - 1 列出了每年的应用经济社科项目的数量分布情况。

表 6 - 1　应用经济国家社科项目的年度分布情况

编号	项目立项时间	项目资助数量	百分比	编号	项目立项时间	项目资助数量	百分比
1	1991	99	2.08%	13	2003	147	3.09%
2	1992	121	2.54%	14	2004	177	3.72%
3	1993	80	1.68%	15	2005	183	3.84%
4	1994	67	1.41%	16	2006	195	4.09%
5	1995	21	0.44%	17	2007	295	6.19%
6	1996	174	3.65%	18	2008	336	7.06%
7	1997	86	1.81%	19	2009	269	5.65%
8	1998	98	2.06%	20	2010	272	5.71%
9	1999	105	2.20%	21	2011	334	7.01%
10	2000	151	3.17%	22	2012	399	8.38%
11	2001	149	3.13%	23	2013	397	8.34%
12	2002	190	3.99%	24	2014	417	8.76%

从上表中可以反映出应用经济的社科项目近年来呈现出了指数的增长模式。即从1991—2002 年，每年申请立项的项目不稳定，存在一定的波动。而在 1995 年时数值达到最低，这一年仅申请了 21 个项目，占所有项目的 0.44%。在 2002 年时数值达到最高，这一年申请了高达 190 个项目。2003—2008 年之间，项目申请数量已经基本处于平缓增长的态势。但是到了 2009 年，申请项目的数量又有所下降，下降了 67 项。2010 年以后应用经济每年立项的课题又有了逐年增长的趋势，比前一年平均要多申请 100 多个项目。立项课题在 2014年达到峰值，有 417 个，占所有项目的 8.76%。

（2）应用经济的国家社科项目类型分布状况

应用经济的国家社科项目类型总共有 8 种,分别是成果文库、中华学术外译项目、后期资助项目、重大项目、重点项目、西部项目、青年项目和一般项目。具体的类型项目数量分布情况可以参见表 6 – 2。

表 6 – 2　项目类型分布状况表

编号	项目类型名称	项目数量	百分比
1	成果文库	14	0.30%
2	中华学术外译项目	22	0.47%
3	后期资助项目	45	0.96%
4	重大项目	152	3.23%
5	重点项目	350	7.43%
6	西部项目	371	7.88%
7	青年项目	1145	24.30%
8	一般项目	2612	55.44%

从表 6 – 2 中,明显可以看出占据了应用经济国家社科基金项目中的主要项目类别是一般项目,它的比重高达 55.44%,有 2612 项。其次占比较大的是青年项目,在所有项目里也有 24.30% 的比例,有 1145 项。重点项目和西部项目申请数目比较相似,平均每项有 7.6%。成果文库和中华学术外译项目申请数目也比较相似,平均每项有 0.39%。而成果文库、中华学术外译项目、后期资助项目、重大项目所占比例很小,加起来也只占总项目的 4.96%。

（3）应用经济的国家社科项目负责人出现频次

为了严谨地了解应用经济的国家社科项目负责人所出现的频次,首先综合考虑到同名和同机构项目承担者的情况后,再进行人工整理数据,得到在应用经济领域的研究者主持项目的频次分布情况。如表 6 – 3。

表 6 – 3　国家社科项目负责人出现频次

编号	主持项目频次	具体人数分布	百分比
1	1	3432	85.99%
2	2	449	11.25%
3	3	89	2.23%
4	4	21	0.53%

由上表可知,在应用经济国家社科项目中,主持过项目最多的人有 21 个,他们每人均主持过 4 个项目。但是这些负责人只占总体负责人的 0.53%。而绝大多数情况下,一个人一般只主持过一个社科项目,这批人数占总体项目负责人的 85.99%。这个分布与由美国学者 A. J. 洛特卡在 20 世纪 20 年代率先提出的洛特卡定律所描述的发表文章数量的作者数分布

非常相似,即主持过 n 个项目的国家社科项目负责人数占所有负责人的比例与其所负责的项目数 n 的平方成反比。

(4)应用经济的国家社科项目负责人职称分布

对所有应用经济国家社科项目负责人的职称进行统计,负责人职称分布包括正高级、副高级、中级和初级四种。如表 6-4。

表 6-4　国家社科项目负责人职称分布

编号	专业职务	人数	百分比
1	初级	4	0.12%
2	中级	517	14.89%
3	副高级	1249	35.96%
4	正高级	1703	49.04%

由上表可知,其中由正高级的研究人员所主持的项目比重最高,高达 49.04%,已接近总体的二分之一。其次是副高级的研究人员,比重也达到了总体的 35.96%。他们两个加起来占到总体的 85%,超过了总体的五分之四。中级职称的负责人占总体比例的 14.89%。而初级职称的负责人人数最为稀少,仅有 4 人,不到总体的 1%。

(5)应用经济的国家社科项目承担单位分布情况

经过统计发现,承担应用经济国家社科项目的单位数量很大,在此,只展示了承担国家社科项目排名前 50 名的机构,这 50 个机构总共负责了 2231 个项目,也占到了应用经济所有社科项目的二分之一左右。且本文按照各机构主持项目的数量进行降序排列。结果如表6-5。

表 6-5　承担国家社科项目的前 50 个单位分布情况

编号	单位名称	项目数量	编号	单位名称	项目数量
1	中国社会科学院	158	13	四川省社会科学院	55
2	中国人民大学	154	14	武汉大学	53
3	西南财经大学	86	15	湖南大学	46
4	浙江大学	79	16	吉林大学	44
5	中南财经政法大学	77	17	北京大学	43
6	南开大学	76	18	复旦大学	42
7	厦门大学	70	19	湖南商学院	42
8	江西财经大学	69	20	对外经济贸易大学	40
9	上海财经大学	63	21	中山大学	39
10	东北财经大学	62	22	山东财经大学	38
11	西安交通大学	59	23	重庆大学	37
12	四川大学	58	24	中央财经大学	37

续表

编号	单位名称	项目数量	编号	单位名称	项目数量
25	上海社会科学院	37	38	郑州大学	26
26	河南财经政法大学	33	39	暨南大学	26
27	首都经济贸易大学	32	40	中国农业大学	25
28	华南农业大学	32	41	清华大学	25
29	安徽财经大学	31	42	中央党校	25
30	南京大学	30	43	华东师范大学	25
31	山东大学	29	44	上海交通大学	25
32	华中农业大学	29	45	北京工商大学	24
33	财政部	29	46	河南大学	23
34	重庆工商大学	29	47	中国人民银行	23
35	浙江财经大学	26	48	河北省社会科学院	23
36	西南大学	26	49	河南省社会科学院	23
37	天津财经大学	26	50	辽宁大学	22

由上表可以看出,在申请国家社科基金项目的所有机构当中,有42个为各地区高校,所以应用经济国家社科项目申请和承担主要集中在各地区的高校里。还有其次申请较多的有社会科学院,有5所。另外中国人民银行、中央党校、财政部也参与其中,共申请了77个项目。

按照布拉德福定律可以将主持应用经济国家社科项目的机构大概分为核心区、相关区和非相关区3个区,每个区大概均有750个项目左右。核心区也就是应用经济研究的领头单位。排名靠前8位的机构是核心区,从中国社会科学院到江西财经大学,他们每个机构至少承办了69项应用经济国家社科基金课题,可以说这些单位是应用经济研究的核心机构,有着极强的竞争力和研究能力。从排名第9到24名的科研机构是相关区,即从上海财经大学到中央财经大学,他们承办课题的平均数为47.19。非相关区从上海社会科学院到辽宁大学,即为排名第25到50名的科研机构。这些学校平均申请项目的数量为27.19。

在上表中所有科研机构当中,主持应用经济国家社科项目最多的是中国社会科学院,立项数有158个,中国人民大学紧随其后,也负责过154个项目,这两所科研机构都属于应用经济研究的领先单位。而辽宁大学所负责的项目就相对较少了。

6.2 应用经济国家社科项目标题分析

为了研究发现应用经济这一领域的研究热点,本文通过自动分词技术对应用经济国家社科项目标题的字长、词长和词频进行了统计分析,从而获得应用经济课题的标题特点。

（1）应用经济的国家社科项目标题字的长度分布

通过汉字编码的格式，对应用经济国家社科项目标题的字长进行了统计，得到结果如下表。

表 6 - 6　社科项目标题字的长度分布

编号	标题字长度	项目数量分布	编号	标题字长度	项目数量分布
1	5	1	20	24	205
2	6	8	21	25	162
3	7	1	22	26	132
4	8	47	23	27	119
5	9	34	24	28	102
6	10	117	25	29	92
7	11	108	26	30	62
8	12	150	27	31	45
9	13	173	28	32	36
10	14	253	29	33	31
11	15	284	30	34	23
12	16	290	31	35	17
13	17	327	32	36	23
14	18	324	33	37	18
15	19	365	34	38	17
16	20	352	35	39	16
17	21	314	36	40	18
18	22	250	37	41	4
19	23	240	38	42	1

很明显可以看出，应用经济的社科项目标题长度一般都在 13—25 个字之间，平均 290 篇左右。其中，标题字数在 17—21 个字之间的项目数量最多，都达到了 300 篇以上。19 个字的标题项目数量最多，有 365 篇。但是，标题字数在 5 个字、7 个字、42 个字的项目数量最少，都只有 1 篇。41 个字的项目有 4 篇。由上表可以看出，标题字数大致服从左偏的正态分布，越往两边（标题字数过多或过少）项目的篇数越少，越往中间项目数量越多，到 19 个字时达到峰值。

（2）应用经济的国家社科项目标题词的长度分布

除了标题的字长之外，对于一个文本而言，单词的分布情况也很重要。通过利用自动分词技术对标题进行处理，并统计词长和词频，以便对应用经济方向的国家社科课题的标题有更进一步研究。项目标题的词长分布如表 6 - 7。

表6-7 应用经济国家社科项目标题词的长度分布情况

编号	标题词长度	项目数量分布	编号	标题词长度	项目数量分布
1	3	10	13	15	209
2	4	62	14	16	137
3	5	179	15	17	89
4	6	268	16	18	72
5	7	352	17	19	38
6	8	484	18	20	39
7	9	526	19	21	31
8	10	565	20	22	18
9	11	575	21	23	12
10	12	450	22	24	4
11	13	363	23	25	4
12	14	271	24	26	2

通过将标题词长排序可以明显发现,它也呈现一个左偏的正态分布趋势,即标题的词长在3—11个词之间迅速增长,11个词时达到峰值,有575篇项目标题。而在标题有11个词之后,出现了缓慢减少的趋势,直到标题词到达15个词之后,出现了急速递减的情况。而标题词多于23个词以后,项目数量便少之又少了,仅有10篇。由上表可以发现,标题有11个词的项目数量最多,有575篇,标题有26个词的项目数量最少,仅有两篇。

(3)应用经济的国家社科项目标题高频词分析

接着为了对词汇的分布有更深刻的认识,并且对标题内容也有更具体的分析,在对标题进行分词的基础上,对其中分布的单词词频进行了统计,下表对得到的词频分布表进行了筛选,截取了排名前50个的高频词汇绘图。结果如表6-8。

表6-8 社科项目标题中的前50个高频词

编号	标题中的词汇	频次	编号	标题中的词汇	频次
1	我国	510	10	企业	53
2	中国	406	11	促进	52
3	基于	194	12	农业	43
4	西部	132	13	国际	41
5	农村	83	14	"	41
6	国有	70	15	"	41
7	经济	67	16	建立	41
8	新	63	17	金融	37
9	完善	54	18	加快	35

续表

编号	标题中的词汇	频次	编号	标题中的词汇	频次
19	发展	35	35	区域	22
20	城乡	33	36	低	21
21	新型	32	37	中西部	21
22	推进	29	38	人民币	21
23	生态	29	39	社会	20
24	扩大	28	40	关于	20
25	西南	27	41	技术	19
26	城市	27	42	中小企业	19
27	新疆	26	43	产业	19
28	政府	25	44	地方	18
29	现代	25	45	农产品	18
30	环境	23	46	城镇	18
31	国家	23	47	建设	18
32	加入	23	48	提高	18
33	资源	23	49	构建	18
34	财政	22	50	以	17

根据上表可知,由于统计结果中没有去掉标点符号"、",因此有少数标点符号也作为高频词被显示出来。也应该去掉一些没有实际意义的词,例如"基于"194个,"促进"52个,"以"17个,"关于"20个,"技术"19个等。

如果我们假设将单词出现的频率必须高于40作为应用经济关注的热点研究领域的阈值条件,那么排名前16的关键词应该是应用经济领域比较关注的对象。其中,去掉没有意义的标点符号两个双引号,和没有实际意义的词"基于""建立",可以看出应用经济在国家社科基金课题中主要关注的对象是我国国有经济建设、新经济建设和农村经济的建设。而在这其中,最受关注的地区为我国西部,促进农业经济的发展也是研究课题的关注热点。

6.3 应用经济国家社科项目的结项情况统计

考察国家社科项目的结题时间跨度、专著出版社的分布情况和项目评定结果这三个指标,一般用结项情况来反映。其中项目的结题时间跨度数据是指项目的结题时间减去开题时间,专著出版社的分布和项目评定结果数据则是对所有项目的专著出版社和项目评定结果通过统计分析而得出的。

(1)应用经济的国家社科项目结项时间跨度

国家社科项目结项时间跨度是将各社科项目的结项时间与立项时间相减得到的差值。而在本次研究中,默认项目结题时间不超过9年。多于9年的结项时间跨度的课题在本书中先不做讨论研究。因此,本书一共分析了2794项应用经济社科项目课题。下表展示了9

年以内结项的应用经济社科项目课题,如表6－9。

表6－9　应用经济社科项目结项时间跨度分布表

编号	结项时间(以年为单位)	项目数量
1	1	55
2	2	564
3	3	807
4	4	653
5	5	336
6	6	209
7	7	95
8	8	52
9	9	23

由上表可分析得出,前9年的2794项课题占应用经济国家社科项目总数的58.7%,在9年内能结项的课题比例多于二分之一,说明应用经济社科项目延期现象不是很严重。

结项的项目数量在9年里基本处于左偏的正态分布,1年内可以结项的课题比较少,有55项。从2年可以结项的课题开始,项目数量急剧增长,达到了564项。而在3年内结项的课题达到了峰值807项。从4年结项的课题开始,出现了逐年下降的趋势,其中,长达9年才结项的课题达到了最低点,为23项。

(2)出版应用经济国家社科项目专著的机构统计分析

由于专著也是应用经济国家社科项目成果展现的重要形式之一,为了更深刻地了解其项目完成情况和水平,对专著的出版社也进行了统计分析。本文中依据不同出版社出版的项目成果专著数量进行了降序排序,得到的结果如下表。

表6－10　出版应用经济专著的前25个单位

编号	出版社名称	出版数量	编号	出版社名称	出版数量
1	科学出版社	18	14	上海财经大学出版社	6
2	中国社会科学出版社	16	15	四川大学出版社	6
3	经济科学出版社	16	16	湖北人民出版社	5
4	中国人民大学出版社	16	17	上海人民出版社	5
5	人民出版社	14	18	宁夏人民出版社	5
6	经济管理出版社	13	19	北京大学出版社	5
7	西南财经大学出版社	12	20	商务印书馆	5
8	中国财政经济出版社	12	21	中国物价出版社	4
9	中国农业出版社	9	22	新疆人民出版社	4
10	中国金融出版社	9	23	浙江大学出版社	4
11	湖南人民出版社	8	24	中国环境科学出版社	3
12	社会科学文献出版社	8	25	内蒙古大学出版社	3
13	中国经济出版社	6	26	——	——

由上表可以明确地看出,科学出版社是应用经济国家社科项目出版专著最多的出版单位,出版了18项,而中国社会科学出版社、经济科学出版社、中国人民大学出版社次之,都为16项。之后的从排在第五位的人民出版社开始,出版社的出版数量开始缓慢递减,其中,出版过4、5、6项专著的出版社居多。中国科学环境出版社和内蒙古大学出版社出版的专著最少,仅为3项。由此更加凸显了科学出版社在应用经济领域的优势出版地位。

(3)应用经济的国家社科项目结项评定结果

应用经济国家社科项目结项评定结果分为三个等级:"合格""良好"和"优秀"。根据这三个等级,对各个项目的结题评定结果进行整理统计,并且计算出不同等级的项目数量和其占总体的百分比,如图6-1所示。

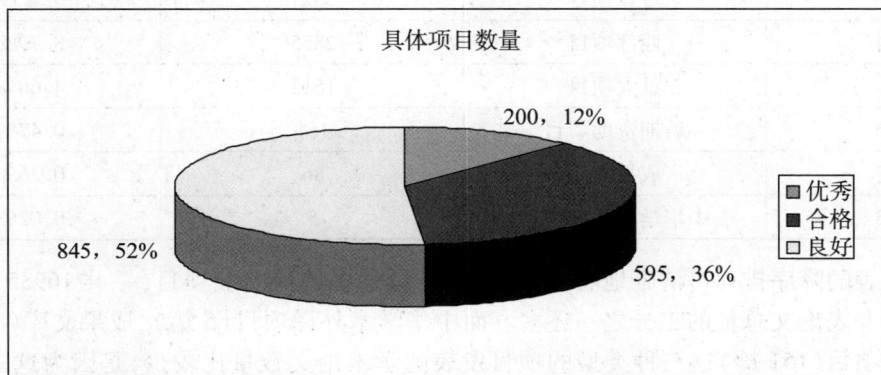

图6-1 应用经济的国家社科项目评定结果分布

根据统计结果,所有已经结题并被评定的项目数量为1640项,占项目总数的34.4%。根据之前统计的项目时间跨度可以推测,有很多近几年申请的项目还在进行当中。根据图6-1可知,多数项目被评定为良好,高达845项,占了总体的二分之一多。判定为合格的项目也不在少数,有595项,占到了总体的36%。而判定为优秀的项目数量较前两项来讲比较少,仅有200项。这充分说明了应用经济的国家社科项目评定标准还是比较严格的。

6.4 应用经济国家社科项目学术研究成果统计

为了对应用经济社科项目资助的学术论文进行全面系统的分析,通过在中国知网(CNKI)学术论文数据库中对应用经济国家社科基金课题的名称或者项目编号进行检索,得出应用经济社科项目发表的各类学术论文及其信息。本部分从9个方面对所得数据进行了讨论,分别为:不同类型应用经济项目类型的学术论文产出数量分布情况、应用经济学术论文的类型分布统计、学术论文发表的期刊分布、学术论文的作者数量分布、学术论文的高频作者分布、发表学术论文的机构分布、发表学术论文的高频机构分布、高被引论文的统计分析和学术研究热点分析。

(1)不同应用经济项目发表论文数量分布情况

由于学术论文的产出量会因为资助的项目类型及其特点的不同而有非常大的变化。表6－11列举了排名靠前的前8种类型的社科项目类型和这些项目下的发表论文数量,并计算出论文所占总论文产出的比例。

表6－11　不同社科项目发表学术论文数量的分布情况

编号	项目类型	发表论文数量	百分比
1	一般项目	16935	52.17%
2	青年项目	7595	23.40%
3	重点项目	3321	10.23%
4	西部项目	2855	8.79%
5	重大项目	1514	4.66%
6	后期资助项目	151	0.47%
7	成果文库	86	0.26%
8	中华学术外译项目	5	0.02%

由上表的降序排列可清晰地看出,产出论文量最多的是一般项目,一共16935篇,占到项目资助发表论文总量的二分之一还多。而中华学术外译项目(5篇)、成果文库(86篇)和后期资助项目(151篇)这三种类型的项目发表的学术论文数量比较少,是因为这三种类型的项目所产生的成果形式多以专著为主,所以这三类项目总共发表的论文数量也只有242篇,只占总体的0.75%。

占中间位置的是青年项目、重点项目和西部项目。分别为7595篇、3321篇、2855篇。分别占论文总体数量的23.40%、10.23%、8.79%,这也说明这三类项目在国家社科项目上的影响力度。但值得注意的是,结合前面数据就不难发现,国家社科项目立项的一般项目有2612项,而资助的青年项目仅有1145项,大约是一般项目数目的44%,这里足见青年项目的完成情况。

(2)应用经济项目所发表论文的类型及期刊分布情况

学术论文主要分成期刊论文和会议论文两种类型。表6－12统计了这两种文献类型的论文数和所占百分比。

表6－12　应用经济社科项目发表学术论文类型情况

编号	学术论文类型	论文数量	百分比
1	期刊	31713	97.38%
2	会议	852	2.62%

由上表可以发现,期刊的论文数量为31713篇,占总体的97.38%。而会议论文有852篇,占总体的2.62%。这说明了应用经济社科项目中发表的论文类型绝大多数都是期刊论文。这些期刊论文分散在各种不同的刊物中。本章也对各论文所刊登的期刊进了统计,并

且按照各项刊物刊载国家社科项目资助的应用经济课题论文数量进行排序,最终降序排列选出刊登论文数量排名前50的期刊来进行分析,如表6-13。

表6-13 发表应用经济社科项目论文前50的期刊分布

编号	期刊名称	论文数量	编号	期刊名称	论文数量
1	统计与决策	557	26	财经问题研究	163
2	经济问题探索	353	27	价格理论与实践	157
3	商业研究	279	28	经济研究	154
4	科技进步与对策	276	29	工业技术经济	153
5	科技管理研究	266	30	经济体制改革	151
6	生态经济	243	31	改革	146
7	农村经济	240	32	经济与管理研究	144
8	经济管理	237	33	财经理论与实践	143
9	中国工业经济	233	34	现代管理科学	141
10	财贸经济	215	35	资源开发与市场	139
11	中国软科学	215	36	农业技术经济	138
12	国际贸易问题	209	37	经济学动态	136
13	当代财经	193	38	财经科学	135
14	商业时代	188	39	经济学家	134
15	经济地理	185	40	中国科技论坛	134
16	华东经济管理	185	41	企业经济	133
17	管理世界	185	42	财经研究	132
18	山西财经大学学报	181	43	现代经济探讨	130
19	数量经济技术经济研究	180	44	财贸研究	129
20	软科学	179	45	系统工程	129
21	生产力研究	175	46	财会通讯	128
22	经济问题	172	47	中国流通经济	128
23	农业经济问题	172	48	科学学与科学技术管理	127
24	中国人口·资源与环境	164	49	商业经济与管理	125
25	经济纵横	163	50	世界经济研究	125

在这其中刊载论文最多的期刊是《统计与决策》,刊载论文数为557篇,排在第二的是《经济问题探索》,刊载论文数为353篇。由于应用经济方面的论文数量过多,登载论文数超过250篇的期刊总共有5个。并且我们还可以将这些期刊与CSSCI收录的应用经济核心期刊进行对比,不难发现这5个期刊也是应用经济的核心期刊。而且我们可以发现,学者们在应用经济方面投入了较多的精力进行探索研究,排在最后一位的《世界经济研究》期刊还刊载了125篇论文。

(3) 应用经济项目所发表论文的作者分布情况

处于不同学科、不同领域的科研项目,最好的产出方式便是作者合作。每一篇论文所包含的作者数量各不相同,本书对论文作者数量进行统计分析与探讨,试图研究发现应用经济社科项目中的论文作者的合作情况。将作者数量与论文数量结合对应起来可以得到如下结果,如表6－14。

表6－14　应用经济学术论文作者数量分布情况

编号	作者数量	论文数量	百分比
1	1	10050	31.03%
2	2	14272	44.06%
3	3	6539	20.19%
4	4	1191	3.68%
5	5	236	0.73%
6	6	105	0.32%

由表6－14可知应用经济国家社科项目发表论文当中,两人合作发表的论文数量最多,有14272篇,占了总体的44.06%。而单独发表论文的作者也很多,论文数量达到了10050篇,占总体的31.03%。但是随着作者数量的增多,论文数量有直线下降的趋势。由5—6人合作的论文数量仅有341篇。这说明了在应用经济社会科学论文中更多的学者喜欢两人合作发文或单独发文。多位作者合作发文的现象并不常见。

在对应用经济方面的学术论文的深入分析中,根据作者出现的频次进行整理并筛选出排名前50名的高频作者进行分析,如表6－15。

表6－15　学术论文高频作者分布表

编号	作者姓名	频次	编号	作者姓名	频次
1	刘邦凡	102	13	高波	56
2	冉光和	91	14	顾新	56
3	王慧敏	88	15	孔祥智	55
4	张祖群	81	16	张鹏	54
5	干胜道	67	17	张向前	53
6	高新才	67	18	沈有禄	53
7	陆林	66	19	孙才志	53
8	李磊	65	20	丁关良	52
9	孟卫东	63	21	周劲波	51
10	顾海峰	61	22	李成	51
11	吕君	60	23	张玉明	51
12	夏杰长	57	24	王芳	51

编号	作者姓名	频次	编号	作者姓名	频次
25	彭建刚	50	38	王国敏	44
26	李明辉	49	39	陈守东	44
27	胡树华	49	40	刘思峰	44
28	李明贤	48	41	柳思维	44
29	陈克龙	48	42	王家庭	43
30	苏维词	48	43	谭力文	42
31	李建军	48	44	罗必良	42
32	孙根年	47	45	金晓彤	42
33	马蔡琛	47	46	蒋和平	40
34	冯宗宪	47	47	汤吉军	40
35	刘丽梅	46	48	李飞	40
36	李崇光	46	49	陶长琪	39
37	陈收	45	50	谢富纪	39

由上表可以看出,唯一发表论文超过 100 篇的作者只有一个,叫刘邦凡。论文发表超过 80 篇的有 4 位作者。而排名前 50 的作者至少都发表过 39 篇论文。在这些高频作者当中,他们发表论文的平均数为 53.3 篇,而发表多于 54 篇的作者有 16 名。这些高频作者中发表论文的中位数为 50 篇,说明这些作者的分布类似于偏正态分布,在到达峰值之前聚集上升,在到达峰值之后缓慢下降。

(4)应用经济项目所发表论文的作者机构分布情况

同作者数量分布一样,一篇学术论文署名的机构可以由单一机构完成,也可能是多个机构共同完成。本章对论文研究机构分布数量进行研究分析。根据论文中包含机构的数量来进行升序排列,并且统计各类型论文的数量及其所占的比例,结果如下表 6-16。

表 6-16 应用经济学术论文机构数量分布情况

编号	论文机构数量	发表论文数量	百分比
1	1	18042	56.09%
2	2	8670	26.96%
3	3	4279	13.30%
4	4	772	2.40%
5	5	401	1.25%

上表显示,单一机构发表的论文数量最多,两个机构合作的次之。而随着论文机构数量的递增,它们发表的论文数量在急剧下降。由 4 个论文机构共同完成的论文有 772 篇,占总体的 2.40%,而由 5 个机构共同完成的论文数量少之又少,只有 401 篇,占到了总体的 1.25%。因此可以看出,应用经济国家社科项目的研究中,跨机构跨平台的合作并不是特别

频繁。但是单一机构发表的论文数量占到总体的56.09%,这一比例超过了之前统计的单一作者发表论文的数量的比例,说明有很有可能大部分的合作者来自同一机构。而两个机构联合发表的论文比例小于两人合著论文的比例,就能很好地说明这一点。

为了更深入地了解学术论文所属的机构,本部分又依照发表学术论文数量对参与应用经济国家社科项目并发表论文的研究机构进行了统计,并且选取了排名前20的研究机构进行分析,如下表。

表6-17　学术论文高频机构分布表

编号	机构名称	论文数量	编号	机构名称	论文数量
1	重庆大学经济与工商管理学院	404	11	中国人民大学商学院	216
2	西安交通大学经济与金融学院	362	12	中南大学商学院	215
3	武汉大学经济与管理学院	286	13	湖南农业大学经济学院	177
4	南京大学经济学院	276	14	吉首大学商学院	175
5	湖南大学工商管理学院	247	15	上海交通大学安泰经济与管理学院	169
6	华中农业大学经济管理学院	246	16	南开大学经济学院	167
7	吉林大学商学院	242	17	广西大学商学院	160
8	华南农业大学经济管理学院	233	18	吉林大学数量经济研究中心	158
9	中国人民大学农业与农村发展学院	224	19	西南大学经济管理学院	157
10	四川大学经济学院	218	20	南京大学商学院	150

由上表可以发现,发表论文排在前20的机构均为各大高校,之前展示的承担国家社科项目应用经济课题的社会科学院、中国人民银行、中央党校、财政部等其他研究机构都未上榜。

发表论文最多的机构为重庆大学经济与工商管理学院,发表论文404篇。排名第二的西安交通大学经济与金融学院要比其少了近42篇论文。而排在第20位的南京大学商学院也发表了150篇论文。

(5)应用经济社科项目的研究热点分析

一个研究领域中的研究热点可以由论文中的关键词体现出来。因此对应用经济学术论文中关键词的统计也是分析应用经济研究热点的重要部分。在本次研究中,统计了应用经济发表的学术论文中的高频关键词,并且按照词频降序排列并选出排名前50名的关键词进行分析,如表6-18。

表6-18　应用经济社科项目研究的高频关键词

编号	关键词	频次	编号	关键词	频次
1	经济增长	674	5	中小企业	288
2	影响因素	572	6	产业结构	253
3	对策	381	7	产业集群	227
4	可持续发展	369	8	技术创新	226

编号	关键词	频次	编号	关键词	频次
9	货币政策	224	30	碳排放	139
10	中国	222	31	粮食安全	138
11	城镇化	207	32	实证分析	138
12	循环经济	205	33	竞争力	137
13	经济发展	188	34	新疆	134
14	人力资本	186	35	FDI	134
15	公司治理	181	36	上市公司	134
16	指标体系	180	37	农村	133
17	城市化	169	38	区域经济	132
18	金融危机	168	39	西部地区	132
19	创新	163	40	商业银行	128
20	农村金融	159	41	外商直接投资	128
21	农户	157	42	自主创新	127
22	低碳经济	156	43	效率	127
23	制造业	153	44	模式	125
24	启示	151	45	服务业	125
25	技术进步	147	46	新农村建设	124
26	农民工	146	47	金融发展	122
27	面板数据	144	48	新型城镇化	122
28	全要素生产率	143	49	制度创新	119
29	因子分析	140	50	农产品	119

　　根据表 6-18,可以明显看出,应用经济中的高频关键词汇先以急剧下降的趋势下降,再以平缓的趋势下降。频次最高的"经济增长"出现了 674 次。而出现频次在 200—600 次之间的词汇有 11 个,100—200 次之间的词汇有 38 个,很明显反映出高频关键词主要集中在经济增长、影响因素和可持续发展方面,而论文中的关键词也可以体现出一篇论文的研究重点所在,综上所述,可以认为应用经济的研究热点多数为关于经济增长及影响因素方面。

(6) 应用经济社科项目的高被引学术论文分析

　　根据 CNKI 学术论文数据库中提供的论文被引次数与下载次数,本部分主要分析了应用经济社科项目的高被引学术论文。表 6-19 列出了被引频次排名前 20 的论文的基本信息,如下所示。

表6-19　应用经济社科项目资助下的高被引论文分布

编号	论文标题名称	被引次数	下载次数
1	中国全要素生产率的估算:1979—2004	1302	12970
2	中国上市公司股权融资偏好解析——偏好股权融资就是缘于融资成本低吗?	951	10055
3	低碳经济:人类经济发展方式的新变革	928	11113
4	中国金融发展与农民收入增长	928	8743
5	会计计量属性的探讨——市场价格、历史成本、现行成本与公允价值	823	13652
6	中国的地区工业集聚:经济地理、新经济地理与经济政策	758	9894
7	上市公司资本结构特点的实证分析	731	3751
8	控股股东与盈余质量——基于盈余反应系数的考察	589	6370
9	中国房地产价格波动区域差异的实证分析	533	14828
10	外商直接投资对我国产业结构的影响研究	526	4234
11	公允价值的价值相关性:B股公司的证据	520	4604
12	服务企业的顾客忠诚及其决定因素研究	517	3625
13	我国商业银行效率及其影响因素的实证分析	501	10412
14	中国的财政分权与小学义务教育	499	4277
15	变革中的就业环境与中国大学生就业	460	7879
16	房地产市场与国民经济协调发展的实证分析	450	7918
17	环境、资源与工业增长的协调性	447	5411
18	中国城镇化水平和速度的实证分析与前景预测	443	17144
19	基于复杂性科学的管理熵、管理耗散结构理论及其在企业组织与决策中的作用	424	3279
20	中国旅游经济差异的空间特征分析	423	3142

在以上列出的20篇高被引论文当中,被引次数超过1000次的论文有1篇,是《中国全要素生产率的估算:1979—2004》,为1302次。被引频次在700—1000次之间的论文有6篇。被引频次在500—600次之间的论文有6篇。而排在第20位的论文被引次数也超过了400次。并且可以明显地看出,下载次数最多的论文也并不是被引用最多的论文,而恰恰相反,引用频次排在第18位的《中国城镇化水平和速度的实证分析与前景预测》却是下载次数最多的论文。可能由于是比较被关注的热点问题。通过对上表6-19与表6-8进行综合分析,从高被引论文中也可以看出应用经济研究热点非常广泛,与上面表6-8呈现的标题关键词分布有一定的相似程度。

6.5　小结

本次研究首先在中国知网(CNKI)学术论文数据库中,通过对研究项目的基金名与基金号进行检索、收集并整理,再用人工的方式去除了不符合规范的一系列项目以后,得到了关于应用经济国家社科项目的基本信息。并且利用"自动分词""统计和内容分析"相结合的方法,从"项目基本信息""项目标题分析""项目结题情况"和"学术研究成果"四大方面对所有项目进行了研究与分析。

其中对项目的年度资助情况、项目类型分布状况、项目负责人出现频次、项目负责人职称分布、项目承担单位分布情况几个方面对"项目基本信息"进行了分析。其次运用标题字长分布、标题词长分布、高频词三个指标对"项目标题"进行了分析。接着"项目结题情况"讨论了项目结题时间跨度、项目专著的机构统计及项目结题评定结果几个部分。最后,通过列举发表学术论文分布情况、发表学术论文期刊类型及刊载论文量的期刊分布、论文作者数量分布及高频作者分布、论文机构数量及高频机构分布、高频关键词、高被引论文分布的情况,对"学术研究成果"部分进行解释与阐述,总体上对应用经济国家社科项目的大体框架进行了充分的讨论与分析研究。

总体而言,应用经济的社科项目近年来呈现出指数的增长模式。即从1991—2002年,每年申请立项的项目不稳定,存在一定的波动。而在1995年时数值达到最低,在2002年时数值达到最高。并且占据了应用经济国家社科基金项目中的主要项目类别是"一般项目",它的比重高达55.44%。其次占比较大的是"青年项目",在所有项目里也有24.30%的比例。在应用经济国家社科项目中,绝大多数情况下,一个人一般只主持过一个社科项目。并且"正高级"的研究人员所主持的项目比重最高。

就项目标题分析层次而言,其中应用经济的社科项目标题长度一般都在13—25个字之间。标题字数在17—21个字之间的项目数量最多。通过将标题词长排序可以明显发现,它呈现一个左偏的正态分布趋势,即标题的词长在3—11个词之间迅速增长,11个词时达到峰值。而在标题有11个词之后,出现了缓慢减少的趋势,直到标题词到达15个词之后,出现了急速递减的情况。而且应用经济在国家社科基金课题中主要关注的对象是我国国有经济建设、新经济建设和农村经济的建设。而在这其中,最受关注的地区为我国西部,促进农业经济的发展也是研究课题的关注热点。

整体上,应用经济社科项目延期现象并不是很严重。能在9年里结项的论文数量基本处于左偏的正态分布,并且,科学出版社是应用经济国家社科项目出版专著最多的出版单位,出版了18项,由此凸显了科学出版社在应用经济领域的优势出版地位。通过多数项目被评定为良好,而判定为优秀的项目数量比较少,这充分说明了应用经济的国家社科项目评定标准还是比较严格的。

在学术研究成果方面的研究中发现,产出论文量最多的是一般项目,一共16935篇,占到了项目资助发表论文数量总量的二分之一还多。而中华学术外译项目(5篇)、成果文库(86篇)和后期资助项目(151篇)因为这三种类型的项目所产生的成果形式多以专著为主,所以这三类项目论文数量较少。并且应用经济社科项目中发表的论文类型绝大多数都是期刊论文。这些期刊论文分散在各种不同的刊物中。发表论文最多的机构为重庆大学经济与工商管理学院,发表论文数量为404篇。在高频作者当中,他们发表论文的平均数为53.3篇。在关键词中频次最高的"经济增长"出现了674次,很明显地反映出高频关键词主要集中在经济增长、影响因素和可持续发展方面,而论文中的关键词也可以体现出一篇论文的研究重点所在。综上所述,可以认为应用经济的研究热点多数为关于经济增长及影响因素方面,可能是被关注的热点问题。

7 政治学

7.1 政治学国家社科项目基本信息

本章主要对国家社科项目年度资助情况、社科项目类型分布、项目负责人出现频次、项目负责人的职称分布和各项目承担单位的分布几个方面进行统计,从而反映我国社科项目的一些基本信息。

(1)政治学的国家社科项目年度资助情况分析

经过数据收集、数据整理,并用人工的方式去除了不符合规范的一系列项目以后,本章得到1733个政治学方向的国家社科基金项目。表7-1列出了每年的政治学社科项目数量分布情况。

表7-1 政治学国家社科项目的年度分布情况

编号	项目立项时间	项目资助数量	百分比	编号	项目立项时间	项目资助数量	百分比
1	1991	17	0.98%	13	2003	54	3.12%
2	1992	39	2.25%	14	2004	80	4.62%
3	1993	17	0.98%	15	2005	69	3.98%
4	1994	12	0.69%	16	2006	88	5.08%
5	1995	8	0.46%	17	2007	85	4.90%
6	1996	32	1.85%	18	2008	89	5.14%
7	1997	15	0.87%	19	2009	114	6.58%
8	1998	17	0.98%	20	2010	123	7.10%
9	1999	23	1.33%	21	2011	159	9.17%
10	2000	25	1.44%	22	2012	179	10.33%
11	2001	31	1.79%	23	2013	210	12.12%
12	2002	54	3.12%	24	2014	193	11.14%

从上表中可以看出,政治学的社科项目近年来呈现出了指数式的增长。1991—1998年,每年申请立项的项目存在一定的波动。在1995年时数值达到最低,这一年仅申请了8个项目,占所有项目的0.46%。1999—2007年之间,项目申请数量基本处于平缓增长的态势。到了2008年以后政治学立项的课题涨幅又有了更大的提升,平均每年增长1个百分点,比前一年平均要多申请17个项目。立项课题在2013年达到峰值,有210个,在2014年数值有小幅下降。

（2）政治学的国家社科项目类型分布状况

政治学的国家社科项目类型总共有 8 种,分为中华学术外译项目、成果文库、重大项目、后期资助项目、重点项目、西部项目、青年项目和一般项目。具体类型分布情况可以参见表 7-2。

表 7-2　项目类型分布状况表

编号	项目类型名称	项目数量	百分比
1	成果文库	5	0.29%
2	中华学术外译项目	13	0.75%
3	后期资助项目	38	2.20%
4	重大项目	100	5.80%
5	西部项目	144	8.35%
6	重点项目	158	9.16%
7	青年项目	473	27.42%
8	一般项目	794	46.03%

从表 7-2 中明显可以看出,一般项目占据了政治学国家社科基金项目中的主要项目类别,它的比重高达 46.03%。其次占比较大的是青年项目,在所有项目里也有 27.42% 的比例。重点项目和西部项目申请数目比较相似,平均每项约有 9%。而重大项目后期资助项目中华学术外译项目和成果文库所占比例很小,加起来只占总项目的 9.04%。

（3）政治学的国家社科项目负责人出现频次

综合考虑到同名和同机构项目承担者的情况后,整理数据,得到在政治学领域的研究者主持项目的频次分布情况。结果列在表 7-3 中。

表 7-3　国家社科项目负责人出现频次

编号	主持项目频次	具体人数分布	百分比
1	1	1312	87.64%
2	2	143	9.55%
3	3	33	2.20%
4	4	9	0.60%

在政治学国家社科项目中,主持过项目最多的人有 9 个,他们每人均主持过 4 个项目。但这些负责人只占总体负责人的 0.6%。而大部分情况下,一个人一般只主持过一个社科项目,这批人数占总体项目负责人的 87.64%。这个分布与洛特卡定律所描述的发表文章数量的作者数分布非常相似,即主持过 n 个项目的国家社科项目负责人数占所有负责人的比例与其所负责的项目数 n 的平方成反比。

（4）政治学的国家社科项目负责人职称分布

对所有政治学国家社科项目负责人的职称统计后得到表 7-4 的结果。负责人职称包括正高级、副高级、中级和初级四种。

表7-4　国家社科项目负责人职称分布

编号	专业职务	人数	百分比
1	正高级	1091	42.94%
2	副高级	999	39.32%
3	中级	449	17.67%
4	初级	2	0.08%

其中由正高级和副高级研究人员所主持的项目比重最高,他们加起来占到总体的82.26%,超过总体的五分之四。中级职称的负责人占总体比例的17.67%。而初级职称负责政治学国家社科项目的人数最为稀少,仅有两人,不足总体的0.1%

(5)政治学的国家社科项目承担单位分布情况

承担政治学国家社科项目的单位数量很大,本研究按照各机构主持项目的数量进行降序排列。在此仅展示承担国家社科项目排名前50的机构,这50个机构总共负责了880个项目,也占到了政治学所有社科项目的二分之一左右。结果展现在表7-5中。

表7-5　承担国家社科项目的前50个单位分布情况

编号	单位名称	项目数量	编号	单位名称	项目数量
1	北京大学	44	19	中央党校	18
2	吉林大学	43	20	中国政法大学	18
3	复旦大学	43	21	浙江省委党校	17
4	中国人民大学	38	22	浙江大学	17
5	武汉大学	32	23	苏州大学	17
6	中国社会科学院	31	24	华中科技大学	16
7	中山大学	29	25	云南大学	16
8	厦门大学	26	26	郑州大学	16
9	华中师范大学	25	27	上海市委党校	15
10	南开大学	23	28	重庆市委党校	14
11	清华大学	23	29	四川省社会科学院	14
12	天津师范大学	23	30	湘潭大学	13
13	南京大学	22	31	深圳大学	12
14	四川大学	20	32	南京师范大学	12
15	湖南大学	19	33	北京师范大学	12
16	国家行政学院	19	34	西安交通大学	12
17	华东师范大学	18	35	上海交通大学	11
18	华东政法大学	18	36	中央编译局	10

编号	单位名称	项目数量	编号	单位名称	项目数量
37	同济大学	10	44	上海师范大学	9
38	山东大学	10	45	中南财经政法大学	9
39	兰州大学	10	46	中国人民公安大学	8
40	黑龙江省社会科学院	9	47	中南民族大学	8
41	北京市委党校	9	48	中央财经大学	8
42	对外经济贸易大学	9	49	湖北省委党校	8
43	山西大学	9	50	湖南师范大学	8

这里可以看出,在申请国家社科基金项目的所有机构当中,各地区高校在前50个机构中占据了39个,成为了政治学国家社科项目申请和承担的主要机构。其次申请较多的机构是中央和各地区党校,最后是各地区社会科学院的参与,另外中央编译局也申请了10个项目。

按照布拉德福定律,可以将主持政治学国家社科项目的机构分为大概3个区,每个区大概均有290个项目。第一个区域是从北京大学到厦门大学,即排名前8位的机构,他们每个机构至少承办了26项政治学国家社科基金课题,可以说这些单位是政治学研究的核心机构,有着极强的竞争力和研究能力,是政治学研究的领头单位。第二个区域是从华中师范大学到苏州大学,即排名第9到23名的科研机构,他们承办课题的平均数为19.80个。第三个区域从华中科技大学到湖南师范大学,即为排名24到第50名的科研机构。这些学校平均申请项目的数量为11.00个。

在所有科研机构当中,主持政治学国家社科项目最多的是北京大学,立项数有44个,吉林大学和复旦大学紧随其后,也负责过43个项目,这三所大学都属于政治学研究的领先单位。

7.2 政治学国家社科项目标题分析

本文利用自动分词技术对政治学国家社科项目标题的字长、词长和词频进行了统计分析,以期望挖掘到政治学课题的标题特点,从而发现这一领域的研究热点。

(1)政治学的国家社科项目标题字的长度分布

根据汉字编码的格式,对政治学国家社科项目标题的字长进行了统计,得到结果如表7-6。

表7-6 社科项目标题字的长度分布

编号	标题字长度	项目数量分布	编号	标题字长度	项目数量分布
1	5	4	5	9	20
2	6	14	6	10	54
3	7	11	7	11	35
4	8	30	8	12	81

续表

编号	标题字长度	项目数量分布	编号	标题字长度	项目数量分布
9	13	90	24	28	21
10	14	112	25	29	9
11	15	116	26	30	12
12	16	150	27	31	14
13	17	124	28	32	6
14	18	134	29	33	10
15	19	138	30	34	3
16	20	111	31	35	6
17	21	110	32	36	4
18	22	70	33	37	2
19	23	69	34	38	2
20	24	49	35	39	1
21	25	36	36	40	5
22	26	44	37	41	2
23	27	33	38	43	1

不难发现,政治学的社科项目标题长度一般都在 5—43 个字之间。5 个字的项目有 4 个,而 43 个字的项目只有 1 个。大部分社科项目的标题都集中在 14—21 个字之间,这个区间中每个字长下差不多都有 110—150 个左右的项目。而其中有 16 个字的项目又占绝大多数,总共有 150 个。

(2)政治学的国家社科项目标题词的长度分布

除了字长之外,对于一个文本而言更加重要的就是单词的分布情况。本节利用了自动分词技术对标题进行了处理,并统计了词长及其词频,以便对标题,也是对政治学方向的国家社科课题有更进一步研究。项目标题的词长分布结果如表 7-7。

表 7-7　政治学国家社科项目标题词的长度分布情况

编号	标题词长度	项目数量分布	编号	标题词长度	项目数量分布
1	3	23	8	10	224
2	4	47	9	11	192
3	5	74	10	12	140
4	6	108	11	13	94
5	7	191	12	14	70
6	8	189	13	15	47
7	9	236	14	16	28

续表

编号	标题词长度	项目数量分布	编号	标题词长度	项目数量分布
15	17	24	20	22	2
16	18	18	21	23	5
17	19	6	22	25	1
18	20	8	23	26	1
19	21	4	24	27	1

将标题按照词长排序可以发现,它呈现一个正偏态分布趋势,即标题的词长主要在3—17个词的词长之间类似于正态分布,有少数标题长于17个词长,但这个数量很小,有快速递减的趋势。标题在9个词长时达到峰值,总共有236个课题的标题由9个词组成。而与此相反的是,词长超过18个词的项目标题只有28个,而这区间每个词长标题下所对应的课题平均数仅为3.50个。

(3)政治学的国家社科项目标题高频词分析

在对标题进行分词的基础上,还可以对其中分布的单词词频进行统计,对词汇分布有更深刻的认识,进一步分析标题内容。本节对得到的词频分布表进行了筛选,仅截取了排名前50个的高频词汇进行展示。结果如表7-8。

表7-8 社科项目标题中的前50个高频词

编号	标题中的词汇	频次	编号	标题中的词汇	频次
1	中国	123	17	城市	21
2	我国	123	18	构建	20
3	当代	54	19	西方	20
4	公共	44	20	民族	19
5	社会	32	21	行政	19
6	政府	32	22	政治	18
7	西部	29	23	完善	16
8	新	27	24	农村	16
9	基于	27	25	西北	14
10	"	26	26	公民	13
11	"	26	27	健全	13
12	国家	24	28	边疆	12
13	社会主义	23	29	区域	12
14	地方	22	30	台湾	11
15	网络	22	31	县级	11
16	新疆	22	32	改革	10

续表

编号	标题中的词汇	频次	编号	标题中的词汇	频次
33	公务员	10	42	全面	9
34	和谐	10	43	两岸	9
35	建设	10	44	推进	8
36	现代	10	45	美国	8
37	经济	10	46	乡镇	8
38	新型	10	47	香港	7
39	民主	9	48	民族自治	7
40	基层	9	49	人民	7
41	城乡	9	50	领导	7

统计结果中没有去掉标点符号进一步处理，因此有少数标点符号也作为高频词被显示出来。可以看出高频词的使用频率递减严重。

如果将单词出现的频率必须高于20，设为政治学关注的热点研究的阈值条件，那么排名前17的关键词应该是政治学领域比较关注的对象。其中，去掉没有意义的标点符号两个双引号，和没有实际意义的介词"基于"，可以看出政治学在国家社科基金课题中主要关注的对象是我们国家当代的政府建设。而在这其中，最为关注的两个地区为西部和新疆，与网络有关的研究也是研究课题的关注热点。

7.3 政治学国家社科项目的结项情况统计

政治学国家社科项目的结项情况主要是从考察其项目的结题时间跨度、专著出版社的分布情况和项目评定结果三个角度出发。项目的结题时间跨度数据是基于项目的立项时间和结题时间判定的，专著出版社的分布和项目评定结果数据则是对所有项目的专著出版社和项目评定结果统计分析得出的。

（1）政治学的国家社科项目结项时间跨度

将各社科项目的结项时间与立项时间相减得到差值，即为国家社科项目结项的时间跨度，统计不同时间长度的项目数量得到结果。本研究在数据整理时遵循的原则是：项目结题时间超过8年的一律不进行结果分析。由此，图7-1展示了8年以内结项的政治学社科项目课题，总计753项。

入选的753项课题占政治学国家社科项目总数的43.45%，在8年内能结项的课题比例不到二分之一，说明政治学社科项目延期现象比较严重。

结项的项目数量在8年里基本处于正态分布，这其中，历时4年完成的项目最多，达到分布的峰值，总共184项。3年能够结题完成的项目位居第二，也有163项。能在1年内就完成的项目数目最少，仅有12项。

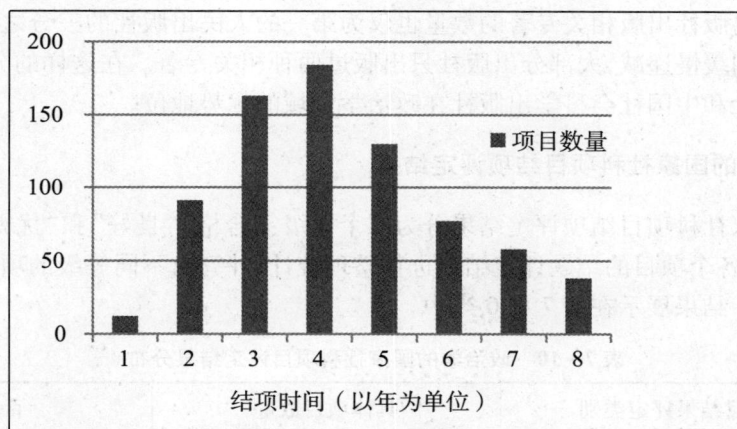

图 7 - 1　政治学社科项目结项时间跨度分布图

（2）出版政治学国家社科项目专著的机构统计分析

专著是政治学国家社科项目成果展现的重要形式之一。对专著的出版社统计也成为了一个可以了解其项目完成情况和水平的指标。本次研究依据不同出版社出版的项目成果专著数量进行排序，得到结果如表 7 - 9。

表 7 - 9　出版政治学专著的前 25 个单位

编号	出版社名称	出版数量	编号	出版社名称	出版数量
1	人民出版社	17	14	九州出版社	2
2	中国社会科学出版社	16	15	中国社会出版社	2
3	天津人民出版社	6	16	学习出版社	2
4	北京大学出版社	6	17	民族出版社	2
5	上海人民出版社	4	18	新疆人民出版社	2
6	陕西人民出版社	4	19	军事科学出版社	2
7	四川人民出版社	4	20	湖南人民出版社	2
8	中央编译出版社	4	21	清华大学出版社	2
9	中共中央党校出版社	3	22	吉林大学出版社	2
10	科学出版社	3	23	兰州大学出版社	2
11	中国人民公安大学出版社	3	24	吉林人民出版社	2
12	中国人民大学出版社	3	25	广东人民出版社	2
13	四川大学出版社	3	26	——	——

人民出版社和中国社会科学出版社是政治学国家社科项目出版专著最多的两个出版单位，这两个单位所出版的专著占到所有政治学社科项目出版专著的三分之一。而排在第三

99

位的天津人民出版社出版相关专著的数量也仅为第一的人民出版社的三分之一。其后的出版社出版数量则缓慢递减,大部分出版社只出版过两种相关专著。在这样的分布下,更加凸显了人民出版社和中国社会科学出版社在政治学领域的优势地位。

(3)政治学的国家社科项目结项评定结果

政治学国家社科项目结项评定结果分为三个等级:"合格""良好"和"优秀"。依照这三个等级,研究对各个项目的结题评定结果进行整理统计,计算出不同等级的项目数量和其占总体的百分比。结果展示在表 7 – 10 当中。

表 7 – 10　政治学的国家社科项目评定结果分布

编号	项目结果评定类别	具体项目数量	百分比
1	优秀	47	9.25%
2	合格	209	41.14%
3	良好	252	49.61%

所有已经结题并被评定的项目数量为 508 个,占项目总数的 29.31%。根据之前统计的项目时间跨度不难推测,有很多近几年申请的项目还在进行当中。

从结果上来看,被评定为良好和合格的项目数量非常接近,均达到 40% 以上,而被定为良好的项目则达到49.61%,接近总体项目的二分之一。判定为优秀的项目数量非常少,仅有 47 项。这说明政治学的国家社科项目评定标准比较严格。

7.4　政治学国家社科项目学术研究成果统计

在中国知网(CNKI)学术论文数据库中,根据政治学国家社科基金课题的名称或者项目编号,检索得出政治学社科项目发表的各类学术论文及其信息。为了对政治学社科项目资助的学术论文进行全面系统的分析,本章从 9 个角度对所得数据进行了讨论,具体分析角度为不同类型政治学项目类型的学术论文产出数量分布情况、政治学学术论文的类型分布统计、学术论文发表的期刊分布、学术论文的作者数量分布、学术论文的高频作者分布、发表学术论文的机构分布、发表学术论文的高频机构分布、高被引论文的统计分析和学术研究热点分析。

(1)不同政治学项目发表论文数量分布情况

学术论文的产出量会因为资助的项目类型及其特点的不同而有非常大的变化。表 7 – 11 列举了 7 种类型的社科项目类型和这些项目下的发表论文数量,并计算出了论文所占总论文产出的比例。

表7－11　不同社科项目发表学术论文数量的分布情况

编号	项目类型	发表论文数量	百分比
1	一般项目	4081	36.56%
2	青年项目	2708	24.26%
3	重大项目	2552	22.86%
4	重点项目	928	8.31%
5	西部项目	787	7.05%
6	后期资助项目	95	0.85%
7	成果文库	9	0.08%
8	中华学术外译项目	3	0.03%

　　由于中华学术外译项目、成果文库和后期资助项目这三种类型的项目原本所产生的成果形式就多以专著为主,所以这三类项目发表的学术论文数量比较少,总共发表的论文数量也只有107篇,只占总体的0.96%。

　　在这其中产出论文比重最大的是一般项目,论文数量为4081篇,产出论文超过项目资助发表论文数量的三分之一。居于其下的是青年项目和重大项目,发表论文篇数皆超过2500篇。但值得注意的是,结合前面数据就不难发现,国家社科项目立项的一般项目有794项,而资助的青年项目仅有473项,大约是一般项目数目的60%,这里足见青年项目的完成情况。

　　重点项目和西部项目立项的数量略微小于重大项目,但其论文成果分别只占总体论文数量的8.31%和7.05%,这也说明重大项目在国家社科项目上的影响力度。

(2)政治学项目所发表论文的类型及期刊分布情况

　　学术论文主要分成期刊论文和会议论文两种类型。表7－12统计了这两种文献类型的论文数和所占百分比。

表7－12　政治学社科项目发表学术论文类型情况

编号	学术论文类型	论文数量	百分比
1	期刊	10974	98.15%
2	会议	207	1.85%

　　政治学社科项目中发表的论文类型绝大多数都是期刊论文,占到总体的98.15%。这些期刊论文分散在各种不同的刊物中。本研究对各论文所刊登的期刊进了统计,按照各种刊物刊载国家社科项目资助的政治学课题论文数量进行排序,最终选出刊登论文数量排名前50的期刊展示在表7－13中,进行分析。

表 7 –13　发表政治学社科项目论文前 50 的期刊分布

编号	期刊名称	论文数量	编号	期刊名称	论文数量
1	中国行政管理	267	26	江苏行政学院学报	50
2	行政论坛	134	27	学习论坛	49
3	政治学研究	119	28	江苏社会科学	49
4	理论探讨	106	29	江汉论坛	48
5	理论与改革	105	30	当代世界与社会主义	47
6	云南行政学院学报	95	31	中共浙江省委党校学报	47
7	社会主义研究	87	32	华中师范大学学报（人文社会科学版）	46
8	理论导刊	86	33	广东行政学院学报	45
9	武汉大学学报(哲学社会科学版)	86	34	国家行政学院学报	44
10	探索	85	35	公共管理学报	44
11	领导科学	77	36	农村经济	43
12	中共福建省委党校学报	73	37	理论月刊	43
13	湖北社会科学	68	38	江海学刊	42
14	甘肃行政学院学报	62	39	求索	42
15	南京社会科学	60	40	电子政务	42
16	经济社会体制比较	59	41	台湾研究集刊	41
17	上海行政学院学报	58	42	浙江社会科学	41
18	北京行政学院学报	57	43	中共天津市委党校学报	40
19	理论探索	56	44	社会科学研究	40
20	学习与探索	56	45	兰州学刊	40
21	天津行政学院学报	55	46	学海	40
22	社会科学	54	47	行政与法	39
23	探索与争鸣	52	48	学术论坛	39
24	中州学刊	52	49	人民论坛	39
25	求实	51	50	中国社会科学	38

这其中刊载论文最多的期刊是《中国行政管理》，刊载论文数为 267 篇，是排序第二的《行政论坛》发布论文数量的两倍左右。登载论文数超过 100 篇的期刊总共有 5 个。我们还可以将这些期刊与 CSSCI 收录的政治学核心期刊进行对比，不难发现这 5 个期刊也是政治学的核心期刊。

（3）政治学项目所发表论文的作者分布情况

每一篇论文所包含的作者数量各不相同，本节对论文作者数量进行探讨，试图解释政治学社科项目中的论文作者的合作情况。将作者数量与论文数量结合对应起来可以得到表 7 –14 中的结果。

表 7 – 14   政治学学术论文作者数量分布情况

编号	作者数量	论文数量	百分比
1	1	6283	56.62%
2	2	3828	34.50%
3	3	774	6.98%
4	4	158	1.42%
5	5	53	0.48%

政治学国家社科项目发表论文当中,单独发表论文的作者所产出的论文数量超过了论文总数的二分之一。由 2—3 人合作发表的论文数量成线性下降,占到了所有论文中的 41.48%。而 4—5 人合作的论文仅有 211 篇。说明在政治学领域合作产出论文并不是特别主流的选择,一篇论文一般合作人数也不会超过 3 人。

在对学术论文的深入分析中,根据作者出现频次进行整理并筛选出排名前 50 名的高频作者进行展示,结果见表 7 – 15。

表 7 – 15   学术论文高频作者分布表

编号	作者姓名	频次	编号	作者姓名	频次
1	虞崇胜	86	26	韩志明	26
2	金太军	62	27	王勇	26
3	张书林	47	28	倪星	26
4	刘祖云	45	29	吴新叶	25
5	李国平	44	30	周义程	25
6	王颖	43	31	郭剑鸣	24
7	任中平	42	32	李程跃	24
8	郑方辉	40	33	张劲松	24
9	沈承诚	38	34	文宏	24
10	易承志	35	35	刘红梅	23
11	迟国泰	34	36	曾明	23
12	李景平	32	37	赵立波	23
13	任勇	32	38	彭国甫	23
14	黄爱宝	32	39	刘雪明	23
15	陈建先	30	40	张汉林	22
16	高景柱	30	41	庞金友	22
17	郝模	29	42	崔欣	22
18	佟德志	29	43	谭英俊	22
19	孙梅	29	44	王英津	22
20	李辉	29	45	郭小安	21
21	胡伟	27	46	徐家良	21
22	王克强	27	47	戴金平	21
23	尚虎平	27	48	刘伟	21
24	高奇琦	26	49	张安录	21
25	梁鸿	26	50	刘海霞	21

从表中可以看出,发表论文超过 40 篇的作者有 8 人,超过 50 篇的作者仅有 2 人。而排名前 50 的作者至少都发表过 21 篇论文。在这些高频作者当中,他们发表论文的平均数为 29.92 篇,而发表论文的中位数为 26 篇,说明排在最前面的高产作者如排名第一的虞崇胜和第二的金太军发表论文很多,远远超过其他人,使得高频作者发表论文数整体呈现正偏态分布。

(4) 政治学项目所发表论文的作者机构分布情况

一篇学术论文署名的机构与作者数量分布也有相似的情况,它们可以由单一机构,也可能是多个机构共同完成的。本节对论文研究机构分布数量进行探讨。根据论文中包含机构数量的递增顺序进行排列,统计各类型论文的数量及其占比,结果如下表 7 – 16。

表 7 – 16　政治学学术论文机构数量分布情况

编号	论文机构数量	发表论文数量	百分比
1	1	7698	69.84%
2	2	2402	21.79%
3	3	757	6.87%
4	4	118	1.07%
5	5	48	0.44%

因为前述的论文合作者数量最多是 5 人,因此这里也只截取了合作机构数量在 5 个以内的论文进行统计研究。

单一机构发表的论文数量最多,占到总体的 69.84%,这一比例超过了之前统计的单一作者发表论文的数量,说明有很大一部分的合作者也是来自同一机构。两个机构联合发表的论文比例小于两人合著论文的比例也能很好地印证这一点。随着论文机构数量的递增,它们发表的论文数量在急剧下降。仅有 48 篇论文是由 5 个机构共同完成的,不足总体 0.5%。可以看出政治学国家社科项目的研究中,跨机构跨平台的合作并不是特别频繁。

为增加对学术论文所属机构的了解与认识,本节又依照发表学术论文数量对参与政治学国家社科项目并发表论文的研究机构进行了统计。表 7 – 17 选择了排名前 20 的研究机构进行展示和分析。

表 7 – 17　学术论文高频机构分布表

编号	作者姓名	论文数量	编号	作者姓名	论文数量
1	武汉大学政治与公共管理学院	191	8	南开大学周恩来政府管理学院	130
2	上海交通大学国际与公共事务学院	165	9	西安交通大学公共政策与管理学院	128
3	中山大学政治与公共事务管理学院	160	10	南京大学政府管理学院	125
4	苏州大学政治与公共管理学院	145	11	天津师范大学政治与行政学院	122
5	郑州大学公共管理学院	143	12	浙江大学公共管理学院	121
6	北京大学政府管理学院	133	13	华中科技大学公共管理学院	121
7	对外经济贸易大学国际经济研究院	130	14	南京师范大学公共管理学院	117

编号	作者姓名	论文数量	编号	作者姓名	论文数量
15	吉林大学行政学院	110	18	南京农业大学公共管理学院	102
16	湘潭大学公共管理学院	108	19	华东政法大学政治学与公共管理学院	94
17	复旦大学国际关系与公共事务学院	106	20	华中师范大学政治学研究院	87

表中显示发表论文排在前20的机构均为各大高校,之前展示的承担国家社科项目政治学方向课题的其他研究机构都未上榜。

发表论文最多的机构为武汉大学政治与公共管理学院,发表论文数量为191篇。排名第二的上海交通大学要比其少了近30篇论文。与立项最多的三所高校北京大学、吉林大学和复旦大学对比,这三所学校承担的课题比发表项目资助论文最多的武汉大学至少要多10个国家社科项目,但在发表学术论文的频率上,这三所学校并不是最高的,复旦大学只排在了论文发表第17位,而与吉林大学发表论文数量相同的南京师范大学,只有12个政治学国家社科项目,不到吉林大学承担项目的三分之一。

仔细对比可以发现,各机构论文成果数与所承担的课题并不是高度相关的,它还受到该机构项目类型、时间跨度等多方面因素的影响。

(5)政治学社科项目的研究热点分析

一个专业中的研究热点可以由论文中的关键词体现出来。因此对政治学学术论文中高频词的统计也是分析政治学研究热点的重要环节。表7-18中统计了政治学发表的学术论文中的高频关键词,按照词频排序并选出排名前50名的关键词进行展示,结果如下。

表7-18 政治学社科项目研究的高频关键词

编号	关键词	频次	编号	关键词	频次
1	地方政府	186	14	和谐社会	88
2	公共服务	134	15	公民参与	82
3	协商民主	128	16	电子政务	82
4	治理	120	17	绩效评估	79
5	民主	115	18	政治发展	78
6	公共政策	109	19	制度创新	69
7	中国	102	20	制度	66
8	村民自治	101	21	影响因素	66
9	政治参与	100	22	农民工	65
10	对策	99	23	国家认同	64
11	政府	98	24	社会管理	63
12	国家治理	97	25	中国共产党	63
13	服务型政府	90	26	城镇化	63

续表

编号	关键词	频次	编号	关键词	频次
27	社会资本	61	39	公务员	51
28	机制	60	40	社会转型	51
29	社会组织	60	41	政治文化	50
30	农民	59	42	改革	49
31	农村	58	43	群体性事件	49
32	美国	57	44	法治	49
33	公民社会	56	45	制度建设	48
34	指标体系	55	46	路径选择	47
35	路径	55	47	问题	47
36	民主政治	54	48	困境	47
37	创新	53	49	经济发展	46
38	乡村治理	52	50	政府职能	46

可以看出政治学中的高频词汇是以线性趋势平缓下降的。频次最高的"地方政府"出现了186次。而出现频次在100—150次之间的词汇有8个,50—100次之间的词汇有32个,而词频仅46—50次的词汇只有9个。政治学的研究涉及方方面面,从民主、政府职能、制度和社会管理的探讨,到农民工、电子政务等都有很高的关注度。

(6)政治学社科项目的高被引学术论文分析

本节主要讨论政治学社科项目的高被引学术论文。数据来源于 CNKI 学术论文数据库中提供的论文被引频次。本研究展示了被引频次排名前20的论文的基本信息,具体情况列在表7-19当中。

表7-19 政治学社科项目资助下的高被引论文分布

编号	论文标题名称	被引次数	下载次数
1	对政府绩效评估几个基本问题的反思	467	2675
2	协商民主:概念、要素与价值	451	3526
3	应用层次分析法确定政府绩效评估指标权重研究	437	5703
4	我国微课发展的三个阶段及其启示	313	15221
5	网络舆情管控工作机制研究	311	2803
6	当代中国农民政治参与的程度、动机及社会效应	258	3243
7	群体性突发事件及其治理——社会风险与公共危机综合分析框架下的再考量	228	5785
8	低碳经济:内涵体系与政策创新	205	3760
9	中国城镇化"推进模式"研究	196	19696

续表

编号	论文标题名称	被引次数	下载次数
10	地方政府公共事业管理绩效评价指标体系研究	196	2872
11	政府能力的结构分析	192	2255
12	浅谈低碳经济下的消费引导	190	2795
13	论国家治理与国家审计	189	7121
14	地方政府绩效评估指标的设计与筛选	187	3078
15	中国工业企业数据库的使用现状和潜在问题	174	4605
16	协商民主与政治协商	172	2999
17	大规模网络开放课程（MOOC）典型项目特征分析及启示	170	12565
18	网络舆情信息资源共享研究	170	1741
19	项目制：一种新的国家治理体制	169	6304
20	论区域公共管理的制度创新	169	2196

在列出的高被引论文当中，被引次数超过 400 篇的论文有 3 篇。被引频次在 200—400 之间的论文有 5 篇。被引频次在 170—200 次之间的论文有 10 篇。下载次数最多的几篇论文也并不是被引用最多的论文，但它们可能是比较被关注的热点问题。

从高被引论文中也可以看出政治学研究热点非常广泛，与上面呈现的关键词分布有一定的相似程度。

7.5　小结

本研究在中国知网（CNKI）学术论文数据库中，经过检索研究项目的基金名与基金号，得到了关于政治学国家社科项目的基本信息。文章利用"自动分词""统计和内容分析"相结合的方法，从"项目基本信息""项目标题分析""项目结题情况"和"学术研究成果"四大方面对所有项目进行了探讨和研究。其中"项目基本信息"包括年度资助情况、项目类型分布状况、项目负责人出现频次、项目负责人职称分布、项目承担单位分布情况几个方面；"项目标题分析"由标题字长分布、标题词长分布、高频词三个指标构成；"项目结题情况"讨论了项目结题时间跨度、项目专著的机构统计及项目结题评定结果几个部分；最后"学术研究成果"部分，列举了发表学术论文分布情况、发表学术论文期刊类型及刊载论文量的期刊分布、论文作者数量分布及高频作者分布、论文机构数量及高频机构分布、高频关键词、高被引论文分布的情况。讨论结果大体组成了政治学国家社科项目的大体框架。

总体而言，政治学的社科项目近年来呈现出指数式的增长。在这之中，"一般项目"占据了政治学国家社科基金项目中的主要项目类别。而项目主要是由"正高级"和"副高级"的研究人员主持的，他们加起来超过所有项目负责人总体的五分之四。绝大多数研究人员只主持过一个社科项目。

就项目标题分析层次而言，政治学的社科项目标题长度一般都在 5—43 个字之间。大部分社科项目的标题都集中在 14—21 个字之间,在词语这个级别上来说,社科项目标题一般多为 9 个词长。从标题的词频统计来看,政治学在国家社科基金课题中主要关注的对象是我们国家当代的政府建设。而在这其中,最为关注的两个地区为西部和新疆,与网络有关的研究也是研究课题的关注热点。

政治学国家社科项目有严重的项目延期现象,在结题的项目当中历时 4 年完成的项目最多。对于项目成果专著出版,人民出版社和中国社会科学出版社是政治学国家社科项目出版专著最多的两个出版单位,这两个单位所出版的专著占到所有政治学社科项目出版专著的三分之一。对于结项课题的评定而言,经统计发现政治学的国家社科项目评定标准比较严格,被定为良好的项目则达到 49.61%,而被定为优秀的课题仅有 9.25%。

在学术研究成果方面的研究中发现,产出论文比重最大的是"一般项目",占到总体论文的 36.56%。但与它对比,可以发现青年项目仅有 473 项,大约是一般项目数的 60%,而所发表的论文也达到了总体的 24.26%。国家应该多鼓励和支持青年项目。在政治学社科项目中发表的论文类型绝大多数都是期刊论文,刊载论文最多的期刊是《中国行政管理》。在每篇论文的作者数量当中,单独发表论文的作者所产出的论文数量超过了论文总数的二分之一。由 2—3 人合作发表的论文数量成线性下降。这说明在政治学领域合作产出论文并不是特别主流的选择。同样的,在对单篇论文发表机构的统计中,由单一机构发表的论文数量最多,占到总体的 69.84%。可以看出政治学国家社科项目的研究中,跨机构跨平台的合作并不是特别频繁。政治学国家社科项目应该适当增加并支持作者合作与交流。此外,发表论文排在前 20 的机构均为各大高校,在这之中,发表论文最多的机构为武汉大学政治与公共管理学院。与承担项目的机构相比,可以观察出各机构论文成果数与所承担的课题数量并不是高度相关的。最后对项目论文的关键词进行统计挖掘,又对项目成果中的高被引论文分析,可以发现政治学的研究热点非常广泛,从民主制度、政府职能、地方政府管理、经济发展到突发事件、网络舆情都有涉猎。

8 社会学

本章围绕社会学的国家社科基金项目及其相应学术研究成果,结合统计和内容分析的方法,从社会学社科基金项目的年度分布、项目类型分布、项目负责人、负责人职称分布、承担单位、标题的字、词长度与高频词、项目结项时间跨度、专著出版机构、项目评定结果、项目类型发表论文数量、论文类型及期刊分布、作者数量及高频作者、机构数量及高频机构、研究热点统计和高频论文分析等几个方面对社会学国家社科基金项目进行了探究,从整体上勾勒出社会学国家社科基金项目的整体轮廓和发展状况。

8.1 社会学国家社科项目基本信息

本章以社会学为研究学科,从全国哲学社会科学办公室发布的1991—2014年国家社科历年资助项目名单中,在手工筛选和清洗的基础上,通过去除不规范的社科基金项目,一共获取到2348个不同类型的社会学国家社科基金项目。

(1)社会学的国家社科基金项目年度资助情况分析

本章将所获得的社会学国家社科基金项目数据按照年度进行排序,具体见表1所示。

表8-1 社会学国家社科基金项目的年度分布情况

编号	项目立项时间	项目资助数量	百分比	编号	项目立项时间	项目资助数量	百分比
1	1991	58	2.47%	14	2004	73	3.11%
2	1992	48	2.04%	15	2005	104	4.43%
3	1993	30	1.28%	16	2006	101	4.30%
4	1994	20	0.85%	17	2007	127	5.41%
5	1995	6	0.26%	18	2008	129	5.49%
6	1996	72	3.07%	19	2009	136	5.79%
7	1997	29	1.24%	20	2010	147	6.26%
8	1998	28	1.19%	21	2011	209	8.90%
9	1999	33	1.41%	22	2012	232	9.88%
10	2000	39	1.66%	23	2013	272	11.58%
11	2001	46	1.96%	24	2014	286	12.18%
12	2002	58	2.47%	合计		2348	100%
13	2003	65	2.77%				

为了能够更为清晰地展现数据的走势,笔者根据表8-1绘制了社会学国家社科基金项目的年度分布情况折线图。

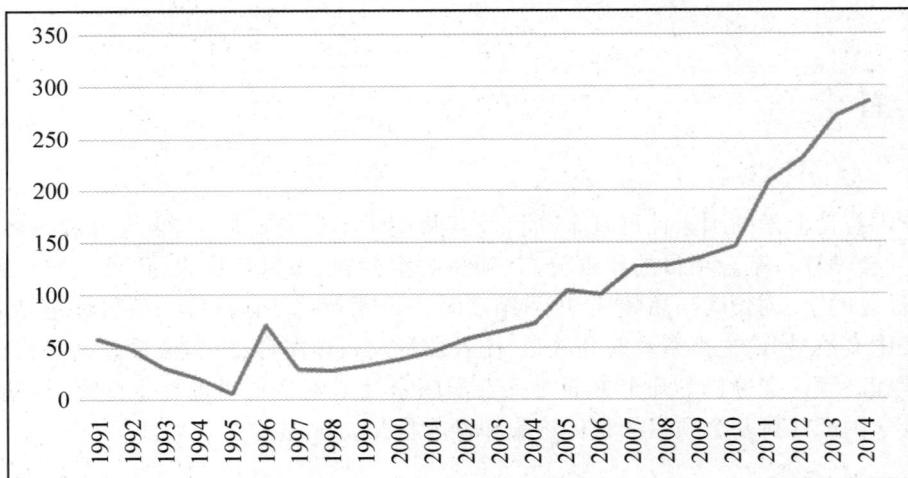

图 8 - 1　社会学国家社科基金项目的年度分布情况

从图 8 - 1 可以清晰地看出,社会学的国家社科基金项目在 1995 年之前呈现的是逐年递减的趋势,但在 1995 年之后,却逐步呈现出不断上扬的趋势。从整体来看,1995—1997 年这三年间,立项数目发生过较大的波动,其中 1995 年为历年中立项数目最少的一年,仅有 6 项,占整个年份统计量的 0.26%。但在 1995—1996 年间却是立项数目增幅最大的一年,在 1996—1997 年间又出现了回落。这可能是由于我国在 1996 年提出了第九个五年计划,简称"九五"计划,这是中国社会主义市场经济条件下的第一个中长期计划,是一个跨世纪的发展规划。市场经济的到来,使得国家开始更加重视社会学的发展,这也为社会学的快速发展带来了契机。自 1997 年以后,社会学国家社科项目的立项数目不断增加,在 2005 年首次突破三位数,此后稳步增长,并在 2014 年达到最高峰。

(2)社会学的国家社科基金项目类型分布状况

社会学的国家社科基金项目涵盖了成果文库、中华学术外译项目、后期资助项目、重大项目、重点项目、西部项目、青年项目和一般项目 8 种类型,由于一些基金项目未注明项目类型,所以未统计在内。具体的项目类型分布如表 8 - 2 所示,在同类项目总数中的比例是指国家社科基金所包含的 26 个学科基金项目中同类型项目中的比例。

表 8 - 2　项目类型分布情况表

编号	项目类型名称	项目数量	社会学项目中的百分比	同类项目总数中的比例
1	成果文库	8	0.35%	3.13%
2	中华学术外译项目	22	0.95%	7.83%
3	后期资助项目	21	0.91%	1.20%
4	重大项目	13	0.56%	1.95%
5	重点项目	166	7.16%	5.66%
6	西部项目	236	10.18%	5.79%
7	青年项目	689	29.72%	6.59%
8	一般项目	1163	50.17%	5.37%

由表 8 - 2 可知,一般项目是社会学国家社科基金项目中最主要的类别,占整个项目数量的 50% 左右,是社会学国家社科基金项目的主体类型。青年学者是学术科研中最具活力的人群,所以青年项目在社会学社科基金项目中的数量仅次于一般项目,达到了 29.72%,从中不难发现国家对于青年研究者从事科研活动的支持。从各类型的项目在总体中所占的比重来看,重大项目只占 0.56%,重点项目却有 7.16%,一方面是由于重大项目需要招标且只能在指南中选题,此外对负责人职称也有所要求,另一方面可能是由于社会学研究的课题相对宽泛,因此需要更大的科研自由度。从占同类型项目中的比例可以看出,在社会学学科中,中华学术外译项目、青年项目的比例远远大于平均水平,此外重点项目、西部项目和一般项目的数量也大于平均水平,成果文库项目略小于平均水平,但是重点项目和后期资助项目的数量却远远小于平均水平,由此可见当前社会学在发展中具有很强的活力,并且有相当大的发展空间。

(3)社会学的国家社科基金项目负责人出现频次

根据社会学研究者所承担项目的数量(综合考虑了同名和同机构的项目承担者),此次研究中给出了各个研究者主持项目数量的统计分析,具体如表 8 - 3 所示。

表 8 - 3   国家社科基金项目负责人出现频次

编号	主持项目频次	具体人数分布	占所有负责人的百分比
1	1	1839	89.10%
2	2	179	8.67%
3	3	35	1.69%
4	4	9	0.44%
5	5	2	0.10%

基于表 8 - 3 可以观察出,在所有的项目主持人当中,只主持过 1 个项目的研究者占据了绝大部分,约为 90%,主持过两个项目的研究者相对主持过 1 个项目的研究者,呈指数下降趋势,仅为 8.67%。从统计结果来看,主持项目最多的有两位研究者,他们每人分别负责过 5 个基金项目,并且这两位研究者都具有正高职称,可见是在社会学研究领域中较为活跃的人才。

(4)社会学国家社科基金项目负责人职称分布

从获取到的社会学基金项目的负责人的职称分析,具体统计结果如表 8 - 4 所示。

表 8 - 4   国家社科基金项目负责人职称分布

编号	专业职务	人数	占所有负责人的百分比
1	初级	3	0.17%
2	中级	418	23.20%
3	正高级	681	37.79%
4	副高级	700	38.85%

从表 8 - 4 中可以看出，社会学的国家社科基金项目负责人的职称包括初级、中级、副高和正高四个类别。正、副高职称在所有的职称类别中相差不大，占据了绝大部分，一共达到了 76.64%，中级职称者人数相对较少，仅为 23.20%，而初级职称人数则寥寥无几，在社会学这个学科中，仅 3 人。由此可见，在社会学研究中对于研究负责人的要求还是相当高的。

（5）社会学的国家社科基金项目承担单位分布情况

在对项目的承担单位进行统一整理的基础上，经过统计本章获得了承担国家社科基金项目最多的 50 个机构名称，具体分布情况见表 8 - 5。

表 8 - 5　承担国家社科基金项目的前 50 个单位分布情况

编号	单位名称	项目数量	编号	单位名称	项目数量
1	中国社会科学院	80	26	甘肃省社会科学院	17
2	中国人民大学	68	27	江西省社会科学院	17
3	北京大学	58	28	四川省社会科学院	16
4	南开大学	50	29	天津社会科学院	16
5	南京大学	48	30	南京师范大学	15
6	中山大学	38	31	云南师范大学	15
7	华中师范大学	33	32	中央党校	15
8	北京师范大学	31	33	湖南师范大学	14
9	上海大学	31	34	青海民族大学	14
10	华东理工大学	28	35	贵州省社会科学院	13
11	华东师范大学	26	36	南昌大学	13
12	吉林大学	26	37	陕西省社会科学院	13
13	江苏省社会科学院	24	38	西安交通大学	13
14	上海社会科学院	24	39	云南大学	13
15	武汉大学	24	40	云南省社会科学院	13
16	浙江大学	23	41	中南大学	13
17	兰州大学	22	42	河海大学	12
18	复旦大学	20	43	华南农业大学	12
19	华中科技大学	20	44	江西财经大学	12
20	华中农业大学	20	45	深圳大学	12
21	山东大学	20	46	沈阳师范大学	12
22	西南大学	20	47	石河子大学	12
23	厦门大学	20	48	云南民族大学	12
24	苏州大学	19	49	浙江师范大学	12
25	重庆师范大学	19	50	郑州大学	12

从排名前 50 的社科基金项目承担单位的分布情况来看，项目的承担单位主要为各地的高校和社会科学院。综合各个机构的项目申请数量和排名来看，可以分为三个比较集中的层次。排前 5 名的单位处于第一层次，相对于其他各个单位具有明显的优势，排名第 6 的中

山大学到排名第 23 的厦门大学处于第二层次,排名第 24 的苏州大学到第 50 的郑州大学处于第三层次,相比其他单位还存在一定的差距。排在首位的中国社会科学院,共承担了 80个社会学类的基金项目,相对于排第二位的中国人民大学来说,多出了 12 个,在社会学研究领域中处于优势地位。

8.2　社会学国家社科基金项目标题分析

通过使用自动分词的技术,本章对获取到的社会学国家社科基金项目的标题进行了分析。通过对项目标题的字的长度分布、词的长度分布和高频词分布的统计和分析,我们可以大概了解社会学研究的热点和项目标题的特点。

(1)社会学的国家社科基金项目标题字的长度分布

根据汉字的编码格式,本章统计了社会学国家社科基金项目使用标题的字长度,具体的统计结果如表 8 - 6 所示。

表 8 - 6　社科基金项目标题字的长度分布

编号	标题字长度	项目数量分布	编号	标题字长度	项目数量分布
1	4	3	20	23	123
2	5	3	21	24	96
3	6	6	22	25	53
4	7	25	23	26	62
5	8	21	24	27	40
6	9	25	25	28	33
7	10	47	26	29	30
8	11	57	27	30	26
9	12	84	28	31	18
10	13	97	29	32	14
11	14	147	30	33	11
12	15	153	31	34	6
13	16	169	32	35	6
14	17	178	33	36	7
15	18	180	34	37	8
16	19	196	35	38	5
17	20	152	36	39	1
18	21	154	37	40	7
19	22	104	38	41	1

从表 8 - 6 可以发现,社会学大部分社科基金项目标题的字长度分布平均在 14—24 个字之间,标题长度为 19 字的国家社科项目数量最多,为 196 个,其次为标题长度为 18 字的,项目数量为 180 个,再其次为标题长度 17 字的,项目数量为 178 个。其中项目标题字长度最短的为 4 字,项目数量为 3 个,分别为"中国社会、征服美洲、自我监控",而项目标题字长度最长为 41 字,项目数量仅有 1 个,项目标题为"我国社会工作人才队伍培养的战略与对策研究——基于广州、上海、香港三地的实证调查比较"。

(2)社会学的国家社科基金项目标题词的长度分布

为了能够更进一步地统计和分析标题的组成内容,在使用分词工具对标题进行自动分词的基础上,此次研究以词为单位统计了社会学国家社科基金项目标题的词长度分布状况,具体的统计结果如表 8 - 7 所示。

表 8 - 7 社会学国家社科基金项目标题词的长度分布情况

编号	标题词长度	项目数量分布	编号	标题词长度	项目数量分布
1	2	6	14	15	63
2	3	31	15	16	39
3	4	61	16	17	23
4	5	126	17	18	19
5	6	187	18	19	14
6	7	229	19	20	12
7	8	301	20	21	4
8	9	328	21	22	2
9	10	270	22	23	6
10	11	225	23	24	3
11	12	195	24	25	1
12	13	105	25	29	1
13	14	97	合计:		2348

从标题词汇的长度可以看出,社会学的国家社科项目的标题长度主要集中在 6—12 个词之间,其中长度为 9 个词的标题最多,达到了 328 个,然后向两端逐步递减。其中长度为 21 个词以上的社科基金项目标题平均都在 5 个以下。最长的项目标题达到了 29 个词,但仅有一项,项目标题为"村民自治与宗族关系研究:摩哈苴彝村、周城白族村、平峰汉族村和捞车土家村的个案分析"。长度为 4 个词以下的项目相对较少,其中由两个词构成的国家社科基金项目数量只有 6 项。

(3)社会学的国家社科基金项目标题高频词分析

在已经掌握了国家社科基金项目标题的词长度分布的基础上,为了能更好地对社会学国家社科基金项目中所使用词汇的分布情况有一个全面整体的认识,本次研究在对标题进行分词的基础上,去掉了标点符号、虚词以及"研究""中国"等标题中的常用词汇。得到了标题中常用的高频词统计表。按照出现频次的高低,排名前 50 的词汇统计结果如表 8 - 8 所示。

表 8 - 8   社科基金项目标题中的前 50 个高频词

编号	标题中的词汇	频次	编号	标题中的词汇	频次
1	农村	269	26	流动	81
2	机制	252	27	对策	80
3	发展	215	28	心理	80
4	文化	213	29	网络	78
5	城市	194	30	转型	76
6	地区	194	31	构建	74
7	建设	191	32	人口	70
8	社区	169	33	创新	70
9	制度	117	34	进程	69
10	民族	114	35	分析	67
11	农民工	114	36	城乡	66
12	变迁	111	37	企业	65
13	体系	111	38	行为	65
14	政策	110	39	少数民族	64
15	影响	109	40	管理	62
16	组织	107	41	家庭	62
17	关系	104	42	生活	59
18	理论	103	43	儿童	58
19	治理	102	44	就业	58
20	模式	101	45	城镇	57
21	保障	86	46	结构	56
22	调查	86	47	教育	56
23	农民	86	48	认同	56
24	服务	83	49	经济	55
25	群体	81	50	环境	54

在具体的统计过程中,排名前十的高频词中"农村、城市、文化、社区、制度"这些实词充分体现了社会学社科基金项目研究的主要内容。此外,"农民工、政策、农民、模式、心理、网络、人口、教育"等这些入选的高频词也从总体上反映了社会学这一学科研究的重要对象。通过高频词汇的统计,充分展现了社会学研究的总体面貌。

8.3 社会学国家社科基金项目的结项情况统计

根据社会学基金项目已有的立项时间、结项时间、出版专著的出版社以及项目评定的结果,此次研究从社科项目的结项时间跨度、专著出版社的分布和项目评定结果三个方面,对国家社科基金项目的结项情况进行了统计分析。

(1)社会学的国家社科基金项目结项时间跨度

通过逐一地计算结项时间与立项时间的差值,社会学社科基金项目的结项时间跨度被一一计算出来。根据不同时间跨度出现的频次,社会学社科基金项目的结项时间跨度分布情况如图8－2所示。

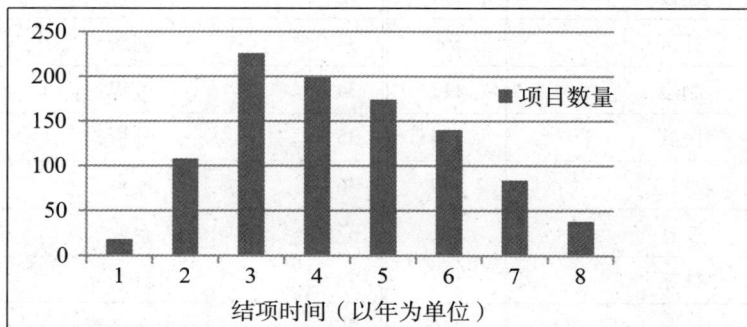

图8－2 社会学社科项目结项时间跨度分布图

在数据的过滤过程中,凡是少于10项的时间跨度没有选取,凡是超过8年以上时间的时间跨度也没有列入表内。从图8－2中可以看出,社会学国家社科基金项目的结项时间主要集中在2年和6年这一区间内,结项时间最多的时间跨度为3年。最短的结项时间为1年,共有18项。6年以上结项的项目相对较少,并且随着时间跨度的增加,项目数量呈现出逐级递减的趋势,8年结项的项目数量虽然只有38个,但是还是远远高于1年结项的项目数量。从中我们可以发现社会学基金项目的研究周期还是相对较长的。

(2)出版社会学国家社科基金项目专著的机构统计分析

专著是社会学国家社科基金项目重要的成果形式之一,从专著的出版机构入手,此次研究着重统计了社会学国家社科基金项目专著的出版社分布状况,具体见表8－9。

表8－9 出版社会学专著的前25个单位

编号	出版社名称	出版数量	编号	出版社名称	出版数量
1	社会科学文献出版社	23	4	中国大百科全书出版社	9
2	中国社会科学出版社	19	5	中国人民大学出版社	7
3	人民出版社	14	6	江西人民出版社	6

续表

编号	出版社名称	出版数量	编号	出版社名称	出版数量
7	山东人民出版社	5	17	重庆出版社	2
8	天津人民出版社	4	18	吉林人民出版社	2
9	北京大学出版社	4	19	黑龙江人民出版社	2
10	首都师范大学出版社	4	20	中国人民公安大学出版社	2
11	上海三联书店	3	21	北京师范大学出版社	2
12	中国环境科学出版社	3	22	天津社会科学院出版社	2
13	商务印书馆	3	23	青海人民出版社	2
14	甘肃人民出版社	3	24	中国农业出版社	2
15	南开大学出版社	3	25	四川大学出版社	2
16	南京大学出版社	3	26	——	——

社会科学文献出版社、中国社会科学出版社、人民出版社、中国大百科全书出版社、中国人民大学出版社这 5 家出版社是社会学社科专著的主要出版机构,其中社会科学文献出版社是出版数量最多的出版社。在剩余的 20 家出版社中,"人民"类的出版社占据了大部分,共有 8 个出版机构。

(3)社会学的国家社科基金项目结项评定结果

社会学关于项目的结项评审结果主要分为"合格、良好和优秀"三个等级,本次研究对获取到的社会学国家社科基金项目的评定结果进行了统计,具体结果如表 8-10 所示。

表 8-10　社会学的国家社科基金项目评定结果分布

编号	项目结果评定类别	具体项目数量	百分比
1	合格	275	41.23%
2	优秀	59	8.85%
3	良好	333	49.93%

从社会学国家社科基金项目的类型分布上看,"良好"和"合格"是社会学国家社科基金项目评定结果中最主要的类别,分别达到了 333 项和 275 项,其中"良好"占据了一半左右。"优秀"这一类别的社会学国家社科基金项目评定结果是三个类别中最少的,仅为所确定的评定结果的 8.85%,由此可见项目在评审阶段还是较为严谨、认真的。

8.4　社会学国家社科基金项目学术研究成果统计

中国知网(CNKI)是目前世界上最大的连续动态更新的中国期刊全文数据库,所以本研究选取了中国知网作为数据来源,依据论文中注明的社会学国家社科基金项目名称或者项目编号作为检索式,利用网络爬虫进行数据的自动检索和信息下载,最后通过人工筛选去除可能存在的重复项和错误项,结果一共采集到11129篇社会学国家社科基金支持论文。

此次研究从不同社会学基金项目类型的学术论文产出分布情况、社会学学术论文的类型分布统计、学术论文发表的期刊分布、学术论文的作者数量分布、学术论文的高频作者分布、发表学术论文的机构分布、发表学术论文的高频机构分布、高被引论文的统计分析以及学术研究热点分析9个不同角度入手,对社会学资助的学术论文进行了全面系统的分析研究。

(1)不同社会学基金项目发表论文数量分布情况

一般项目、青年项目、重点项目、西部项目、重大项目、中华学术外译项目、后期资助项目和成果文库这8种不同类型的社会学国家社科基金项目,依据其自身的特点在发表学术论文数量上存在一定的差异,不同类型项目发表论文数量的统计表如表8-11所示,另有6篇论文对于支持基金项目类型未进行说明,所以未包括进统计结果中。

表8-11 不同社科项目发表学术论文数量的分布情况

编号	项目类型	发表论文数量	百分比
1	一般项目	5402	48.57%
2	青年项目	2908	26.14%
3	重点项目	1169	10.51%
4	西部项目	999	8.98%
5	重大项目	549	4.94%
6	中华学术外译项目	54	0.49%
7	后期资助项目	41	0.37%
8	成果文库	1	0.01%

从表8-11中可以看出,由于成果文库、后期资助项目以及中华学术外译项目这三种类型的项目所产生的成果形式以专著为主,所以这三类项目发表的学术论文数量比较少,分别只占总体数量的0.01%、0.37%和0.49%。从发表的学术论文数量上看,一般项目是发表论文的主体,这一类项目发表了社会学接近一半数量的学术论文。重大项目发表的论文数量虽然相对重点项目、青年项目和西部项目来说比较少,只占了学术论文总体数量的5%,但是考虑到平均每个项目的发文量时,就可见重大项目在社会学的国家社科基金项目中还是具有巨大的影响力的。

(2)社会学基金项目所发表论文的类型及期刊分布情况

社会学社科基金项目所发表的学术论文主要分为会议论文和期刊论文两种类型,具体的组成分布如表8-12所示,统计的数据中存在1篇论文未具体标明所属类型。

表 8 – 12　社会学社科项目发表学术论文类型情况

编号	学术论文类型	论文数量	百分比
1	期刊	10934	98.26%
2	会议	194	1.74%
	合计	11128	100%

从表 8 – 12 可以发现,社会学社科项目所发表的学术论文中,基本上以期刊论文为主,在总的发文量中占据了 98.26% 的比重。不同期刊发表了不等数量的社会学社科基金项目的学术论文,其中发文量位居前 50 的期刊分布如表 8 – 13 所示。

表 8 – 13　发表社会学社科基金项目论文前 50 的期刊分布

编号	期刊名称	论文数量	编号	期刊名称	论文数量
1	学习与实践	145	26	中国行政管理	46
2	心理科学	94	27	学术交流	46
3	社会学研究	88	28	华中农业大学学报(社会科学版)	46
4	农村经济	77	29	广西社会科学	46
5	社会	72	30	兰州学刊	45
6	中国青年研究	69	31	求实	44
7	社会科学	68	32	中南民族大学学报(人文社会科学版)	44
8	湖南师范大学社会科学学报	64	33	青年探索	43
9	中国临床心理学杂志	60	34	中国农村观察	43
10	心理科学进展	59	35	人文杂志	43
11	西北人口	59	36	江苏社会科学	43
12	甘肃社会科学	59	37	重庆社会科学	40
13	社会科学研究	59	38	社会主义研究	40
14	福建论坛(人文社会科学版)	58	39	安徽农业科学	40
15	湖北社会科学	57	40	江西社会科学	39
16	华东理工大学学报(社会科学版)	57	41	中国农业大学学报(社会科学版)	38
17	社会保障研究	57	42	西北师大学报(社会科学版)	38
18	学术论坛	55	43	中共福建省委党校学报	38
19	江海学刊	52	44	社会科学战线	37
20	中州学刊	51	45	山东社会科学	37
21	前沿	50	46	学习与探索	37
22	浙江社会科学	49	47	城市问题	37
23	学海	48	48	思想战线	36
24	社会工作	47	49	理论月刊	36
25	统计与决策	47	50	贵州民族研究	36

从表 8 – 13 中能够看出,发表论文数量超过 60 篇的期刊共有 8 个,其中发表论文数量最多的前 15 个期刊中,有 3 个是与心理学密切相关的期刊,可见在社会学研究中,心理科学的研究也占有相当重要的地位。发表学术论文最多的期刊为《学习与实践》,达到了 145 篇,远远高于其他期刊的发文量。

(3)社会学基金项目所发表论文的作者分布情况

按照每篇论文包含的作者数量,此次研究还统计了每篇论文的作者数量分布情况,如表 8 – 14。

表 8 – 14　社会学学术论文作者数量分布情况

编号	作者数量	论文数量	百分比
1	1	5290	47.84%
2	2	4189	37.89%
3	3	1107	10.01%
4	4	297	2.69%
5	5	122	1.10%
6	6	52	0.47%
合计		11057	100%

表 8 – 14 列出了社会学中学术论文作者的分布情况,单一作者的学术论文占据了半壁江山,达到了 48.84%。超过 3 个作者的学术论文数量相对两个作者的学术论文数量则直线下降,仅为 10.01%。4 个以上作者的学术论文数量相对于其他类型更是寥寥无几。基于此,可以发现在社会学研究中,研究内容一般相对独立,所以学者之间的合作研究相对并不是十分频繁。

在学术论文作者的分析中,依据作者出现的频次,本次研究设计了一个作者出现频次统计表,统计结果见表 8 – 15。

表 8 – 15　学术论文高频作者分布表

编号	作者姓名	频次	编号	作者姓名	频次
1	王浩斌	124	11	乐国安	46
2	刘继同	120	12	黄少华	44
3	王飞南	98	13	李建军	44
4	谢建社	95	14	米红	41
5	陈成文	91	15	潘泽泉	40
6	王志章	71	16	狄金华	36
7	王书明	70	17	罗竖元	36
8	钟涨宝	67	18	谢宇	36
9	施国庆	56	19	刘斌志	34
10	张海钟	50	20	万江红	34

编号	作者姓名	频次	编号	作者姓名	频次
21	王雅林	34	36	惠秋平	28
22	姜永志	33	37	彭华民	27
23	文军	33	38	辛自强	27
24	李莉	33	39	陈涛	27
25	肖唐镖	32	40	陈旭	26
26	张大均	32	41	陈浩	26
27	王毅杰	32	42	张亚林	26
28	董晓峰	31	43	丁建定	25
29	任勇	31	44	甘满堂	25
30	汪霞	31	45	姚琦	25
31	何安明	30	46	邱仁富	24
32	冯元	29	47	朱明	24
33	徐延辉	29	48	邬志辉	23
34	张翠娥	29	49	吴春梅	23
35	薛惠元	29	50	陈兴鹏	23

在选取的 50 个高频作者中,出现频次达到 50 次及以上的共有 10 人,频次达到 30 次及以上的共有 31 人。在排名前 5 的高频作者中,出现次数超过 100 次以上的作者为 2 人,其中出现频次最高的作者是王浩斌,共出现了 124 次。出现频次处在 23—30 次之间的作者分布相对较为集中。

(4)社会学基金项目所发表论文的作者机构分布情况

基于一篇论文作者所属的机构可能会有所不同,此次研究中还统计了每篇论文中包含机构数量的情况统计表,具体数据见表 8－16,有些论文中的作者机构未进行明确标注,所以未统计在内。

表 8－16 社会学学术论文机构数量分布情况

编号	论文机构数量	发表论文数量	百分比
1	1	6936	62.89%
2	2	2761	25.04%
3	3	1115	10.11%
4	4	122	1.11%
5	5	94	0.85%
	合计	11028	100%

根据数据的排布状况,表 8－16 选取了每篇论文中包含的机构数目在 5 个及以下的样本数据。从中可以看出,单一机构所发表的学术论文数量占据了绝大部分,达到了 62.89%,

两个机构合作发表的学术论文则成指数下降,为 25.04%。相对一个机构发表的学术论文,4个机构和 5 个机构发表的学术论文数量则微乎其微了。这说明,在社会学研究中缺乏跨机构间的合作,各个研究机构大多独自承担研究工作,缺乏与其他单位的交流。

在统计所有机构的发文数量之后,此次研究还选取了学院、学部和系这一层面发表学术论文数量处于前 20 的机构进行分析(省一级的党校没有选择具体的学院、学部和系这一层级的单位),具体各个机构和发文数量如表 8－17 所示。

表 8－17　学术论文高频机构分布表

编号	作者姓名	论文数量	编号	作者姓名	论文数量
1	南京大学社会学院	109	11	西南大学文化与社会发展学院	68
2	中国海洋大学法政学院	109	12	南开大学社会心理学系	67
3	华中科技大学社会学系	108	13	华中科技大学中国乡村治理研究中心	67
4	华中师范大学社会学院	105	14	广州大学公共管理学院	64
5	华中农业大学文法学院	95	15	武汉科技大学文法与经济学院	64
6	华中农业大学社会学系	88	16	中国人民大学社会学系	64
7	华东理工大学社会与公共管理学院	79	17	河海大学公共管理学院	63
8	吉林大学哲学社会学院	79	18	中共湘西州委党校邓小平理论教研室	63
9	吉首大学政治与公共管理学院	78	19	湖南师范大学社会学系	59
10	湖南师范大学公共管理学院	70	20	河海大学社会学系	57

从表 8－17 可以看出,发文量在 90 篇以上的单位共有 5 个,其中南京大学社会学院和中国海洋大学法政学院这两个单位的发文量并列第一,都为 109 篇。在前 20 个发表论文的高频机构中,标有社会学系或者社会学院的机构共有 9 个,在整个高频机构统计中占有相当重要的比重,可见我国的社会学研究现已在高校中形成了较为完善的研究体系。

(5)社会学社科基金项目的研究热点分析

利用获取到的社会学社科基金项目发表论文的关键词,研究统计了社会学社科基金项目学术论文中的关键词分布情况,出现频次居于前 50 的社会学社科基金项目的关键词如表 8－18 所示,在统计过程中人工去掉了社会学学科中普遍使用的泛滥词,如"问题""研究""中国"等。

表 8－18　社会学社科项目研究的高频关键词

编号	关键词	频次	编号	关键词	频次
1	农民工	314	4	新生代农民工	151
2	大学生	165	5	城市化	111
3	社会工作	154	6	农村	105

续表

编号	关键词	频次	编号	关键词	频次
7	和谐社会	102	29	政府	51
8	社会资本	102	30	流动儿童	51
9	社会保障	98	31	社会治理	50
10	青少年	97	32	现代性	50
11	社会政策	90	33	新农保	49
12	农民	87	34	社区	49
13	失地农民	86	35	社会排斥	48
14	社会转型	84	36	公共服务	48
15	新农村建设	81	37	可持续发展	47
16	社会管理	75	38	城市融入	46
17	社会支持	74	39	新型城镇化	45
18	社会建设	73	40	社会结构	43
19	土地流转	67	41	流动人口	42
20	新疆	64	42	村民自治	41
21	心理健康	62	43	社会稳定	41
22	市民化	58	44	集体行动	40
23	社会组织	56	45	信任	39
24	企业社会责任	54	46	留守儿童	39
25	城镇化	54	47	变迁	38
26	少数民族	52	48	养老保险	38
27	群体性事件	51	49	社会认同	37
28	社会福利	51	50	高等教育	37

　　从表 8 - 18 中可以看出,频次超过 150 次以上的关键词有 4 个,分别为"农民工、大学生、社会工作和新生代农民工",由此可见当前我国的社会学研究十分关注农民工问题、社会就业以及劳动力问题。在其他出现频次超过 50 次的关键词上我们也可以看到,除了农民工问题,社会人口流动、城市人口结构变动、社会保障、教育问题等也是社会学研究中十分热点的话题。

(6)社会学社科基金项目的高被引学术论文分析

　　根据 CNKI 学术论文数据库中提供的论文被引频次,本次研究统计了被引频次居于前 20 的社会学社科项目高被引论文,具体论文情况见表 8 - 19。

表 8 – 19 社会学社科项目资助下的高被引论文分布

编号	论文标题名称	被引次数	下载次数
1	城市新移民社会融合的结构、现状与影响因素分析	301	7487
2	第二代农民工及其市民化研究	298	3551
3	福利多元主义:福利提供从国家到多元部门的转型	269	3392
4	论政府在农村社会保障制度建设中的角色	240	2733
5	中国社会风险解析——群体性事件的社会冲突性质	229	4617
6	大学生学习动机的测量及其与自我效能感的关系	228	6559
7	"农民工"永久迁移意愿研究	220	8972
8	"气场"与群体性事件的发生机制——两个个案的比较	208	5826
9	结构混乱与迎法下乡——河南宋村法律实践的解读	194	2726
10	农民工工资:人力资本、社会资本、企业制度还是社会环境?——珠江三角洲农民工工资的决定模型	193	8771
11	改革中弱势群体的政策支持	187	3172
12	推进社区公共服务的经验研究——导入新制度因素的两种方式	177	2376
13	对"和谐社会"的社会学解读	176	1938
14	群体符号边界如何形成?——以北京基督新教群体为例	172	3715
15	自我实现的幸福——心理幸福感研究述评	165	7038
16	青年农民工的城市适应:实践社会学研究的发现	159	2775
17	农村土地的社会功能与失地农民的利益补偿	156	1317
18	项目制的分级运作机制和治理逻辑——对"项目进村"案例的社会学分析	155	4214
19	农村社会养老保险:基于有限财政责任理念的制度安排及政策构想	144	1235
20	农民工留城与返乡意愿的影响因素分析	141	3122

从所选取的前 20 篇高被引学术论文来看,被引频次超过 200 以上的学术论文共有 8 篇,在这 8 篇学术论文中,被引频次超过 300 次的只有一篇。在给出高被引论文的被引频次的同时,本次研究还综合考虑了学术论文的下载次数,在选取的前 20 篇学术论文中,共有 13 篇学术论文的下载次数超过了 3000 次,最高的达到了 8972 次。从所选取的学术论文的标题可以看出,围绕农民工问题展开的相关研究是社会学研究中的研究热点,在 20 篇高被引的学术论文中共有 5 篇学术论文标题直接与公民工问题相关。

8.5 小结

本章围绕社会学的国家社科基金项目及其相应学术研究成果,结合统计和内容分析的方法,从社会学社科基金项目的年度分布、项目类型分布、项目负责人、负责人职称分布、承担单位、标题的字(词)长度与高频词、项目结项时间跨度、专著出版机构、项目评定结果、项目类型发表论文数量、论文类型及期刊分布、作者数量及高频作者、机构数量及高频机构、研究热点统计和高频论文分析等几个方面对当前社会学国家社科基金项目进行了系统分析，期望能够增强对于社会学学科的了解。

总体上来看，自"九五计划"到如今，国家社科基金资助的社会学项目数量稳步上升，期间并没有大的波动。从"九五"计划开始国家逐渐认识到社会学发展的重要性并逐步加大了投入，特别是对社会学青年学者的支持。从社会学基金的承办单位来看，社会学研究的主体集中在高校和各地的社会科学院。各个研究机构间就学术科研能力而言分为三个比较集中的层次，各个层次间还存在着较为明显的差异。各个科研单位在从事科研活动时缺乏一定的交流与合作，这一点从机构合作论文中得到了充分体现。另外从社科项目结项的时间跨度分析，社会学研究的周期相对较长。此外从基金资助的发文量和论文作者数量来观察，社会学研究存在一定的独立性，各个学者之间的交流与合作并不十分频繁。从基金支持的论文内容，结合高被引论文和论文的关键词分析可以看出，当前社会学关注的一个重要问题是城市农民工问题及其带来的社会影响。结合以上的分析，我们可以大致地看到当前社会学研究的现状。

9 法学

9.1 法学国家社科项目基本信息

本文主要对法学国家社科项目的项目资助情况、项目类型分布、项目负责人出现频次、项目负责人职称分布、项目承担单位分布等几个方面进行统计,对法学国家社科项目的基本信息进行分析研究。

(1)法学国家社科项目年度资助情况分析

在进行可视化分析前,文章对 1991—2014 年这 24 年的相关发文及有关数据进行了清洗,主要包括去除不规范的社科项目,本章共获取到 3194 个不同类型的法学国家社科项目,按照年度进行排序,列出了每年的项目资助数量分布情况,具体见表 9 – 1。

表 9 – 1　法学国家社科项目的年度分布情况

编号	项目立项时间	项目资助数量	百分比	编号	项目立项时间	项目资助数量	百分比
1	1991	34	1.06%	13	2003	80	2.50%
2	1992	52	1.63%	14	2004	109	3.41%
3	1993	31	0.97%	15	2005	112	3.51%
4	1994	29	0.91%	16	2006	121	3.79%
5	1995	10	0.31%	17	2007	159	4.98%
6	1996	60	1.88%	18	2008	176	5.51%
7	1997	28	0.88%	19	2009	204	6.39%
8	1998	27	0.85%	20	2010	275	8.61%
9	1999	27	0.85%	21	2011	348	10.90%
10	2000	37	1.16%	22	2012	363	11.37%
11	2001	52	1.63%	23	2013	400	12.52%
12	2002	63	1.97%	24	2014	397	12.43%

从表 9 – 1 可以得知,法学的国家社科项目近年来呈现出了指数式的增长。1991—1998 年,每年申请立项的项目存在一定的波动。在 1995 年时数值达到最低,这一年仅申请了 10 个项目,占所有项目的 0.31%。自 1999 年以后,法学国家社科项目的立项数目稳步增长,在 2004 年首次突破三位数,并在 2013 年达到最高峰。

(2)法学国家社科项目类型分布状况

法学国家社科项目类型涵盖了一般项目、青年项目、西部项目、重点项目、后期资助项目、重大项目、成果文库及中华学术外译项目 8 个项目,按照项目数量排序,具体类型分布情况见表 9-2。

表 9-2 项目类型分布状况表

编号	项目类型名称	项目数量	百分比
1	一般项目	1510	47.50%
2	青年项目	888	27.93%
3	西部项目	270	8.49%
4	重点项目	222	6.98%
5	后期资助项目	198	6.23%
6	重大项目	47	1.48%
7	成果文库	24	0.75%
8	中华学术外译项目	20	0.63%

从表 9-2 可以清楚地看到,一般项目占据了法学国家社科项目的主要项目类别,占 47.50%。在法学中青年项目的数量仅次于一般项目,达到 27.93%,不难看出国家对青年研究者从事学术研究活动的支持。西部项目也占了总体的 8.49%,可见国家在法学领域对西部地区社科研究工作者的支持。此外,重点项目和后期资助项目占的比重类似,分别占了 6.98% 和 6.23%,而重大项目、成果文库及中华学术外译项目占的比例很小,加起来占总项目的 2.86%。

(3)法学的国家社科项目负责人出现频次

综合考虑到同名和同机构项目承担者的情况后,整理数据,得到在法学领域的研究者主持项目的频次分布情况,共有 2789 名国家社科项目负责人。本研究统计了项目负责人的主持项目频次和具体人数分布,具体见表 9-3。

表 9-3 国家社科项目负责人出现频次

编号	主持项目频次	具体人数分布	百分比
1	1	2459	88.17%
2	2	274	9.82%
3	3	47	1.69%
4	4	5	0.18%
5	5	4	0.14%

由表 9-3 可以非常直观地看到,只主持过 1 个项目的人数占了绝大多数,为 88.17%。相比主持过 1 个项目的人数来看,主持过两个项目的人急剧减少,仅 9.82%。此外,从统计得到数据来看,法学的国家社科项目负责人最多主持过 5 个项目,达到这一数量的研究人员人数仅为 4 人,占 0.14%。

(4)法学国家社科项目负责人职称分布

从目前国家社科项目中所列的负责人职称中进行统计,2789 名国家社科项目负责人中共有 2541 人有职称,本研究统计了项目负责人所具备的职称,具体见表 9-4。

表 9 - 4　国家社科项目负责人职称分布

编号	专业职务	人数	百分比
1	正高级	1091	42.94%
2	副高级	999	39.32%
3	中级	449	17.67%
4	初级	2	0.08%

从表 9 - 4 可以看到,法学的国家社科项目负责人的职称包括了正高级、副高级、中级、初级四种类别。其中,正高级和副高级占了绝大部分,分别为 42.94% 和 39.32% 。中级职称相对较少,占了 17.67% 。而在法学这一学科中,初级职称的研究者最为稀少,仅两人,占 0.08% 。

(5)法学国家社科项目承担单位分布情况

在对项目承担单位进行整理和统一的基础上,经过统计,本章获取到了承担国家各种类型社科项目的前 50 个单位,按照各机构主持项目的数量进行降序排列,具体分布情况见表9 - 5。

表 9 - 5　承担国家社科项目的前 50 个单位分布情况

编号	单位名称	项目数量	编号	单位名称	项目数量
1	西南政法大学	146	26	中南大学	26
2	中国政法大学	139	27	四川大学	25
3	中国人民大学	117	28	中山大学	25
4	华东政法大学	108	29	上海社会科学院	24
5	吉林大学	90	30	烟台大学	24
6	武汉大学	88	31	浙江大学	24
7	中国社会科学院	84	32	湖南大学	23
8	西北政法大学	81	33	山西大学	22
9	北京大学	77	34	安徽大学	21
10	中南财经政法大学	68	35	中国人民公安大学	21
11	厦门大学	45	36	重庆大学	21
12	郑州大学	44	37	辽宁大学	19
13	清华大学	40	38	南开大学	18
14	复旦大学	39	39	宁波大学	18
15	对外经济贸易大学	35	40	上海政法学院	18
16	南京大学	34	41	浙江工商大学	18
17	山东大学	34	42	中央财经大学	18
18	北京师范大学	31	43	云南大学	16
19	南京师范大学	31	44	东南大学	15
20	上海交通大学	31	45	大连海事大学	15
21	湘潭大学	31	46	兰州大学	15
22	苏州大学	29	47	深圳大学	15
23	甘肃政法学院	28	48	湖南师范大学	14
24	江西财经大学	28	49	暨南大学	14
25	西南财经大学	26	50	四川省社会科学院	14

从承担国家各种类型社科项目的前50个单位中可以看到,承担法学国家各类社科项目的单位集中在各地区高校。

从各个单位申请的项目数量和排名来看,主持法学国家社科项目的机构可以分为4个比较集中的区域。排前4名的单位相对于其他各个单位优势明显,排名第5的吉林大学到排名第10的中南财经政法大学处于中上水平,排名第11的厦门大学到第36的重庆大学处于中等水平,排名第37的辽宁大学到第50的四川省社会科学院相比其他单位还存在一定的差距。在所有科研机构当中,主持法学国家社科项目最多的是西南政法大学,立项数有146个,中国政法大学旗鼓相当,也负责过139个项目。

9.2 法学国家社科项目标题分析

本部分主要围绕已获得的所有法学的国家社科项目的标题,采用分词技术,进行标题字及词的长度分布及高频词汇的数量等方面的统计,从而对法学国家社科项目进一步进行分析研究。

(1) 法学国家社科项目标题字的长度分布

按照汉字编码的格式,对标题字长度及法学国家社科项目数量进行统计,标题字涵盖4—41字,具体项目数量分布见表9-6。

表 9 - 6 社科项目标题字的长度分布

编号	标题字长度	项目数量分布	编号	标题字长度	项目数量分布
1	4	2	20	23	65
2	5	21	21	24	59
3	6	48	22	25	39
4	7	50	23	26	39
5	8	129	24	27	32
6	9	127	25	28	27
7	10	196	26	29	18
8	11	166	27	30	13
9	12	214	28	31	14
10	13	252	29	32	13
11	14	243	30	33	12
12	15	231	31	34	7
13	16	231	32	35	6
14	17	220	33	36	3
15	18	204	34	37	6
16	19	159	35	38	4
17	20	115	36	39	7
18	21	119	37	40	5
19	22	98	38	41	1

由表 9 - 6 可以看到,标题字长度分布集中在 5—18 字之间,这个区间中每个字长下差不多都有 110—250 个左右的项目。其中,标题长度为 13 字的法学国家社科项目最多,共有 252 个,标题长度为 14 字的社科项目数量也不少,共有 243 个。项目标题字长度最短为 4 字,项目数量为两个,而项目标题字长度最长为 41 字,项目数量仅存在 1 个。

(2)法学国家社科项目标题词的长度分布

为了更进一步地统计和分析标题的组成内容,在对标题进行分词的基础上,本章以词为单位统计了法学国家社科项目标题的词长分布情况,具体的项目标题的词长分布结果见表 9 - 7。

表 9 - 7　法学国家社科项目标题词的长度分布情况

编号	标题词长度	项目数量分布	编号	标题词长度	项目数量分布
1	2	18	13	14	77
2	3	122	14	15	38
3	4	260	15	16	32
4	5	355	16	17	27
5	6	404	17	18	19
6	7	415	18	19	12
7	8	372	19	20	5
8	9	347	20	21	8
9	10	276	21	22	5
10	11	187	22	23	5
11	12	121	23	24	1
12	13	88	24	29	1

由表 9 - 7 可以看到,将标题按照词长排序可以发现,它呈现一个正偏态分布趋势,即标题的词长主要在 3—14 个词的词长之间类似于正态分布,有少数标题长于 14 个词长,但这个数量很小,有快速递减的趋势。其中,标题词长度为 7 词时达到峰值,这个标题长度的国家社科项目共有 415 个。此外,标题词长度在 18 个词以上的,项目数量都很少,标题词长度为 24 词和 29 词的数量都只有 1 个。

(3)法学国家社科项目标题高频词分析

在对标题进行分词的基础上,还可以对其中分布的单词词频进行统计,对词汇分布有更深刻的认识,进一步分析标题内容。本章对得到的词频分布表进行了筛选及排序,取前 50 个高频词。结果如表 9 - 8。

表 9 – 8　社科项目标题中的前 50 个高频词

编号	标题中的词汇	频次	编号	标题中的词汇	频次
1	研究	1580	26	环境	111
2	的	1577	27	发展	105
3	法律	891	28	法治	103
4	与	876	29	和	101
5	制度	540	30	建设	99
6	问题研究	526	31	构建	98
7	中国	431	32	权利	98
8	法	357	33	体系	98
9	中	302	34	民事	97
10	下	246	35	文化	95
11	我国	236	36	权	93
12	司法	188	37	对策研究	93
13	保护	180	38	知识产权	92
14	理论	176	39	法制	92
15	及	172	40	地区	92
16	机制研究	168	41	以	89
17	行政	154	42	立法	88
18	社会	154	43	为	88
19	保障	149	44	实践	86
20	——	145	45	诉讼	85
21	国际	144	46	创新	84
22	犯罪	142	47	实施	82
23	刑事	142	48	视角	79
24	、	119	49	责任	79
25	改革	116	50	实证	79

统计结果中没有去掉标点符号进一步处理,因此有少数标点符号也作为高频词被显示出来。可以看出高频词的使用频率递减严重。

由表 9 – 8 可以清楚地看到,在前 10 个高频词中,"的、与、中、下"4 个虚词分别处于第 2、第 4、第 9 和第 10 位,这种没有意义的词占据了相当大的比重。在排名前 10 的高频词中,"研究、法律、制度、问题研究、中国、法"这 6 个实词代表了法学国家社科项目标题中的关注热点。"司法、理论、机制研究、社会、保障、犯罪"等高频词体现了法学这一学科的研究重点和方向。

9.3 法学国家社科项目的结项情况统计

法学国家社科项目的结项情况主要围绕结项时间的跨度、出版法学专著的单位统计及项目评定结果三个角度,项目的结题时间跨度数据是基于项目的立项时间和结题时间判定的,专著出版社的分布和项目评定结果数据则是对所有项目的专著出版社和项目评定结果统计分析得出的。

(1)法学国家社科项目结项时间跨度

基于项目已有的立项时间和结项时间,计算两者的差值得到项目结项的时间跨度,根据这一跨度统计项目的频次,具体法学社科项目结项时间跨度分布见表9-9。

表9-9 法学社科项目结项时间跨度分布表

编号	结项时间(以年为单位)	项目数量
1	1	35
2	2	110
3	3	251
4	4	263
5	5	207
6	6	178
7	7	82
8	8	52
9	9	23

入选的1201项课题占法学国家社科项目总数的43.45%,在8年内能结项的课题比例不到二分之一,说明法学社科项目延期现象比较严重。

法学国家社科项目结项的时间跨度在1—9年不等。其中,项目数量集中在项目结项时间跨度为3—5年,4年的项目数量最多,为263个。最短的结项时间为1年,共有35项。此外,项目结项时间跨度在7年以上的,项目数量递减,跨度在9年的项目数量最少,仅23项。

(2)出版法学国家社科项目专著的机构统计分析

对已获得的法学国家社科项目的专著数量进行出版机构数量的统计,对其进行降序排列,截取出版数量的前25个单位,具体分布情况见表9-10。

表 9 – 10   出版法学专著的前 25 个单位

编号	出版社名称	出版数量	编号	出版社名称	出版数量
1	法律出版社	86	14	社会科学文献出版社	4
2	北京大学出版社	37	15	上海人民出版社	4
3	中国人民大学出版社	33	16	厦门大学出版社	4
4	中国人民公安大学出版社	11	17	清华大学出版社	4
5	中国政法大学出版社	11	18	中国民主法制出版社	4
6	中国检察出版社	9	19	群众出版社	4
7	中国社会科学出版社	7	20	上海社会科学院出版社	3
8	商务印书馆	7	21	高等教育出版社	3
9	中国法制出版社	6	22	中国方正出版社	3
10	吉林人民出版社	6	23	武汉大学出版社	3
11	人民出版社	5	24	复旦大学出版社	3
12	人民法院出版社	5	25	上海三联书店	2
13	知识产权出版社	5	26	--	--

由表 9 – 10 可知，法律出版社、北京大学出版社、中国人民大学出版社出版的项目专著数量比较多，其中法律出版社出版的法学项目的专著数量最多，共 86 项，远多于第二的北京大学出版社和第三的中国人民大学出版社。其他出版社出版专著数量分布在 11 个以下，远远小于前三个出版社。可见这三个出版社在法学领域的优势出版地位。

（3）法学国家社科项目结项评定结果

根据项目结果评定的三个类别"优秀、良好、及格"来看，统计具体的项目数量及占比，具体法学的国家社科项目评定结果分布见表 9 – 11。

表 9 – 11   法学国家社科项目评定结果分布

编号	项目结果评定类别	具体项目数量	百分比
1	良好	447	50.97%
2	合格	332	37.86%
3	优秀	98	11.17%

由表 9 – 11 体现的三个项目结果评定的类别及具体项目数量分布来看，项目的评定类别主要集中在了"良好"和"合格"，共占了 88.83%，而优秀的项目数量最少，仅有 98 项，可见项目在结项评定时审核还是很严格的。

9.4   法学国家社科项目学术研究成果统计

项目的学术研究成果基于该项目发表论文的相关方面来判定，在中国知网（CNKI）学术论文数据库中，基于项目名称和项目编号，获取得到了不同法学项目发表的论文情况。本章主要围绕不同法学项目发表论文的数量、法学项目所发表论文的类型及期刊分布情况、法学学术论文作者数量分布、学术论文高频作者分布、法学学术论文机构数量分布、学术论文高频机构分布、法学社科项目的研究热点分析以及法学社科项目资助下的高被引论文分布等几个方面,对法学国家社科项目进行全方面的分析研究。

(1)不同法学项目发表论文数量分布情况

学术论文的产出量会因为资助的项目类型及其特点的不同而有非常大的变化。表9 - 12列举了8种类型的社科项目类型和这些项目下的发表论文数量,并计算出了论文所占总论文产出的比例。

表9 - 12　不同社科项目发表学术论文数量的分布情况

编号	项目类型	发表论文数量	百分比
1	一般项目	6714	42.98%
2	青年项目	4183	26.78%
3	重大项目	1437	9.20%
4	西部项目	1401	8.97%
5	重点项目	1230	7.87%
6	后期资助项目	308	1.97%
7	成果文库	177	1.13%
8	中华学术外译项目	172	1.10%

结合表9 - 2和表9 - 12,这些项目类型发表论文数量占比是与项目类型的项目数量占比大致吻合的。一般项目发表的论文数量最多,占42.98%。但是重大项目的发表论文数量与项目数量有些出入,表9 - 3中显示重大项目仅47个,占1.69%,而它发表论文数量有1437个,占9.20%,由此可见重大项目学术研究成果较之其他项目更多,从一定程度上也说明了该学科在探究法律问题上表现出了较强的活力。

(2)法学项目所发表论文的类型及期刊分布情况

根据已获得的法学国家社科项目所有发表的论文分类统计,依据学术论文的类型及发表法学社科项目的期刊进行统计,得到不同类型的学术论文的数量分布情况,具体见表9 - 13。

表9 - 13　法学社科项目发表学术论文类型情况

编号	学术论文类型	论文数量	百分比
1	期刊	15430	98.68%
2	会议	206	1.32%

由表9 - 13我们可以清楚看到,法学社科项目发表学术论文类型仅有期刊论文及会议论文,其中,期刊论文强势占据论文数量的极大部分,占98.68%,这些期刊论文分散于各种不同的刊物中。

本研究对各论文所刊登的期刊进行了统计,根据发表法学社科项目论文的期刊名称,按论文数量降序排列,选取前50的期刊进行分析,具体期刊分布见表9-14。

表9-14 发表法学社科项目论文前50的期刊分布

编号	期刊名称	论文数量	编号	期刊名称	论文数量
1	河北法学	341	26	环球法律评论	87
2	法商研究	270	27	时代法学	87
3	法学	236	28	江西社会科学	84
4	现代法学	218	29	求索	80
5	政治与法律	205	30	河南省政法管理干部学院学报	79
6	法学杂志	203	31	中国刑事法杂志	78
7	法律科学(西北政法大学学报)	202	32	广西社会科学	75
8	当代法学	187	33	暨南学报(哲学社会科学版)	72
9	法学论坛	182	34	法律方法	69
10	法制与社会发展	169	35	学习与探索	68
11	中国法学	144	36	东方法学	67
12	法治研究	135	37	刑法论丛	66
13	法学评论	131	38	兰州学刊	65
14	知识产权	123	39	清华法学	65
15	甘肃政法学院学报	123	40	甘肃社会科学	61
16	法学研究	119	41	西北大学学报(哲学社会科学版)	60
17	法学家	116	42	国家检察官学院学报	60
18	政法论坛	112	43	西部法学评论	56
19	政法论丛	107	44	比较法研究	55
20	北方法学	105	45	社会科学家	55
21	华东政法大学学报	99	46	法制与社会	53
22	云南大学学报(法学版)	96	47	西南政法大学学报	52
23	中外法学	93	48	湖南社会科学	52
24	河南财经政法大学学报	92	49	理论月刊	52
25	南京大学法律评论	90	50	国际经济法学刊	52

从表9-14中能够看出,发表论文数量超过200篇的期刊共有7个,其中发表论文最多的前20个期刊中,都是与法学有关的期刊,可见与法学有关论文的发表几乎都在法学的期刊上。发表学术论文最多的期刊为《河北法学》,达到了341篇,远远高于其他期刊。

(3)法学项目所发表论文的作者分布情况

每一篇论文所包含的作者数量各不相同,本章对论文作者数量进行探讨,试图解释法学社科项目中的论文作者的合作情况。将作者数量与论文数量结合对应起来可以得到表9-15中的结果。

表9-15　法学学术论文作者数量分布情况

编号	作者数量	论文数量	百分比
1	1	11113	71.13%
2	2	3928	25.14%
3	3	490	3.14%
4	4	63	0.40%
5	5	23	0.15%
6	6	6	0.04%

　　由表9-15可以清楚地看到,只有单一作者的论文发表数量最多,占71.13%,法学学术论文的数量随着作者数量的增加不断减少,作者数量超过3个的论文数量急剧减少,作者数量在4个以上的论文数量少之又少。可见法学研究中学术论文的作者比较偏向于个人。

　　在对学术论文的深入分析中,根据作者出现频次进行整理并筛选出排名前50的高频作者进行展示,结果见表9-16。

表9-16　学术论文高频作者分布表

编号	作者姓名	频次	编号	作者姓名	频次
1	冯晓青	91	26	姜涛	27
2	李长健	75	27	聂长建	27
3	江国华	69	28	江必新	27
4	丁锦希	64	29	王立民	26
5	汪全胜	52	30	刘剑文	26
6	上官丕亮	50	31	闫海	26
7	孙光宁	46	32	王雷	26
8	杨松	46	33	赵洲	26
9	刘志云	45	34	韩伟	26
10	孙淑云	37	35	王竹	25
11	黄锡生	35	36	王煜宇	25
12	黎四奇	35	37	徐忠明	25
13	邵蓉	32	38	李仪	24
14	杨知文	31	39	李向玉	24
15	王勇	31	40	齐爱民	24
16	高一飞	29	41	孙万怀	24
17	褚宸舸	29	42	秦天宝	23
18	韩成军	29	43	苏喆	23
19	兰跃军	28	44	胡峰	23
20	何勤华	28	45	孙良国	23
21	龚向和	28	46	李晓郛	23
22	付子堂	28	47	高海	23
23	钭晓东	28	48	张邦铺	23
24	叶正国	27	49	向明华	22
25	徐信贵	27	50	韩龙	22

在选取的前 50 个高频的作者中,出现频次达到 50 次及以上的共有 6 个作者,频次达到 30 次及以上的作者共有 15 个。其中出现频次最高的作者为冯晓青,共出现了 91 次。在这些高频作者当中,他们发表论文的平均数为 32.66 篇,而发表论文的中位数为 32 篇,出现频次处在 23 次到 31 次之间的作者分布相对较为集中,使得高频作者发表论文数整体呈现正偏态分布。

(4)法学项目所发表论文的作者机构分布情况

根据已获得的法学项目发表论文每个作者所属机构不同,对每篇论文的机构进行统计分析,具体见表 9-17。

表 9-17　法学学术论文机构数量分布情况

编号	论文机构数量	发表论文数量	百分比
1	1	12012	77.07%
2	2	2776	17.81%
3	3	691	4.43%
4	4	70	0.45%
5	5	37	0.24%

由表 9-17 可以看到,单一论文机构的发表论文数量占了绝大部分,为 77.07%,论文机构超过 3 个的发表论文数量呈直线下降,论文机构是 4 个和 5 个的更是微乎其微,共占 0.69%,可见论文机构不宜太多,跨机构的合作将会影响法学项目的学术研究成果。

此外,在进行论文机构及发表论文数量的统计分析后,为增加对学术论文所属机构的了解与认识,本节又依照发表学术论文数量对参与法学国家社科项目并发表论文的研究机构进行了统计。表 9-18 选择了排名前 20 的研究机构进行展示和分析。

表 9-18　学术论文高频机构分布表

编号	作者姓名	论文数量	编号	作者姓名	论文数量
1	中国人民大学法学院	394	11	山东大学法学院	165
2	武汉大学法学院	377	12	西南政法大学法学院	160
3	吉林大学法学院	286	13	中国政法大学民商经济法学院	143
4	中南财经政法大学法学院	278	14	中南大学法学院	133
5	北京大学法学院	216	15	上海交通大学凯原法学院	130
6	南京大学法学院	199	16	西南政法大学民商法学院	130
7	东南大学法学院	194	17	西南政法大学经济法学院	128
8	厦门大学法学院	190	18	西南政法大学行政法学院	122
9	重庆大学法学院	186	19	四川大学法学院	121
10	郑州大学法学院	181	20	江西财经大学法学院	121

由表 9-18 可以看到,表中显示发表论文排在前 20 的机构均为各大高校法学院,排名前 5 的机构发表论文数量都在 200 篇以上,排名前 20 的机构发表论文数量都在 100 篇以上。

其中,发表论文最多的机构是中国人民大学法学院,共 394 篇,与之相当的是武汉大学法学院,发表论文 377 篇。此外,排名前 20 的机构都是各高校法学院,可见法学研究在各高校中形成了非常完备的体系。

此外,立项数目最多的机构西南政法大学发表的学术论文也是最多的,共有 4 个法学院,共 540 篇,而立项数目排第二的中国政法大学未上榜,可见各机构论文成果数与所承担的课题并不是高度相关的,它还受到该机构项目类型、时间跨度等多方面因素的影响。

(5) 法学社科项目的研究热点分析

一个专业中的研究热点可以由论文中的关键词体现出来。因此对法学学术论文中高频词的统计也是分析法学研究热点的重要环节。表 9 - 19 中统计了法学发表的学术论文中的高频关键词,按照词频降序排列并选出排名前 50 名的关键词进行展示,结果如下。

表 9 - 19   法学社科项目研究的高频关键词

编号	关键词	频次	编号	关键词	频次
1	知识产权	236	26	司法	61
2	法治	198	27	制度	61
3	立法	159	28	美国	60
4	法律制度	102	29	司法审查	58
5	法律规制	90	30	行政诉讼	57
6	反垄断法	88	31	反垄断	56
7	宪法	88	32	价值	56
8	WTO	85	33	正当程序	56
9	公共利益	85	34	正当性	56
10	土地承包经营权	81	35	法律解释	55
11	国际法	80	36	民事诉讼	55
12	公众参与	77	37	可持续发展	55
13	对策	76	38	检察机关	55
14	人权	76	39	和谐社会	55
15	启示	75	40	刑事和解	54
16	中国	75	41	调解	53
17	合法性	75	42	法治化	52
18	法律	74	43	气候变化	51
19	刑事政策	74	44	改革	50
20	司法改革	72	45	农民工	50
21	习惯法	71	46	法律适用	50
22	权利	70	47	规制	49
23	完善	70	48	欧盟	49
24	著作权	67	49	生态补偿	49
25	食品安全	63	50	刑法	49

由表 9-19 可知,"知识产权、法治、立法、法律制度"这 4 个词的频次在 100 个以上,其中,"知识产权"这一词产生的频次最高,有 236 次,可见法学研究在知识产权这一领域的研究比较受关注。而出现频次在 100—200 之间的词汇有 3 个,50—100 次之间的词汇有 42 个,而词频仅有 49 次的词汇只有 4 个。此外,在"反垄断法、宪法、WTO"等政治经济方面的法律问题的受关注度也很高。

(6)法学社科项目的高被引学术论文分析

根据 CNKI 中学术论文的被引频次,本研究选取了被引频次居于前 20 的高被引论文,具体论文情况见表 9-20。

表 9-20 法学社科项目资助下的高被引论文分布

编号	论文标题名称	被引次数	下载次数
1	物权法开禁农村宅基地交易之辩	462	4444
2	生态补偿的法律关系及其发展现状和问题	284	2209
3	"公共利益"的困境与出路——美国公用征收条款的宪法解释及其对中国的启示	226	3921
4	公司人格否认制度的司法适用	216	3621
5	中国法学向何处去(上)——建构"中国法律理想图景"时代的论纲	205	5275
6	中华人民共和国个人信息保护法示范法草案学者建议稿	199	1843
7	民间借贷的制度性压制及其解决途径	190	3522
8	正当法律程序与"最低限度的公正"——基于行政程序角度之考察	190	1973
9	论个人信息的法律保护	184	2171
10	我国刑事和解实证分析	179	3399
11	论违反强制性规定行为之效力——兼析《中华人民共和国合同法》第 52 条第 5 项的理解与适用	165	3800
12	论网络服务提供者的著作权侵权责任	163	7527
13	举证时限制度的困境与出路——追问证据失权的正义性	163	2425
14	美国金融监管的法律与政策困局之反思——兼及对我国金融监管之启示	160	4976
15	公司法强制性与任意性边界之厘定:一个法理分析框架	144	5418
16	财产性利益是诈骗罪的对象	139	4710
17	劳动权的多重意蕴	131	1195
18	我国公共决策专家咨询制度的悖论及其克服——以美国《联邦咨询委员会法》为借鉴	128	2294
19	权力、权利和利益的博弈——我国当前城市房屋拆迁问题的法律与经济分析	124	10314
20	矿产资源生态补偿制度探究	124	1475

由表 9-20 可以清楚地看到,这 20 篇论文的被引频次都是大于 100 次的,前 5 篇是大于 200 次的,其中,被引频次最高的论文是"物权法开禁农村宅基地交易之辩",为 462 次,可见对物权法方面的研究的关注。此外,从下载次数上来看,下载次数较高的几篇论文关注的都

是关于个人权利、利益、经济等方面问题。下载次数最多的几篇论文也并不是被引用最多的论文,但它们可能是比较被关注的热点问题。从高被引论文中也可以看出法学研究热点非常广泛,与上面呈现的关键词分布有一定的相似程度。

9.5　小结

本章围绕法学的国家社科项目及其相应学术研究成果,结合统计和内容分析的方法,以法学国家社科项目基本信息、法学国家社科项目标题、法学国家社科项目的结项情况、法学国家社科项目学术研究成果4个方面为主要研究点,从法学社科项目的年度分布、项目类型分布、项目负责人、负责人职称分布、承担单位、标题的字(词)长度与高频词、项目结项时间跨度、专著出版机构、项目评定结果、项目类型发表论文数量、论文类型及期刊分布、作者数量及高频作者、机构数量及高频机构、研究热点统计和高频论文分析等几个小的方面进行了系统的分析探究,从整体上勾勒出了法学国家社科项目的整体轮廓。

总体而言,法学的国家社科项目近年来呈现出了指数式的增长。在8个项目类型中,一般项目占了主要部分,而项目的主持基本以个人为主,项目负责人中正高级和副高级占了绝大部分,以各地区高校为主来承担法学国家各类社科项目。

以法学国家社科项目标题来分析,法学项目的标题字长度分布集中在5—18字之间,长度在13字为佳。标题按照词长排序可以发现,它呈现一个正偏态分布趋势,即标题的词长主要在3—14个词的词长之间,类似于正态分布。根据词频统计结果看,"司法、理论、机制研究、社会、保障、犯罪"等高频词体现法学研究领域在社会问题、犯罪问题的研究上比较活跃。

从法学国家社科项目的结项统计情况来看,法学社科项目延期现象比较严重。项目数量集中在项目结项时间跨度为3—5年,4年结束的项目最多。法律出版社、北京大学出版社、中国人民大学出版社出版的项目专著数量比较多,其他出版社出版专著数量分布在11个以下,远远小于前3个出版社。项目的结项评定结果主要集中在了"良好"和"合格",共占了88.83%,而优秀的项目数量最少,仅占11.17%,可见项目结项评定时还是比较严格的。

从法学国家社科项目学术研究成果统计,一般项目发表的论文数量最多,占42.98%。法学社科项目发表学术论文类型以期刊论文为主,发表学术论文最多的期刊为《河北法学》,达到了341篇,远远高于其他期刊。单一论文机构的发表论文数量占了绝大部分,为77.07%,论文机构超过3个的发表论文数量呈直线下降,可见论文机构不宜太多,跨机构的合作将会影响法学项目的学术研究成果。另外,发表论文的机构皆以各地区高校法学院为主,发表论文最多的机构是中国人民大学法学院,发表论文最多的高校是西南政法大学,但各机构论文成果数与所承担的课题并不是高度相关的,它还受到该机构项目类型、时间跨度等多方面因素的影响。

最后对项目论文的关键词进行统计挖掘,其中,"知识产权"这一词产生的频次最高,有236次,可见法学研究在知识产权这一领域的研究比较受关注。此外,在"反垄断法、宪法、WTO"等政治经济方面的法律问题上也体现了较高的关注度。除此之外,对项目成果中的高被引论文分析可以发现,法学的研究热点非常广泛,在个人权利、利益、经济、生态环境等方面问题都有涉足。

10 国际问题研究

10.1 国际问题研究国家社科项目基本信息

本章通过对 1991 至 2014 年间的国际问题研究国家社科项目进行数据统计,从国际问题研究国家社科项目的年度资助项目数量、不同类型项目的分布状况、项目负责人出现的频次、项目负责人的职称分布以及项目的承担单位 5 个方面,对国际问题研究国家社科项目进行全面系统的分析研究。

(1)国际问题研究的国家社科项目年度资助情况分析

本章对已经采集到的数据进行了人工数据筛选和清洗,共收集到 1108 个不同类型的国际问题研究国家社科项目,为掌握国际问题研究国家社科项目的年度资助情况,将采集到的数据按照年度进行排序,具体见表 10-1。

表 10-1 国际问题研究国家社科项目的年度分布情况

编号	项目立项时间	项目资助数量	百分比	编号	项目立项时间	项目资助数量	百分比
1	1991	27	2.44%	13	2003	38	3.43%
2	1992	41	3.70%	14	2004	41	3.70%
3	1993	20	1.81%	15	2005	39	3.52%
4	1994	19	1.71%	16	2006	49	4.42%
5	1995	4	0.36%	17	2007	49	4.42%
6	1996	39	3.52%	18	2008	44	3.97%
7	1997	14	1.26%	19	2009	38	3.43%
8	1998	17	1.53%	20	2010	65	5.87%
9	1999	16	1.44%	21	2011	99	8.94%
10	2000	24	2.17%	22	2012	102	9.21%
11	2001	29	2.62%	23	2013	130	11.73%
12	2002	24	2.17%	24	2014	140	12.64%

从表 10-1 可以看出,1995 年之前,除 1992 年出现了大幅增长外,整体上呈现出一种递减的趋势。在 1995—2014 年的这 20 年间,个别年份虽然发生了小幅的波动,整体来看,立项数目呈现出一种逐步增长的趋势,其中 1995 年立项数目最少,仅有 4 项,占整个年份统计量的 0.36%。1995 年到 1996 年是立项数目增幅最大的一年,1996 年到 1997 年间又出现了回落,这可能是由于我国在 1996 年提出了"九五"计划,国家更加重视国际问题的研究。2002—2003 年,国际问题研究国家社科项目的立项数目出现较大增幅,并出现小幅波动,一

直持续到 2009 年。2009—2010 年,国际问题研究国家社科项目的立项数目又出现较大增幅,在 2012 年首次突破三位数,并在 2014 年达到最高峰。

(2)国际问题研究的国家社科项目类型分布状况

国际问题研究国家社科项目涵盖了成果文库、中华学术外译项目、重大项目、后期资助项目、西部项目、重点项目、青年项目和一般项目 8 种项目类型,项目类型分布如表 10 - 2 所示。

表 10 - 2　项目类型分布状况表

编号	项目类型名称	项目数量	百分比
1	成果文库	5	0.45%
2	中华学术外译项目	15	1.36%
3	重大项目	17	1.54%
4	后期资助项目	23	2.08%
5	西部项目	91	8.23%
6	重点项目	103	9.31%
7	青年项目	283	25.59%
8	一般项目	569	51.45%

从表 10 - 2 可以看出,一般项目占整个项目数量的 51.45%,是国际问题研究国家社科项目的主要类别和主体类型。青年项目占比达到了 25.59%,仅次于一般项目,可以看出国家对于青年研究者从事科研活动的支持。西部项目占比 8.23%,仅次于重点项目的 9.31%,可以看出国家实施西部大开发政策对学术研究方向的影响。成果文库、中华学术外译项目、重大项目、后期资助项目 4 项占比较低,尤其是重大项目只占 1.54%,从这里可以发现需要给予国际问题研究更大的自由度。

(3)国际问题研究的国家社科项目负责人出现频次

基于国际问题研究国家社科项目研究者所承担项目数量(综合考虑了同名和同机构的项目承担者)的统计数据,本章对各个研究者主持项目数量进行了统计分析,具体如表 10 - 3 所示。

表 10 - 3　国家社科项目负责人出现频次

编号	主持项目频次	具体人数分布	百分比
1	1	900	90.45%
2	2	84	8.44%
3	3	9	0.90%
4	4	2	0.20%

从表 10 - 3 可以看出,所有的项目主持人中,只主持过 1 个项目的研究者占据绝大部分,占比 90.45%;主持过两个项目的研究者占比指数级下降,仅为 8.44%,主持过 3 个项目

的研究者仅有 9 人,占比不足 1%;主持项目最多有两位研究者,他们每人分别负责过 4 个基金项目。

(4)国际问题研究的国家社科项目负责人职称分布

通过分析获取到的国际问题研究国家社科项目负责人的职称,得到如表 10 - 4 所示的统计结果。

表 10 - 4   国家社科项目负责人职称分布

编号	专业职务	人数	百分比
1	初级	2	0.25%
2	中级	153	18.94%
3	副高级	292	36.14%
4	正高级	361	44.68%

从表 10 - 4 可以看出,国际问题研究国家社科项目负责人的职称分为初级、中级、副高和正高级 4 个类别。在所有的职称类别中,正高级、副高级职称占比仅相差 8.54%,二者合计占比 80.82%,是项目负责人中的绝对主力,中级职称者人数占比仅为 18.94%,而初级职称人数仅为 2 人。

(5)国际问题研究的国家社科项目承担单位分布情况

通过对国际问题研究国家社科项目的承担单位进行整理分析,获得了承担国家社科项目最多的 48 个机构名称,具体分布情况见表 10 - 5。

表 10 - 5   承担国家社科项目的前 48 个单位分布情况

编号	单位名称	项目数量	编号	单位名称	项目数量
1	中国社会科学院	82	14	上海国际问题研究院	15
2	上海社会科学院	42	15	辽宁大学	13
3	北京大学	40	16	南京大学	13
4	复旦大学	37	17	四川大学	13
5	吉林大学	28	18	暨南大学	12
6	南开大学	26	19	厦门大学	12
7	云南大学	24	20	广西社会科学院	11
8	中央党校	24	21	华东师范大学	11
9	对外经济贸易大学	21	22	山东大学	11
10	武汉大学	21	23	新疆社会科学院	11
11	上海外国语大学	18	24	浙江大学	11
12	云南省社会科学院	17	25	新疆财经大学	10
13	中国人民大学	17	26	广西大学	9

续表

编号	单位名称	项目数量	编号	单位名称	项目数量
27	北京师范大学	9	38	清华大学	6
28	同济大学	9	39	浙江师范大学	6
29	兰州大学	8	40	中国国际问题研究所	6
30	中国政法大学	8	41	中国科学院	6
31	大连海事大学	7	42	中国现代国际关系研究院	6
32	东北师范大学	7	43	中央财经大学	6
33	华中师范大学	7	44	东北财经大学	5
34	上海对外经贸大学	7	45	河北大学	5
35	外交学院	7	46	河南大学	5
36	黑龙江大学	6	47	华东政法大学	5
37	湖北大学	6	48	中国人民解放军国际关系学院	5

从表10－5中项目承担单位的分布情况来看,项目的承担单位主要是各地的高校和社会科学院,可以根据项目数量及排名将表中项目承担单位分为3个层次。排名前4的单位处于第一层次,较其他各个单位具有明显优势,排名第5到第13的单位处于第二层次,排名第14以后的单位处于第三层次,较其他单位还存在一定的差距。排在第一位的中国社会科学院,共承担了82个国际问题研究国家社科项目,几乎是排在第二位的上海社会科学院的两倍,在该研究领域中优势非常明显。

10.2 国际问题研究国家社科项目标题分析

通过对获取到的国际问题研究国家社科项目的标题进行自动分词、字长和词长及词频统计等技术分析,我们可以大概了解国际问题研究的热点和项目标题的特点。

（1）国际问题研究的国家社科项目标题字的长度分布

在面向标题的字统计的程序基础上,本章统计出了社科项目标题字长度的分布,具体见表10－6。

表10－6 社科项目标题字的长度分布

编号	标题字长度	项目数量分布	编号	标题字长度	项目数量分布
1	5	6	6	10	32
2	6	6	7	11	45
3	7	11	8	12	44
4	8	18	9	13	60
5	9	15	10	14	62

编号	标题字长度	项目数量分布	编号	标题字长度	项目数量分布
11	15	71	25	29	18
12	16	64	26	30	13
13	17	73	27	31	4
14	18	64	28	32	6
15	19	78	29	33	6
16	20	70	30	34	3
17	21	64	31	35	5
18	22	50	32	36	4
19	23	45	33	37	5
20	24	49	34	38	3
21	25	37	35	39	1
22	26	31	36	40	3
23	27	23	37	47	1
24	28	18	38	——	——

从表10－6可以看出，国际问题研究国家社科项目大部分标题的字长度分布集中在10个字到26个字之间，其中标题长度为19的国家社科项目数量最多，为78个，其次为长度17字的，项目数量为73个，再其次为长度15字的，项目数量为71个。项目标题字长度最短的为5字，项目数量为6个，而项目标题字长度最长为47字，项目数量仅有1个。

（2）国际问题研究的国家社科项目标题词的长度分布

在自动分词软件对社科项目标题分词的基础上，本章统计出了社科项目标题以词为单位的长度分布，具体见表10－7。

表10－7　国际问题研究国家社科项目标题词的长度分布情况

编号	标题词长度	项目数量分布	编号	标题词长度	项目数量分布
1	2	6	13	14	51
2	3	13	14	15	31
3	4	37	15	16	30
4	5	57	16	17	21
5	6	85	17	18	7
6	7	107	18	19	9
7	8	106	19	20	8
8	9	131	20	21	6
9	10	118	21	22	2
10	11	117	22	23	2
11	12	91	23	24	1
12	13	71	24	27	1

从表 10 - 7 可以看出,国际问题研究国家社科项目的标题词长度主要集中在 6—13 个词之间,其中长度为 9 个词的标题最多,达到了 131 个,其次为长度是 10 个词的,项目数量为 118 个,再其次为长度是 11 个词的,项目数量为 117 个。长度为 18 个词以上的国家社科项目数量都在 10 个以下。最长的项目标题达到了 27 个词,仅有一项。最短的标题词长度为 2,项目数量为 6 项。

(3)国际问题研究的国家社科项目标题高频词分析

统计出国际问题研究国家社科项目标题词的长度分布后,为掌握国际问题研究国家社科项目的研究热点,本章对标题词进行了词频统计,得到了标题中常用的高频词统计表,排名前 50 的词频统计结果如表 10 - 8 所示。

表 10 - 8　国际问题研究国家社科项目标题中的前 50 个高频词

编号	标题中的词汇	频次	编号	标题中的词汇	频次
1	的	737	26	和	65
2	研究	470	27	、	63
3	与	463	28	政策	59
4	中国	259	29	外交	55
5	国际	209	30	美	53
6	及	200	31	问题研究	53
7	战略	198	32	问题	53
8	中	195	33	金融	52
9	我国	192	34	世纪	51
10	对	175	35	理论	50
11	经济	153	36	日本	49
12	关系	135	37	贸易	48
13	影响	131	38	及其	47
14	国家	127	39	后	47
15	对策研究	115	40	在	45
16	安全	111	41	建设	43
17	发展	110	42	——	43
18	美国	96	43	区域	42
19	下	84	44	日	41
20	合作	83	45	关系研究	41
21	政治	75	46	地区	40
22	新	73	47	对策	37
23	世界	67	48	环境	35
24	"	67	49	文化	35
25	"	67	50	当代	35

标题自动分词时,标点符号是作为一个独立的词切分开的,因而词频统计时也被作为一个独立的词进行了统计,这里可不予考虑。排名前50的高频标题词中,出现了许多虚词,尤其是"的、与、及、对"4个虚词分别处于第1、第3、第6、第10位,占比非常大。实词中,"研究、中国、国际、战略、我国"这5个排名前十,可以说是国际问题研究国家社科项目标题中的主要关注点。而入选的"经济、关系、影响、安全、发展、合作"等实词从总体上反映了国际问题研究的热点和主体内容。

10.3　国际问题研究国家社科项目的结项情况统计

本文还对国际问题研究国家社科项目的结项时间跨度、专著出版社的分布和项目结项情况进行了统计分析。

(1)国际问题研究的国家社科项目结项时间跨度

根据统计数据,计算出结项与立项时间差,并根据不同时间跨度出现的频次进行排列,具体如图10-1所示。

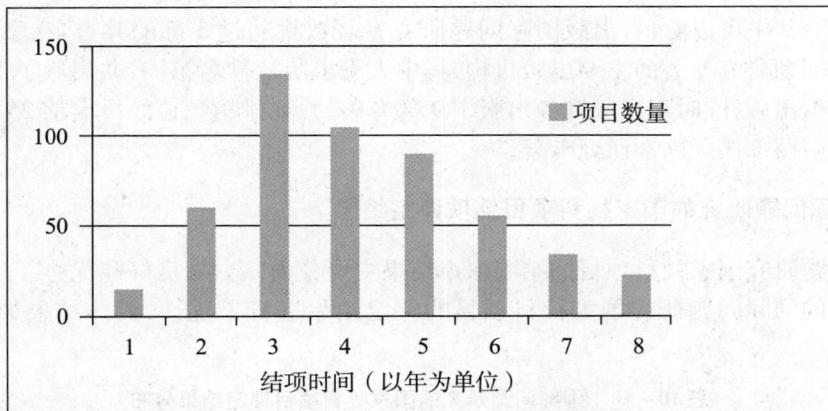

图10-1　国际问题研究社科项目结项时间跨度分布图

从图10-1中可以看出,国际问题研究国家社科项目的结项时间主要集中在3到5年这一区间内,结项时间最多的时间跨度为3年,共有134项。最短的结项时间为1年,共有14项。6年到8年这一区间的结项项目共有111项,占比较高,8年结项的项目数量仍有22项,从中我们可以发现国际关系研究项目的研究周期相对较长。

(2)出版国际问题研究国家社科项目专著的机构统计分析

专著是国际问题研究国家社科项目重要的成果形式之一,本文从专著的出版机构入手,统计出国际问题研究国家社科项目专著的出版社分布状况,具体见表10-9。

表 10 - 9　出版国际问题研究专著的前 25 个单位

编号	出版社名称	出版数量	编号	出版社名称	出版数量
1	人民出版社	14	14	当代世界出版社	2
2	社会科学文献出版社	9	15	黑龙江人民出版社	2
3	时事出版社	9	16	对外经济贸易大学出版社	2
4	中国社会科学出版社	8	17	华东师范大学出版社	2
5	世界知识出版社	7	18	军事科学出版社	2
6	北京大学出版社	6	19	经济科学出版社	2
7	吉林大学出版社	5	20	欧亚所印制	2
8	经济管理出版社	5	21	社科文献出版社	2
9	上海人民出版社	5	22	吉林人民出版社	2
10	中国经济出版社	5	23	四川大学出版社	2
11	商务印书馆	4	24	新华出版社	2
12	中国财政经济出版社	4	25	中国纺织出版社	2
13	上海社会科学院出版社	3	26	--	--

从表 10 - 9 中可以看出,出版国际问题研究专著数量超过 5 部的共有 10 家出版社,可以说是国际问题研究专著的主要出版机构,其中人民出版社排名第一,共出版了 14 部专著,社会科学文献出版社、时事出版社各出版了 9 部专著,并列排第二位。排名前 25 的后 12 家出版社各出版两部国际问题研究专著。

(3) 国际问题研究的国家社科项目结项评定结果

国际问题研究国家社科项目的结项评审结果主要分为"合格、良好和优秀"三个等级,本文对获取到的国际问题研究国家社科项目的评定结果进行了统计,具体结果如表 10 - 10 所示。

表 10 - 10　国际问题研究的国家社科项目评定结果分布

编号	项目结果评定类别	具体项目数量	百分比
1	合格	84	28.57%
2	优秀	37	12.59%
3	良好	173	58.84%

从表 10 - 10 可以看出,"良好"和"合格"占比分别达到了 58.84% 和 28.57%,尤其是"良好"占比甚至超过了一半。"优秀"这一评定结果仅为所确定的评定结果的 12.59%,可见项目评审还是比较严谨、认真的。

10.4　国际问题研究国家社科项目学术研究成果统计

本文以国际问题研究国家社科项目的名称或者项目编号为检索项,以中国知网(CNKI)

学术论文数据库为检索数据库,检索采集出国际问题研究国家社科项目发表的各类学术论文,通过进一步分析学术论文的产出分布情况、类型分布、期刊分布、作者数量分布、高频作者分布、发表机构分布、高频机构分布、高被引论文统计以及学术研究热点,对国际问题研究国家社科项目资助的学术论文进行了全面系统的分析研究。

(1)不同国际问题研究项目发表论文数量分布情况

国际问题研究国家社科项目包含一般项目、青年项目、重点项目、西部项目、重大项目、后期资助项目、中华学术外译项目和成果文库 8 种不同类型,本章依据不同类型项目对国际问题研究国家社科项目发表的论文数量进行了统计,如表 10 – 11 所示。

表 10 – 11   不同类型国际问题研究国家社科项目发表学术论文数量的分布情况

编号	项目类型	发表论文数量	百分比
1	一般项目	1826	48.71%
2	青年项目	1013	27.02%
3	重点项目	381	10.16%
4	西部项目	261	6.96%
5	重大项目	242	6.46%
6	后期资助项目	24	0.64%
7	中华学术外译项目	1	0.03%
8	成果文库	1	0.03%

从表 10 – 11 中可以看出,一般项目是发表论文的主体,发表的论文数量接近所有类型项目发表论文总数的一半。青年项目占比达到了 27.02%,仍可以看出国家对于青年研究者从事科研活动的支持。重点项目占比 10.16%,略高于西部项目的 6.96% 和重大项目的 6.46%,可以看出国际问题研究国家社科项目的影响力还是比较大的。因后期资助项目、中华学术外译项目以及成果文库 3 个类型项目成果多以专著为主,所以这 3 类项目发表的学术论文数量占比较低,分别为 0.64%、0.03% 和 0.03%。

(2)国际问题研究项目所发表论文的类型及期刊分布情况

国际问题研究国家社科项目所发表的学术论文主要分为会议论文和期刊论文两种,具体分布如表 10 – 12 所示。

表 10 – 12   国际问题研究社科项目发表学术论文类型情况

编号	学术论文类型	论文数量	百分比
1	期刊	3689	98.37%
2	会议	61	1.63%

从表 10 – 12 可以看出,国际问题研究国家社科项目所发表的学术论文以期刊论文为主,占论文发表总量的 98.37%。统计不同期刊发表的国际问题研究国家社科项目的学术论文数量,发文量位居前 50 的期刊分布如表 10 – 13 所示。

表 10 – 13　发表国际问题研究社科项目论文前 50 的期刊分布

编号	期刊名称	论文数量	编号	期刊名称	论文数量
1	东北亚论坛	85	26	韩国研究论丛	21
2	国际贸易问题	67	27	国际贸易	21
3	太平洋学报	57	28	国际经济评论	20
4	世界经济与政治	57	29	日本问题研究	19
5	亚太经济	52	30	俄罗斯中亚东欧市场	19
6	世界经济研究	51	31	新疆师范大学学报（哲学社会科学版）	19
7	现代国际关系	42	32	欧洲研究	19
8	东南亚研究	39	33	西亚非洲	18
9	国际经贸探索	38	34	当代世界	18
10	南亚研究季刊	38	35	国际关系研究	18
11	现代日本经济	38	36	世界地理研究	18
12	俄罗斯研究	36	37	美国研究	18
13	国际观察	36	38	东南亚纵横	18
14	外交评论（外交学院学报）	36	39	东南亚南亚研究	18
15	国际论坛	35	40	新疆财经	17
16	世界经济与政治论坛	33	41	复旦国际关系评论	17
17	当代亚太	32	42	国际安全研究	17
18	教学与研究	29	43	南亚研究	16
19	日本研究	28	44	中国海洋大学学报（社会科学版）	16
20	社会主义研究	28	45	国际政治研究	16
21	国际展望	28	46	商业时代	16
22	当代世界与社会主义	26	47	新疆社会科学	16
23	世界经济	25	48	浙江大学学报（人文社会科学版）	16
24	阿拉伯世界研究	24	49	统计与决策	16
25	经济问题探索	23	50	国外社会科学	15

从表 10 – 13 中可以看出，发表论文数量超过 30 的期刊共有 17 个，共计发表了 772 篇论文，占论文发表总量的 54.18%。发表论文最多的期刊为《东北亚论坛》，达到了 85 篇。发表国际问题研究国家社科项目论文数量前 50 的期刊，多数都与政治学及国际关系相关。

（3）国际问题研究项目所发表论文的作者分布情况

根据每篇论文作者数量的不同，本文还统计了每篇论文的作者数量分布情况，如表 10 – 14 所示。

表 10 - 14　国际问题研究学术论文作者数量分布情况

编号	作者数量	论文数量	百分比
1	1	1977	52.93%
2	2	1331	35.64%
3	3	353	9.45%
4	4	61	1.63%
5	5	13	0.35%

从表 10 - 14 可以看出,单一作者的学术论文数量占比达到了 52.93%,两个作者的学术论文数量占比也超过了三成。3 个作者的学术论文数量直线下降,仅占 9.45%。4 个以上作者的学术论文数量占比非常小,5 个作者的学术论文数量则寥寥无几。

为进一步分析学术论文作者分布情况,本文对作者出现的频次进行了统计,统计结果见表 10 - 15。

表 10 - 15　学术论文高频作者分布表

编号	作者姓名	频次	编号	作者姓名	频次
1	石柱鲜	41	26	范祚军	15
2	刘刚	28	27	白云真	15
3	李振福	28	28	周经	15
4	丁一兵	27	29	韩民春	15
5	郭渊	26	30	李双建	14
6	王孝松	25	31	杨攻研	14
7	杨兴礼	25	32	胡志华	14
8	程早霞	24	33	谭燕芝	14
9	宋玉华	24	34	杨来科	14
10	刘洪钟	23	35	张宏	14
11	史春林	22	36	戴翔	14
12	施炳展	22	37	石建勋	14
13	郭锐	21	38	刘力臻	14
14	孙皓	21	39	丁纯	14
15	熊坤新	18	40	刘鸿武	13
16	王海燕	18	41	黄河	13
17	杨震	18	42	马相东	12
18	齐俊妍	18	43	赵君丽	12
19	潜旭明	18	44	黄红梅	12
20	孙德刚	18	45	平力群	12
21	谢申祥	17	46	张斌	12
22	崔健	17	47	周念利	12
23	巴殿君	17	48	周丽华	12
24	屠新泉	15	49	亢升	12
25	贺鉴	15	50	黄凤志	12

从表 10 – 15 可以看出,出现频次排前 50 的作者中,出现 40 次以上的只有 1 人,出现 21 次到 40 次之间的共有 13 人,出现 10 次到 20 次之间的共有 36 人,相对比较集中。

(4)国际问题研究项目所发表论文的作者机构分布情况

基于每篇学术论文作者所属的机构可能有所不同,本文还统计了每篇论文中包含的机构数量,具体数据见表 10 – 16。

表 10 – 16 国际问题研究学术论文机构数量分布情况

编号	论文机构数量	发表论文数量	百分比
1	1	2454	66.06%
2	2	919	24.74%
3	3	297	7.99%
4	4	34	0.92%
5	5	11	0.30%

因包含的机构数目在 5 个以上的论文数量占比较小,本文只统计了每篇论文中包含的机构数目在 5 个及以下的数据。从表中可以看出,单一机构所发表的学术论文数量占比达到了 66.06%,两个机构合作发表的学术论文占比直线下降,为 24.74%。4 个和 5 个机构合作发表的学术论文数量占比非常小,不及 1%,这说明在国际问题研究中跨机构间合作仍不普遍,各个机构大多独立承担研究工作。

除统计了研究院、学校等独立发文机构发表的学术论文数量外,本文还统计了这些机构下一级的学院、学部和系这一层面发表的学术论文数量,发文处于前 20 的机构及其发文数量如表 10 – 17 所示。

表 10 – 17 学术论文高频机构分布表

编号	作者姓名	论文数量	编号	作者姓名	论文数量
1	复旦大学国际关系与公共事务学院	52	11	吉林大学经济学院	31
2	武汉大学经济与管理学院	49	12	中央民族大学中国民族理论与民族政策研究院	30
3	中国社会科学院世界经济与政治研究所	47	13	吉林大学东北亚研究院	29
4	上海外国语大学中东研究所	47	14	对外经济贸易大学中国 WTO 研究院	29
5	浙江大学经济学院	44	15	同济大学经济与管理学院	29
6	辽宁大学国际关系学院	43	16	吉林大学商学院	28
7	华中科技大学经济学院	41	17	复旦大学美国研究中心	28
8	大连海事大学交通运输管理学院	37	18	山东大学经济学院	27
9	中国人民大学国际关系学院	35	19	南开大学国际经济贸易系	27
10	中共中央党校国际战略研究所	32	20	新疆财经大学金融学院	26

从表 10 -17 可以看出,发文量在 40 篇以上的单位共有 7 个,其中复旦大学国际关系与公共事务学院发文量第一,为 52 篇。在发文量排名前 20 的机构中,名称含有"国际关系"或"经济"的机构共有 10 个,占比达到了 50% ,可见我国的国际问题研究体系现已较为完善。

(5)国际问题研究社科项目的研究热点分析

本章还分析了国际问题研究国家社科项目发表论文的关键词分布情况,出现频次居于前 50 的国际问题研究国家社科项目的关键词如表 10 -18 所示。

表 10 -18   国际问题研究社科项目研究的高频关键词

编号	关键词	频次	编号	关键词	频次
1	中国	192	26	中印关系	23
2	美国	137	27	伊朗	23
3	俄罗斯	82	28	反倾销	22
4	日本	77	29	启示	21
5	中美关系	59	30	全球化	21
6	经济增长	49	31	国际政治	21
7	印度	49	32	国家利益	21
8	东盟	46	33	国际金融危机	20
9	欧盟	42	34	合作	20
10	金融危机	39	35	中日关系	20
11	全球治理	37	36	粮食安全	20
12	人民币国际化	30	37	产业结构	19
13	地缘政治	30	38	国际贸易	19
14	东南亚	29	39	丝绸之路经济带	19
15	软实力	29	40	海权	19
16	新疆	27	41	能源	19
17	对外直接投资	27	42	金融发展	18
18	中亚	26	43	北极航线	18
19	影响	25	44	东北亚	18
20	中国外交	25	45	国际体系	18
21	国际关系	25	46	气候变化	18
22	经济发展	24	47	非洲	17
23	对策	24	48	TPP	17
24	韩国	24	49	美国外交	17
25	影响因素	24	50	跨国公司	17

从表 10 -18 中可以看出,"中国、美国、俄罗斯、日本、中美关系"这 5 个关键词的出现频次超过了 50 次以上,由此可见当前我国国际问题研究关注点仍是中美、中俄、中日之间的关

系问题。从其他出现频次超过 20 的关键词我们可以看到,经济增长、金融危机、人民币国际化、地缘政治等也是国际问题研究中十分关注的话题。

（6）国际问题研究社科项目的高被引学术论文分析

根据 CNKI 学术论文数据库中提供的论文被引频次,本次统计了被引频次位于前 20 的国际问题研究国家社科项目高被引论文,同时还综合考虑了学术论文的下载次数,具体情况见表 10 - 19。

表 10 - 19　国际问题研究社科项目资助下的高被引论文分布

编号	论文标题名称	被引次数	下载次数
1	中国金融发展规模、结构、效率与经济增长关系的经验分析	690	5550
2	民间金融法制化的界限与路径选择	192	3083
3	政府偏好、公共品供给与转型中的财政分权	158	4242
4	发现中国新外交——多边国际制度与中国外交新思维	129	3046
5	农村金融发展与农民收入增长之关系的实证分析:1978—2007	122	1531
6	跨太平洋伙伴关系协议(TPP):研究前沿与架构	120	6136
7	我国服务贸易结构与贸易竞争力的实证分析	113	2977
8	中国主要宏观经济变量与利率期限结构的关系:基于 VAR-ATSM 模型的分析	110	1606
9	中国的软权力——以国际制度与中国的关系为例	110	2127
10	中国与国际制度——一项研究议程	101	1111
11	中国出口增长的三元边际——中国学术辑刊全文数据库	97	1547
12	中国与东盟农产品比较优势分析	94	1634
13	中国是否出口了更多高技术产品——基于技术含量和附加值的考察	84	1083
14	中国生产性服务贸易结构与贸易竞争力分析	83	2787
15	从廉价劳动力优势到稀缺要素优势——论"新开放观"的理论基础	82	707
16	美国产业结构变动与服务业的发展	80	3169
17	美国 TPP 战略的经济效应研究——基于 GTAP 模拟的分析	79	2845
18	基础设施对中国企业出口行为的影响:"集约边际"还是"扩展边际"	79	2415
19	国际技术扩散的路径和方式	74	1368
20	金融发展与出口技术复杂度	72	2064

从表 10 - 19 可以看出,被引频次超过 100 次以上的学术论文共有 10 篇,在这 10 篇学术论文中,只有一篇被引次数超过了 600 次,其余 9 篇被引次数均在 100 次到 200 次之间。在这 20 篇学术论文中,共有 6 篇论文的下载次数超过了 3000 次,最高的达到了 6136 次。从被引次数排名前 20 的学术论文的标题可以看出,围绕中国经济和金融问题展开的相关研究是国际问题研究的热点。

10.5 小结

本文围绕国际问题研究国家社科项目及其相应学术研究成果，结合统计和内容分析的方法，从社科项目的年度分布、项目类型分布、项目负责人、负责人职称分布、承担单位、标题的字（词）长度与高频词、项目结项时间跨度、专著出版机构、项目评定结果、项目类型发表论文数量、论文类型及期刊分布、作者数量及高频作者、机构数量及高频机构、研究热点统计和高频论文分析等几个方面进行了系统的探究，从整体上勾勒出了国际问题研究国家社科项目的整体轮廓。

11 中国历史

11.1 中国历史国家社科项目基本信息

对中国历史国家社科项目基本信息的研究主要从该社科项目的年度资助情况、项目类型分布情况、项目负责人的出现频次、项目负责人职称分布情况以及项目承担单位分布情况5个方面着手进行归纳分析。

(1)中国历史的国家社科项目年度资助情况分析

在通过网络抓取的数据基础上,本章通过人工筛选的方式整理出不同类型且规范、有效的中国历史国家社科项目。下表 11 - 1 即是我们按照年度统计的中国历史国家社科项目的分布情况。

表 11 –1 中国历史国家社科项目的年度分布情况

编号	项目立项时间	项目资助数量	百分比	编号	项目立项时间	项目资助数量	百分比
1	1991	58	2.29%	13	2003	55	2.17%
2	1992	81	3.20%	14	2004	70	2.77%
3	1993	41	1.62%	15	2005	83	3.28%
4	1994	30	1.19%	16	2006	89	3.52%
5	1995	13	0.51%	17	2007	96	3.80%
6	1996	70	2.77%	18	2008	99	3.91%
7	1997	28	1.11%	19	2009	117	4.63%
8	1998	34	1.34%	20	2010	183	7.24%
9	1999	37	1.46%	21	2011	263	10.40%
10	2000	45	1.78%	22	2012	284	11.23%
11	2001	50	1.98%	23	2013	323	12.77%
12	2002	59	2.33%	24	2014	321	12.69%

对表 11 - 1 中数据分析显示,1991 年至 2014 年,中国历史国家社科项目资助数量的发展分为 4 个阶段,首先经历两次较大的波动,接着稳步增长了几年,然后呈井喷式上扬,最终有所回落。两次较大的波动发生在 1991 年至 1997 年间,高峰分别出现在 1992 年和 1996 年,其中,1995 年是项目资助数量最少的一年,仅有 13 项,占总资助项目数量的 0.51%。到了 1997 年,项目资助数量又突然降至 28 项,只有上一年的 40%。1997 年至 2009 年的项目资助数量处于稳步增长的阶段,增长率为 3.52%。从 2009 年开始,资助项目数量呈井喷的态势发展,一直持续到 2013 年。其中,2010 年至 2011 年的资助项目数量增长的幅度最大,

高达 3.61%。2014 年有稍许的回落,回落的幅度不大,仅为 0.08%。

(2)中国历史的国家社科项目类型分布状况

研究中,把中国历史国家社科项目分为"成果文库""中华学术外译项目""重大项目""重点项目""后期资助项目""西部项目""青年项目"和"一般项目"8 种类型进行统计分析,得出下表 11 - 2 中所示的各类型的项目数量及其占比情况。

表 11 - 2　项目类型分布状况表

编号	项目类型名称	项目数量	百分比
1	成果文库	27	1.07%
2	中华学术外译项目	32	1.27%
3	重大项目	119	4.72%
4	重点项目	169	6.71%
5	后期资助项目	219	8.69%
6	西部项目	229	9.09%
7	青年项目	568	22.54%
8	一般项目	1157	45.91%

表 11 - 2 中,一般项目数量最大,占比为 45.91%,成为中国历史国家社科项目的主体类型。虽然青年项目数量排名第二,但是和一般项目相比,少了近一半,因此,国家应重视青年研究学者的培养,鼓励他们多申请研究项目。重大项目、重点项目、后期资助项目、西部项目、成果文库和中华学术外译项目的项目数之和,占项目总数的 31.55%,还不及一般项目这一种类型的项目数。

(3)中国历史的国家社科项目负责人出现频次

在统计中国历史研究者主持项目频次的分布情况时,为了数据的严谨,对同名和同机构项目承担者进行了充分的分析筛检,做到不重复,不遗漏。统计分析结果如表 11 - 3 所示。

表 11 - 3　国家社科项目负责人出现频次

编号	主持项目频次	具体人数分布	百分比
1	1	1730	83.41%
2	2	271	13.07%
3	3	59	2.84%
4	4	8	0.39%
5	5	6	0.29%

从表 11 - 3 中可以看出,有 6 位研究者主持过 5 个中国历史国家社科项目,主持项目最多,但占比最少,仅有 0.29%。主持过 1 个项目的研究者最多,占项目负责人总数的 83.41%。中国历史国家社科项目负责人主持项目频次由少到多呈现倍数递减的趋势,从这趋势看出,该领域的研究者合作较少。

（4）中国历史的国家社科项目负责人职称分布

为了使研究数据更全面、更透彻，我们不仅统计了中国历史国家社科项目负责人主持项目的频次，还深入分析和整理出这些研究者的职称分布情况，把中国历史国家社科项目负责人的职称按初级、中级、副高级和正高级 4 个级别进行统计，详见下表 11 - 4。

表 11 - 4　国家社科项目负责人职称分布

编号	专业职务	人数	百分比
1	初级	4	0.23%
2	中级	344	19.47%
3	副高级	607	34.35%
4	正高级	812	45.95%

从表 11 - 4 中不难看出，在统计的中国历史国家社科项目负责人中，拥有"正高级"职称的人数遥遥领先，占比近一半，"初级"职称的负责人主持的项目最少，仅占 0.23%。

（5）中国历史的国家社科项目承担单位分布情况

中国历史国家社科项目的承担单位是按照各单位主持项目数量的多少进行排序，主持项目数量排在前 50 按降序列于表 11 - 5 中。

表 11 - 5　承担国家社科项目的前 50 个单位分布情况

编号	单位名称	项目数量	编号	单位名称	项目数量
1	中国社会科学院	138	17	兰州大学	33
2	南开大学	57	18	首都师范大学	33
3	中国人民大学	52	19	河南大学	30
4	北京大学	51	20	上海师范大学	29
5	北京师范大学	51	21	山西大学	29
6	中山大学	51	22	西南大学	28
7	复旦大学	50	23	湖南师范大学	27
8	华中师范大学	49	24	云南大学	26
9	陕西师范大学	48	25	郑州大学	24
10	四川大学	46	26	暨南大学	23
11	厦门大学	46	27	河北大学	23
12	武汉大学	45	28	安徽大学	23
13	上海社会科学院	40	29	东北师范大学	23
14	山东大学	39	30	河北师范大学	22
15	南京大学	38	31	吉林大学	22
16	华东师范大学	33	32	安徽师范大学	21

编号	单位名称	项目数量	编号	单位名称	项目数量
33	西北大学	20	42	宁夏大学	13
34	西北师范大学	19	43	聊城大学	13
35	四川师范大学	18	44	杭州师范大学	13
36	内蒙古大学	17	45	中国社科院	13
37	苏州大学	16	46	天津师范大学	13
38	江西师范大学	15	47	浙江大学	13
39	福建师范大学	14	48	上海交通大学	12
40	华南师范大学	14	49	中央民族大学	12
41	南京师范大学	13	50	清华大学	12

通过排序可以看出,各地高校是中国历史国家社科项目承担单位的中坚力量,是主要承担单位,占项目承担单位总数的 86.91%。根据项目数量的多少,可以把各承担单位分为 6 个阶层:第一阶层是排名第一的中国社会科学院,承担项目数量超过 100 个,项目数远高于排名第二的南开大学,处于绝对领先的地位,占承担单位总数的 9.46%;第二阶层为承担项目 50 个以上的第 2 名南开大学到第 7 名复旦大学,占承担单位总数的 21.38%;第三阶层为承担项目 40 个以上的第 8 名华中师范大学到第 13 名上海社会科学院,占承担单位总数的 18.78%;第四阶层为承担项目 30 个以上的第 14 名山东大学到第 19 名的河南大学,占承担单位总数的 14.12%;第五阶层为承担项目 20 个以上的第 20 名上海师范大学到第 33 名西北大学,占承担单位总数的 15.49%;最后一个阶层是第 34 名西北师范大学到第 50 名清华大学,占承担单位总数的 16.45%。

11.2　中国历史国家社科项目标题分析

研究初期,我们把大量的中国历史国家社科项目的标题进行手工分词,分好后再利用计算机的自动分词技术把这些标题的字长、词长、词频进行整理归纳,通过分析找出该项目标题的内在特点和联系,从中掌握该领域的研究热点和研究方向。

(1)中国历史的国家社科项目标题字的长度分布

首先,依据汉字的编码格式,对中国历史国家社科项目的标题进行了字长的解析和统计,按照标题字长度汇总项目的数量,详见表 11-6。

表 11-6　社科项目标题字的长度分布

编号	标题字长度	项目数量分布	编号	标题字长度	项目数量分布
1	2	1	4	5	31
2	3	2	5	6	68
3	4	10	6	7	78

续表

编号	标题字长度	项目数量分布	编号	标题字长度	项目数量分布
7	8	144	24	25	49
8	9	111	25	26	34
9	10	159	26	27	38
10	11	128	27	28	32
11	12	173	28	29	27
12	13	152	29	30	15
13	14	171	30	31	13
14	15	181	31	32	14
15	16	137	32	33	9
16	17	141	33	34	8
17	18	107	34	35	2
18	19	107	35	36	7
19	20	83	36	37	4
20	21	84	37	38	8
21	22	78	38	39	2
22	23	72	39	40	4
23	24	46	40	44	1

中国历史国家社科项目标题的字长度最少是 2 个字,最多是 44 个字,但标题字在这两个长度的项目很少,都只有 1 个。大部分项目的标题字长度集中在 6 个字到 23 个字之间,占项目总量的 85.89%。其中标题 15 个字的项目最多,有 181 个,占项目总量的 7.15%;标题 12 个字和 14 个字的项目次之,分别为 173 个和 171 个。中国历史国家社科项目标题的平均字长度为 25 个字。

(2)中国历史的国家社科项目标题词的长度分布

为进一步把中国历史国家社科项目的标题分析透彻,我们又利用自动分词技术把项目数量的分布情况按照项目标题词的长度进行归纳,结果如下。

表 11-7 中国历史国家社科项目标题词的长度分布情况

编号	标题词长度	项目数量分布	编号	标题词长度	项目数量分布
1	2	20	6	7	280
2	3	80	7	8	294
3	4	172	8	9	237
4	5	236	9	10	234
5	6	260	10	11	191

续表

编号	标题词长度	项目数量分布	编号	标题词长度	项目数量分布
11	12	152	19	20	7
12	13	111	20	21	8
13	14	74	21	22	4
14	15	63	22	23	4
15	16	35	23	24	5
16	17	36	24	25	1
17	18	14	25	26	1
18	19	12	26	——	——

从上面的统计数据可以看出,标题词长为两个词到 8 个词的项目越来越多,标题词长为 8 个词到 26 个词的项目越来越少。其中,8 个词的标题最多,项目数量高达 294 个,占项目总量的 11.63%。25 个词和 26 个词的标题最少,都仅有 1 个项目。大部分项目的标题词长集中分布在 4 个词至 13 个词之间。

(3) 中国历史的国家社科项目标题高频词分析

最后,为了确切掌握该研究领域的研究热点和研究主体,本研究再次利用自动分词技术对中国历史国家社科项目标题的出现频次进行排序,把排名前 50 的高频词汇予以统计归纳。数据统计时,标点符号也作为调研对象。结果如表 11 - 8 所示。

表 11 - 8 社科项目标题中的前 50 个高频词

编号	标题中的词汇	频次	编号	标题中的词汇	频次
1	中国	241	15	清末	28
2	近代	154	16	秦汉	27
3	清代	120	17	抗战	26
4	明清	112	18	新	25
5	民国	72	19	"	22
6	《	57	20	"	22
7	》		21	唐	22
8	晚	53	22	从	21
9	宋代	50	23	历史	20
10	明代	46	24	南京	20
11	20	33	25	元代	19
12	敦煌	29	26	清	17
13	中	29	27	古代	15
14	唐代	28	28	汉代	15

续表

编号	标题中的词汇	频次	编号	标题中的词汇	频次
29	汉唐	14	40	北宋	9
30	战国	14	41	汉	9
31	二十	13	42	西夏	8
32	国民政府	12	43	清朝	8
33	唐宋	12	44	近	8
34	日本	12	45	两	8
35	出土	11	46	隋唐	8
36	辽	11	47	西藏	7
37	新疆	10	48	社会	7
38	简牍	9	49	美国	7
39	魏晋	9	50	元	7

从表 11 - 8 中的结果看出,在中国历史国家社科项目的标题中,出现频次超过 50 次的词汇和标点符号共 9 个,虽然"中国"的出现频次最高,但对解析研究热点和研究的主体内容没有明确的指向性,不能作为该领域的热点词汇。剔除"中国"一词后,排名前 9 的 6 个词汇"近代""清代""明清""民国""晚""宋代""明代"和两个标点符号"《""》"构成了该领域的研究热点。从两个标点符号"《""》"可以看出,该领域对相关历史书籍的研究也很热门。那么,表 11 - 8 中统计的前 50 的高频词汇即成为该领域研究的主体。

11.3　中国历史国家社科项目的结项情况统计

下面我们将对中国历史国家社科项目的结项情况进行统计,对项目结题时间跨度、专著出版社的分布统计和项目评定结果这三个方面的数据进行分析整理。

(1)中国历史的国家社科项目结项时间跨度

中国历史国家社科项目结项时间跨度就是结项时间减去立项时间,差值即为该项目的结项时间跨度。计算后,把结项时间的跨度按递增的顺序排序,再把相对应的项目数量给统计出来,得到图 11 - 1 中的数据。

在图 11 - 1 中不难看出,该领域大部分项目 3 年到 6 年就能结题。其中,4 年结题的项目最多,5 年和 6 年结题的项目次之。1 年就结题的项目最少,可以看出,中国历史国家社科项目的研究周期普遍较长。

我们在研究前期的筛选工作中,剔除了结项时间跨度超过 8 年的项目,得到上表中的952 个项目,然而,本次研究的项目总量为 2529 个,除去这 952 个,还有 1577 个项目结题跨度超过 8 年,项目数量超过 50%,这就说明该领域的国家社科项目有很严重的延期结题的现象。

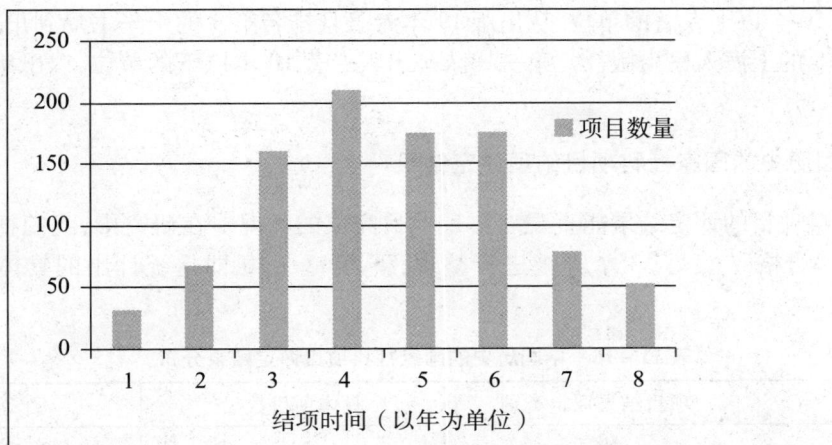

图 11 - 1　中国历史社科项目结项时间跨度分布图

（2）出版中国历史国家社科项目专著的机构统计分析

专著是项目研究的成果之一,其重要性不言而喻。那么对专著出版社的研究分析也就成为统计项目结项情况的重要指标之一。因此,我们把排名前 25 的出版社列于表 11 - 9 中。

表 11 - 9　出版中国历史专著的前 25 个单位

编号	出版社名称	出版数量	编号	出版社名称	出版数量
1	中国社会科学出版社	26	14	四川人民出版社	3
2	人民出版社	25	15	北京大学出版社	3
3	中华书局	19	16	广东教育出版社	3
4	社会科学文献出版社	16	17	生活·读书·新知三联书店	2
5	上海人民出版社	10	18	北京燕山出版社	2
6	商务印书馆	9	19	广西师范大学出版社	2
7	中国人民大学出版社	6	20	民族出版社	2
8	上海古籍出版社	5	21	中国文史出版社	2
9	北京师范大学出版社	4	22	辽海出版社	2
10	兰州大学出版社	4	23	甘肃文化出版社	2
11	上海辞书出版社	3	24	国家图书馆出版社	2
12	天津人民出版社	3	25	大象出版社	2
13	天津社会科学院出版社	3			

由于中国历史专著出版的数量悬殊较大,因此,我们把表 11 - 9 中的排名前 25 的出版社分为 3 个梯队,第一梯队是出版 20 个以上专著的单位,以中国社会科学出版社为首,人民出版社次之,领先于其他出版单位,成为中国历史国家社科项目专著的主要出版机构。第二

梯队是出版 10 个以上专著的单位,从出版 19 本专著且排名第 3 的中华书局到出版 10 本专著且排名第 5 的上海人民出版社。第三梯队是出版专著 10 本以下的单位,以出版两本专著的单位为主。

(3)中国历史的国家社科项目结项评定结果

国家社科项目的评定结果能直观地体现项目完成的情况。在研究中,我们把评定结果按照"优秀""合格""良好"3 个等级进行整理,下表 11 - 10 即是统计出的具体的评定结果分布。

表 11 - 10　中国历史的国家社科项目评定结果分布

编号	项目结果评定类别	具体项目数量	百分比
1	优秀	116	20.21%
2	合格	126	21.95%
3	良好	332	57.84%

表 11 - 10 中,中国历史国家社科项目的评定结果处于"良好"这个等级的队伍最为壮大,占比 57.84%。78.05% 的项目被评定为"良好"及以上,这说明中国历史国家社科项目的评定较为宽松。

11.4　中国历史国家社科项目学术研究成果统计

在中国历史国家社科项目学术研究成果时,利用中国知网(CNKI)中的学术论文数据库,以名称或项目编号作为条件,搜索出关于中国历史的国家社科项目,从不同类型考古学项目类型的学术论文产出数量分布情况、考古学学术论文的类型分布统计、学术论文发表的期刊分布、学术论文的作者数量分布、学术论文的高频作者分布、发表学术论文的机构分布、发表学术论文的高频机构分布、高被引论文的统计分析和学术研究热点分析 9 个不同角度进行分析统计,研究结果如下。

(1)不同中国历史项目发表论文数量分布情况

学术论文是项目研究的另一重要成果,能很好地展示项目的研究内容、研究特点以及研究意义。因此,在本次研究中,我们按照社科项目的不同类型整理出各类型发表论文的数量,并对其进行占比计算。

表 11 - 11　不同社科项目发表学术论文数量的分布情况

编号	项目类型	发表论文数量	百分比
1	一般项目	3150	39.95%
2	青年项目	1624	20.60%
3	重大项目	1566	19.86%

续表

编号	项目类型	发表论文数量	百分比
4	西部项目	836	10.60%
5	重点项目	384	4.87%
6	后期资助项目	286	3.63%
7	成果文库	29	0.37%
8	中华学术外译项目	9	0.11%

在表 11 - 11 中,能看出"一般项目"是学术论文产出的主要类型,占产出论文总量的近40%,远超其他项目类型。在前面的表 11 - 2 中我们统计出一般项目的项目数量最多,因此一般项目产出学术论文最多也是有据可依的。青年项目和重大项目类型的论文产出虽不及一般项目,但二者的贡献也不容忽视,共享 40.46% 的占比。由于成果文库和中华学术外译项目产出的多为专著,因此,这两种类型的产出量较少,分别占比 0.37% 和 0.11% 。

(2)中国历史项目所发表论文的类型及期刊分布情况

归纳出 8 种项目类型产出的学术论文数量后,再按照论文的两种类型进行分类整理,并算出所占百分比。如表 11 - 12 所示。

表 11 - 12　中国历史社科项目发表学术论文类型情况

编号	学术论文类型	论文数量	百分比
1	期刊	7753	96.18%
2	会议	308	3.82%

直观地看,中国历史社科项目的学术论文 96.18% 都发表在期刊上。因此,接下来的任务就是统计论文刊载的分布情况。统计时,把各期刊按照刊载论文的多寡进行排序,取前 50 列于表 11 - 13 中。

表 11 - 13　发表中国历史社科项目论文前 50 的期刊分布

编号	期刊名称	论文数量	编号	期刊名称	论文数量
1	史学月刊	106	11	中国史研究	56
2	农业考古	94	12	西域研究	54
3	兰台世界	88	13	敦煌研究	51
4	中国历史地理论丛	88	14	中国经济史研究	51
5	中国农史	80	15	史学集刊	51
6	安徽史学	77	16	社会科学战线	50
7	历史地理	71	17	原生态民族文化学刊	49
8	史林	61	18	陕西师范大学学报(哲学社会科学版)	49
9	历史研究	60	19	兰州学刊	49
10	中国边疆史地研究	60	20	贵州大学学报(社会科学版)	49

续表

编号	期刊名称	论文数量	编号	期刊名称	论文数量
21	唐史论丛	48	36	社会科学	36
22	贵州社会科学	45	37	青海民族研究	36
23	人文杂志	44	38	江汉论坛	35
24	安徽师范大学学报(人文社会科学版)	43	39	学术研究	34
25	中州学刊	42	40	江苏社会科学	34
26	敦煌学辑刊	39	41	西北师大学报(社会科学版)	34
27	近代史研究	39	42	石河子大学学报(哲学社会科学版)	34
28	文史哲	38	43	首都师范大学学报(社会科学版)	33
29	安徽大学学报(哲学社会科学版)	38	44	社会科学辑刊	33
30	学术月刊	38	45	民族研究	33
31	历史教学(下半月刊)	37	46	民国档案	33
32	甘肃社会科学	37	47	湖南大学学报(社会科学版)	32
33	江西社会科学	37	48	郑州大学学报(哲学社会科学版)	32
34	中国社会经济史研究	36	49	清史研究	32
35	财会通讯	36	50	史学史研究	31

统计后看出,各期刊刊载中国历史国家社科项目的学术论文的数量都比较多,刊载量最少的也有 31 篇,是《史学史研究》。刊载最多的则是《史学月刊》,有 106 篇。从表中可以看出,中国历史国家社科项目学术论文大部分都是刊载在历史专业类的期刊上。

(3)中国历史项目所发表论文的作者分布情况

所谓"文章自有出处",那么我们就要对学术论文的作者开始研究并分析。首先,通过改变作者的数量,来观察论文数量的变化。分析结果如下表 11－14。

表 11－14　中国历史学术论文作者数量分布情况

编号	作者数量	论文数量	百分比
1	1	5991	76.17%
2	2	1624	20.65%
3	3	197	2.50%
4	4	30	0.38%
5	5	23	0.29%

可以看出,随着作者数量的增加,学术论文的数量在急剧减少。76.17% 文章都是作者独著,占绝大多数。合著的文章以两名作者的居多,占比 20.65%,明显少于独著的文章。5 名作者合著的文章最少,占比仅 0.29%。

　　为进一步分析学术论文的作者分布,我们把出现频次排前50的作者姓名列举在表11 –15 中。

表 11 –15　学术论文高频作者分布表

编号	作者姓名	频次	编号	作者姓名	频次
1	黄春长	47	26	陈瑞	21
2	彭兆荣	40	27	肖永明	21
3	杨鹏程	34	28	许家林	21
4	周晓薇	33	29	吴佩林	20
5	庞奖励	31	30	王元林	20
6	崔荣荣	30	31	张自慧	20
7	王其祎	30	32	艾冲	19
8	殷淑燕	28	33	李并成	18
9	王子今	28	34	李百浩	18
10	周书灿	27	35	艾晶	18
11	张分田	25	36	唐明贵	18
12	李孝林	25	37	李晓英	17
13	杨富学	25	38	李昕升	17
14	王思明	25	39	曹旅宁	17
15	何一民	24	40	陈良中	17
16	周秋光	24	41	王卫平	17
17	王建革	23	42	范金民	17
18	龚胜生	23	43	郑大华	16
19	查小春	23	44	朱英	16
20	胡阿祥	22	45	薛毅	16
21	吴才茂	22	46	苗威	16
22	赵贞	22	47	李斌	16
23	龙泽江	22	48	戴鞍钢	16
24	张安福	22	49	黄正林	16
25	李锐	22	50	曾桂林	16

　　在表11 – 15 中,该领域学术论文作者的出现频次稳步下降,没有大的跳跃。黄春长的出现频次最高,有47 次,彭兆荣次之。最少频次的"曾桂林"也出现了16 次。

(4)中国历史项目所发表论文的作者机构分布情况

　　在项目研究中,一个项目不一定只有一个研究机构,可能有多个机构共同研究,共同发表该项目的学术论文。因此,这节就通过改变研究机构的数量,来观察论文的分布情况。详见表 11 – 16。

表 11 –16　中国历史学术论文机构数量分布情况

编号	论文机构数量	发表论文数量	百分比
1	1	6260	80. 87%
2	2	1191	15. 39%
3	3	253	3. 27%
4	4	37	0. 48%

从表 11 – 16 中可以看出,合作的机构数的上限是 4 个。随着合作机构数量的增加,发表论文的数量在成倍减少。1 个机构发表的文章最多,占比为 80.87% ;4 个机构合作发表的论文数量最少,只有 37 篇,占比 0.48% 。不难发现,该领域缺乏多机构合作研究。

表 11 –17 把学术论文高频机构排名前 20 的列举出来,用于进一步的分析比较。

表 11 –17　学术论文高频机构分布表

编号	作者姓名	论文数量	编号	作者姓名	论文数量
1	陕西师范大学历史文化学院	128	11	四川大学历史文化学院	60
2	南开大学历史学院	91	12	山东大学历史文化学院	59
3	北京师范大学历史学院	89	13	西华师范大学历史文化学院	54
4	苏州大学社会学院	77	14	安徽大学历史系	53
5	陕西师范大学旅游与环境学院	75	15	南京大学历史系	51
6	湖南师范大学历史文化学院	72	16	湖南大学岳麓书院	50
7	安徽师范大学历史与社会学院	70	17	郑州大学历史学院	49
8	首都师范大学历史学院	69	18	武汉大学历史学院	49
9	华中师范大学中国近代史研究所	64	19	兰州大学敦煌学研究所	46
10	复旦大学历史地理研究中心	63	20	西南大学历史文化学院	46

对表中数据分析得出,各高校研究历史的学院是该领域发表论文的主力军。以陕西师范大学历史文化学院为首,发表了 128 篇,占比为 9.73% 。其他机构的发表数量在 46 篇到 91 篇之间。

(5)中国历史社科项目的研究热点分析

关键词是由文献的主要内容凝练而成,能充分体现论文的主要研究方向。因此,统计关键词的出现频次,能大体上掌握该领域的研究热点。这一节,就把出现频次较高的前 50 个关键词列举在表 11 – 18 中。

表 11 –18　中国历史社科项目研究的高频关键词

编号	关键词	频次	编号	关键词	频次
1	清代	219	26	清水江文书	36
2	明代	147	27	宗族	35
3	宋代	99	28	研究	35
4	民国时期	90	29	自然灾害	33
5	近代	89	30	生态环境	33
6	徽州	84	31	特点	32
7	明清	83	32	江南	32
8	晚清	71	33	文化	31
9	唐代	70	34	上海	31
10	抗战时期	60	35	演变	29
11	影响	55	36	佛教	29
12	明清时期	53	37	清华简	29
13	国民政府	52	38	城市	29
14	汉代	50	39	广西	29
15	敦煌	47	40	日本	29
16	元代	46	41	变迁	28
17	南京国民政府	46	42	儒家	28
18	中国	44	43	国民党	28
19	北宋	43	44	徽商	27
20	民国	42	45	清水江流域	27
21	吐蕃	37	46	辛亥革命	26
22	新疆	37	47	社会变迁	26
23	南宋	37	48	墓志	26
24	近代中国	37	49	秦汉	26
25	抗日战争	37	50	清末民初	26

　　如表中所示,"清代"和"明代"这两个关键词出现频率较高,"清代"更以出现219次高居榜首。其他关键词的出现频次差别不大。如果以出现50次为界划分研究热点区域,由于"影响"是动词,没有实际意义。"清代""明代""宋代""民国时期""近代""徽州""明清""晚清""唐代""抗战时期""明清时期""国民政府""汉代"这13个关键词则形成了该领域的研究热点。

(6) 中国历史社科项目的高被引学术论文分析

　　本节利用中国知网(CNKI)学术论文数据库所提供的论文被引数据,把排名前20的高被引学术论文列于表11 –19中。

表 11 -19 中国历史社科项目资助下的高被引论文分布

编号	论文标题名称	被引次数	下载次数
1	历史时期关中地区气候变化的初步研究	173	1211
2	旅游资源的旅游价值评估——以敦煌为例	114	1460
3	城乡关系与近代中国的城市化问题	94	1185
4	敦煌市居民旅游感知及态度研究	91	1153
5	中国疫灾的时空分布变迁规律	77	1363
6	中国古代"民本思想"内涵与外延刍议	67	1554
7	过度放牧对生态环境的影响与控制对策	66	694
8	近 2 ka 河西走廊及毗邻地区沙漠化过程的气候与人文背景	65	433
9	主社区居民对旅游效应的感知研究——以敦煌市为例	58	700
10	古村落游客忠诚模型研究——基于游客感知价值及其维度视角	53	2068
11	共同体理论视野下的湘湖水利集团——兼论"库域型"水利社会	47	1204
12	生态博物馆理念及其在少数民族社区景观保护中的作用——以贵州梭嘎生态博物馆为例	47	1171
13	辣椒在中国的传播及其影响	46	1093
14	明清时期河西地区"水案"史料的梳理研究	46	427
15	我国乡村居民居住方式的历史变迁	44	691
16	共生理论及其对企业联盟战略的构筑启示	43	467
17	20 世纪 20—40 年代典当业的衰落——以长江中下游地区为中心	43	466
18	济南近代城市规划历史研究	41	923
19	汉江上游谷地全新世风成黄土及其成壤改造特征	40	637
20	中国近代慈善事业的内容和特征探析	38	1374

在这 20 篇文献中,《历史时期关中地区气候变化的初步研究》这篇文献的被引率最高,达 173 次,排名第一;被引 114 次的《旅游资源的旅游价值评估——以敦煌为例》则排名第二;其他高被引文献呈阶梯下降的趋势。在表 11 - 19 中,被统计出来的还有下载次数,但与被引率没有直接的联系。虽然《古村落游客忠诚模型研究——基于游客感知价值及其维度视角》这篇文献的下载率高达 2068 次,但是被引率却只有 53 次。因此,该领域项目的研究范围较广泛,没有特别突出的研究对象。

11.5 小结

本次研究利用中国知网(CNKI)学术论文数据库,以社科项目的基金名和基金号为条件搜索出关于中国历史国家社科项目的基本信息。在运用"自动分词"技术的同时采用"总计归纳法"从"项目基本信息""项目的标题信息""项目结项情况的基本信息"以及"学术研究成果的基本情况"4 个方面对中国历史国家社科项目进行系统的展示和解析,因此,对这 4

个方面的研究也就构成了中国历史国家社科项目研究的基本框架。本章首先从"年度资助情况""项目类型的分布情况""项目负责人的出现频次""项目负责人的职称分布情况"和"项目承担单位的分布情况"5个方面对中国历史国家社科项目的基本信息进行疏理和展现。接着,把项目的标题信息中的"标题字长度的分布情况""标题词长度的分布情况"及"标题高频词的分析情况"一一整理归纳。然后,通过分析"项目结项时间跨度分布情况""出版专著的机构的分布情况""项目结项评定结果的分布情况"3个方面的数据,统计出项目的结项情况。最后,"学术研究成果"部分,研究了"发表学术论文的分布情况""论文类型及期刊分布情况""论文作者的分布情况""作者机构的分布情况""研究热点的分析情况"及"高被引论文的分析情况"。

本次研究通过人工筛选的方式整理出2529个不同类型的规范且有效的中国历史国家社科项目。1991年至2014年,中国历史国家社科项目的资助数量经历了4个发展阶段,首先经历两次较大的波动,接着稳步增长了几年,然后呈井喷式上扬,最终有所回落。其中,一般项目申请的数量较多,几乎都是各高校中高职称的研究者承担。仅有6名研究者申请过5个该领域国家社科项目,大部分的研究者都只申请过1个项目。国家应多出政策扶持青年项目,给青年学者提供更多机会,并鼓励研究者多交流切磋。

中国历史国家社科项目的标题长度多为6—23个字或4—13个词,以15个字或8个词的标题最为常见。"近代""清代""明清""民国""晚""宋代""明代"以及历史书籍的名称在标题中出现得最为频繁,也就成为该领域的研究热点。

在研究结项时间跨度时,我们发现,中国历史国家社科项目的研究周期普遍较长,结题时间跨度多为3年到6年之间。超过半数的项目未在8年内结项,超期的现象严重。各出版社出版专著的数量不均衡,在统计的前25名的出版社中,中国社会科学出版社出版的最多,有26本;大多数出版社都只出版了2—3本。78.05%的项目都能"良好"地完成并结项,这就说明国家对项目的结项审核较为宽松。

为了体现学术成果在项目研究中的重要地位,"学术研究成果"的分析结果放在最后一节展示。在前面的表11-2中我们统计出"一般项目"的项目数量占比为45.91%,在表11-11中"一般项目"的学术论文产出量的占比却为39.95%,低于"一般项目"项目数量的占比,因此,国家应多给政策,用以激励研究者们多发表高质量的学术论文,从而更好地展示研究成果。项目产出的大部分学术论文都刊载在历史专业类的期刊上,《史学月刊》的发文量最高。在分析了作者和作者机构的一些数据后发现:一个作者或一个承担机构发表的学术论文最多,这一现象表明中国历史国家社科项目的研究领域多以单打独斗的形式进行,缺乏合作和沟通。黄春长和陕西师范大学历史文化学院的学术论文产出量较高,对该领域项目的研究贡献较大。各高校研究历史的学院已经成为该领域研究的主力军。从高被引论文的数据中看出,该领域项目的研究范围较广泛,没有特别突出的研究对象。希望本次对1991年至2014年间中国历史国家社科项目相关信息的展示,能为今后该领域的研究起到参考作用。

12 世界历史

12.1 世界历史国家社科项目基本信息

本文通过对 CNKI 收录的世界历史国家社科项目的相关信息进行统计分析,从项目年度分布情况、项目类型分布情况、项目负责人职称分布、项目承担单位这几个方面进行统计分析,以期了解该领域国家社科项目的发展情况。

(1)世界历史的国家社科项目年度资助情况分析

本文所用的数据源于 CNKI 收录的有关世界历史国家社科项目的文献,通过数据的整理、分析,去除不相关以及错误数据,最后得到 715 个项目文献,项目文献随年份的增加数量产生了一定的变化,具体数据如表 12 - 1 所示。

表 12 -1 世界历史国家社科项目的年度分布情况

编号	项目立项时间	项目资助数量	百分比	编号	项目立项时间	项目资助数量	百分比
1	1991	14	1.96%	13	2003	15	2.10%
2	1992	27	3.78%	14	2004	19	2.66%
3	1993	12	1.68%	15	2005	25	3.50%
4	1994	10	1.40%	16	2006	23	3.22%
5	1995	4	0.56%	17	2007	30	4.20%
6	1996	19	2.66%	18	2008	33	4.62%
7	1997	8	1.12%	19	2009	30	4.20%
8	1998	6	0.84%	20	2010	45	6.29%
9	1999	8	1.12%	21	2011	70	9.79%
10	2000	11	1.54%	22	2012	76	10.63%
11	2001	15	2.10%	23	2013	105	14.69%
12	2002	15	2.10%	24	2014	95	13.29%

根据表 12 -1 可以看出,世界历史国家社科项目随着年份的增加数量总体上也是增加的。在 1992—1995 年世界历史国家社科项目呈减少趋势,在 1995 年达到所有年份的最低值,只有 4 个项目,占所有项目的 0.56%。在 1996 年突然递增,增加至 19 个项目,与 2004 年项目数量一致,占所有项目的 2.66%。在 1997—2009 年,项目数量基本上平稳增长,增长幅度不超过 1%。2010 年、2011 年与 2012 年增长迅速,增长幅度在 2% 左右,项目数量在 2013 年达到最高值,105 个项目,2014 年有小幅下降。

(2)世界历史的国家社科项目类型分布状况

世界历史的国家社科项目一共有 8 个类型,分别是中华学术外译项目、成果文库、重大项目、西部项目、重点项目、后期资助项目、青年项目和一般项目,表 12 - 2 是根据项目类型所占的百分比排序的分布表。

表 12 - 2　项目类型分布状况表

编号	项目类型名称	项目数量	百分比
1	中华学术外译项目	2	0.28%
2	成果文库	11	1.54%
3	重大项目	19	2.66%
4	西部项目	44	6.15%
5	重点项目	48	6.71%
6	后期资助项目	58	8.11%
7	青年项目	166	23.22%
8	一般项目	367	51.33%

从表 12 - 2 可以看出,项目数量最多的就是一般项目,共有 367 个,占了 51.33%,超过了所有项目数量的一半。青年项目所占的比例为 23.22%,接近所有项目数量的 1/4。也就是说其他项目类型的项目数量的总和只占所有项目的 1/4,其中,中华学术外译项目最少,只有两个项目,成果文库、重大项目各有 11 个和 19 个项目,一共占了总项目数量的 4.2%,西部项目、重点项目、后期资助项目的项目数量在 40 到 60 之间。

(3) 世界历史的国家社科项目负责人出现频次

基于相同机构的相同名字为同一个人的原则,本章分析了同一个国家社科项目负责人主持项目频次分布情况,在本章获得的世界历史领域中,一个负责人最多主持 4 个项目,如表 12 - 3 所示。

表 12 - 3　国家社科项目负责人出现频次

编号	主持项目频次	具体人数分布	百分比
1	1	511	84.74%
2	2	74	12.27%
3	3	16	2.65%
4	4	2	0.33%

从表 12 - 3 可以明显看出,只主持过 1 个项目的负责人是最多的,有 511 个,占了 84.74%,随着主持项目频次的增加,具体人数也在急剧减少,主持项目最多的只有两个人,他们分别主持 4 个项目,人数只占了所有负责人的 0.33%。

(4) 世界历史的国家社科项目负责人职称分布

对世界历史的国家社科项目负责人的职称进行统计分析,一共有三个职称,分别是中级、副高级、正高级,他们对应的人数如表 12 - 4 所示。

表 12 - 4　国家社科项目负责人职称分布

编号	专业职务	人数	百分比
1	中级	103	20.04%
2	副高级	173	33.66%
3	正高级	238	46.30%

正高级的负责人人数最多,占 46.30%,接近 1/2。中级和副高级的人数较少,中级只占了 20.04%。

(5)世界历史的国家社科项目承担单位分布情况

根据世界历史的国家社科项目承担单位的不同,本文对其承担单位进行了统计分析,表 12 - 5 是按降序排列的项目承担单位分布情况,表中一共列出了前 49 个承担单位,他们一共承担了 558 个项目,占了总项目的 78%。

表 12 - 5　承担国家社科项目的前 49 个单位分布情况

编号	单位名称	项目数量	编号	单位名称	项目数量
1	中国社会科学院	51	26	华南师范大学	8
2	东北师范大学	40	27	内蒙古民族大学	8
3	北京大学	32	28	云南大学	8
4	南开大学	26	29	江西师范大学	7
5	南京大学	23	30	福建师范大学	6
6	首都师范大学	21	31	山西师范大学	6
7	华东师范大学	20	32	云南省社会科学院	6
8	北京师范大学	17	33	浙江师范大学	6
9	武汉大学	15	34	郑州大学	6
10	吉林大学	14	35	中山大学	6
11	天津师范大学	14	36	黑龙江省社会科学院	5
12	厦门大学	14	37	湖南科技大学	5
13	浙江大学	14	38	暨南大学	5
14	西南大学	13	39	兰州大学	5
15	复旦大学	12	40	山东大学	5
16	中国人民大学	12	41	上海大学	5
17	哈尔滨师范大学	11	42	上海社会科学院	5
18	陕西师范大学	11	43	延边大学	5
19	上海师范大学	11	44	广西师范大学	4
20	西北大学	11	45	南京师范大学	4
21	河南大学	10	46	清华大学	4
22	贵州师范大学	10	47	山东师范大学	4
23	华中师范大学	9	48	西北师范大学	4
24	四川大学	9	49	河北师范大学	3
25	湖南师范大学	8	50	—-	—-

从表中我们可以看出,中国社会科学院和东北师范大学承担的项目最多。项目数量超过 20 个(包含 20 个)的一共有 7 个单位,他们在世界历史领域中的研究较为深入。项目数量在 10—20 个之间的项目承担单位有 15 个,占了 30%。在所有 49 个单位中,高校有 45 个,占了大多数,说明高校是世界历史国家社科项目的主要承担机构,其次就是各个地区的社科院。

12.2　世界历史国家社科项目标题分析

文章对世界历史国家社科项目的标题进行了分析,对标题字长以及通过自动分词获得的标题词长度、词频进行了统计,从中发现项目标题的规律以及世界历史国家社科项目的研究热点。

(1)世界历史的国家社科项目标题字的长度分布

表 12 - 6 是根据汉字编码统计的世界历史国家社科项目标题字的长度分布结果。

表 12 - 6　社科项目标题字的长度分布

编号	标题字长度	项目数量分布	编号	标题字长度	项目数量分布
1	3	1	20	22	20
2	4	1	21	23	25
3	5	9	22	24	20
4	6	12	23	25	17
5	7	22	24	26	16
6	8	23	25	27	7
7	9	22	26	28	10
8	10	35	27	29	9
9	11	33	28	30	2
10	12	49	29	31	6
11	13	52	30	32	2
12	14	38	31	33	3
13	15	42	32	34	4
14	16	51	33	35	2
15	17	44	34	36	1
16	18	42	35	37	2
17	19	40	36	38	3
18	20	20	37	39	1
19	21	29	38	--	--

从表中可以大致看出,世界历史国家社科项目标题字的长度大多在6—26个字之间,项目长度以及项目数量大致呈现正态分布趋势,中间偏高,两边很低,中间12—19个字的项目标题最多,普遍在40个项目以上。项目数量最多的标题字为13个字,一共有52个项目。3个字、4个字、36个字还有39个字的最少,各有一个项目。

(2)世界历史的国家社科项目标题词的长度分布

本章通过自动分词技术对标题进行处理,以期望对标题进行进一步分析,获得标题内在的规律以及世界历史的国家社科项目的研究热点。表12-7是经过处理以后的标题词的长度分布情况。

表12-7 世界历史国家社科项目标题词的长度分布情况

编号	标题词长度	项目数量分布	编号	标题词长度	项目数量分布
1	2	8	12	13	27
2	3	27	13	14	21
3	4	47	14	15	19
4	5	70	15	16	8
5	6	63	16	17	7
6	7	78	17	18	2
7	8	89	18	19	1
8	9	83	19	20	2
9	10	65	20	21	3
10	11	52	21	22	3
11	12	39	22	27	1

上表中,标题词长度分布于2个字到27个字之间,标题词的分布也是呈现中间偏高,两边偏低的态势,项目数量较多的标题词长度主要分布在3个字到15个字之间,项目数量最少的是19个字和27个字,各只有一个项目,最多的是8个字,有89个项目。项目标题词在5—10个字之间的项目数量普遍在60—90个之间,共有448个项目,占了所有项目的63%。

(3)世界历史的国家社科项目标题高频词分析

除了对标题词的长度分析之外,本章还对标题词的高频词进行了分析,表12-8列出了世界历史国家社科项目标题的前50个高频词,按频次的降序排列。

表12-8 社科项目标题中的前50个高频词

编号	标题中的词汇	频次	编号	标题中的词汇	频次
1	研究	411	5	世纪	95
2	的	342	6	美国	94
3	与	238	7	(	81
4	历史	101	8	)	81

续表

编号	标题中的词汇	频次	编号	标题中的词汇	频次
9	中	76	30	冷战	28
10	社会	74	31	古代	27
11	英国	74	32	制度	27
12	对	61	33	考察	27
13	时期	55	34	现代化	27
14	发展	55	35	问题研究	27
15	政策	54	36	——	27
16	史	52	37	民族	26
17	经济	47	38	进程	25
18	政治	43	39	世界	25
19	和	40	40	近代	23
20	日本	40	41	欧洲	22
21	"	39	42	法国	22
22	"	39	43	:	22
23	、	38	44	《	21
24	20	38	45	》	21
25	国家	38	46	关系研究	21
26	文化	33	47	中世纪	21
27	关系	33	48	演变	21
28	中国	31	49	美	20
29	史学	30	50	战后	20

从表中可以看出,高频词出现的频次从高到低骤减严重,高频词中没有去除标点符号,出现最多的为"研究""的""与""历史",都是世界历史领域研究中的常用词。从剩余的其他高频词中可以看出,在世界历史领域中主要关注的是各国的政治、经济、文化、政策演变和发展以及各国之间的关系研究,主要关注的时期为 20 世纪、冷战、古代、近代,同时对美国的研究最多,英国、日本、中国、法国也是世界历史的研究热点。

12.3 世界历史国家社科项目的结项情况统计

本章对世界历史国家社科项目结项情况做了分析,分别从项目结项的时间跨度、出版项目专著的机构、项目结项的评定结果三个角度来统计,以期望了解项目的完成情况和完成水平。

(1)世界历史的国家社科项目结项时间跨度

本章对世界历史国家社科项目结项时间跨度进行分析,结项时间跨度为项目的结项时间减去立项时间获得的差值。通过统计不同结项时间跨度的项目数量得到图 12 - 1,图 12 - 1 中只统计了 8 年内结项的项目,一共 264 个,占了总项目数量的 37%,接近总项目数量的 1/3,说明世界历史国家社科项目延期现象非常严重。

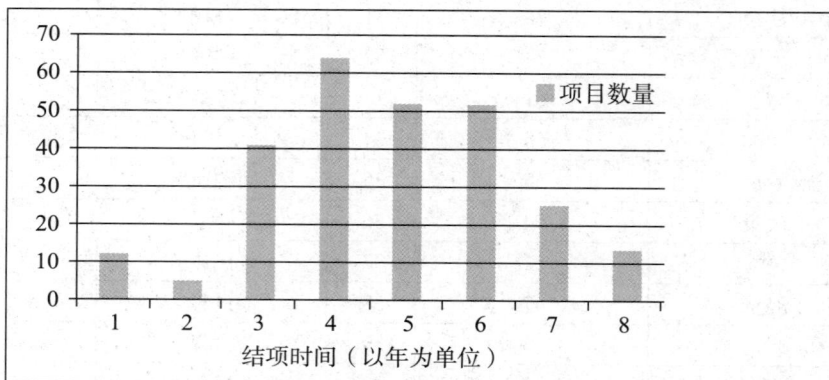

图 12 - 1 世界历史社科项目结项时间跨度分布表

上图按照结项时间的递增排序,结项时间为 4 年的项目最多,为 64 个项目,其次是 5 年和 6 年时间结项的,各有 52 个项目,两年结项的项目最少,只有 5 个项目,1 年内结项的项目只有 12 个项目。

(2)出版世界历史国家社科项目专著的机构统计分析

专著是考查项目完成情况的重要指标之一,通过对出版世界历史国家社科项目专著的机构的分析可以掌握世界历史领域出版专著偏好的出版机构,以及该领域较为权威的出版社,下表列出了降序排序的部分出版社出版的项目专著数量分布情况。

表 12 - 9 出版世界历史专著的前 25 个单位

编号	出版社名称	出版数量	编号	出版社名称	出版数量
1	人民出版社	14	14	中国劳动社会保障出版社	1
2	社会科学文献出版社	11	15	中国华侨出版社	1
3	中国社会科学出版社	9	16	上海三联出版社	1
4	中央编译出版社	8	17	上海古籍出版社	1
5	北京师范大学出版社	4	18	上海辞书出版社	1
6	北京大学出版社	3	19	新疆人民出版社	1
7	商务印书馆	3	20	台湾文史哲出版社	1
8	东北师范大学出版社	2	21	湖南人民出版社	1
9	学林出版社	2	22	武汉大学出版社	1
10	社会科学出版社	2	23	天津社会科学院出版社	1
11	香港社会科学出版社	2	24	天津人民出版社	1
12	中华书局	1	25	台大出版中心	1
13	中国社会科学文献出版社	1	26	----	----

出版项目专著数量最多的是人民出版社,出版数量为14,其数量远远超过其他出版社,说明人民出版社在世界历史领域出版机构中处于很重要的地位,从表中也可以看出,世界历史国家社科项目出版的专著还比较偏好社会科学文献出版社、中国社会科学出版社、中央编译出版社,其他出版社的出版数量都小于5个,出版数量较少。

(3)世界历史的国家社科项目结项评定结果

根据项目的结项评定结果可以了解目前世界历史领域国家社科项目的完成情况以及项目水平情况,有利于对该领域国家社科项目进行一个全面整体的把握。

表 12 – 10　世界历史的国家社科项目评定结果分布

编号	项目结果评定类别	具体项目数量	百分比
1	合格	27	17.76%
2	良好	89	58.55%
3	优秀	36	23.68%

表 12 – 10 列出了世界历史领域国家社科项目评定结果分析的统计表,在所有项目中有152 个项目已经结项并且有评定结果,占所有项目的 21%,其中评定良好的项目占大多数,有 58.55%,超过一半的项目。优秀的项目只占了 23.68%,接近 1/4 的项目,说明世界历史领域的国家社科项目评定标准比较严格,达到"优秀"的要求比较高。

12.4　世界历史国家社科项目学术研究成果统计

(1)不同世界历史项目发表论文数量分布情况

不同的国家社科项目的项目类型,其对应的发表论文数量会有所不同,根据论文产出量的不同我们也可以分析出项目类型偏好程序以及项目的完成情况。表 12 – 11 是七类项目类型的发表论文数量。

表 12 – 11　不同社科项目发表学术论文数量的分布情况

编号	项目类型	发表论文数量	百分比
1	一般项目	804	51.21%
2	青年项目	392	24.97%
3	重大项目	150	9.55%
4	西部项目	90	5.73%
5	后期资助项目	80	5.10%
6	重点项目	44	2.80%
7	成果文库	10	0.64%

上表中,一般项目最多,有 804 篇论文,所占比例超过了所有类型的论文比例,结合表 12－11发现与不同类型对应的项目数量中一般项目所占的比例非常接近,其次是青年项目,青年项目所占的比例大概是一般项目的一半,与在表 12－11 中青年项目所占的项目数量比例也非常接近,说明一般项目和青年项目的完成情况基本一致。重大项目的项目数量只占了 2.66% ,论文比例却有 9.55% ,重点项目的项目数量占了 6.71% ,论文数量却只有 2.80% ,可见重大项目的完成情况远远超过了重点项目。后期资助项目和成果文库本身大多以发表专著为主,所以发表的论文较少也是正常的。

（2）世界历史项目所发表论文的类型及期刊分布情况

本章对世界历史项目所发表的类型及其刊登的期刊进行了分析。表 12－12 列出了学术论文的两种类型期刊论文和会议论文的论文数量分布情况。表 12－13 是世界历史社科项目所有类型论文刊登在不同期刊上的论文数量统计,该表按不同期刊刊登的论文数量进行降序排序,只列出了前 50 种期刊。

表 12－12　世界历史社科项目发表学术论文类型情况

编号	学术论文类型	论文数量	百分比
1	期刊	1556	99.11%
2	会议	14	0.89%

上表中的数据显示,世界历史国家社科项目发表的论文大部分都是期刊论文,共有 1556 篇,占了 99.11% 。

表 12－13　发表世界历史社科项目论文前 50 的期刊分布

编号	期刊名称	论文数量	编号	期刊名称	论文数量
1	世界历史	88	13	求是学刊	17
2	史学集刊	50	14	古代文明	17
3	西亚非洲	42	15	贵州社会科学	16
4	东北师大学报（哲学社会科学版）	42	16	世界民族	16
5	史学理论研究	32	17	都市文化研究	14
6	历史研究	32	18	西南大学学报（社会科学版）	13
7	史学月刊	32	19	陕西师范大学学报（哲学社会科学版）	13
8	社会科学战线	29	20	学海	13
9	英国研究	28	21	东南亚研究	12
10	历史教学（下半月刊）	23	22	安徽史学	12
11	华东师范大学学报（哲学社会科学版）	20	23	武陵学刊	11
12	历史教学问题	19	24	武汉大学学报（人文科学版）	11

续表

编号	期刊名称	论文数量	编号	期刊名称	论文数量
25	贵州师范大学学报(社会科学版)	11	38	广西师范大学学报(哲学社会科学版)	9
26	史林	11	39	北方论丛	9
27	日本问题研究	11	40	世界近现代史研究	8
28	史学史研究	10	41	阿拉伯世界研究	8
29	辽宁大学学报(哲学社会科学版)	10	42	东北亚论坛	8
30	吉林大学社会科学学报	10	43	俄罗斯研究	8
31	国际论坛	9	44	南洋问题研究	8
32	学术研究	9	45	商洛学院学报	8
33	日本学刊	9	46	探索与争鸣	8
34	人民论坛·学术前沿	9	47	冷战国际史研究	8
35	郑州大学学报(哲学社会科学版)	9	48	深圳大学学报(人文社会科学版)	8
36	世界宗教研究	9	49	历史教学(高校版)	8
37	外国问题研究	9	50	黑龙江社会科学	8

从上表可以看出,《世界历史》出版的论文数量最多,它也是世界历史领域唯一专业学术期刊,在其上出版的论文数量远远高于排名第二的《史学集刊》。其他期刊发文的数量相差都不是很大,超过一半以上都是 CSSCI 收录的核心期刊,其中包含历史学、政治学、民族与文化学、宗教学期刊以及综合性社科期刊、高校综合性学报,说明世界历史领域是一个集历史、政治、民族文化、宗教于一体的综合性领域。

(3)世界历史项目所发表论文的作者分布情况

本章对世界历史项目学术论文的作者数量及高频作者进行了分析。表 12 - 14 列出了学术论文作者数量为 1 个、2 个、3 个的论文数量。表 12 - 15 对世界历史社科项目论文作者出现的频次进行了统计,该表按作者的论文数量进行降序排序,只列出了前 50 位高频作者。

表 12 - 14 世界历史学术论文作者数量分布情况

编号	作者数量	论文数量	百分比
1	1	1244	79.29%
2	2	311	19.82%
3	3	14	0.89%

表 12 - 14 可以看出,作者数量为 1 位的论文数量最多,有 1244 篇,占了 79.29%,2 位的论文数量只有 1 位数量的 1/4,3 位作者的论文数量占比更少,1% 都不到,说明世界历史学术论文作者之间合作的情况不多,一篇论文大多都是 1 人完成的。

表 12 – 15 学术论文高频作者分布表

编号	作者姓名	频次	编号	作者姓名	频次
1	刘金源	27	26	蓝琪	9
2	韩志斌	21	27	孙群郎	9
3	李海峰	20	28	刘景华	9
4	李卓	19	29	林广	9
5	张广翔	19	30	闵凡祥	9
6	车效梅	17	31	朱清如	8
7	孟钟捷	15	32	王涌	8
8	闫伟	15	33	杨俊明	8
9	何平	15	34	雷芳	8
10	翟新	13	35	林中泽	8
11	许晓光	13	36	韩东育	8
12	孙继强	13	37	李月	8
13	王旭	12	38	王泽壮	7
14	石庆环	12	39	陈天社	7
15	刘成	11	40	罗圣荣	7
16	张晓刚	11	41	陈景彦	7
17	王泰	10	42	白建才	7
18	汪诗明	10	43	唐利国	7
19	陈致远	10	44	梁志	7
20	李福泉	10	45	刘志华	7
21	冀开运	10	46	谢立忱	7
22	梁茂信	10	47	李艳枝	7
23	魏秀春	10	48	李昀	7
24	沈志华	9	49	洪霞	6
25	赵永伦	9	50	郑毅	6

根据世界历史国家社科项目论文不同作者出现的频次按降序排列,列出前50名作者得到表 12 – 15。从表中可以看出,论文超过 20 篇(包含 20 篇)的只有 3 个人,论文超过 10 篇(包含 10 篇)的有 23 个人,其他 27 个人发表论文数量都差不多,在 6—9 篇论文之间。从整体上来看,前 50 名的论文作者发表的论文差距不是很大,除了排名第一的高产作者刘金源和排名第二的韩志斌差距比较大,其他论文作者与排名前一位的论文作者论文数量差距只有 0—2 篇。

(4)世界历史项目发表论文的作者机构分布情况

从发表论文作者分布情况可以看出作者之间的合作情况,而对发表论文的作者机构分布情况进行分析,可以看出机构之间的合作情况。为了更加深入了解发表论文所属机构,本章还对高频机构进行了统计分析。

表 12 - 16　世界历史学术论文机构数量分布情况

编号	论文机构数量	发表论文数量	百分比
1	1	1289	82. 63%
2	2	223	14. 29%
3	3	48	3.08%

表 12 - 16 是对世界历史发表学术论文作者的机构数量进行统计分析后得到的结果,其中,论文机构数量为 1 的最多,有 1289 篇,占了 82.63%,论文机构数量为 2 的论文有 223 篇,接近机构数量为 1 的论文发表数量的 1/6,而论文机构数量为 3 的发表论文数量只有 48 篇,结合表 12 - 16 也可以发现,世界历史领域的国家社科项目,作者合作较少,机构合作同时也很少,大部分论文都是一个作者一个机构发表的。

表 12 - 17　学术论文高频机构分布表

编号	作者姓名	论文数量	编号	作者姓名	论文数量
1	南京大学历史学系	67	11	首都师范大学历史学院	22
2	东北师范大学历史文化学院	66	12	南开大学世界近现代史研究中心	22
3	西北大学中东研究所	56	13	南开大学历史学院	21
4	西南大学历史文化学院	33	14	华南师范大学历史文化学院	20
5	中国社会科学院世界历史研究所	28	15	山西师范大学历史与旅游文化学院	19
6	吉林大学东北亚研究院	28	16	南开大学日本研究院	19
7	陕西师范大学历史文化学院	25	17	辽宁大学历史学院	18
8	北京师范大学历史学院	23	18	天津师范大学历史文化学院	17
9	华东师范大学历史系	22	19	广西师范大学历史文化与旅游学院	16
10	武汉大学历史学院	22	20	贵州师范大学历史与政治学院	15

表 12 - 17 是对世界历史国家社科项目的学术论文高频机构的分析结果,其中只展示了 20 个机构,并对其进行分析。从表中可以看出,前三名南京大学历史学系、东北师范大学历史文化学院、西北大学中东研究所发表的论文较多,在 50—70 之间,说明这些机构在该领域的研究有较高的水平或者这些机构在该领域有较高的研究能力。

对比表 12 - 5 可以发现,承担世界历史国家社科项目的前 10 个单位基本上就是学术论文高频机构的排名前 13 位,除了北京大学。北京大学在表 12 - 5 中承担的项目数量排名第三,为 32 个项目,但是发表的论文数量却不在表 12 - 17 的前 20 名中,可能是因为北京大学在该领域的研究能力比较薄弱,也可能是因为受到该机构申请项目的项目类型、项目申报时间、项目结项时间跨度等其他多方面因素的干扰。

在表 12 - 5 与表 12 - 17 的对比中,还可以发现,承担项目数量最多的中国社会科学院发表的论文数量却在表 12 - 17 中排名第 5,而承担项目数量排名第 5 的南京大学发表的论文数量在表 12 - 17 中排名第 1,由此可大致粗略判断出,南京大学的研究能力比中国社会科学院在世界历史国家社科项目方面强，当然这也受到该机构申请项目的项目类型、项目申报时间、项目结项时间跨度等其他多方面因素的干扰。

（5）世界历史社科项目的研究热点分析

对论文关键词的统计分析有利于我们了解某领域的研究热点，表12－18统计了世界历史国家社科项目的高频关键词，按照降序排序列出了前50个关键词。

表 12 –18　世界历史社科项目研究的高频关键词

编号	关键词	频次	编号	关键词	频次
1	美国	103	26	城市	10
2	英国	97	27	德国	10
3	日本	48	28	中亚	10
4	冷战	33	29	契约	10
5	俄国	24	30	社会转型	10
6	中国	23	31	南非	10
7	埃及	19	32	近代早期	10
8	中东	18	33	工业化	9
9	法国大革命	16	34	民族主义	9
10	古巴比伦	16	35	刘易斯·芒福德	9
11	中世纪	16	36	自由	9
12	法国	15	37	伊斯兰教	9
13	现代化	15	38	移民	9
14	伊朗	15	39	地方自治	8
15	城市化	15	40	侵华战争	8
16	以色列	13	41	劳资关系	8
17	朝鲜半岛	12	42	关系	8
18	伊拉克	12	43	影响	8
19	土耳其	12	44	印度	8
20	澳大利亚	11	45	中苏关系	8
21	贵族	11	46	18世纪	8
22	大都市区	11	47	工党	8
23	加拿大	11	48	武士道	8
24	利比亚	10	49	王权	8
25	西欧	10	50	口述史学	7

从表中我们可以看出，研究"美国""英国"是最多的，出现频次是第三名"日本"的两倍多，说明世界历史国家社科项目领域中，美国和英国是热点和重点。关键词出现频次在20—50之间的有"日本""冷战""俄国""中国"，这些也是该领域的研究热点。从整个表来看，带

有国家或者地区的关键词一共有 25 个,是所有关键词的一半,也符合世界历史研究世界各个国家或地区的历史的常识。世界历史的研究不仅涉及国家或地区以及他们之间的关系与战争,还涉及政治、经济、宗教、文化。从表中我们也可以看出,世界历史对城市化、现代化、工业化、社会转型方面的关注度较高,同时对中世纪、民族主义、武士道、伊斯兰教、移民、贵族、王权等方面也有较为深入的研究。

(6)世界历史社科项目的高被引学术论文分析

通过对世界历史社科项目论文的被引频次的分析,我们可以更加深入地了解该领域的热点。本章的数据源自 CNKI 学术论文数据库,通过对被引频次的降序排序,表 12 - 19 列出了前 20 篇论文的标题、被引次数、下载次数。

表 12 - 19　世界历史社科项目资助下的高被引论文分布

编号	论文标题名称	被引次数	下载次数
1	试论美国文化多元性的成因与特征	52	2390
2	美国公共住房政策的演变与启示	51	1474
3	美国地方政府体制的"碎片化"评析	48	1032
4	中苏同盟破裂的原因和结果	47	4228
5	发生学方法与历史研究	34	1145
6	从环境的历史到环境史——关于环境史研究的一种认识	31	1517
7	欧洲民族国家演进的历史趋势	27	2125
8	从体制改革到治道改革——美国大都市区管理模式研究重心的转变	27	733
9	从西柏坡到莫斯科:毛泽东宣布向苏联"一边倒"——关于中苏同盟建立之背景和基础的再讨论(之二)	26	1915
10	当代美国口述史学的主流趋势	24	688
11	转型、困惑与出路——美国"进步主义运动"略论	24	1514
12	资源保护和自然保护的首度交锋——20 世纪初美国赫奇赫奇争论及其影响	21	370
13	阿拉伯国家剧变与"威权政治"	20	1471
14	英国食品安全立法研究述评	20	698
15	美国大都市区政府理论的缘起	20	367
16	冷战前美国的南中国海政策	19	428
17	线性文化遗产旅游发展潜力评价及实证研究	18	791
18	"莱克伍德方案"与美国地方政府公共服务外包模式	18	970
19	"中等国家"理论的缘起	16	308
20	欧洲精神与欧盟制度析论	16	468

被引次数高于 40 的有 4 篇文章,都是关于美国、中苏关系的,与表 12 - 18 符合。其余 16 篇论文的被引次数差距不大。我们从被引次数和下载次数的对比中也可以发现,下载次

数较多的论文被引次数较多,但不是完全一致,其中《中苏同盟破裂的原因和结果》的下载次数就最多,但是被引次数排第4。下载次数较多的文章可能也是较为被关注的研究领域,除了表12-18中出现的研究热点,还有环境史、文化多元性、政府政策演变、发生学等关注热点。

12.5　小结

本章所用的数据源于 CNKI 收录的有关世界历史国家社科项目的数据,通过对这些项目在"项目基本信息""项目标题分析""项目的结项情况""项目学术研究成果"多个方面的统计分析,深入了解世界历史国家社科项目的发展、项目的合作情况、偏好发表的期刊、项目的完成情况和项目的研究热点。

在研究"项目基本信息"时,本章主要分析了项目的年度资助情况、项目类型分布情况、项目负责人出现频次、项目负责人职称分布和承担单位分布情况。从中我们发现世界历史国家社科项目总体上是随着年份的增加项目数量也在增加,其中"一般项目"占了一半,其次是"青年项目";国家社科项目大多是由一人主持,项目中合作的现象较少,其中项目负责人职称为正高级的人最多,占了接近一半的人数。

在对"项目标题"进行研究时,本章探讨了项目标题字的长度分布、标题词的长度分布、标题高频词分布。总体来说,世界历史国家社科项目标题字的长度大多在6—26个字之间,标题词长度分布于2个字到27个字之间,他们的分布都是呈现中间偏高,两边偏低的态势。项目数量最多的标题字为13个字,最多的标题词是8个词。世界历史国家社科项目标题中高频词出现的频次从高到低骤减严重。在世界历史领域中,主要关注的是各国的政治、经济、文化、政策演变和发展以及各国之间的关系研究,主要关注的时期为20世纪、冷战、古代、近代,同时对美国的研究最多,英国、日本、中国、法国也是世界历史的研究热点。

本文在对"项目的结项情况"的分析中讨论了项目结项时间跨度、项目专著的机构分布、项目结项评定结果情况。最后得出了世界历史国家社科项目延期现象非常严重;世界历史国家社科项目出版的专著比较偏好人民出版社、社会科学文献出版社、中国社会科学出版社、中央编译出版社;世界历史领域的国家社科项目评定标准比较严格,达到"优秀"的要求比较高导致"优秀"项目较少的结论。

最后,本文通过对项目发表论文数量的分布、发表论文的类型及期刊分布、发表论文的作者分布、发表论文的作者机构分布、研究热点分析、高被引学术论文分析来深入了解"项目学术研究成果"。通过对表12-2和表12-11的结合分析,我们发现"一般项目"和"青年项目"的完成情况基本一致。"重大项目"的完成情况远远超过了"重点项目"。"后期资助项目"和"成果文库"本身大多以发表专著为主,所以发表的论文较少也是正常的。世界历史社科项目发表的学术论文中期刊论文占了大多数,其中《世界历史》出版的论文数量最多。发表论文数量排名前50的期刊中,超过一半以上都是 CSSCI 收录的核心期刊,其中包含历史学、政治学、民族与文化学、宗教学期刊以及综合性社科期刊、高校综合性学报,说明世界历史领域是一个集历史、政治、民族文化、宗教于一体的综合性领域。但是世界历史领域的国家社科项目中,作者合作较少,机构合作同时也很少,大部分论文都是一个作者一个机构发表的。从作者分布来看,刘金源和韩志斌都是高产作者,其他作者发表的论文差距不大。从机构分布来看,南京大学历史学系、东北师范大学历史文化学院、西北大学中东研究所都是高产机构,这些机构在该领域的研究有较高的水平或者这些机构在该领域有较高的研究能力。结合表 12-5 和表 12-17 我们发现,"北京大学"承担的项目数量较多,但是发表的论文数量却很少,承担项目数量最多的中国社会科学院发表的论文数量较少,而承担项目数量较少的南京大学发表的论文数量最多,可能是因为北京大学在该领域的研究能力比较薄弱,南京大学的研究能力比中国社会科学院在世界历史国家社科项目方面强,也可能是因为受到该机构申请项目的项目类型、项目申报时间、项目结项时间跨度等其他多方面因素的干扰。在对世界历史领域国家社科项目热点分析中,我们也了解到针对"美国""英国"的研究较多,它们是该领域的研究热点,同时"日本""冷战""俄国""中国",也在该领域中关注度较高,从整体来看,世界历史对城市化、现代化、工业化、社会转型方面的关注度较高,同时对中世纪、民族主义、武士道、伊斯兰教、移民、贵族、王权等方面也有较为深入的研究。通过论文被引频次和下载次数的对比,结合世界历史领域国家社科项目热点,我们还可以发现环境史、文化多元性、政府政策演变、发生学等也是世界历史领域国家社科项目的关注热点。

13 考古学

13.1 考古学国家社科项目基本信息

考古学国家社科项目的基本信息分析是在该社科项目的年度资助项目的数量、不同类型项目的分布状况、项目负责人出现的频次、项目负责人的职称分布以及项目的承担单位,这 5 个方面的基础上展开的。

(1)考古学的国家社科项目年度资助情况分析

该研究经过数据收集、数据筛选和清理后,经整理得到 445 个不同类型的考古学国家社科项目。下表 13-1 是按照时间排序后的考古学国家社科项目的年度分布情况。

表 13-1 考古学国家社科项目的年度分布情况

编号	项目立项时间	项目资助数量	百分比	编号	项目立项时间	项目资助数量	百分比
1	1991	8	1.80%	13	2003	7	1.57%
2	1992	17	3.82%	14	2004	11	2.47%
3	1993	8	1.80%	15	2005	12	2.70%
4	1994	7	1.57%	16	2006	12	2.70%
5	1995	3	0.67%	17	2007	12	2.70%
6	1996	17	3.82%	18	2008	11	2.47%
7	1997	5	1.12%	19	2009	24	5.39%
8	1998	6	1.35%	20	2010	36	8.09%
9	1999	5	1.12%	21	2011	37	8.31%
10	2000	7	1.57%	22	2012	64	14.38%
11	2001	6	1.35%	23	2013	60	13.48%
12	2002	7	1.57%	24	2014	63	14.16%

从表 13-1 展示的数据的整体趋势来看,考古学的国家社科项目资助数量先经历了两次较大的波动,之后处于阶梯状增长的状态,最终呈现上扬的趋势。两次较大的波动发生在 1991 年至 1997 年间,1995 年的立项数量仅有 3 项,占总资助项目数量的 0.67%,是项目资助数量最少的一年。而有 17 个立项的 1996 年却是增幅最大的一年,1997 年资助数量立刻下降到 1996 年的 30%。1997—2003 年和 2004—2008 年的项目资助数量处于两个平稳发展的阶段,并且项目数量由 2003 年到 2004 年实现了半数增长。从 2009 年开始的两到三年间隔内,资助数量呈现成倍增长的现象,2012 年达到最高峰。

（2）考古学的国家社科项目类型分布状况

考古学的国家社科项目包含 8 种项目类型,具体有中华学术外译项目、成果文库、重大项目、后期资助项目、重点项目、西部项目、青年项目和一般项目。各类型的项目数量及其占比情况展示在下图 13 – 1 中。

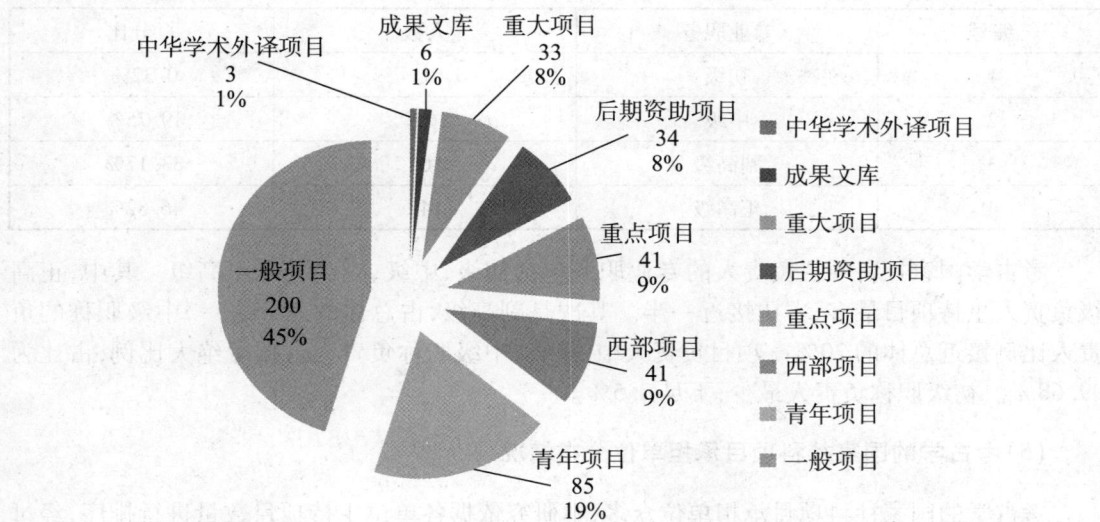

图 13 – 1 项目类型分布状况图

图 13 – 1 的数据清晰展示了,一般项目、青年项目构成了考古学国家社科项目中主要的项目类别,两种类型共占整体数量的 64%。而一般项目占比最大,是考古学国家社科项目的主体类型。西部项目、重点项目、后期资助项目和重大项目 4 种项目类型占比较均匀,且接近 10%,4 种类型共占项目总数的 34%。

（3）考古学的国家社科项目负责人出现频次

表 13 – 2 统计了考古学研究者主持项目频次的分布情况。这是在研究中综合考虑了同名和同机构项目承担者之后得到的统计分析结果。

表 13 – 2 国家社科项目负责人出现频次

编号	主持项目频次	具体人数分布	百分比
1	1	349	88.58%
2	2	39	9.90%
3	3	6	1.52%

在考古学国家社科项目中,主持项目最多的有 6 位研究者,但他们只占项目负责人总数的 1.52%。而大多数负责人只主持过一个社科项目,他们的数量占项目负责人总数的 88.58%。考古学国家社科项目负责人主持项目频次由多到少呈现指数增长的状态。

（4）考古学的国家社科项目负责人职称分布

如果对考古学国家社科项目负责人的职称进行统计分析,可以得到如下表 13 - 3 的分布情况。

表 13 - 3　国家社科项目负责人职称分布

编号	专业职务	人数	百分比
1	初级	1	0.32%
2	中级	62	19.75%
3	副高级	104	33.12%
4	正高级	147	46.82%

考古学国家社科项目负责人的专业职务包括初级、中级、副高级和正高级。其中,正高级负责人主持项目最多,占比接近一半。其次是副高级,占总体的三分之一,中级职称的负责人比例接近总体的 20%。项目负责人中,高级、中级职称负责人占据了绝大比例,占比为99.68%。初级职称负责人最少,不足 0.5%。

（5）考古学的国家社科项目承担单位分布情况

考古学的国家社科项目承担单位众多,本研究依据各单位主持项目数量进行排序,经过整理得到排名前 50 的单位,展示在下表 13 - 4 中。

表 13 - 4　承担国家社科项目的前 50 个单位分布情况

编号	单位名称	项目数量	编号	单位名称	项目数量
1	中国社会科学院	43	16	湖北省文物考古研究所	6
2	吉林大学	32	17	湖南省文物考古研究所	5
3	北京大学	31	18	北京联合大学	5
4	河南省文物考古研究所	20	19	南京博物院	5
5	陕西省考古研究院	17	20	山东省文物考古研究所	5
6	西北大学	17	21	武汉大学	5
7	山东大学	15	22	中山大学	5
8	四川大学	13	23	重庆师范大学	5
9	陕西省考古研究所	11	24	河南大学	4
10	郑州大学	9	25	故宫博物院	4
11	兰州大学	8	26	内蒙古师范大学	4
12	敦煌研究院	8	27	首都师范大学	4
13	中国社科院	8	28	浙江大学	4
14	山西省考古研究所	7	29	内蒙古文物考古研究所	3
15	中国人民大学	7	30	辽宁省文物考古研究所	3

编号	单位名称	项目数量	编号	单位名称	项目数量
31	湖南省博物馆	3	41	中国科学院	3
32	广西师范大学	3	42	北京师范大学	2
33	复旦大学	3	43	安徽省文物考古研究所	2
34	安徽大学	3	44	河北师范大学	2
35	北京市文物研究所	3	45	河北省文物研究所	2
36	内蒙古自治区文物保护中心	3	46	河南省社会科学院	2
37	南京大学	3	47	东北师范大学	2
38	陕西师范大学	3	48	黑龙江省文物考古研究所	2
39	厦门大学	3	49	吉林省文物考古研究所	2
40	云南大学	3	50	内蒙古大学	2

从社科项目承担单位的分布情况来看,各地的高校数量占到项目承担单位的半数左右,成为考古学国家社科项目的主要承担单位。根据各单位申请数量的多少,可以将这些单位分为三个层次来分析。排名前3的单位处于第一层次,他们具体承办项目数量为30以上,具有绝对优势;排名第4的河南省文物考古研究所到排名第9的陕西省考古研究所处于第二层次,承办项目数量在10到20个之间;排名第10的郑州大学到排名第50的内蒙古大学处于第三层次,承办项目数量则在10个以内。中国社会科学院立项最多,共承担了43个考古学的基金项目,在考古学研究领域承担项目方面处于领先地位。

13.2　考古学国家社科项目标题分析

利用自动分词技术可以实现对某一字段的字长、词长、词频的统计分析。本章就是借助这种技术对考古学国家社科项目的标题字段进行上述分析,希望得到社科项目标题的特点,进而挖掘该领域的研究热点。

(1)考古学的国家社科项目标题字的长度分布

首先,本章根据汉字的编码格式,对考古学国家社科项目的标题进行了字长的统计,结果如下表13－5所示。

表13－5　社科项目标题字的长度分布

编号	标题字长度	项目数量分布	编号	标题字长度	项目数量分布
1	4	3	5	8	19
2	5	9	6	9	25
3	6	8	7	10	34
4	7	11	8	11	29

续表

编号	标题字长度	项目数量分布	编号	标题字长度	项目数量分布
9	12	42	22	25	5
10	13	33	23	26	5
11	14	30	24	27	1
12	15	23	25	28	4
13	16	28	26	29	1
14	17	31	27	30	1
15	18	21	28	32	2
16	19	9	29	33	3
17	20	17	30	34	1
18	21	9	31	35	1
19	22	11	32	36	2
20	23	15	33	38	1
21	24	11	34	——	——

考古学的社科项目标题的字长度在 4 字到 38 字之间。4 字项目数量为 3 个,38 字项目有 1 个。大部分标题的字长分布在 9 个字到 18 个字之间,这部分的频次在 20 到 50 之间。其中,标题字长为 12 的国家社科项目数量最多,为 42 个,12 字左右如 10 字、13 字成为频次次之的标题字长。通过计算可得出,考古学国家社科项目的标题中,平均字长较短,为 10 字。

(2)考古学的国家社科项目标题词的长度分布

接下来,本节讨论了考古学国家社科项目标题中的词长分布情况,利用自动分词技术对标题中的词长及其词频进行统计,以便对标题的组成内容展开进一步的分析。整理过程依据标题词长度进行排序,结果如下。

表 13-6 考古学国家社科项目标题词的长度分布情况

编号	标题词长度	项目数量分布	编号	标题词长度	项目数量分布
1	2	4	11	12	18
2	3	17	12	13	12
3	4	35	13	14	15
4	5	46	14	15	5
5	6	50	15	16	2
6	7	68	16	17	2
7	8	62	17	18	3
8	9	41	18	19	2
9	10	33	19	20	1
10	11	27	20	21	2

如表 13 - 6 所示,如果按照标题词长度排序,考古学的国家社科项目标题中的词长分布呈现集中再递减的趋势。集中趋势分布在标题词长度为 4—11 字,频次为 25—70 次之间,标题词长度为 7 字词的词频最大。递减趋势分布在标题词长度为 12 字词以上,标题词长度最短为 2 字词、最长为 21 字词,数量均不超过 5 个。

(3) 考古学的国家社科项目标题高频词分析

在对标题词长度分析的基础上,还可以根据词频对高频词进行统计分析,以得到对词汇分布更全面的认识。以词汇在标题中出现频次为依据,本节得到了高频词的统计表,取排名前 50 的高频词进行展示并分析。

表 13 - 7 社科项目标题中的前 50 个高频词

编号	标题中的词汇	频次	编号	标题中的词汇	频次
1	研究	227	26	国	17
2	的	134	27	时代	17
3	与	114	28	聚落	16
4	考古	93	29	中	16
5	遗址	77	30	遗存	15
6	发掘报告	73	31	新石器时代	15
7	文化	54	32	旧石器	13
8	地区	44	33	城	13
9	中国	35	34	新疆	13
10	考古学研究	31	35	大	13
11	墓	27	36	青铜	13
12	报告	26	37	群	12
13	时期	26	38	及	12
14	史前	25	39	文明	12
15	综合	24	40	早期	12
16	考古学	24	41	寺	11
17	墓地	23	42	和	11
18	整理	23	43	出土	11
19	墓葬	23	44	青铜器	11
20	人	22	45	商周	10
21	石窟	20	46	古代	10
22	调查	18	47	发现	10
23	、	18	48	汉代	10
24	——	18	49	子	9
25	发掘	17	50	家	9

表 13 - 7 结果显示,标点符号被当成词语被统计出来,其中,高频标点符号是"、"和"——"。如果将词频 50 设为考古学领域关注热点的界限值,那么排名前七位的高频词是该领域的关注热点。其中,虚词"的""与"词频在 110 以上,排名第二、第三位,其数量占有较大比重,但它们无实义。另外,"研究"这个词在各领域中均无实义,其他的如"考古""发掘报告"因为是考古学领域的专业词语,也无实义。所以"遗址""文化"成为考古学的国家社科项目的关注热点。表 13 - 7 中其他词语则构成了该领域的研究主体内容。

13.3 考古学国家社科项目的结项情况统计

对考古学国家社科项目的结项情况的研究主要从项目的结题时间跨度、专著出版社的分布情况和项目评定结果三个角度出发。项目的结题时间跨度数据来源于项目的立项时间和结题时间,专著出版社的分布和项目评定结果数据则是对所有项目的专著出版社和项目评定结果进行统计分析。

(1)考古学的国家社科项目结项时间跨度

将各个项目的结项时间与立项时间进行差值计算,就得到项目结项时间跨度和不同结题时间跨度的项目数量。按照结项时间年数的递增顺序排列,得到如下图 13 - 2 所示的结果。

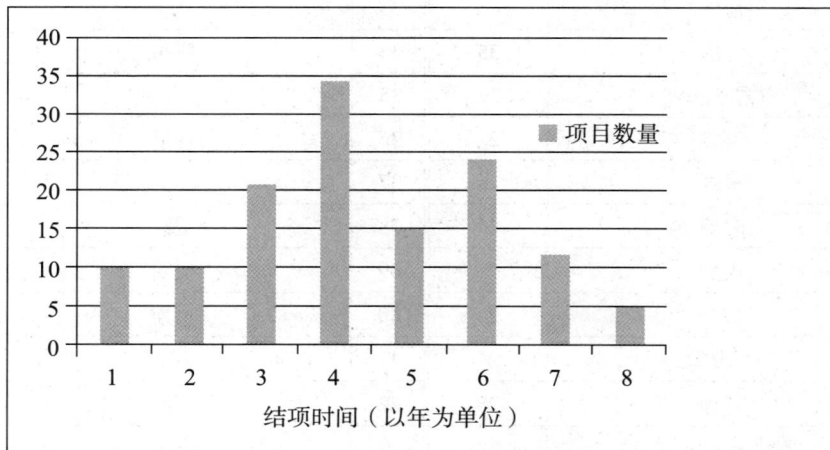

图 13 - 2 考古学社科项目结项时间跨度分布表

本研究在筛选数据的过程中遵循一个原则:项目结题时间跨度超过 8 年的项目没有列入表中,结果有 131 项入选。从经过筛选后的数据可以看出,考古学的项目结题时间跨度的分布并不均匀,结题时间跨度在 3—6 年间的项目数量占比较大,其中,结题时间跨度为 4 年的项目数量最多,其次跨度为 6 年的,时间跨度为 5 年的出现了跌落。结题时间跨度为 6 年以上的项目数量随时间呈现出成倍递减的趋势,其中,结题时间跨度为 8 年的项目数量最少。但从项目总数 445 与本表入选的 131 个项目相比,表明还有大部分的项目结题时间在 8 年以上,说明考古学国家社科项目延期现象较为严重。

（2）出版考古学国家社科项目专著的机构统计分析

专著作为考古学国家社科项目重要的成果形式之一，其出版社的统计分析就成为了对结题项目情况统计分析的一个指标。本次研究依据不同出版社的出版数量进行排序，得到下表 13 - 8 所示的结果。

表 13 - 8　出版考古学专著的前 17 个单位

编号	出版社名称	出版数量	编号	出版社名称	出版数量
1	文物出版社	20	10	中州古籍出版社	1
2	科学出版社	10	11	重庆出版社	1
3	中国大百科全书出版社	5	12	学苑出版社	1
4	北京大学出版社	4	13	华东师范大学出版社	1
5	大象出版社	3	14	吉林大学出版社	1
6	中国社会科学出版社	2	15	江西科学技术出版社	1
7	中华书局	2	16	商务印书馆	1
8	社会科学文献出版社	2	17	上海书画出版社	1
9	上海古籍出版社	2			

文物出版社、科学出版社这两个出版社是考古学国家社科项目专著主要的出版机构，其中，文物出版社的出版数量最多，数量为 20。由排名第一到第三位，出版数量成倍下降，大部分的出版社只出版了一部专著。说明考古学国家社科项目专著出版社分布较为分散，在这种分散的趋势中，文物出版社凸显了在考古学领域的优势出版地位。

（3）考古学的国家社科项目结项评定结果

考古学关于项目结项评定结果分为三个等级："合格""良好"和"优秀"。本节对各项目的评定结果进行整理，依据上述等级进行下表 13 - 9 所示的列举，并统计各等级的项目数量及所占总数的百分比。

表 13 - 9　考古学的国家社科项目评定结果分布

编号	项目结果评定类别	具体项目数量	百分比
1	合格	11	15.28%
2	良好	44	61.11%
3	优秀	17	23.61%

从该分布结果来看，"良好"等级的项目数量占比最大，达到了 61.11%。其次是"优秀"，占比接近项目总体的四分之一，且数量比"合格"多出近 10 个百分点。说明对考古学的国家社科项目的成果审核较为宽松。

13.4 考古学国家社科项目学术研究成果统计

在中国知网(CNKI)学术论文数据库中,依据考古学国家社科项目的名称或者项目编号,采集得到考古学社科项目发表的各类学术论文及其信息。为了对考古学资助的学术论文进行全面系统的分析,本章从 9 个角度对所得数据进行了讨论。这 9 个角度具体为不同类型考古学项目类型的学术论文产出数量分布情况、考古学学术论文的类型分布统计、学术论文发表的期刊分布、学术论文的作者数量分布、学术论文的高频作者分布、发表学术论文的机构分布、发表学术论文的高频机构分布、高被引论文的统计分析和学术研究热点分析。

(1)不同考古学项目发表论文数量分布情况

学术论文的产出数量因为不同社科项目类型的特点而不同,下图 13 - 3 统计了考古学的国家社科项目中的七种项目类型对应的学术论文产出数量,并计算了各类型学术论文产出数量的占比。

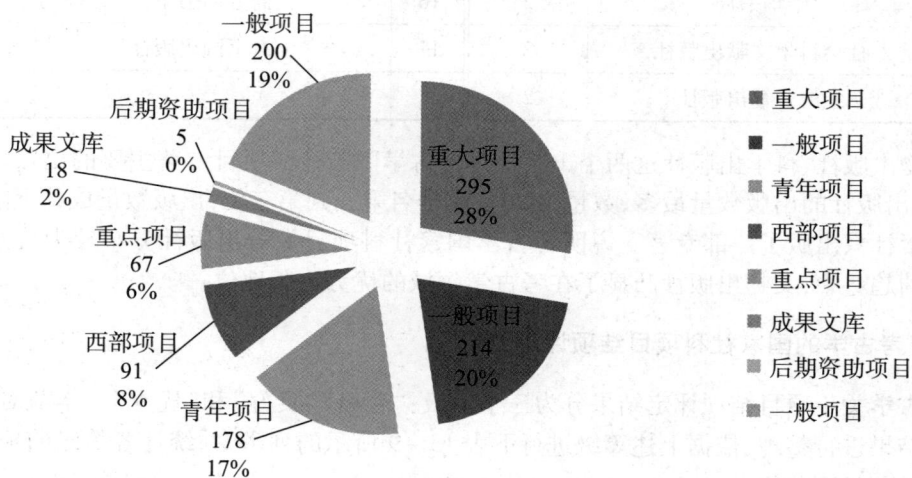

图 13 - 3 不同社科项目发表学术论文数量的分布情况

由于成果文库、后期资助项目这两种类型的项目所产生的成果形式以专著为主,所以这两类项目发表的学术论文数量比较少,分别只占总体数量的 2.07% 和 0.58% 。由统计结果可以看出,重大项目是考古学国家社科项目学术论文产出的主体,占比约为论文总体数量的三分之一,说明考古学的国家社科项目的影响力是巨大的。其次是一般项目和青年项目,两者在学生论文产出数量上也占了较大的比重。

(2)考古学项目所发表论文的类型及期刊分布情况

学术论文类型主要分为期刊论文和会议论文,下表 13 - 10 统计了两种论文类型的论文数量及其百分比。

表 13-10 考古学社科项目发表学术论文类型情况

编号	学术论文类型	论文数量	百分比
1	期刊	864	99.54%
2	会议	4	0.46%

考古学社科项目发表的学术论文类型主要是"期刊",占比达到 99.54%。而这些期刊论文又分布在多种刊物中,下面就对各论文刊登的期刊进行统计,并按照不同期刊刊登的考古学论文数量进行排序,选出刊载论文量排名前 50 的期刊进行展示,结果如下表 13-11 所示。

表 13-11 发表考古学社科项目论文前 50 的期刊分布

编号	期刊名称	论文数量	编号	期刊名称	论文数量
1	边疆考古研究	72	26	农业考古	9
2	考古	43	27	东方博物	8
3	考古与文物	38	28	西域研究	8
4	东方考古	36	29	地理学报	7
5	湖南省博物馆馆刊	30	30	草原文物	7
6	文物	25	31	文物春秋	7
7	敦煌研究	24	32	文史知识	7
8	古代文明(辑刊)	24	33	西藏研究	6
9	华夏考古	21	34	北京大学学报(哲学社会科学版)	6
10	人类学学报	20	35	南方民族考古	6
11	深圳大学学报(人文社会科学版)	19	36	考古学研究	6
12	第四纪研究	19	37	民族艺术	6
13	西部考古	18	38	西北大学学报(哲学社会科学版)	6
14	中原文物	17	39	吉林大学社会科学学报	5
15	东南文化	15	40	中原文化研究	5
16	敦煌学辑刊	15	41	古代文明	5
17	考古学报	14	42	四川文物	5
18	南方文物	13	43	西藏大学学报(社会科学版)	5
19	藏学学刊	12	44	艺术设计研究	5
20	江汉考古	12	45	中国农史	4
21	北方文物	12	46	郑州大学学报(哲学社会科学版)	4
22	中国国家博物馆馆刊	11	47	Journal of Geographical Sciences	4
23	华夏文化论坛	10	48	中国美术研究	4
24	石窟寺研究	10	49	文博	4
25	中华文化论坛	10	50	社会科学战线	4

刊载论文量超过 30 篇的期刊共有 5 个,其中发文量最多的期刊是《边疆考古研究》,发表了 72 篇论文,发文量远多于其他期刊。

(3)考古学项目所发表论文的作者分布情况

每篇论文包含的作者数量是不同的,本节内容对此进行了讨论。将作者数量与论文数量对应起来,得到了表 13 – 12 所示的结果。

表 13 – 12 考古学学术论文作者数量分布情况

编号	作者数量	论文数量	百分比
1	1	501	62.08%
2	2	133	16.48%
3	3	71	8.80%
4	4	66	8.18%
5	5	36	4.46%

考古学国家社科项目发表的学术论文中,单个作者发表的论文数量占了论文总数量的大部分,比例达到 62.08%。两位及以上的作者合作撰写的论文数量则急剧下降。合著作者数在 3 到 5 个人之间发表的论文数量占比较均匀,并且共同构成了论文总数量的 20%。

在对学术论文作者的深入分析中,根据作者出现频次进行整理并筛选出排名前 50 名的高频作者进行展示,结果见表 13 – 13。

表 13 – 13 学术论文高频作者分布表

编号	作者姓名	频次	编号	作者姓名	频次
1	朱泓	39	16	霍巍	12
2	沙武田	39	17	邵会秋	12
3	靳桂云	30	18	吴文婉	12
4	张全超	20	19	袁泉	12
5	何志国	18	20	王海玉	11
6	王芬	15	21	燕生东	10
7	井中伟	14	22	徐天进	10
8	雷兴山	14	23	李守奎	10
9	韦正	13	24	武仙竹	9
10	赵丛苍	13	25	王强	9
11	朱诚	12	26	朱华东	9
12	宋艳波	12	27	赵宾福	9
13	赵俊杰	12	28	李学勤	8
14	聂菲	12	29	赵永生	8
15	莫多闻	12	30	凌雪	8

续表

编号	作者姓名	频次	编号	作者姓名	频次
31	张善庆	8	41	蒋刚	7
32	陈靓	8	42	吴敬	7
33	赵欣	8	43	吴松岩	7
34	马春梅	8	44	吕红亮	6
35	周亚威	8	45	马卫东	6
36	韩建业	8	46	陈洪海	6
37	王宜飞	8	47	段天璟	6
38	栾丰实	7	48	王昌燧	6
39	苑世领	7	49	朱永刚	6
40	樊榕	7	50	王育茜	6

表 13－13 中显示，作者出现频次在 20 次以上的有 4 人，频次达到 10 次以上的作者有 23 人。排名前 4 的高频作者中，出现频次最高的有两人，分别是朱泓和沙武田，共出现了 39 次。出现频次为 12 次和 8 次的作者数量最多，其他作者出现频次均匀分布在 12 次和 8 次左右。

(4) 考古学项目所发表论文的作者机构分布情况

一篇学术论文所属机构与其包含作者数的情况类似，由一到多个机构共同完成。本节即对论文机构数量的分布情况进行探讨，根据论文中包含机构数量的递增顺序进行排列，统计各种类型论文的发表数量及其百分比，结果如下表 13－14。

表 13－14　考古学学术论文机构数量分布情况

编号	论文机构数量	发表论文数量	百分比
1	1	568	67.14%
2	2	161	19.03%
3	3	81	9.57%
4	4	36	4.26%

由上表可知，该统计结果选取了合作机构数量在 4 个及以内的论文作为研究样本。其中单一机构发表的论文数量最多，占总体的 67.14%。两个机构合作完成的论文数量占比就下降到了 19.03%。4 个机构合作完成的论文数量占比则不足 5%，可以看出考古学国家社科项目的研究中，缺乏多研究机构的交流与合作。

为增加对学术论文所属机构的了解与认识，本节还根据发表学术论文数量对参与考古学国家社科项目并发表论文的研究机构进行了统计，选择了排名前 20 的研究机构进行了如下表 13－15 的展示。

表 13 - 15　学术论文高频机构分布表

编号	机构姓名	论文数量	编号	机构姓名	论文数量
1	吉林大学边疆考古研究中心	128	11	四川大学中国藏学研究所	19
2	中国社会科学院考古研究所	50	12	兰州大学敦煌学研究所	16
3	清华大学出土文献研究与保护中心	33	13	北京大学城市与环境学院	16
4	北京大学中国考古学研究中心	33	14	山东大学文化遗产研究院	16
5	北京大学考古文博学院	31	15	陕西省考古研究院	15
6	湖南省博物馆	30	16	敦煌研究院文献研究所	14
7	山东大学考古学系	27	17	华东师范大学艺术研究所	12
8	西北大学文化遗产学院	24	18	吉林省文物考古研究所	12
9	安徽大学历史系	23	19	首都师范大学历史学院	11
10	敦煌研究院文献所	22	20	山东大学东方考古研究中心	11

表中数据显示，发表学术论文数量最多的是吉林大学边疆考古研究中心，发文128篇，占高频机构发表论文数量的23.57%。相比其他的研究机构具有绝对的优势。其次为中国社会科学院考古研究所，发文50篇，其他机构发文数量在10篇到30篇之间。在表中列举出的高频机构中，研究所、研究中心的产文量占比为50%，说明各研究所是考古学研究中的主要力量。

（5）考古学社科项目的研究热点分析

某领域的研究热点可以由论文中的关键词体现出来。所以，对考古学学术论文中高频词的统计则成为考古学研究热点分析的关键。下表13 - 16即统计了考古学发表的学术论文中高频关键词，依据词频排序并选出排名前50的关键词进行展示，结果如下。

表 13 - 16　考古学社科项目研究的高频关键词

编号	关键词	频次	编号	关键词	频次
1	考古学文化	21	12	大汶口文化	12
2	年代	19	13	二里头文化	12
3	边疆考古研究	17	14	西周早期	12
4	灰坑	16	15	墓主	12
5	新石器时代	16	16	简文	11
6	榆林窟第25窟	16	17	食物结构	11
7	青铜文化	15	18	青铜时代	10
8	人骨	15	19	分期	9
9	考古工作	13	20	文化面貌	9
10	清华简	13	21	灰陶	9
11	马王堆汉墓	12	22	石制品	9

编号	关键词	频次	编号	关键词	频次
23	出土文献	9	37	葬俗	8
24	商周时期	9	38	砖室墓	8
25	旧石器时代晚期	8	39	春秋时期	8
26	纪念碑性	8	40	漆器	8
27	尚乞心儿	8	41	演变	7
28	考古调查	8	42	周原遗址	7
29	发掘简报	8	43	发掘报告	7
30	同位素分析	8	44	发掘面积	7
31	汉代	8	45	秦简	7
32	周公	8	46	唐代	7
33	全新世	8	47	西周晚期	7
34	底径	8	48	东周时期	7
35	夏家店上层文化	8	49	战国	7
36	唐蕃关系	8	50	胶东半岛	7

从表中可以看出,考古学中高频词频次差别不大,频次最高的词为"考古学文化",词频为21。其余词频均在20以内。仅能从词频在10以上的关键词中大致归纳出,各个地点和时代的文化研究是考古学研究的热点。

(6)考古学社科项目的高被引学术论文分析

本节主要讨论考古学社科项目的高被引学术论文,其论文高被引数据来源于 CNKI 学术论文数据库中提供的论文被引频次。本研究展示了被引频次排名前20的论文的基本信息,具体情况见表13-17。

表13-17 考古学社科项目资助下的高被引论文分布

编号	论文标题名称	被引次数	下载次数
1	新整理清华简六种概述	40	1345
2	内蒙古林西县井沟子遗址西区墓地人骨研究	24	318
3	内蒙古赤峰地区青铜时代古马线粒体 DNA 分析	23	233
4	中国古代屈肢葬谱系梳理	22	890
5	周原新出西周甲骨文研究	22	598
6	古文字所见之商周盐政	21	538
7	河南偃师市二里头遗址的环境信息	21	263
8	敦煌莫高窟北区洞窟清理发掘简报	20	142
9	清华简《周公之琴舞》与周颂	18	828

续表

编号	论文标题名称	被引次数	下载次数
10	试论清华简《系年》的编纂特点	17	523
11	色差计基本原理及其在文物修复作色中的实际应用	17	441
12	也谈仰月、日月菩萨冠饰——以麦积山石窟为例展开	16	286
13	北京大学藏秦简牍概述	15	846
14	论清华简《周公之琴舞》的结构	15	457
15	藏彝走廊研究中的几个问题	15	409
16	山东寿光市双王城盐业遗址 2008 年的发掘	15	571
17	全新世以来浙江地区史前文化对环境变化的响应	14	810
18	鲜卑墓葬研究	14	1375
19	即墨北阡遗址人骨稳定同位素分析:沿海先民的食物结构	13	294
20	繁昌汤家山出土青铜器的年代及其相关问题	12	421

在展示出的 20 篇文献中,被引频次超过 20 次的有 8 篇,其中只有一篇被引频次达到 40 次,其余论文的被引次数均在 20 到 25 之间。从下载次数方面看,下载次数与论文被引次数并没有直接的关系,其中 10 篇论文被下载超过 500 次,下载次数最多达到 1375 次。从论文的标题内容角度看,某一地区或时代的人类文化追溯是考古学领域关注的重点,包括对文字、基因、人体、政策、文化、建筑、饮食、环境等的研究。这 20 篇高被引论文无一例外地涉及上述话题。

13.5　小结

本研究在中国知网(CNKI)学术论文数据库中,通过限制研究项目的基金名与基金号,得到了关于考古学国家社科项目的基本信息,利用"自动分词""统计和内容分析"相结合的方法,从"项目基本信息""项目标题分析""项目结题情况"和"学术研究成果"四大方面对这些项目进行了系统的展示和探讨。其中"项目基本信息"包括年度资助情况、项目类型分布状况、项目负责人出现频次、项目负责人职称分布、项目承担单位分布情况;"项目标题分析"由标题字长分布、标题词长分布、高频词三个指标构成;"项目结题情况"模块讨论了项目结题时间跨度、项目专著的机构统计及项目结题评定结果;最后"学术研究成果"部分,展示了发表学术论文分布情况、发表学术论文期刊类型及刊载论文量的期刊分布、论文作者数量分布及高频作者分布、论文机构数量及高频机构分布、高频关键词、高被引论文分布的情况。上述讨论结果构成了考古学国家社科项目的大体框架。

总的来说,1991 年以来的国家社科基金资助的考古学项目数量虽然出现过两次大幅度的波动,但总的趋势仍是上升的。资助项目类型多为一般项目,这些项目多被各高校中的高级职称的学者承担,绝大多数学者只主持过一次国家社科项目。国家可以增大对青年项目的支持,并且鼓励多位学者的合作研究。

从项目标题角度看,考古学国家社科项目的标题字长多为 9 到 18 字之间,12 字最常见。词语多为 4 到 11 字,7 字词语最常见。"遗址""文化"是考古学国家社科项目关注的热点和常使用的关键词。

考古学国家社科项目出现了大量的项目延期的现象,在少数的已结题的项目中,结题时间跨度通常为 4 年。其专著出版社的分布呈现分散的趋势,文物出版社在该领域的专著出版中有明显优势。通过统计发现,国家对已结题的考古学国家社科项目的成果评定是较为宽松的,近 85% 的社科项目都达到了"良好"及以上的等级。

在"学术研究成果"部分可以发现考古学国家社科项目研究的主力军。比如,从项目类型角度出发,"重大项目"立项数量较少,只占所有项目类型的 7.45%,但其产文量是所有项目类型中最多的,比例为 28%,所以应该得到国家大力资助;从论文类型及其期刊分布角度看,绝大部分的学术成果类型是期刊,其中《边疆考古研究》这一期刊发文量最多;从作者数量及高频作者分布、作者机构及高频机构分布情况看,两个指标都是单个作者、单个机构承担和发表学术论文的比例最大,达到 60% 以上,两个作者及机构的比例在 20% 左右,缺乏三个及以上的作者和机构的合作,应鼓励多机构的合作和交流;从统计结果来看,朱泓、沙武田是这个领域较活跃的人物。而吉林大学边疆考古研究中心产生了研究成果中 23.57% 的论文量。可以看出,虽然研究所的承担项目数量不如各大高校,但是研究所的研究更为成熟,是考古学领域研究成果的主要力量;从高被引论文的基本情况和研究热点的讨论中,可以得到如下结论:考古学国家社科项目的关注点是某地区、时代有关人类文化在各方面的追溯研究。

14 民族学

14.1 民族学国家社科基金项目基本信息

我们首先从国家社科基金项目的年度资助情况、不同项目类型的分布、项目负责人的出现频次、项目负责人的职称分布和项目承担单位几个方面进行统计分析,研究民族学国家社科基金项目的基本信息,以求从整体上把握该学科的发展脉络和研究趋势。

(1) 民族学的国家社科基金项目年度资助情况分析

基于已经获取的数据,在数据筛选和清洗的基础上,通过去除不规范的社科基金项目,本文共获取到 2126 个不同类型的民族学的国家社科基金项目,按照年度进行排序,具体分布情况见表 14 - 1。

表 14 - 1 民族学国家社科基金项目的年度分布

编号	项目立项时间	项目资助数量	百分比	编号	项目立项时间	项目资助数量	百分比
1	1991	21	0.99%	13	2003	33	1.55%
2	1992	27	1.27%	14	2004	65	3.06%
3	1993	20	0.94%	15	2005	96	4.52%
4	1994	13	0.61%	16	2006	105	4.94%
5	1995	6	0.28%	17	2007	97	4.56%
6	1996	45	2.12%	18	2008	113	5.32%
7	1997	21	0.99%	19	2009	137	6.44%
8	1998	24	1.13%	20	2010	162	7.62%
9	1999	22	1.03%	21	2011	217	10.21%
10	2000	23	1.08%	22	2012	265	12.46%
11	2001	36	1.69%	23	2013	258	12.14%
12	2002	33	1.55%	24	2014	287	13.50%

从表 14 - 1 可以看出,民族学国家社科基金项目数量,整体上是逐年增加的,只有 1995 年这一年是例外,其立项数量为历年中最少,仅有 6 项,占总数的 0.28% 。从 2004 年开始,民族学国家社科基金项目立项数量增加幅度比较明显,并在 2006 年立项数量突破了 100 项,而 2014 年度立项数量更是高达 287 项,占总数的 13.5% 。可见民族学在这些年中发展迅速,发展规模不断扩大。

（2）民族学的国家社科基金项目类型分布状况

民族学的国家社科基金项目覆盖了一般项目、西部项目、青年项目、重点项目、后期资助项目、重大项目、中华学术外译项目和成果文库八种类型的国家社科基金项目，项目类型分布见表14 - 2。

表 14 - 2　　民族学国家社科基金项目的类型分布

编号	项目类型名称	项目数量	民族学各类型分布	所有学科各类型分布
1	一般项目	855	40.33%	51.45%
2	西部项目	723	34.10%	24.85%
3	青年项目	372	17.55%	9.68%
4	重点项目	107	5.05%	6.98%
5	重大项目	24	1.18%	1.58%
6	其他项目	45	2.11%	5.45%

从表14 - 2可看出，一般项目是民族学国家社科基金项目中的主要类别，占整个项目的40.33%，是民族学国家社科基金项目的主体。由于民族学研究的特殊性，国家对西部少数民族地区的项目支持力度很大，西部项目的比例高达34.10%，仅次于一般项目，而且这个比例远高于所有学科的平均水平。民族学的青年项目的数量位于第三，达到了17.55%，而且与所有学科相比，民族学中的青年项目的所占比重要大得多，可见该学科中青年研究者是非常活跃的。从整个项目的比重来看，重大项目只占1.18%，略低于所有学科平均的1.58%。由于重大项目面向社会上具有相当重要意义的研究问题，该类型的项目数自然不能太多，民族学重大项目所占比例说明该学科在重大问题研究上并不算活跃。

（3）民族学国家社科基金项目负责人频次分布

根据同姓名和同单位的原则，我们对民族学中，所有负责国家社科基金项目的研究者进行了统计，并得到每个负责人主持项目的频次分布，如表14 - 3所示：

表 14 - 3　　民族学国家社科基金项目负责人频次分布

编号	主持项目频次	具体人数分布	百分比
1	1	1793	92.04%
2	2	134	6.88%
3	3	19	0.98%
4	4	2	0.10%

基于表3可以看出，在所有的项目负责人当中，主持过1个项目的研究者占据了绝大部分，为92.04%，相对主持过1个项目的负责人，主持过两个项目的人数急剧下降，仅为6.88%。主持项目最多的数量为4个，而达到这个数量的人数仅有两位。从这个分布可以认为，民族学国家社科基金项目在负责人方面覆盖面比较广，整个学科呈现出"百家争鸣"的现状，这样的现状有利于促进该学科的研究活力，使更多研究者参与到这个学科的研究中来。

(4)民族学的国家社科基金项目负责人职称分布

本研究还统计了主持民族学国家社科基金项目的研究者职称情况,统计数据从国家社科基金项目基本数据库中得到,项目负责人的职称是指其申报项目时的职称。由于数据库中提供的信息并不完全,我们只统计得到 1748 个负责人的职称情况,其余负责人的职称未知,具体分布见表 14 - 4。

表 14 - 4 民族学国家社科基金项目负责人职称分布

编号	专业职务	人数	百分比
1	初级	5	0.26%
2	中级	334	17.15%
3	副高级	647	33.21%
4	正高级	762	39.12%
	未知	200	10.27%

从表 14 - 4 可以看出,有 200 人我们无法查出其职称情况,但是其所占比只有 10% 左右,从剩余的人数当中,我们仍可以看出项目负责人职称的大致分布情况。民族学国家社科基金项目负责人的职称涵盖了初级、中级、副高级和正高级四个类别。正高级职称在所有职称类别中占据了大部分,达到了 43.59%,副高级职称人数仅次于正高级,有 37.01%。中级职称者人数相对较少,仅为 19.11%,而初级职称者则寥寥无几,在民族学这个学科中,仅有 5 人。正高级、副高级负责人数占总数高达 72.33%,可见民族学发展较为成熟,国家社科基金项目负责人的学术能力普遍较高,该学科国家社科基金项目的研究水平能够得到保证。

(5)民族学的国家社科基金项目承担单位分布情况

本研究在对项目承担单位进行整理和统一的基础上,经过统计得到了承担各种类型国家社科基金项目的单位分布情况,排名前 50 的单位见表 14 - 5。

表 14 - 5 承担民族学国家社科基金项目的前 50 个单位分布情况

编号	单位名称	项目数量	编号	单位名称	项目数量
1	中央民族大学	72	11	青海民族大学	37
2	中国社会科学院	70	12	青海省社会科学院	35
3	中南民族大学	61	13	西藏大学	34
4	西南民族大学	60	14	内蒙古师范大学	32
5	内蒙古大学	46	15	青海大学	32
6	云南大学	46	16	新疆大学	32
7	宁夏大学	45	17	新疆师范大学	32
8	兰州大学	43	18	贵州民族大学	31
9	新疆社会科学院	42	19	西北民族大学	31
10	云南民族大学	42	20	云南省社会科学院	29

编号	单位名称	项目数量	编号	单位名称	项目数量
21	广西民族大学	27	36	青海省委党校	17
22	厦门大学	27	37	三峡大学	16
23	贵州大学	26	38	陕西师范大学	16
24	西北师范大学	26	39	大连民族大学	15
25	吉首大学	24	40	北方民族大学	15
26	广西师范大学	23	41	贵州省社会科学院	15
27	内蒙古社会科学院	23	42	塔里木大学	14
28	青海师范大学	22	43	广西社会科学院	13
29	云南师范大学	20	44	四川省民族研究所	13
30	石河子大学	19	45	四川省社会科学院	13
31	四川大学	18	46	广西大学	11
32	延边大学	18	47	桂林理工大学	11
33	湖北民族学院	17	48	国家民委	11
34	内蒙古民族大学	17	49	西藏民族学院	11
35	宁夏社会科学院	17	50	内蒙古自治区委员会党校	10

从表中分布来看,排在首位的为中央民族大学,共承担了 72 个民族学类的项目,中国社会科学院紧随其后,只少了两个。从整个社科项目的承担单位情况来看,排在前十的单位中,民族类、少数民族聚居地区的单位占据了 9 个。从具体项目的分布上看,排名前 4 的单位承担项目数量较多,与其余学校差距较大。值得注意的是,其余学校的项目分布基本呈线性分布,而不是齐夫分布。如下图 14-1 所示。

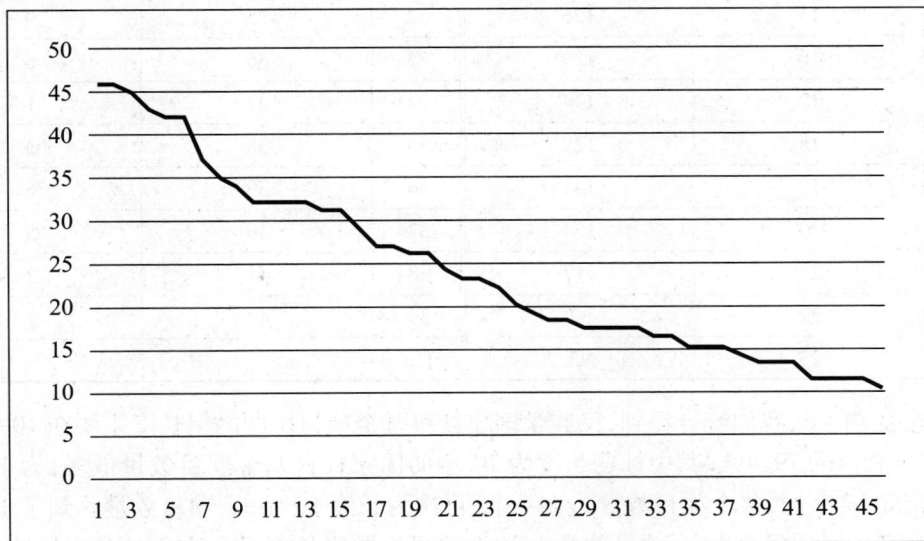

图 14-1　承担民族学国家社科基金项目排名 5 到 50 位的单位分布

14.2 民族学国家社科基金项目标题的内容分析

根据获取到的民族学国家社科基金项目的标题,通过自动分词的技术,结合内容分析的方法,我们对民族学国家社科基金项目标题的字长度、词长度和高频词进行了统计和分析。

(1)民族学国家社科基金项目标题的字长度分布

我们首先统计了所有民族学国家社科基金项目标题所用字的长度,具体长度分布见表14-6。

表14-6 民族学国家社科基金项目标题的字长度分布

编号	标题字长度	项目数量分布	编号	标题字长度	项目数量分布
1	4	1	21	24	89
2	5	15	22	25	80
3	6	9	23	26	73
4	7	27	24	27	61
5	8	34	25	28	40
6	9	42	26	29	31
7	10	68	27	30	19
8	11	58	28	31	25
9	12	70	29	32	10
10	13	76	30	33	15
11	14	107	31	34	14
12	15	126	32	35	9
13	16	129	33	36	4
14	17	144	34	37	1
15	18	127	35	38	3
16	19	141	36	39	6
17	20	154	37	40	5
18	21	117	38	41	2
19	22	97	39	42	1
20	23	95			

根据表14-6,我们统计得到,民族学国家社科基金项目标题的字长度主要在10—26字之间,占了总数的79.4%,其中标题长度为20字的国家社科基金项目数量最多,为154个,其次为长度17字的,整个项目数量为144个,再次为长度19字的,项目数量达到了141个。项目标题字长度最短为4字,项目数量为1,而项目标题字长度最长为41字,项目数量仅存在2个。

我们进一步考察了字长较短的项目,发现其中大多是关于民族学和历史学的交叉研究,如4个字的"水族通史",5个字的"中国面具史""中国民族志""康藏革命史""壮族文化史""内蒙古通史",等等。而字长较长的项目,大多是关于某一问题实证方面的研究,如42个字的"少数民族口头和非物质文化遗产保护与民族地区体验旅游开发研究——以海南、云南和贵州为例",41个字的"生态移民与少数民族传统生产生活方式的转型研究——基于贵州世居少数民族生态移民的调研"。

(2)民族学的国家社科基金项目标题的高频词分析

在使用自动分词技术对项目标题进行分词并统计词频的基础上,为了更进一步地了解民族学国家社科基金项目中所使用词汇的分布情况,我们获取民族学国家社科基金项目标题中的高频词。按照频次高低排序,前50名的高频词分布如表14-7所示:

表14-7 民族学国家社科基金项目标题中的前50个高频词

编号	标题中的词汇	频次	编号	标题中的词汇	频次
1	民族	767	26	西藏	70
2	地区	542	27	关系研究	67
3	文化	439	28	西北	67
4	少数民族	362	29	移民	67
5	发展	351	30	和谐	66
6	社会	238	31	教育	65
7	保护	146	32	边疆	64
8	新疆	139	33	城镇化	64
9	西部	135	34	史	62
10	藏	127	35	旅游	61
11	生态	125	36	历史	60
12	建设	124	37	进程	59
13	经济	123	38	创新	55
14	开发	115	39	资源	55
15	传统	107	40	社区	52
16	认同	91	41	藏族	51
17	西南	88	42	蒙古族	48
18	国家	88	43	区域	46
19	变迁	83	44	制度	45
20	人口	74	45	贫困	43
21	政策	74	46	产业	43
22	关系	74	47	社会稳定	42
23	云南	72	48	回族	42
24	传承	72	49	环境	40
25	农村	71	50	内蒙古	40

在具体统计的过程中,我们去除了一些无用的信息,如标点符号、虚词和没有实际意义的词,如"问题""研究"等。根据统计结果,可以发现,民族学项目大多从少数民族及其所在地区出发,围绕这些地区的文化、生态、经济建设、人口、教育等问题,关注的是怎样使少数民族地区得到更好的发展,怎样维持民族之间和谐关系和地区的社会稳定,怎样保护和传承少数民族地区的历史文化。

14.3　民族学国家社科基金项目学术研究成果分析

本研究根据民族学国家社科基金项目的名称或者项目编号,从 CNKI 学术数据库中检索并筛选,共获取到 7301 篇学术论文,这些论文相关的项目共有 1279 个,占民族学国家社科基金项目总数的 60% 以上。项目不全的原因是多样的,有可能是项目发表论文未被 CNKI 收录,也有可能是由于早期并没有明确规定项目论文必须标明项目名称或项目编号。但是根据这些论文得到的项目数据,也能够从整体上看出民族学国家社科基金项目的研究特点。本节将从发表学术论文的作者、发表学术论文的机构、发表学术论文的期刊和学术研究热点 4 个方面对民族学资助的学术论文进行系统的统计与分析。

(1)民族学项目发表学术论文的作者分布

本研究统计了民族学国家社科基金项目发表的学术论文作者数量的分布情况,论文作者不仅包括第一作者,凡是出现在作者列表中的,我们都进行了统计,具体见表 14 – 8。

表 14 –8　民族学项目发表学术论文的作者数量分布

编号	作者数量	论文数量	百分比
1	1	3955	54.36%
2	2	2454	33.73%
3	3	674	9.26%
4	4	147	2.02%
5	5	45	0.62%
6	6 及以上	26	0.35%

从表中可以看出学术论文作者数量的整体分布情况。大部分学术论文都只有 1 个作者,占了总数的 54.36%,该比例较之情报学(邱均平,2014)的 36.38% 要高出很多,而比教育学(汤建民,2010)的 69% 低,说明民族学研究者相对比较善于进行个人研究,研究内容一般可以独立完成。两个作者的情况占 33.73% 的比例,与情报学的 34.5% 和教育学的 22.2% 相比,可以发现民族学合作研究的程度还是比较高的。

根据对学术论文作者数量的统计,我们还得出民族学学术论文高频作者的统计分布,具体结果见表 14 –9。

表 14 – 9 学术论文高频作者前 50 名

编号	作者姓名	频次	编号	作者姓名	频次
1	郑长德	53	26	葛政委	19
2	李良品	35	27	李相兴	19
3	彭福荣	34	28	赵雪雁	19
4	高永久	30	29	郑文俊	18
5	朱玉福	28	30	成艾华	18
6	谷家荣	26	31	陈秉公	18
7	梁惠娥	26	32	金炳镐	18
8	王允武	25	33	何可群	18
9	纳日碧力戈	25	34	盖志毅	18
10	顾华详	24	35	王杰	18
11	柳劲松	24	36	高志英	17
12	宋才发	24	37	王昕	17
13	暨爱民	22	38	吴志明	17
14	刘明	22	39	贾伟	17
15	蓝武	22	40	单德朋	16
16	熊坤新	22	41	翟华云	16
17	赵巧艳	22	42	徐杰舜	16
18	曾鹏	22	43	郎维伟	16
19	陈志永	21	44	綦群高	16
20	李臣玲	21	45	梁正海	16
21	汤夺先	21	46	刘秀玲	16
22	马林	20	47	周润年	16
23	石培基	20	48	罗康隆	16
24	李柏文	20	49	梁忠翠	16
25	黄柏权	20	50	徐人平	16

在选取的前 50 个高频的作者中,出现频次超过 20 以上的共有 25 个作者,然而频次达到 30 以上的作者只有 4 个。在排名前 5 的高频作者中,只有排名第一的郑长德论文频次达到 50 以上,为 53 次。论文频次低于 19 的作者分布相对较为集中,18 次的有 7 个作者、17 次的 4 个,16 次的 11 个。

我们又查看了排名靠前的几位作者,发现其中排名第 1 的郑长德,主持了一项国家社科基金重大项目。排名第 2 的李良品主持了一项国家社科基金一般项目和一项国家社科基金西部项目,而排名第 3 的彭福荣参与了李良品主持的国家社科基金西部项目。排名第 4 的高永久更是主持过 4 项国家社科基金项目,其中包括一项重大项目。

我们根据所有作者发表论文的数量,分析了分布规律,发现与洛特卡分布相比稍有偏差,但基本趋势是一致的。说明民族学项目作者产生论文数量从分布上看,符合论文分布规律,该学科的国家社科基金项目的研究产出情况是健康的。具体分布情况如图 14 - 2 所示:

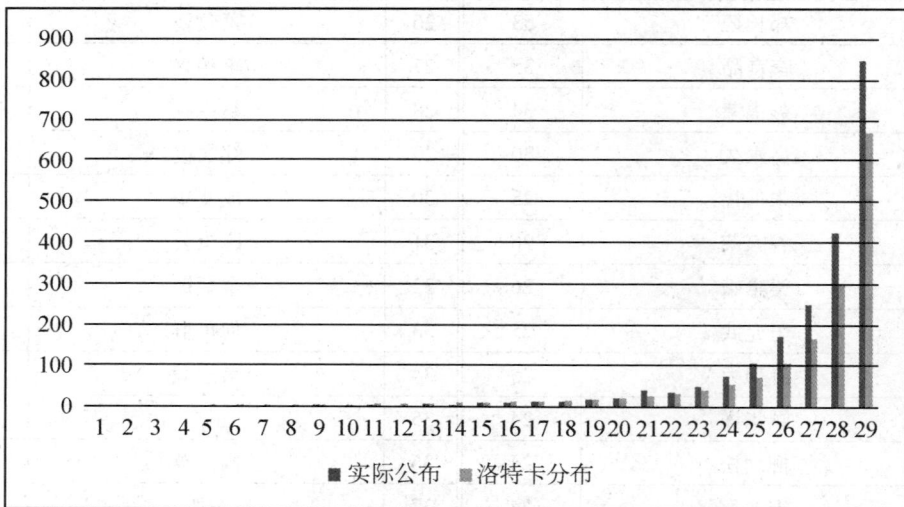

图 14 - 2　研究者发表论文数量的实际分布与洛特卡分布比较

(2)民族学项目发表论文的机构分布情况

根据论文作者所属的不同机构,本研究统计了发表学术论文的机构数量,具体数据分布如表 14 - 10。

表 14 - 10　民族学项目发表学术论文的机构数量分布

编号	论文机构数量	发表论文数量	百分比
1	1	4947	68.06%
2	2	1722	23.69%
3	3	490	6.74%
4	4	77	1.06%
5	5	33	0.45%

表 14 - 10 选取了最多包含 5 个机构的学术论文,大部分学术论文都由一个机构发表,所占比为 68.06%,该比例比上一节中论文由一位作者发表的比例还要高很多,间接说明了在论文有两位作者的情况下,这两个作者属于同一个研究机构的可能性很大,民族学的学术交流很大程度局限在一个机构内。这一点也可以从表中数据得到验证,论文由两个机构发表的数量只占了总数的 23.69%,而 3 个机构到 5 个机构的论文数量更是呈指数下降。

我们还选取了学院、学部和系这一层面发表学术论文数量处于前 20 的高频机构进行分析,具体机构和发文数量见表 14 - 11。

表 14 –11　学术论文高频机构分布

编号	机构名称	论文数量	编号	机构名称	论文数量
1	中南民族大学民族学与社会学学院	94	11	广西师范大学历史文化与旅游学院	53
2	兰州大学西北少数民族研究中心	90	12	西南民族大学法学院	46
3	西南民族大学经济学院	80	13	桂林理工大学旅游学院	45
4	中南民族大学公共管理学院	68	14	大连民族学院经济管理学院	41
5	中南民族大学经济学院	66	15	甘肃农业大学人文学院	40
6	长江师范学院乌江流域社会经济文化研究中心	64	16	西南民族大学西南民族研究院	39
7	西北师范大学西北少数民族教育发展研究中心	58	17	桂林理工大学管理学院	38
8	云南大学西南边疆少数民族研究中心	58	18	西北师范大学地理与环境科学学院	37
9	宁夏大学西夏学研究院	57	19	石河子大学商学院	36
10	中央民族大学中国民族理论与民族政策研究院	55	20	塔里木大学人文学院	35

　　从表中可以看出,前 3 位的机构发文量均在 80 以上,其中中南民族大学民族学与社会学学院和兰州大学西北少数民族研究中心的发文量更是达到了 90 以上。在前 20 个发表论文的高频机构中,民族学院类的机构共有 6 个,在整个高频机构中占有相当大的比重。

(3)民族学项目发表论文的期刊分布情况

　　根据我们的统计,民族学国家社科基金项目所发表的学术论文中,基本上全部是期刊论文,占总数的 98.55%。民族学国家社科基金项目在不同期刊发表学术论文排名前 50 的统计情况,见表 14 – 12。

表 14 –12　发表民族学社科项目论文前 50 的期刊分布

编号	期刊名称	论文数量	编号	期刊名称	论文数量
1	贵州民族研究	181	6	云南民族大学学报(哲学社会科学版)	92
2	中南民族大学学报(人文社会科学版)	166	7	青海民族研究	91
3	黑龙江民族丛刊	139	8	西南民族大学学报(人文社科版)	81
4	西南民族大学学报(人文社会科学版)	137	9	湖北民族学院学报(哲学社会科学版)	80
5	广西民族研究	115	10	中央民族大学学报(哲学社会科学版)	76

续表

编号	期刊名称	论文数量	编号	期刊名称	论文数量
11	民族论坛	73	31	吉首大学学报(社会科学版)	39
12	西北民族大学学报(哲学社会科学版)	71	32	统计与决策	39
13	广西民族大学学报(哲学社会科学版)	69	33	西夏学	38
14	北方民族大学学报(哲学社会科学版)	67	34	云南师范大学学报(哲学社会科学版)	38
15	大连民族学院学报	62	35	中国藏学	38
16	民族研究	61	36	学术探索	38
17	西藏大学学报(社会科学版)	60	37	西北师大学报(社会科学版)	36
18	思想战线	55	38	宁夏社会科学	36
19	民族教育研究	51	39	云南社会科学	36
20	安徽农业科学	50	40	前沿	36
21	新疆社会科学	49	41	广西师范大学学报(哲学社会科学版)	35
22	西北民族研究	45	42	西藏研究	34
23	生态经济	45	43	塔里木大学学报	32
24	民族学刊	44	44	旅游学刊	32
25	西藏民族学院学报(哲学社会科学版)	43	45	内蒙古社会科学(汉文版)	31
26	新疆师范大学学报(哲学社会科学版)	43	46	贵州师范大学学报(社会科学版)	31
27	青海民族大学学报(社会科学版)	42	47	西北人口	31
28	广西社会科学	41	48	世界民族	31
29	长江师范学院学报	40	49	当代教育与文化	31
30	西南边疆民族研究	40	50	兰台世界	30

从表中可以看出,发表相关论文数量超过 90 的期刊共有 7 个,其中前 5 的期刊均发表了 100 篇以上的相关论文,其中有 3 个为"民族研究"类期刊。在前 50 的期刊中,"民族大学学报"类期刊高达 20 个,占了最大的比例。

(4)民族学社科项目研究热点分析

我们通过获取民族学国家社科基金项目发表论文的所有关键词,统计关键词的频次,得到排名前 50 的民族学国家社科基金项目研究热点分布,见表 14 – 13。

表 14 - 13　民族学国家社科基金项目研究热点

编号	关键词	频次	编号	关键词	频次
1	民族地区	310	26	新农村建设	43
2	少数民族	180	27	乌江流域	41
3	新疆	137	28	旅游	40
4	对策	106	29	文化认同	38
5	可持续发展	105	30	民族教育	38
6	民族关系	89	31	藏族	38
7	民族文化	81	32	清代	38
8	西藏	71	33	藏传佛教	37
9	发展	71	34	少数民族地区	37
10	国家认同	69	35	传统文化	36
11	非物质文化遗产	69	36	内蒙古	36
12	土家族	59	37	西部民族地区	36
13	文化	57	38	产业结构	35
14	城镇化	57	39	人类学	34
15	传承	57	40	文化变迁	34
16	变迁	56	41	人口较少民族	33
17	保护	55	42	贵州	33
18	经济增长	54	43	族群认同	33
19	民族认同	52	44	西部地区	32
20	生态移民	52	45	蒙古族	32
21	影响因素	52	46	多元文化	31
22	经济发展	51	47	维吾尔族	31
23	城市化	50	48	西夏	31
24	广西	49	49	西部	30
25	和谐社会	47	50	壮族	30

从表中可以看出,民族地区是最热的研究关键词,其出现频次高达 310 次。其余频次超过 100 的关键词有 4 个,分别为"少数民族、新疆、对策、可持续发展"。从高频关键词可以看出,民族学研究的热点主要在少数民族政策、民族区域可持续发展、民族区域文化研究等方面。民族研究,主要关注新疆、西藏和贵州地区。

14.4　小结

本文根据 1991 年到 2014 年国家社科历年资助项目名单和 CNKI 期刊全文数据库

中获得的民族学方面的项目和论文数据,从项目基本信息、项目标题分析和项目学术研究成果统计三个角度,进行了深入的统计,得到了民族学国家社科基金项目的研究概貌,并对该学科的研究发展现状进行了分析,较全面地勾勒出民族学研究在最近20多年的发展面貌。

15　宗教学

15.1　宗教学国家社科项目基本信息

宗教学国家社科项目基本信息包括了宗教学社科项目年度资助情况、项目类型分布、项目负责人出现频次与职称分布、项目承担单位分布情况等部分,对宗教学国家社科项目基本信息进行了系统的阐述。

(1) 宗教学的国家社科项目年度资助情况分析

对获取到的宗教学国家社科项目进行数据清洗与补充后统计得到从 1991 年至 2014 年共有 913 个项目立项,按照项目立项时间进行频次统计得到了项目年度资助情况,详见图 15 − 1。

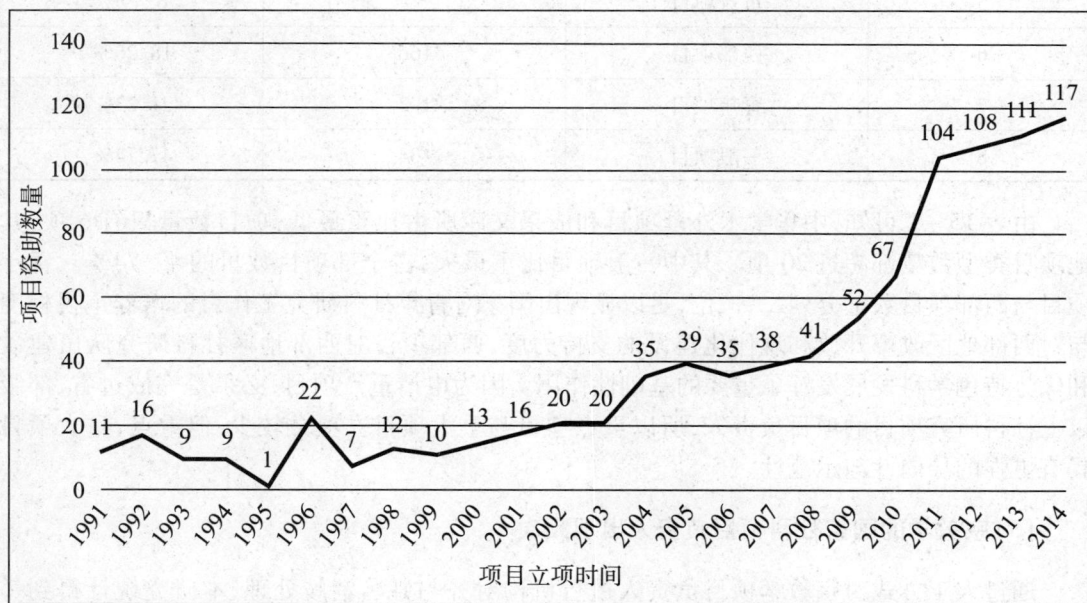

图 15 − 1　宗教学国家社科项目的年度分布情况

从图 15 − 1 可以直观地看到,从 1997 年开始每年的项目资助数量大致呈现稳定的逐年增长趋势,而 1991 年至 1996 年却呈现明显的波动。其中 1995 年的项目立项数只有 1 项,为历年来的最低值,1996 年则相较于前一年有显著的提升,这可能是因为 1991 年至 1995 年期间我国改革开放和现代化建设正处于十字路口,人们对改革最终方向仍有疑虑。宗教学的研究对象——宗教是与法律、政治一样的上层建筑与社会意识形态的重要组成部分,因此宗教学研究进展受到社会发展的影响很大。进入"九五"之后,社会主义市场经济体制基本建立,伴随着经济社会的全面发展,1996 年是立项数年增长率最大的一年,并在 1997 年之后立项数呈明显上扬趋势,在 2011 年突破三位数,其后三年年增长率减缓但仍保持稳定增长,在 2014 年达到最高值。

(2)宗教学的国家社科项目类型分布状况

宗教学国家社科项目包含了重点项目、重大项目、西部项目、青年项目、后期资助项目、中华学术外译项目、成果文库和一般项目 8 种项目类型,各类型项目数量及其所占百分比如表 15 - 1 所示。

表 15 - 1　项目类型分布状况表

编号	项目类型名称	项目数量	百分比
1	中华学术外译项目	6	0.66%
2	成果文库	6	0.66%
3	重大项目	22	2.42%
4	后期资助项目	23	2.53%
5	重点项目	59	6.49%
6	西部项目	166	18.26%
7	青年项目	193	21.23%
8	一般项目	434	47.74%

由表 15 - 1 可知,中华学术外译项目和成果文库所占比重最低,项目数量只有 6 项,其他项目类型数量都超过 20 项。其中一般项目比重最大,占全部项目数量的 47.74%。青年项目与西部项目数量分列二、三位,足以显现出国家对青年社科研究工作者的培养重视程度与对西部地区改革开放和现代化建设的支持力度,西部项目对西部地区社科研究队伍建设和优势特色学科发展发挥了重要的基础性作用。因为申请重点项目,必须是完成过省、部级以上社科研究项目的项目负责人,所以重点项目与重大项目立项数较少,但重点、重大项目具有更强的导向性与示范性。

(3)宗教学的国家社科项目负责人出现频次

通过人工方式对宗教学项目负责人进行机构对齐与姓名消歧处理,本研究统计得到每个研究者主持过的项目数量,详见图 15 - 2。

从图 15 - 2 可以看出,主持 1 个项目的研究者占所有项目负责人数量的 85.38%,随着主持项目数的增加,项目负责人数量呈指数型下降。主持 3 个项目的研究者数量已经降到 10 人,主持 4 个项目的研究者有 3 人,仅有 1 人主持过 5 个项目。

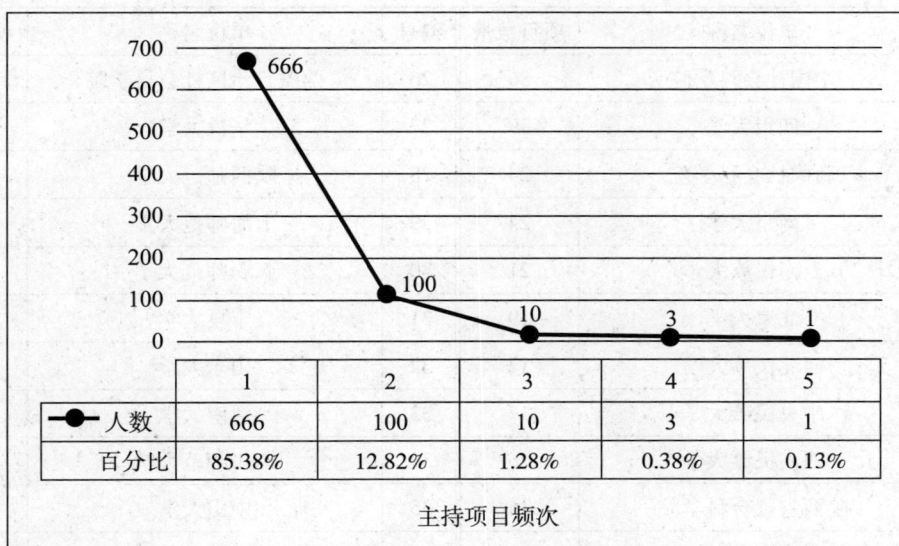

图 15 – 2 国家社科项目负责人出现频次

(4)宗教学的国家社科项目负责人职称分布

对所有项目负责人职称统计结果(已删除没有写明职称的负责人)如表 15 – 2 所示。

表 15 – 2 国家社科项目负责人职称分布

编号	专业职务	人数	百分比
1	初级	1	0. 14%
2	中级	155	21. 92%
3	副高级	264	37. 34%
4	正高级	287	40. 59%

从表 15 – 2 可以看出,宗教学项目负责人职称主要由中级、副高级、正高级组成,而初级职称的负责人仅有一人。中级、副高级、正高级职称的负责人数量与职称呈正相关关系,正高级负责人占所有负责人数量的 40.59% 。

(5)宗教学的国家社科项目承担单位分布情况

本章对宗教学的国家社科项目承担单位分布情况进行统计分析,根据项目数量降序排列,表 15 – 3 为承担国家社科项目的前 50 个单位分布情况。

表 15 - 3　承担国家社科项目的前 50 个单位分布情况

编号	单位名称	项目数量	编号	单位名称	项目数量
1	中国社会科学院	86	26	西藏自治区社会科学院	10
2	四川大学	39	27	华侨大学	9
3	新疆社会科学院	24	28	陕西师范大学	8
4	南京大学	24	29	上海师范大学	8
5	云南民族大学	21	30	新疆师范大学	8
6	北京大学	19	31	宁夏大学	8
7	西北民族大学	17	32	山东大学	7
8	中央民族大学	17	33	河南大学	7
9	西南民族大学	16	34	四川师范大学	7
10	陕西省社会科学院	15	35	中山大学	6
11	浙江大学	13	36	西北大学	6
12	福建师范大学	13	37	内蒙古师范大学	6
13	华东师范大学	12	38	吉首大学	5
14	兰州大学	12	39	内蒙古民族大学	5
15	中国人民大学	12	40	山东师范大学	5
16	上海社会科学院	12	41	西藏大学	5
17	厦门大学	11	42	新疆大学	5
18	上海大学	11	43	云南师范大学	5
19	四川省社会科学院	11	44	中国藏学研究中心	4
20	云南省社会科学院	11	45	西藏民族学院	4
21	云南大学	11	46	同济大学	4
22	宁夏社会科学院	11	47	南开大学	4
23	青海师范大学	11	48	清华大学	4
24	青海省社会科学院	11	49	内蒙古社会科学院	4
25	复旦大学	10	50	华南师范大学	4

　　从排名顺序在前 50 位及项目数量来看,宗教学国家社科项目承担单位主要为各地高校,共 39 所,此外还有 10 个省份的社会科学院及中国藏学研究中心。排名第一的中国社会科学院以承担了 86 项宗教学国家社科项目数量遥遥领先于第二名四川大学(39 项),在宗教学研究领域具有卓越的优势地位。排在第二至十名的研究单位是属于第二层次的单位,其中包含民族大学 4 所及新疆、陕西两个西北省份的社会科学院和四川大学,统计表现出宗教学研究的东西部差异;排名在 26 名开外的各个单位的项目数仅为个位数。

15.2 宗教学国家社科项目标题分析

对宗教学国家社科项目的标题分析能够帮助研究者了解宗教学领域的研究热点及发展趋势,以便于分析了解宗教在社会发展中所起到的实质性作用。

标题分析首先要使用自动分词技术对标题进行分词,然后对标题进行词长、词频统计来对高频词分布等进行分析。

(1)宗教学的国家社科项目标题字的长度分布

宗教学的国家社科项目标题字的长度分布是统计一个标题中中文字符数量的分布情况,具体结果见表 15 –4。

表 15 –4 社科项目标题字的长度分布

编号	标题字长度	项目数量分布	编号	标题字长度	项目数量分布
1	3	3	20	22	20
2	4	3	21	23	21
3	5	23	22	24	16
4	6	25	23	25	6
5	7	33	24	26	14
6	8	50	25	27	8
7	9	50	26	28	6
8	10	49	27	29	9
9	11	46	28	30	8
10	12	55	29	31	6
11	13	52	30	32	5
12	14	53	31	33	1
13	15	72	32	34	2
14	16	54	33	36	1
15	17	46	34	37	1
16	18	53	35	38	3
17	19	44	36	39	3
18	20	33	37	40	2
19	21	36	38	42	1

统计结果表明,标题字长总体呈正态分布,标题字长的众数和平均值均为 15。字长在 8 到 21 之间的项目数共有 693 项,占全部项目数量的 75.9%。其中最短的项目标题字长仅为 3,项目数量为 3;最长的项目标题字长为 42,仅有 1 项。

（2）宗教学的国家社科项目标题词的长度分布

汉字中词是最小的语义单位,对于标题词长的统计能够体现出标题中所含信息量的大小。对于词长的统计分布结果如表 15 - 5 所示。

表 15 - 5　宗教学国家社科项目标题词的长度分布情况

编号	标题词长度	项目数量分布	编号	标题词长度	项目数量分布
1	2	10	13	14	19
2	3	39	14	15	13
3	4	82	15	16	14
4	5	86	16	17	11
5	6	96	17	18	15
6	7	75	18	19	5
7	8	104	19	20	7
8	9	87	20	21	1
9	10	80	21	22	2
10	11	71	22	23	3
11	12	50	23	24	1
12	13	41	24	26	1

从标题词长统计结果看出,宗教学国家社科项目的词长主要分布在 4 到 13 个之间,其中长度为 8 的项目数量最多,有 104 个。从整体上看,标题词长的均值也为 8.6 个。可以看到标题词长超过 20 的项目数总共只有 8 个,词长为 2 的项目数也仅有 10 个,说明项目标题为呈现一定的信息量,其词长分布具有一定的统计规律。

（3）宗教学的国家社科项目标题高频词分析

在已了解标题所含信息量大小的基础上,通过对标题分词结果进行词频统计,能够对标题所使用的高频词有大致的认识,进而了解宗教学的研究热点。对标题词频统计结果降序排列得到的前 50 个高频词分布情况如表 15 - 6 所示。

表 15 - 6　社科项目标题中的前 50 个高频词

编号	标题中的词汇	频次	编号	标题中的词汇	频次
1	中国	80	7	藏传	23
2	宗教	42	8	新疆	20
3	当代	40	9	云南	16
4	道教	31	10	佛教	15
5	》	29	11	基督教	13
6	《	29	12	伊斯兰教	13

续表

编号	标题中的词汇	频次	编号	标题中的词汇	频次
13	敦煌	13	32	闽	4
14	我国	10	33	明代	4
15	明清	10	34	山西	4
16	中	8	35	"	4
17	西方	8	36	"	4
18	马克思主义	7	37	唐代	4
19	陕西	7	38	梵蒂冈	4
20	汉	7	39	近代	4
21	当前	6	40	蒙古族	4
22	藏	6	41	西南	4
23	藏族	6	42	印度	4
24	犹太教	5	43	西北	4
25	西部	5	44	东南亚	4
26	清代	5	45	甘	4
27	民间	5	46	汉文	4
28	台湾	5	47	边疆	4
29	蒙	5	48	海外	4
30	从	5	49	东亚	3
31	宋	4	50	晚	3

本研究认为标题中所含有的停用词(包含标点符号、介词、虚词等)都具有一定的语义表达作用,如"《》"表示对已有典籍的引用。因此在对标题的自动分词过程中没有去除停用词。在排名前十的高频词中,"中国"出现 80 次,位列第一。"宗教""道教""佛教"分列 2、4、10 位,道教是中国本土宗教,佛教自东汉传入中国以后,千余年来一直是中国人民的主要信仰之一。在中华传统文化中,道教、佛教与儒学的哲理相互融合形成了中华文化的主流之一。"当代"一词的词频为 40 次,排名第 3。说明宗教学是一门发展的学科,当代中国的宗教学研究重点应该是用马克思主义的世界观和方法论指导对宗教各种问题的研究,形成马克思主义宗教学。辩证唯物主义的世界观对社会发展的影响也会体现在宗教与社会的相互影响中,"马克思主义"在宗教学社科项目标题中出现了 7 次,排在高频词第 18 位。

15.3 宗教学国家社科项目的结项情况统计

宗教学国家社科项目的结项情况是针对已经结项的国家社科项目的统计,包含项目结项时间跨度、出版宗教学国家社科项目专著的机构、项目结项评定结果三个方面的统计分析。

(1)宗教学的国家社科项目结项时间跨度

通过获取到的项目立项时间与结项时间,计算得到结项时间跨度值并进行频次统计后的结果如表 15 – 7 所示。

表 15 – 7　宗教学社科项目结项时间跨度分布表

编号	结项时间（以年为单位）	项目数量
1	1	7
2	2	30
3	3	61
4	4	74
5	5	63
6	6	51
7	7	42
8	8	9

本研究在处理过程中考虑到所获取的原始数据可能存在误差（立项、结项时间信息不完整），在表 15 – 7 呈现结果中删去了结项时间跨度大于 8 年的部分。从统计结果可以看到结项时间跨度最短为 1 年,项目数量是所有时间跨度中最少的一个,只有 7 项。可以看到宗教学国家社科项目的结项时间跨度基本分布在 2 到 7 年,其中时间跨度为 4 年的项目数量最多,有 74 项;其次为 5 年,项目数量为 63 项。从整体上看平均结项时间跨度为 4.6 年,可以发现宗教学项目研究周期还是相对较长的。

（2）出版宗教学国家社科项目专著的机构统计分析

宗教学专著是研究者对其研究课题进行全面系统论述的著作,是宗教学国家社科项目重要科学研究成果的体现,具有较高的学术参考价值。从专著出版机构入手,本研究统计了宗教学国家社科专著出版分布情况,结果见表 15 – 8。

表 15 – 8　出版宗教学专著的前 25 个单位

编号	出版社名称	出版数量	编号	出版社名称	出版数量
1	中国社会科学出版社	7	14	贵州人民出版社	1
2	中华书局	5	15	海南出版社	1
3	人民出版社	5	16	河南人民出版社	1
4	宁夏人民出版社	4	17	华文出版社	1
5	宗教文化出版社	3	18	华夏出版社	1
6	商务印书馆	2	19	暨南大学出版社	1
7	齐鲁书社	2	20	江苏人民出版社	1
8	民族出版社	2	21	科学出版社	1
9	巴蜀书社	2	22	辽宁民族出版社	1
10	九州出版社	2	23	内蒙古人民出版社	1
11	东方出版社	1	24	南开大学出版社	1
12	复旦大学出版社	1	25	圣智学习出版公司（亚洲）	1
13	高等教育出版社	1	26	———	———

统计结果显示,中国社会科学出版社、中华书局、人民出版社三家出版社是主要出版机构,出版的宗教学专著数量分别达到 7 册、5 册、5 册。排名在前 10 的其他出版社的宗教学专著出版量在 4 到 2 本,其余出版社仅有一本宗教学专著出版。我们可以看出宗教学专著出版量总体上还是比较少的。

(3)宗教学的国家社科项目结项评定结果

宗教学国家社科项目结项评定结果分为"优秀""良好""合格"三个等级,本研究对各项目结项评定结果进行整理,得到三个评定等级的项目数量与所占百分比,详见表 15 – 9。

表 15 – 9　宗教学的国家社科项目评定结果分布

编号	项目结果评定类别	具体项目数量	百分比
1	优秀	42	17.50%
2	合格	61	25.42%
3	良好	137	57.08%

表 15 – 9 的统计结果显示,评定为"良好"的项目有 137 项,占总数 57.08%,"合格"项目数为 61 项,超过总数的四分之一,而评定为"优秀"的项目数量最少,仅为 42 项。说明宗教学社科项目的成果评定较为严格,大部分项目能评定为"良好",而评为"优秀"比较难。

15.4　宗教学国家社科项目学术研究成果统计

根据国家社科基金项目数据库上获取的宗教学社科项目的项目名称与项目批准号,本研究以中国知网学术论文数据库为采集目标数据库,分别以宗教学社科项目的项目名称和项目批准号为检索条件获取了宗教学国家社科基金项目支持的学术论文的题录信息。并以宗教学的不同项目类型的学术论文产出分布情况、宗教学学术论文的类型分布统计、学术论文发表的期刊分布、学术论文的作者数量分布、学术论文的高频作者分布、发表学术论文的机构分布、发表学术论文的高频机构分布、学术论文的基金数量分布、学术论文的高频基金分布、高被引论文的统计分析以及学术研究热点分析 11 个不同角度入手,对宗教学资助的学术论文进行了全面系统的分析研究。

(1)不同宗教学项目发表论文数量分布情况

不同项目类型在项目成果呈现上有着一定的差异,表 15 – 10 统计了不同类型项目发表论文数量的差异。

表 15 – 10　不同社科项目发表学术论文数量的分布情况

编号	项目类型	发表论文数量	百分比	平均发文量
1	一般项目	905	44.47%	2.09
2	西部项目	465	22.85%	2.80
3	青年项目	411	20.20%	2.13
4	重大项目	125	6.14%	5.68
5	重点项目	87	4.28%	1.47
6	后期资助项目	25	1.23%	1.09
7	成果文库	16	0.79%	2.67
8	中华学术外译项目	1	0.05%	0.17

从表 15 – 10 可以看出,一般项目的发表论文数量占全部发表论文数量的 44.47%,是发表论文的主体。其次是西部项目和青年项目,都占总数的五分之一以上。从统计结果可以清晰地看出,后期资助项目、成果文库和中华学术外译项目发表论文数量是相对较少的,这是因为这三类项目的成果形式是以专著为主的。

平均发文量是用各类型项目发表论文数量除以各类型项目数量得到的,反映了各类型项目每个项目平均成果数。从平均发文量指标来看,重大项目以 5.68 篇遥遥领先其他项目类型,反映出重大项目的权威影响力。

(2)宗教学项目所发表论文的类型及期刊分布情况

宗教学社科项目所发表的学术论文主要分为会议论文和期刊论文两种类型,具体的组成分布如表 15 – 11 所示。

表 15 – 11　宗教学社科项目发表学术论文类型情况

编号	学术论文类型	论文数量	百分比
1	期刊	2022	98.54%
2	会议	30	1.46%

表 15 – 11 的统计结果展现了宗教学社科项目所发表的期刊论文和会议论文在数量上的巨大差异,会议论文数量仅为 30 篇,这可能是缘于宗教学研究领域大型学术会议较少。

期刊论文在宗教学研究总发文量中占据了 98.54% 的比重,表 15 – 12 统计了发文量排名前 50 的期刊分布情况。

表 15 – 12　发表宗教学社科项目论文前 50 的期刊分布

编号	期刊名称	论文数量	编号	期刊名称	论文数量
1	宗教学研究	135	5	北方民族大学学报(哲学社会科学版)	33
2	世界宗教研究	99	6	西北民族研究	24
3	世界宗教文化	48	7	民族艺术	23
4	西南民族大学学报(人文社会科学版)	34	8	西北民族大学学报(哲学社会科学版)	23

编号	期刊名称	论文数量	编号	期刊名称	论文数量
9	中华文化论坛	19	30	湖南城市学院学报	11
10	泉州师范学院学报	18	31	中国道教	11
11	回族研究	18	32	新疆社会科学	11
12	贵州民族研究	18	33	基督教文化学刊	10
13	阿拉伯世界研究	15	34	华东师范大学学报(哲学社会科学版)	10
14	四川大学学报(哲学社会科学版)	15	35	比较经学	10
15	西南民族大学学报(人文社科版)	15	36	中国美术研究	10
16	五台山研究	15	37	新疆师范大学学报(哲学社会科学版)	10
17	佛学研究	14	38	阿坝师范高等专科学校学报	9
18	云南民族大学学报(哲学社会科学版)	14	39	法音	9
19	敦煌学辑刊	14	40	青海社会科学	9
20	广西社会科学	14	41	敦煌研究	9
21	思想战线	13	42	汉语佛学评论	8
22	民族论坛	13	43	科学与无神论	8
23	青海民族研究	12	44	吉首大学学报(社会科学版)	8
24	华西语文学刊	12	45	东方论坛	8
25	中南民族大学学报(人文社会科学版)	12	46	哲学研究	8
26	中国宗教	11	47	全真道研究	8
27	楚雄师范学院学报	11	48	云南社会科学	8
28	中央民族大学学报(哲学社会科学版)	11	49	民俗研究	8
29	中国哲学史	11	50	青海民族大学学报(社会科学版)	8

根据表 15 - 12 的统计结果,《宗教学研究》和《世界宗教研究》两个期刊发文数量是属于第一梯队的,远远高于其他期刊。

(3)宗教学项目所发表论文的作者分布情况

根据每篇论文作者数量,本研究统计了宗教学学术论文的作者分布情况,具体结果见表 15 - 13。

表 15 – 13　宗教学学术论文作者数量分布情况

编号	作者数量	论文数量	百分比
1	1	1534	75.01%
2	2	430	21.03%
3	3	60	2.93%
4	4	13	0.64%
5	5	8	0.39%

统计结果显示,单个作者发表的论文数量达到 1534 篇,占总数 75%,其次是两个作者合著的论文,数量达到 430 篇,两个以上作者合著的论文数量则是寥寥无几。

在统计单篇论文作者数量的基础上,此次研究还统计了单个作者的发文数,对发文频次降序排列后得到 50 位高产作者,详见表 15 – 14。

表 15 – 14　学术论文高频作者分布表

编号	作者姓名	频次	编号	作者姓名	频次
1	孙浩然	49	26	施保国	10
2	孙亦平	37	27	张泽洪	10
3	何虎生	29	28	张志刚	9
4	汪小洋	25	29	周来顺	9
5	金忠杰	18	30	龚隽	9
6	陆群	17	31	李金莲	9
7	李向平	16	32	赵芃	9
8	赵建永	16	33	陈炜	9
9	蒲亨强	16	34	徐祖祥	9
10	陈彬	16	35	袁宏禹	9
11	洪修平	15	36	白欲晓	9
12	马效佩	14	37	陈青萍	9
13	张同标	14	38	吴巍巍	9
14	曾维加	13	39	赖岳山	8
15	杨维中	13	40	陈永胜	8
16	朱和双	13	41	王川	8
17	潘世昌	13	42	李霞	8
18	邓杰	12	43	卢忠远	8
19	杨富学	11	44	周普元	8
20	姚学丽	11	45	侯兴华	8
21	姜守诚	11	46	王佳	8
22	陈红兵	11	47	林永乐	8
23	孔又专	10	48	赖振宇	8
24	郑英杰	10	49	张禹东	8
25	闻骏	10	50	张桥贵	8

在高频作者分布表中,作者出现频次在 20 次以上的有 4 人,频次达到 10 次以上的作者有 27 人。排名前 4 的高频作者中,出现频次最高的是孙浩然,共发表了 49 篇次。统计发现排名前 50 的作者发表论文数量超过 15 篇的人数较少。论文频次分布在 8 至 11 篇的作者数量最多。

(4)宗教学项目所发表论文的作者机构分布情况

同作者分布情况一样,宗教学项目所发表论文的机构也会有多个,作者机构分布情况统计结果如表 15 - 15 所示。

表 15 - 15　宗教学学术论文机构数量分布情况

编号	论文机构数量	发表论文数量	百分比
1	1	1556	76.42%
2	2	389	19.11%
3	3	80	3.93%
4	4	11	0.54%

由统计结果可知,该统计结果选取了合作机构数量在 4 个及以内的论文作为研究样本。其中单一机构发表的论文数量最多,占总体的 76.42%。两个机构合作完成的论文数量占比就下降到了 19.11%,结合表 15 - 13 和表 15 - 15 可以发现,两人合著的论文有一部分是属于同一机构中的两位研究人员(两人合著数量大于两个机构合著数量)。3 个以上机构合作完成的论文数量占比则不足 5%,可以看出宗教学国家社科项目的研究中,多研究机构的交流与合作较为缺乏。

为增加对学术论文所属机构的认识,了解宗教学项目研究机构科研实力水平,本研究还根据发表学术论文数量对宗教学国家社科项目研究机构进行了统计,根据其发表的论文数量降序排列,前 20 的研究机构如表 15 - 16 所示。

表 15 - 16　学术论文高频机构分布表

编号	单位名称	论文数量	编号	单位名称	论文数量
1	四川大学道教与宗教文化研究所	70	11	西北民族大学民族学与社会学学院	14
2	南京大学哲学系	64	12	南京大学宗教学系	13
3	云南民族大学人文学院	23	13	西南交通大学外国语学院	13
4	东南大学艺术学院	23	14	吉首大学哲学研究所	12
5	兰州大学西北少数民族研究中心	19	15	西北民族大学伊斯兰文化研究所	12
6	厦门大学哲学系	18	16	上海外国语大学中东研究所	12
7	上海大学历史系	17	17	天津社会科学院哲学研究所	11
8	中央民族大学哲学与宗教学学院	16	18	西藏民族学院民族研究院	11
9	中国人民大学社会与人口学院	14	19	中国社会科学院哲学研究所	11
10	中国社会科学院世界宗教研究所	14	20	中国人民大学马克思主义学院	11

从表 15 – 16 可以看出,发表论文数量最多的两个机构为四川大学道教与宗教文化研究所和南京大学哲学系,发表数量分别为 70 篇和 64 篇。就论文发表数量这一指标而言,这两家机构科研实力相较其他机构有显著优势。在前 20 家高频机构中研究所有 8 家,说明研究所在宗教学研究中占有相当重要的地位。

(5)宗教学社科项目的研究热点分析

论文关键词是用于文献标引的能够全面概括文献主题内容的词,关键词能够在理解文献时起到引导、定位的作用。本研究统计了所有宗教学论文关键词的词频分布,列在表 15 – 17 中的高频关键词能够帮助研究人员对宗教学研究热点进行定位。

表 15 – 17　宗教学社科项目研究的高频关键词

编号	关键词	频次	编号	关键词	频次
1	道教	77	26	少数民族	13
2	宗教	64	27	土家族	13
3	基督教	52	28	美国	12
4	民间信仰	51	29	南传佛教	12
5	伊斯兰教	50	30	文化	12
6	佛教	48	31	现状	11
7	藏传佛教	35	32	特点	11
8	中国化	21	33	云南	11
9	宗教渗透	21	34	宗教心理学	11
10	马克思主义	21	35	天主教	11
11	《古兰经》	20	36	道教文化	10
12	宗教对话	19	37	回族	10
13	和谐社会	19	38	族群认同	10
14	羌族	18	39	大学生	10
15	民间宗教	17	40	和平演变	10
16	泉州	16	41	传播	10
17	中国	15	42	文化侵略	10
18	伊斯兰文化	15	43	儒家	10
19	和谐	15	44	社会和谐	10
20	新疆	15	45	苗族	10
21	汤用彤	15	46	仪式	9
22	影响	14	47	科仪	9
23	宗教信仰	14	48	人间佛教	9
24	宗教文化	13	49	台湾	9
25	敦煌	13	50	全球化	9

从表 15 – 17 中可以看出,身为中国本土宗教的"道教"出现频率最高,是宗教学研究领域的热点。并称为世界三大宗教的"基督教""伊斯兰教"和"佛教"也都出现在前 10 位高频词中。

(6)宗教学社科项目的高被引学术论文分析

根据 CNKI 学术论文数据库中提供的论文被引频次,本次研究统计了被引频次居于前 20 的宗教学社科项目高被引论文,具体论文情况见表 15 – 18。

表 15 – 18　宗教学社科项目资助下的高被引论文分布

编号	论文标题名称	被引次数	下载次数
1	流动穆斯林与大城市回族社区——以南京、上海等城市为例	40	885
2	回族文化模式转型论——基于对大城市回族社区文化模式变迁的思考	38	1049
3	论道教的洞穴信仰	27	564
4	论民族认同与国家认同一体化路径选择	23	1157
5	美国宗教心理学研究的历史、现状与问题	23	1319
6	中国化的马克思主义宗教观研究	22	1457
7	"民间信仰"的重新界说	21	898
8	东部城市流动穆斯林人口的结构特征与就业状况研究——以天津、上海、南京、深圳四城市为考察点	21	411
9	社群整合的历史记忆与"祖籍认同"象征:新加坡华人的祖神崇拜	19	609
10	论德国哲学的神秘主义传统	19	669
11	信仰是一种权力关系的建构——中国社会"信仰关系"的人类学分析	18	682
12	韩国"新村运动"对我国新农村建设的启示	18	241
13	民间信仰的社会凝聚机制:性别角度的初步探讨	18	500
14	近年来马克思主义中国化研究的新进展	18	922
15	基督教与中国"边疆研究"的复兴——中华基督教会全国总会的边疆研究	18	589
16	我国城市流动穆斯林社会适应问题研究——以南京和西安为例	17	512
17	对马克思主义宗教观涵义的阐释	17	1298
18	论道教与科学	17	670
19	约纳斯的责任概念辨析	17	434
20	羌族宗教研究综述	16	712

所选取的前 20 篇高被引学术论文被引频次都超过 15 次,被引频次超过 20 次以上的学术论文共有 8 篇,其中被引次数最高为 40 次。在给出高被引论文的被引频次的同时,本次研究还综合考虑了学术论文的下载次数,在选取的前 20 篇学术论文中,共有 5 篇学术论文的下载次数超过了 1000 次,《中国化的马克思主义宗教观研究》一文的下载量最高,达到 1457 次。另有《对马克思主义宗教观涵义的阐释》一文的下载量达到 1298 次,可见马克思主义宗教观的影响力。

15.5 小结

本章以统计结合内容分析的方法,从宗教学社科项目的年度分布、项目类型分布、项目负责人、负责人职称分布、承担单位、标题的字(词)长度与高频词、项目结项时间跨度、专著出版机构、项目评定结果、项目类型发表论文数量、论文类型及期刊分布、作者数量及高频作者、机构数量及高频机构、研究热点统计和高频论文分析等 20 个维度对宗教学国家社科项目及其研究成果进行了系统的探究。

从项目年度分布情况上来看,经过 1991 年到 1995 年的波动,从 1997 年开始每年的项目资助数量大致呈现稳定的逐年增长趋势。宗教学社科项目中一般项目占比最大,达到 47.74%。对于项目负责人的统计结果表明,项目立项数与项目负责人职称是正相关的;单个负责人所承担的社科项目数量的频次分布图呈指数型下降趋势。在宗教学国家社科项目承担单位中,中国社会科学院以承担了 86 项宗教学国家社科项目数量遥遥领先于其他研究机构,是宗教学研究领域的主力军。

对宗教学国家社科项目的结项情况统计发现,项目平均结项时间为 4.55 年,评定结果为"优秀""良好""合格"的比率分别为 17.50%、57.08% 和 25.42%。

在学术研究成果部分所比较的论文类型及其期刊分布,高产作者及机构分析,高频关键词统计分析等帮助研究者为定位宗教学研究领域的主导力量和研究热点提供了准确的依据,也对宗教学研究未来的发展方向有一定借鉴意义。

16 中国文学

16.1 中国文学国家社科项目基本信息

本研究重点关注中国文学领域的国家社科项目的基本信息及特点。通过对中国文学国家社科项目的年度资助情况分布、社科项目类型分布、项目负责人数量分布、项目负责人职称分布、项目承担单位分布等方面的统计分析,反映出近年来中国文学领域国家社科项目的一些基本信息、特点以及发展趋势。

(1)中国文学的国家社科项目年度资助情况分析

本章对 1991—2014 年间的 24 年国家社科项目的相关数据进行了整理、校对、加工和统计分析,剔除掉一些有问题或者不符合标准的项目数据之后,共得到 3332 条中国文学领域的国家社科项目信息,把 3332 条项目信息按照年份分别列出,如表 16 - 1 所示。

表 16 - 1 中国文学国家社科项目的年度分布情况

编号	项目立项时间	项目资助数量	百分比	编号	项目立项时间	项目资助数量	百分比
1	1991	53	1.59%	13	2003	70	2.10%
2	1992	60	1.80%	14	2004	94	2.82%
3	1993	28	0.84%	15	2005	101	3.03%
4	1994	34	1.02%	16	2006	120	3.60%
5	1995	14	0.42%	17	2007	134	4.02%
6	1996	79	2.37%	18	2008	159	4.77%
7	1997	36	1.08%	19	2009	192	5.76%
8	1998	35	1.05%	20	2010	289	8.67%
9	1999	39	1.17%	21	2011	363	10.89%
10	2000	47	1.41%	22	2012	399	11.97%
11	2001	60	1.80%	23	2013	432	12.97%
12	2002	76	2.28%	24	2014	418	12.55%

从上表中可以看出,中国文学领域的国家社科项目数量随年份变化呈现出较为显著的规律性:20 世纪 90 年代,中国文学国家社科项目的数量逐年变化不大,虽然也有如 1995 年只占 0.42% 比例的 14 个项目这样的"低谷"、如 1996 年占 2.37% 比例的 79 个项目的"高峰",但总体走势趋于平缓,绝大多数年份的项目数量比例都在 1% 至 2% 之间,不同年份之间的落差不明显,增长也不明显;而到了 21 世纪以后,中国文学国家社科项目的数量开始出现一个较为明显的增长趋势,从 2000 年开始,除了 2003 年较之上一年出现小幅度下滑之外

（2.28%下滑至2.10%），其余每一年的项目数量都比上一年有增长，2005年正式迈入3%的门槛，到了2007年就已经达到4%了，5%的比例只在2009年停留了一年，2010年直接跳到8%，相比2009年增幅达到50.5%，是2000年以后增幅最大的一次；此外，2010年之后的4年，中国文学国家社科项目的数量、比例都超过了10%，从项目数量的绝对数值上来看，2010年之后的4年和之前20年的项目数量相比有一个较为明显的提升，2010年之前每年项目数量大多在50—100项之间，从未超过200项，而2010年之后，每年项目数量都至少在350项以上。由此，我们可以把这24年的中国文学国家社科项目的数量，简单分为三个阶段：（1）平和期:1991—1999，（2）发展期:2000—2009，（3）蓬勃期:2010—2014。

（2）中国文学的国家社科项目类型分布状况

中国文学领域的国家社科项目的类型一共有8种，包括了中华学术外译项目、成果文库、重大项目、重点项目、后期资助项目、西部项目、青年项目和一般项目。这8种项目类型的具体分布情况如表16-2所示。

表16-2 项目类型分布状况表

编号	项目类型名称	项目数量	百分比
1	中华学术外译项目	25	0.75%
2	成果文库	27	0.81%
3	重大项目	104	3.13%
4	重点项目	136	4.10%
5	后期资助项目	311	9.36%
6	西部项目	325	9.79%
7	青年项目	740	22.28%
8	一般项目	1653	49.77%

从表16-2中可以看到，中国文学国家社科项目的8种项目类型分布并不平均。其中，一般项目占最大比重，达到49.77%，几乎是所有项目总数量的一半，而青年项目所占比重也很大，达到22.28%，一般项目和青年项目成为了构成中国文学国家社科项目的最主要两个项目类型，两者合在一起所占比重达到了72.05%。此外，中华学术外译项目和成果文库这两个项目所占比重都非常小，分别只占了0.75%和0.81%，而重大项目、重点项目、后期资助项目和西部项目这4个项目所占比重都在3%至10%之间，位于项目数量分布的中间地带。

（3）中国文学的国家社科项目负责人出现频次

由于同一个人可能会主持多个国家社科项目，因此我们统计了中国文学国家社科项目负责人所主持项目的次数信息，在排除了姓名相同或机构名相同的例外记录之后，得到了如表16-3所示的相关数据。

表 16-3　国家社科项目负责人出现频次

编号	主持项目频次	具体人数分布	百分比
1	1	2196	81.91%
2	2	372	13.88%
3	3	91	3.39%
4	4	22	0.82%

从表 16-3 中我们可以看到,只主持了一项国家社科项目的人数占比最多,达到 81.91%,而主持过多个国家社科项目的人数加在一起占比也才 18.09%,远远低于只主持了一项国家社科项目的人数。在主持过多个国家社科项目的数据中,人数比重随着主持项目次数的增长而下降,这一变化规律也符合我们的一般认识:主持项目次数越多则难度越大,人数自然越少,中国文学国家社科项目同一个人主持过的次数最多为 4 次,而主持过项目次数最多的人数占比也最少,只有 0.82%。

(4) 中国文学的国家社科项目负责人职称分布

在对项目负责人主持项目次数进行统计的基础上,我们对项目负责人职称分布情况也做了相应的统计,职称范围主要包括初级、中级、副高级和正高级 4 种,统计得到的数据如表 16-4 所示。

表 16-4　国家社科项目负责人职称分布

编号	专业职务	人数	百分比
1	初级	1	0.04%
2	中级	375	14.99%
3	副高级	895	35.79%
4	正高级	1230	49.18%

从表 16-4 中我们可以发现,主持过中国文学国家社科项目的项目负责人中,拥有正高级职称的人数最多,占比达到 49.18%,几乎占了总人数的一半左右;此外,拥有副高级职称的项目负责人数量也较多,占比 35.79%,两者加起来,拥有高级职称的项目负责人数量达到了 84.97%,是中国文学国家社科项目负责人职称的最主要特征。拥有初级职称的项目负责人占比仅仅为 0.04%,实际只出现过一人次的主持情况,我们可以把这看作是一种特例,初级职称并不是中国文学国家社科项目负责人的职称特征。

(5) 中国文学的国家社科项目承担单位分布情况

前文分析了中国文学国家社科项目的负责人信息,在此基础上,本研究还统计了中国文学国家社科项目的承担单位或机构的信息。由于承担单位的数量较多,本研究只罗列出了承担中国文学国家社科项目数量排名前 50 位的单位名称及承担项目数量,排名前 50 位的单位或机构共承担了 1770 项中国文学国家社科项目,占比超过了 50%,具有一定的代表性和覆盖度。对这些单位机构按照所承担的项目数量进行降序排列,如表 16-5 所示。

表16－5　承担国家社科项目的前50个单位分布情况

编号	单位名称	项目数量	编号	单位名称	项目数量
1	中国社会科学院	95	26	内蒙古大学	31
2	山东大学	63	27	湖南师范大学	31
3	北京师范大学	62	28	四川大学	29
4	北京大学	60	29	黑龙江大学	28
5	南京大学	59	30	华南师范大学	27
6	武汉大学	49	31	厦门大学	27
7	复旦大学	49	32	安徽师范大学	27
8	华东师范大学	48	33	河北师范大学	26
9	河南大学	48	34	杭州师范大学	26
10	南开大学	48	35	新疆师范大学	25
11	福建师范大学	46	36	江西师范大学	25
12	首都师范大学	44	37	西北民族大学	25
13	中山大学	41	38	扬州大学	25
14	浙江师范大学	41	39	四川师范大学	25
15	南京师范大学	40	40	上海大学	24
16	上海师范大学	40	41	青海民族大学	24
17	华中师范大学	38	42	郑州大学	24
18	暨南大学	37	43	河北大学	24
19	中国人民大学	36	44	广西师范大学	24
20	山东师范大学	36	45	内蒙古师范大学	23
21	苏州大学	35	46	湖南大学	23
22	浙江大学	34	47	东北师范大学	23
23	吉林大学	32	48	西南大学	21
24	西北师范大学	32	49	上海社会科学院	19
25	陕西师范大学	32	50	兰州大学	19

　　分析表16－5中的数据可以发现，排名前50位的项目承担单位中，有48个承担单位都是高校，只有中国社会科学院和上海社会科学院属于研究机构，这说明高校仍然是中国文学国家社科项目的最主要申请来源和承担单位归属。分析各个承担单位所承担的项目数量，可以把承担单位分成两个区间：第一个区间是以中国社会科学院为首的、排名1至5位的承担单位，这5所单位所承担的项目数量明显比排在后面的其他单位要多，中国社会科学院排名第一，承担了近100个中国文学国家社科项目，其他4所单位所承担项目的数量也都在60个左右，而排在5名之后的单位所承担项目数量最多也没有超过50个；第二个区间是排名从第6位一直到第50位的45所单位，这45所单位和第一个区间中的5所单位有两个显著的不同之处，一是所承担项目的绝对数量明显变少，二是这45所单位所承担项目数量呈现

出较为平滑的递减趋势,在降序排列的承担单位之间,差距始终在一至两个项目左右,而从排名第5的南京大学到排名第6的武汉大学,差距达到了10个。

16.2　中国文学国家社科项目标题分析

　　除了对中国文学国家社科项目的基本信息进行统计之外,本研究也关注对中国文学国家社科项目在内容层面的挖掘和分析。本研究对中国文学国家社科项目的标题进行了字频统计,并在对其分词的基础上进了词频统计,通过对项目标题中的用字、用词信息的分析,以期能达到挖掘出中国文学国家社科项目的标题特点和研究热点趋势的目的。

(1) 中国文学的国家社科项目标题字的长度分布

　　本研究按照汉字编码规范对中国文学国家社科项目的所有标题用字进行了长度统计,统计数据见表 16 – 6 和图 16 – 1 所示。

表 16 – 6　社科项目标题字的长度分布

编号	标题字长度	项目数量分布	编号	标题字长度	项目数量分布
1	3	2	21	23	58
2	4	26	22	24	43
3	5	64	23	25	32
4	6	106	24	26	23
5	7	151	25	27	18
6	8	209	26	28	22
7	9	217	27	29	7
8	10	277	28	30	15
9	11	255	29	31	11
10	12	239	30	32	7
11	13	257	31	33	5
12	14	246	32	34	10
13	15	201	33	35	4
14	16	198	34	36	2
15	17	174	35	37	5
16	18	119	36	38	3
17	19	116	37	39	1
18	20	86	38	40	1
19	21	65	39	43	1
20	22	56	40	--	--

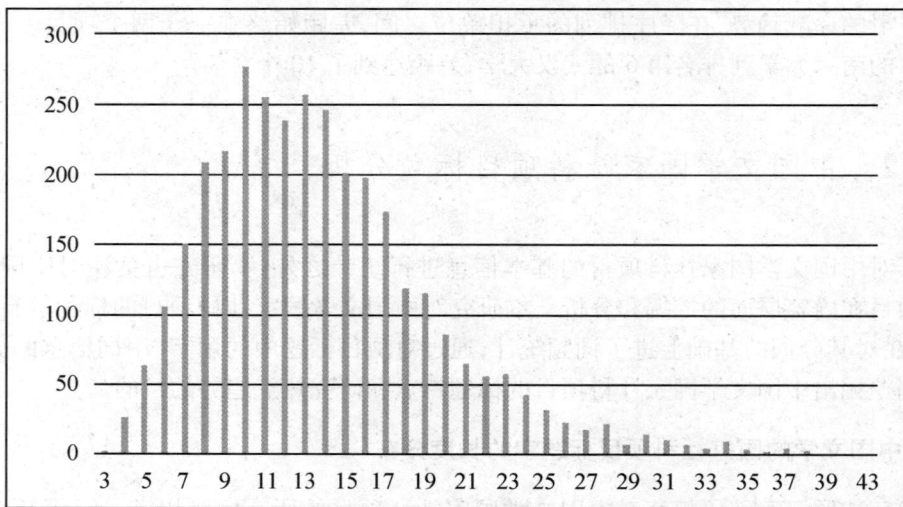

图 16 - 1　社科项目标题字的长度分布

从表 16 - 6 中可以看到,中国文学国家社科项目的标题长度最长为 43 个汉字,最短为 3 个汉字,大多数的项目数量都分布在标题长度为 4 至 17 之间,越靠近两端(最长标题和最短标题)项目数量越少,标题长度为 3 的项目数量仅为两个,而标题长度在 38 以上的项目数量均为 1 个。通过图 16 - 1 可以很明显地看到这种分布的特点,这是一条类似正态分布的曲线。

(2)中国文学的国家社科项目标题词的长度分布

和用字长度的分析类似,本研究在对项目标题进行分词的基础上,统计了以词为单位的中国文学国家社科项目的标题长度信息,统计数据如表 16 - 7 和图 16 - 2 所示。

表 16 - 7　中国文学国家社科项目标题词的长度分布情况

编号	标题词长度	项目数量分布	编号	标题词长度	项目数量分布
1	1	1	14	14	69
2	2	36	15	15	41
3	3	128	16	16	34
4	4	291	17	17	27
5	5	418	18	18	9
6	6	405	19	19	16
7	7	423	20	20	7
8	8	431	21	21	6
9	9	307	22	22	4
10	10	255	23	23	3
11	11	178	24	24	4
12	12	128	25	25	2
13	13	109	26	——	——

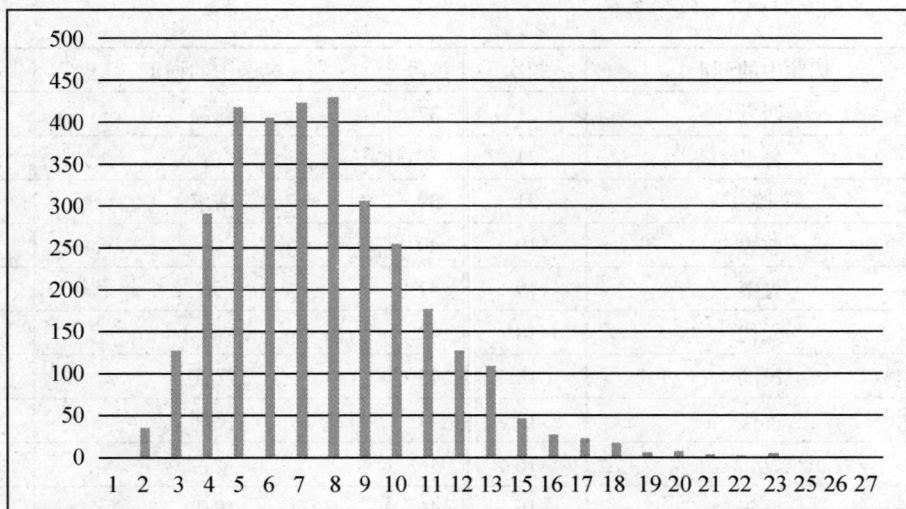

图 16 – 2 　中国文学国家社科项目标题词的长度分布情况

　　观察表 16 – 7 中的数据可以发现,中国文学国家社科项目的标题词长分布特点和标题字长分布特点很接近,最短词长为 1,最长词长为 25,大部分的项目都分布在词长为 3 至 13 之间,这个区间里的每个词长都至少有 100 个以上的项目数量,而越靠近两端(最长词长和最短词长)则项目数量越少。把这种分布特点用图 16 – 2 的方式呈现出来,仍然是一条接近正态分布的曲线。

(3) 中国文学的国家社科项目标题高频词分析

　　本研究对中国文学国家社科项目标题的用词频率进行了统计,通过观察标题用词的分布特征来分析中国文学国家社科项目的研究热点及趋势。我们截取了词频排名前 50 位的高频词,如表 16 – 8 所示。

表 16 – 8 　社科项目标题中的前 50 个高频词

编号	标题中的词汇	频次	编号	标题中的词汇	频次
1	中国	464	12	现代	48
2	《	176	13	唐代	45
3	》	176	14	明代	41
4	新	86	15	明清	39
5	"	81	16	文化	34
6	"	81	17	蒙古族	28
7	20	81	18	二十	27
8	清代	71	19	唐	27
9	当代	62	20	马克思主义	23
10	文学	55	21	中	23
11	宋代	53	22	汉	21

续表

编号	标题中的词汇	频次	编号	标题中的词汇	频次
23	西方	21	37	新疆	13
24	鲁迅	21	38	清	13
25	晚	21	39	南宋	12
26	敦煌	19	40	宋	12
27	先秦	19	41	元	12
28	元代	18	42	两	12
29	民国	18	43	汉代	12
30	古代	18	44	民间	11
31	从	16	45	蒙古	11
32	百年	16	46	历代	11
33	魏晋	15	47	地域	11
34	近代	15	48	日本	11
35	近	15	49	南	11
36	清末	13	50	后	11

表 16-8 中词语频率排名前 50 位的词语也包含了对标点符号的统计,事实上社科项目标题中是基本不会出现诸如句号、逗号、问号这类常用标点符号的,但出现过的标点符号使用频率都非常高,如表 16-8 中排名第 2、3 名的书名号和排名第 5、6 名的双引号,这也反映出中国文学国家社科项目的内容大多是关于著作、典籍或者命名实体的研究选题。观察排名前 50 位的高频词语可以发现,词语频次的分布并不均匀,排名前 3 位的词语的频率远远高于之后的其他词语,而"中国"这个词语作为中国文学国家社科项目标题中频率最高的词语,出现次数超过了排在之后任意词语频率的两倍以上,平均每 7 项中国文学国家社科项目就有一项的标题包含"中国"这个词语。此外,排名前 50 位的词语中,有 26 个词语和年代或者朝代相关,这也反映出历时角度的研究是中国文学国家社科项目的最主要研究方向之一。

16.3 中国文学国家社科项目的结项情况统计

本研究对中国文学国家社科项目的结项情况进行了统计,包括对项目的结项时间跨度统计、出版专著的机构统计和结项评定结果统计三个方面的分析,并据此得到了中国文学国家社科项目的结项情况的概况。

(1)中国文学的国家社科项目结项时间跨度

中国文学国家社科项目的结项时间跨度等于结项时间减去立项时间,由于许多项目的结项时间跨度过长,本研究只统计了时间跨度小于或等于 8 年的项目数据,超过 8 年未结项的项目不予统计,如表 16-9 所示。

表 16 - 9　中国文学社科项目结项时间跨度分布表

编号	结项时间（以年为单位）	项目数量
1	1	29
2	2	86
3	3	216
4	4	288
5	5	225
6	6	208
7	7	114
8	8	40

表 16 - 9 中的数据表明，在 8 年内完成结项的项目数量为 1206 个，占全部项目数量的 32.19%，由此可见大部分项目的结项时间跨度都超过了 8 年甚至至今仍未能结项，中国文学国家社科项目的延期结项现象比较严重。在 8 年内可以完成结项的项目中，多数项目都在 3 至 6 年之内完成了结项，结项数量的占比达到 77.69%，而能够在 1 至 2 年内就迅速完成结项的项目数量和要拖到 7 至 8 年才能完成结项的项目数量都相对较少。

（2）出版中国文学国家社科项目专著的机构统计分析

项目中出版专著的数量和质量是展现中国文学国家社科项目成果的重要形式之一。通过对项目中专著的出版社进行统计，可以达到考察中国文学国家社科项目完成情况和完成指标的目的。本研究统计了中国文学国家社科项目成果专著的出版社信息，并根据出版专著的数量进行降序排序，列出了排名前 25 位的出版社，如表 16 - 10 所示。

表 16 - 10　出版中国文学专著的前 25 个单位

编号	出版社名称	出版数量	编号	出版社名称	出版数量
1	中国社会科学出版社	33	14	南开大学出版社	4
2	人民出版社	31	15	河北人民出版社	4
3	人民文学出版社	28	16	内蒙古教育出版社	3
4	北京大学出版社	25	17	三联书店	3
5	中华书局	22	18	广东人民出版社	3
6	社会科学文献出版社	10	19	花山文艺出版社	3
7	商务印书馆	8	20	百花文艺出版社	3
8	上海人民出版社	7	21	中央编译出版社	3
9	上海三联书店	6	22	安徽大学出版社	3
10	浙江大学出版社	5	23	河南人民出版社	3
11	山东大学出版社	4	24	上海文艺出版社	3
12	广西师范大学出版社	4	25	民族出版社	3
13	华东师范大学出版社	4	26	——	——

观察表 16 – 10 中的数据可以发现，中国社会科学出版社、人民出版社、人民文学出版社、北京大学出版社、中华书局这 5 家排名最靠前的出版社是出版中国文学国家社科项目成果专著最主要和最集中的出版机构。排在之后的出版社没有一家的专著出版数量能够超过 10 部，而排名靠前的这 5 家出版社的专著出版数量都超过了 20 部。

（3）中国文学的国家社科项目结项评定结果

中国文学国家社科项目的结项判定结果包括三个类别："合格""优秀"和"良好"。本研究统计了中国文学国家社科项目所有三个判定结果类别的项目数量信息，并计算出各自所占百分比，如表 16 – 11 所示。

表 16 – 11　中国文学的国家社科项目评定结果分布

编号	项目结果评定类别	具体项目数量	百分比
1	合格	156	18.80%
2	优秀	244	29.40%
3	良好	430	51.81%

观察表 16 – 11 中的数据可以发现，评定结果为"良好"的中国文学国家社科项目数量最多，占比达到 51.81%，超过了评定结果为合格和优秀的项目数量的总和，"良好"是中国文学国家社科项目最常见的项目判定结果。评定结果为"优秀"的项目数量为 244 项，占比为 29.40%，几乎是判定结果为"合格"的项目数量的两倍，可以看出中国文学国家社科项目评定结果为"优秀"的比重不小，评定结果为"合格"的数量最少。

16.4　中国文学国家社科项目学术研究成果统计

高水平的学术论文是中国文学国家社科项目学术研究成果的最重要组成部分。本研究根据中国文学国家社科项目的基金课题名称或者基金项目编号，在中国知网（CNKI）学术论文数据库中，检索得到了中国文学国家社科项目发表的各类学术论文及其相关信息。在对检索得到的论文数据进行汇总和统计的基础上，本研究从 9 个角度对所得到的论文数据进行了分析，这 9 个分析角度分别为"不同中国文学社科项目发表论文数量分布情况""中国文学社科项目学术论文的类型分布统计""中国文学社科项目发表学术论文的期刊分布""中国文学学术论文的作者数量分布""中国文学学术论文的高频作者分布""中国文学发表学术论文的机构分布""中国文学发表学术论文的高频机构分布""中国文学社科项目研究的高频关键词分布""中国文学社科项目资助下的高被引论文分布"。

（1）不同中国文学社科项目发表论文数量分布情况

根据前文所述的中国文学国家社科项目的 8 个项目类型，本研究统计得到每一个项目类型的发表论文数量，并计算出所占百分比，如表 12 – 12 所示。

表 16 – 12　不同社科项目发表学术论文数量的分布情况

编号	项目类型	发表论文数量	百分比
1	一般项目	6798	46.59%
2	中华学术外译项目	98	0.67%
3	青年项目	3087	21.16%
4	成果文库	89	0.61%
5	重点项目	581	3.98%
6	重大项目	2022	13.86%
7	西部项目	1213	8.31%
8	后期资助项目	703	4.82%

从表 16 – 12 中可以看出,一般项目是中国文学国家社科项目中发表论文数量最多的项目类型,占比达到了 46.59%,接近一半,这和前文所述表 16 – 2 中的项目数量分布情况相符合,因为一般项目的项目数量占比就达到了 49.77%,所以发表论文的数量自然也是最多。发表论文数量排在第二的项目类型是青年项目,占比 21.16%,排在第三的项目类型是重大项目,重大项目的项目数量只占比 3.13%,但所发表的学术论文数量占比却达到了 13.86%,这组数据充分体现出了重大项目的学术论文产出能力。其余 5 个项目类型所发表论文的数量加在一起占比也只有 18.39%,可以看出,一般项目、青年项目和重大项目是中国文学国家社科项目发表学术论文的主力军,其中重大项目是中国文学国家社科项目学术论文的高产地。

(2)中国文学项目所发表论文的类型及期刊分布情况

本研究按照期刊论文和会议论文这两种类型,统计得到了中国文学国家社科项目所发表学术论文的类型信息,如表 16 – 13 所示。

表 16 – 13　中国文学社科项目发表学术论文类型情况

编号	学术论文类型	论文数量	百分比
1	期刊	14380	98.53%
2	会议	214	1.47%

从表 16 – 13 中可以看出,期刊论文所占比重达到了 98.53%,远远超出会议论文所占的比重,期刊论文是中国文学国家社科项目所发表学术论文的最主要类型。

在此基础上,本研究对所有发表过中国文学国家社科项目学术论文的期刊进行了统计分析,列出了发表中国文学国家社科项目学术论文的数量排名前 50 位的期刊信息,如表 16 – 14 和图 16 – 3 所示。

表 16 – 14　发表中国文学社科项目论文前 50 的期刊分布

编号	期刊名称	论文数量	编号	期刊名称	论文数量
1	文艺争鸣	228	4	文学评论	154
2	文艺研究	190	5	文艺理论研究	143
3	中国现代文学研究丛刊	172	6	文学遗产	140

续表

编号	期刊名称	论文数量	编号	期刊名称	论文数量
7	民族文学研究	132	29	广西社会科学	70
8	当代文坛	120	30	文史哲	69
9	文艺评论	120	31	暨南学报(哲学社会科学版)	69
10	名作欣赏	116	32	南京师范大学文学院学报	69
11	江西社会科学	106	33	学习与探索	67
12	中国文学研究	101	34	江汉论坛	67
13	西北师大学报(社会科学版)	101	35	华夏文化论坛	66
14	当代作家评论	96	36	南京师大学报(社会科学版)	63
15	南方文坛	90	37	兰州大学学报(社会科学版)	62
16	学术研究	84	38	中国文化研究	61
17	淮阴师范学院学报(哲学社会科学版)	84	39	鲁迅研究月刊	61
18	陕西师范大学学报(哲学社会科学版)	80	40	福建论坛(人文社会科学版)	61
19	中山大学学报(社会科学版)	80	41	学术论坛	60
20	北方论丛	77	42	学术月刊	60
21	马克思主义美学研究	76	43	井冈山大学学报(社会科学版)	59
22	社会科学战线	75	44	广西师范大学学报(哲学社会科学版)	59
23	兰州学刊	74	45	扬子江评论	57
24	海南师范大学学报(社会科学版)	73	46	东岳论丛	57
25	齐鲁学刊	73	47	江海学刊	56
26	中州学刊	73	48	明清小说研究	56
27	西南大学学报(社会科学版)	71	49	贵州社会科学	56
28	甘肃社会科学	70	50	中南大学学报(社会科学版)	56

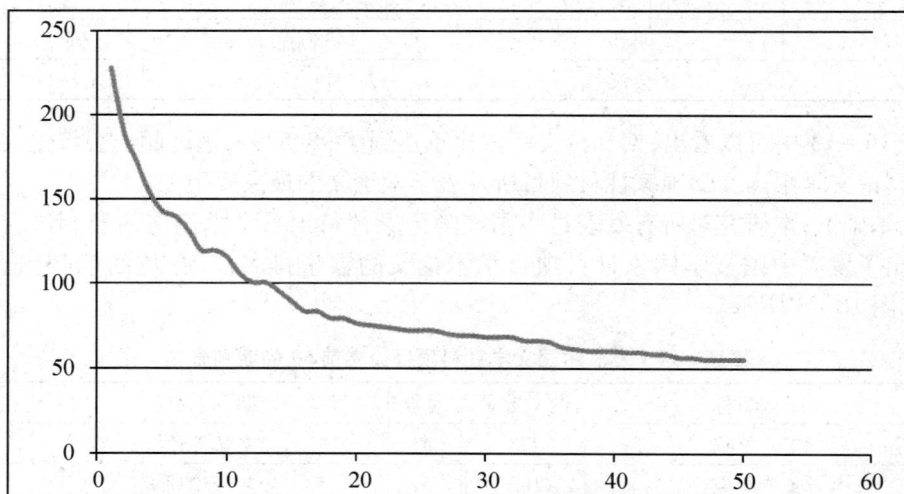

图16-3 发表中国文学社科项目论文前50的期刊分布

观察表 16 – 14 中的数据和图 16 – 3 中的走势曲线可以发现,排名前 50 位的期刊所发表的中国文学社科项目学术论文的数量相对均衡,没有出现较大的落差和数据稀疏,走势曲线在 10 名之前有较明显的下落角度,从 10 名之后,曲线开始趋于平稳,大部分期刊的学术论文发表数量都稳定在 50 至 70 篇这个区间内。《文艺争鸣》《文艺研究》《中国现代文学研究丛刊》《文学评论》等排名在前 10 位的期刊是中国文学国家社科项目学术论文的主阵地。

(3) 中国文学项目所发表论文的作者分布情况

本研究统计了中国文学国家社科项目学术论文的作者数量信息,一共出现过三种作者数量,分别是 1、2、3,统计得到每一种作者数量所对应的论文数量和所占百分比,如表 16 – 15 所示。

表 16 – 15　中国文学学术论文作者数量分布情况

编号	作者数量	论文数量	百分比
1	1	12192	83.67%
2	2	2288	15.70%
3	3	91	0.62%

从表 16 – 15 中可以看出,单个作者的学术论文数量最多,占比达到 83.67%;有两位作者的学术论文数量排第二,占比 15.70%;而有三位作者的学术论文数量非常少,仅仅只有 91 篇,占比不到 1%。

在此基础上,本研究又统计了中国文学国家社科项目学术论文的高频作者分布情况,统计出每一位作者发表学术论文的频次,取排名靠前的 50 名作者并按降序排列,如表 16 – 16 和图 16 – 4 所示。

表 16 – 16　学术论文高频作者分布表

编号	作者姓名	频次	编号	作者姓名	频次
1	黄发有	71	14	朱则杰	39
2	沈文凡	68	15	叶舒宪	39
3	胡建次	63	16	段吉方	36
4	黎国韬	58	17	许结	36
5	张利群	58	18	张树国	34
6	胡全章	49	19	张玉能	33
7	刘锋杰	49	20	王辉斌	32
8	欧阳友权	48	21	黄万华	32
9	古远清	46	22	王春林	32
10	王立	45	23	曹胜高	32
11	李占鹏	41	24	杨向荣	32
12	左鹏军	41	25	李怡	31
13	陈红旗	39	26	陈方竞	31

续表

编号	作者姓名	频次	编号	作者姓名	频次
27	蒲向明	31	39	魏宏远	25
28	梁工	30	40	刘士林	25
29	赵学勇	30	41	罗时进	25
30	木斋	29	42	刘运好	25
31	章罗生	29	43	王兆鹏	25
32	何诗海	29	44	张思齐	25
33	谭善明	28	45	张堂会	25
34	卢衍鹏	27	46	胡大雷	25
35	刘俊	27	47	陈军	24
36	钟振振	27	48	赵静蓉	24
37	王伟	26	49	胡可先	23
38	李永东	26	50	刘忠	23

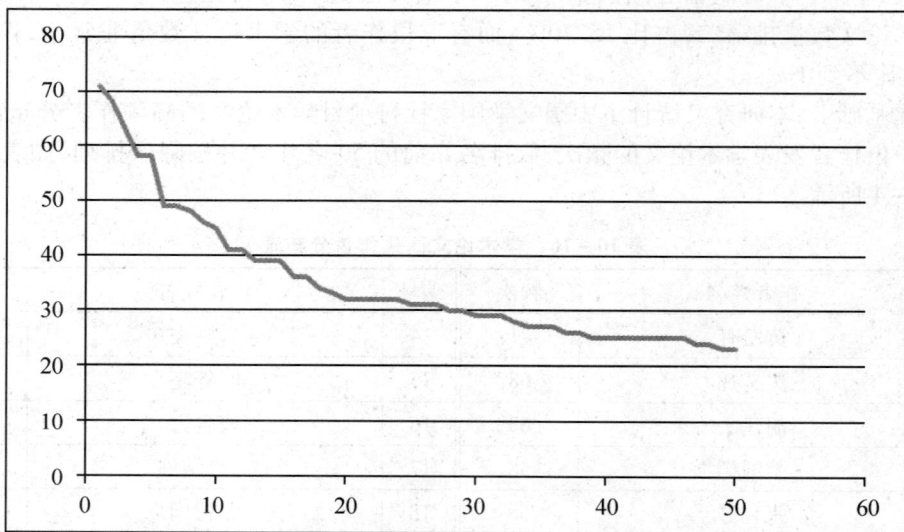

图 16 - 4　学术论文高频作者分布表

　　从表 16 - 16 的数据和图 16 - 4 的走势曲线可以看出,中国文学国家社科项目学术论文作者的频次分布比较均匀,随排名有明显的递减趋势,但同时又没有出现过突兀的落差和波动,整条曲线呈现出较为平滑的下落走势,最终收敛在 20 至 30 区间内。排名前 10 位的作者所发表的学术论文数量较排名之后的作者有较为明显的差距,前 10 位作者所发表论文数量占论文总数的 31.75%,图 4 中的曲线走势角度也可以印证这一数据,这部分作者是中国文学国家社科项目中学术论文的领军和代表性人物。

（4）中国文学项目所发表论文的作者机构分布情况

本研究统计了中国文学国家社科项目学术论文的作者机构信息,学术论文的作者机构数量一共有 4 种情况,最少为一个机构最多为 4 个机构,统计得到每一种机构数量所对应的学术论文数量以及所占百分比,如表 16 - 17 所示。

表 16 - 17　中国文学学术论文机构数量分布情况

编号	论文机构数量	发表论文数量	百分比
1	1	12031	83.37%
2	2	2042	14.15%
3	3	332	2.30%
4	4	25	0.17%

从表 16 - 17 中可以看到,大部分的中国文学国家社科项目的学术论文都只有一个论文机构,这种情况占比 83.37%。一篇学术论文有两个作者机构的情况排第二,占比 14.15%,而有三个作者机构和四个作者机构的情况就非常少了,加在一起占比只有 2.47%。

在对作者机构数量进行统计分析的基础上,本研究又统计了中国文学国家社科项目学术论文的高频机构分布情况,统计得出每一个高频机构所发表学术论文的数量并按照降序排列,取排名靠前的 20 个机构,如表 16 - 18 所示。

表 16 - 18　学术论文高频机构分布表

编号	机构名称	论文数量	编号	机构名称	论文数量
1	南京大学文学院	250	11	南开大学文学院	144
2	陕西师范大学文学院	236	12	扬州大学文学院	138
3	吉林大学文学院	215	13	北京师范大学文学院	136
4	南京师范大学文学院	209	14	河南大学文学院	133
5	武汉大学文学院	200	15	中国社会科学院文学研究所	128
6	南京大学中国新文学研究中心	185	16	四川大学文学与新闻学院	127
7	广西师范大学文学院	180	17	山东大学文学与新闻传播学院	121
8	华中师范大学文学院	177	18	西南大学文学院	118
9	苏州大学文学院	176	19	江苏师范大学文学院	118
10	中山大学中文系	152	20	复旦大学中文系	115

从表 16 - 18 中的数据可以看出,不同的高频机构所发表学术论文的数量之间没有很巨大的落差,除了排名前 5 位的高频机构之外,排名之后的高频机构所发表学术论文的数量都在 100—200 篇之间,波动较小。排名第一位的是南京大学文学院,共发表学术论文 250 篇,排名第二位的是陕西师范大学文学院,共发表学术论文 236 篇,这两个高频机构所发表学术论文的数量领先其他高频机构的幅度较大。其实,在前文所述的承担中国文学国家社科项目数量最多的 50 个单位分布数据中(表 16 - 5),南京大学和陕西师范大学排名并不靠前,南京大学排名第 5,而陕西师范大学排名第 25,承担项目数量最多的中国社会科学院在表

16－18中只排在第15位。虽然表16－18中的所有高频机构都出现在了表16－5中承担社科项目数量最多的前50个单位的名单里,但显然两者之间不是等价关系,发表学术论文的数量和承担项目的数量不能直接挂钩。

(5)中国文学社科项目的研究热点分析

本研究统计了中国文学国家社科项目研究的高频关键词信息,通过对这些高频关键词的分析可以揭示出中国文学国家社科项目的研究热点所在。将所有高频关键词按照频次信息降序排列,取排名前50位的高频关键词,如表16－19所示。

表 16－19 中国文学社科项目研究的高频关键词

编号	关键词	频次	编号	关键词	频次
1	现代性	205	26	明代	58
2	鲁迅	167	27	研究	58
3	文学	116	28	反思	54
4	文学批评	99	29	传播	50
5	影响	98	30	诗学	50
6	文学传统	94	31	经典化	49
7	当代文学	92	32	戏曲	49
8	现代文学	91	33	版本	48
9	诗歌	91	34	中国当代文学	47
10	中国文学	90	35	骈文	46
11	意识形态	88	36	地域文化	46
12	小说	85	37	人物形象	46
13	文体	84	38	沈从文	44
14	莫言	83	39	台湾文学	44
15	清代	83	40	陶渊明	43
16	文学创作	79	41	艺术	42
17	审美	68	42	美学	42
18	接受	68	43	王国维	42
19	叙事	68	44	价值	42
20	文学理论	66	45	周扬	41
21	小说叙事	65	46	中国	41
22	文化	60	47	佛教	41
23	宋代	60	48	生态批评	40
24	文学史	59	49	马克思主义	40
25	唐代	59	50	自然	39

　　从表 16 - 19 中的数据可以看到,中国文学国家社科项目的最高频关键词是"现代性",排在第 2 位和第 3 位的高频关键词分别是"鲁迅"和"文学",这三个高频关键词的频次较之排在后面的其他关键词要高出许多,前三名高频关键词的频次递减幅度为 50 左右,而从第 4 名一直到第 50 名的频次递减幅度最多没有超过 5。分析这些高频关键词可以发现,中国文学国家社科项目的研究热点相对广泛,研究范围涉及中国文学领域的方方面面,从著名文学作家、历朝历代文学特点、现当代文学特点、不同地域文学特点到文学横向比较研究等领域都有着较高的关注度。

(6)中国文学社科项目的高被引学术论文分析

　　学术论文的被引用次数和下载次数可以反映出该论文的学术价值和学术影响力。本研究统计了中国文学国家社科项目资助下的高被引学术论文的分布情况,列出了每篇高被引学术论文的被引用次数和被下载次数,按照被引用次数降序排列并取排名前 20 位的论文,如表 16 - 20 和图 16 - 5 所示。

表 16 - 20　中国文学社科项目资助下的高被引论文分布

编号	论文标题名称	被引次数	下载次数
1	图像叙事:空间的时间化	104	2474
2	数字媒介与中国文学的转型	80	2205
3	董事会独立性的交互效应和中国资本市场独立董事制度政策效果的评估	76	3557
4	网络艺术的后审美范式	75	589
5	生态批评:界定与任务	67	1780
6	图像叙事与文字叙事——故事画中的图像与文本	58	1849
7	现代人的认同危机与怀旧情结	57	1492
8	论媒介形象及其生产特征	54	1723
9	空间问题的凸显与空间叙事学的兴起	50	1728
10	想象的文化记忆———论怀旧的审美心理	49	1316
11	民国机制:中国现代文学的一种阐释框架	45	678
12	怀旧文化事件的社会学分析	43	1662
13	明代六朝派的演进	41	476
14	粉丝文化研究:阅读—接受理论的新拓展	39	1842
15	关于唱和诗词研究的几个问题	39	845
16	巴赫金的狂欢化理论与新时期中国大众文化研究	39	911
17	消费文化语境中文学经典的处境和命运	37	1063
18	文化生产与非物质文化遗产生产性保护	36	1577
19	古代小说插图方式之演变及意义	36	718
20	论中国乡土小说的二重叙述困境	36	797

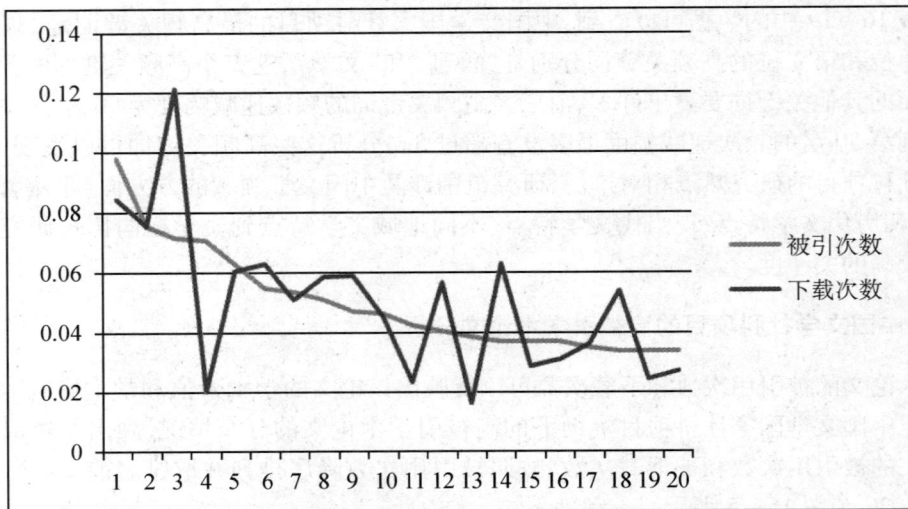

图 16 –5 　中国文学社科项目资助下的高被引论文分布

　　观察表 16 – 20 中的数据可以发现,中国文学国家社科项目高被引学术论文的分布总体上呈平稳递减的走势,除了排名第一位的学术论文"图像叙事:空间的时间化"被引用次数高达 104 次、远远超过其他高被引学术论文之外,排名第 2 至 20 位的高被引学术论文的被引用次数之间没有出现明显的落差和不均衡,从图 16 – 5 的走势曲线中也能看出这一点,曲线的下滑角度是平缓渐进的。此外,可以看到被引用次数和被下载次数的走势并不完全吻合,高被引并不意味着高下载量,比较图 16 – 5 中两条曲线的不同走势可以很直观地发现这个特点。

16. 5 　小结

　　本章研究重点关注中国文学领域的国家社科项目,以使用国家社科项目的基金名或者基金号在中国知网(CNKI)学术论文数据库中检索得到的关于中国文学国家社科项目的基本信息为主要依据,对中国文学国家社科项目基本信息、中国文学国家社科项目标题、中国文学国家社科项目结项情况、中国文学国家社科项目学术研究成果四个方面以及各自具体子内容进行了详尽的统计分析,反映出近年来中国文学领域国家社科项目的一些基本信息、分布特点以及发展趋势。本章研究成果构成了近年来中国文学国家社科项目的大体框架。

　　本研究对 1991 至 2014 年 24 年间的中国文学国家社科项目的相关数据进行了统计分析,认为中国文学国家社科项目的发展经历了三个阶段:(1)平和期:1991—1999,(2)发展期:2000—2009,(3)蓬勃期:2010—2014。一般项目和青年项目是构成中国文学国家社科项目的最主要类型,两者合在一起所占比重达到了 72.05% 。只主持过一项国家社科项目的人数占比最多,达到 81.91% ,主持过中国文学国家社科项目的项目负责人中,拥有正高级职称的人数最多,高级职称是中国文学国家社科项目负责人的最主要职称特征。

　　中国文学国家社科项目的标题长度主要集中在 4 至 17 个汉字或者 2 至 13 个词语之间,越靠近两端则项目数量越少。中国文学国家社科项目的内容大多是关于著作、典籍或者命名实体的研究选题。排名前 50 位的标题词语中,有 26 个词语和年代或者朝代相关,这也反映出历时角度的研究是中国文学国家社科项目的最主要研究方向之一。

在全部的中国文学国家社科项目中,能够在 8 年内完成结项的项目数量仅为 1206 个,占全部项目数量的 32.19%,中国文学国家社科项目的延期结项现象比较严重。项目评定结果为"良好"的中国文学国家社科项目数量最多,占比达到 51.81%,超过了评定结果为"合格"和"优秀"的项目数量的总和,"良好"是中国文学国家社科项目最常见的项目判定结果。评定结果为"合格"的项目数量最少。

一般项目、青年项目和重大项目是中国文学国家社科项目发表学术论文的主力军,其中重大项目是中国文学国家社科项目学术论文的高产地。《文艺争鸣》《文艺研究》《中国现代文学研究丛刊》《文学评论》等排名在前 10 位的期刊是中国文学国家社科项目学术论文的主阵地。单个作者的学术论文数量最多,占比达到 83.67%,排名前 10 位的中国文学学术论文的作者所发表的学术论文数量占论文总数的 31.75%,这部分作者是中国文学学术论文的领军和代表性人物。中国文学国家社科项目的研究热点相对广泛,从著名文学作家、历朝历代文学特点、现当代文学特点到不同地域文学特点、文学横向比较研究都有着较高的关注度,研究范围涉及中外文学领域的方方面面。

17 外国文学

17.1 外国文学国家社科项目基本信息

为了对国家社科基金资助下的外国文学进行较为科学的描述性的分析研究,本章对外国文学国家社科项目的年度资助项目的数量、不同项目的类型分布、项目负责人出现的频次、项目负责人的职称分布以及项目的承担单位这5方面的数据进行了收集、统计和加工,根据已经处理好的数据由这5方面展开进行分析和研究。

(1)外国文学的国家社科项目年度资助情况分析

本章获取了从1991年至2014年这24年间的外国文学的国家社科项目的资助数据,在对数据进行严格的筛选和处理之后,共获取了1014个不同类型的外国文学的国家社科项目,并按年度进行了排序,具体见图17－1。

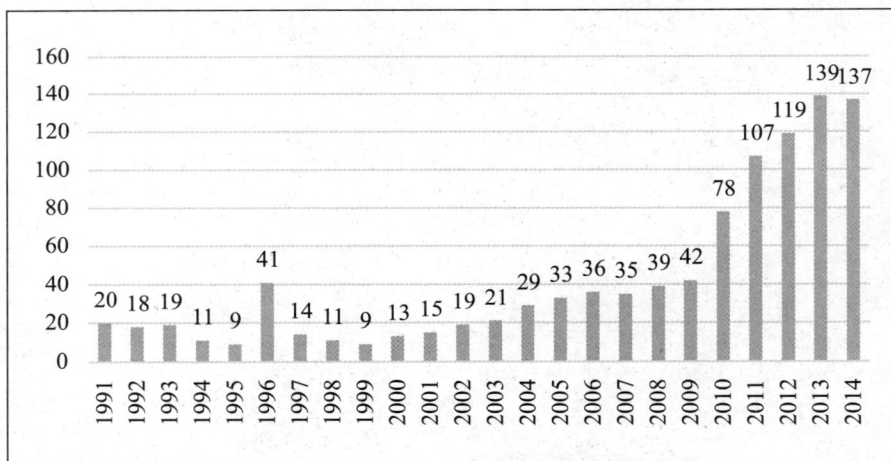

图17－1 外国文学国家社科项目年度分布图

从图17－1中可以看出,外国文学的国家社科项目1991—2014年期间大致呈逐步稳定上升趋势。从整体上看,1991—1995年出现了下降的趋势,其中1995年是立项最少的一年,仅有9项,占整个年份统计量的0.89%。但在1995—1996年出现了大幅度的增长,1996年立项为41项,增长了32项。在2009—2010年间是立项数目增幅最大的一年,增幅数目为36项。

1997—2014年期间立项数目稳步持续增长,并在2013年达到最高峰,占整个年份统计量的13.71%。2014年的国家社科项目占整个统计量的13.51%,相较2013年略微下降,但长远来看,这并不影响外国文学的国家社科项目整体的增长趋势。根据图17－1,可知外国文学的国家社科项目将继续呈现稳步上升趋势,具有较好的发展前景。

(2)外国文学的国家社科项目类型分布状况

外国文学的国家社科项目覆盖了重大项目、后期资助项目、成果文库、重点项目、西部项目、青年项目、中华学术外译项目和一般项目 8 种类型的国家社科项目。项目类型的分布见图 17 - 2。

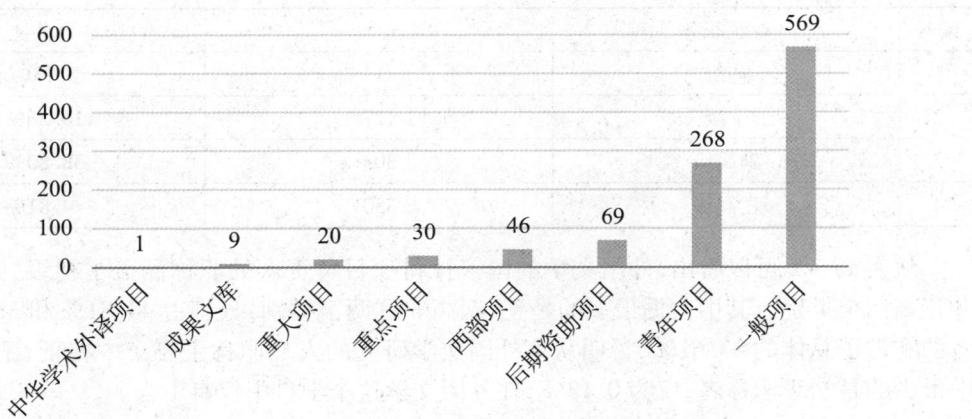

图 17 - 2　项目类型图

根据图 17 - 2 可知,一般项目占据了外国文学国家社科项目中的最主要的部分,占整个项目的 56.23%。占第二位的是青年项目,占整个项目的 26.43%,从中不难发现青年研究者在外国文学的研究上相当活跃,青年研究者在外国文学研究这一舞台上表现突出。

从各类型的项目在总体中占的比重来看,重大项目虽然只占 0.89%,但从一定程度上也说明了该学科在探究重大社会问题上依然具有较高的表现力。

(3)外国文学的国家社科项目负责人出现频次

根据外国文学研究者所承担项目的数量,结合考虑了同一姓名和同一单位的项目承担者,本研究统计了项目负责人的出现频次,具体见表 17 - 1。

表 17 - 1　国家社科项目负责人出现频次

编号	主持项目频次	具体人数分布	百分比
1	1	793	89.30%
2	2	67	7.55%
3	3	25	2.82%
4	4	3	0.34%

基于表 17 - 1 不难看出,在主持项目的所有主持人之中,只主持过 1 个项目的研究者占据了绝大多数,占整体的 89.30%,由此可以看出,国家社科项目的负责人一般只主持过 1 个项目,这从一方面体现了国家社科项目的公正性。主持过两个项目的研究者相对主持过 1 个项目的研究者,人数急剧下降,仅为 7.55%。从统计的数据来看,研究者主持项目最多的

数量为 4 个,而达到这个数量的研究者人数仅有 3 位,仅占总体的 0.34%。

(4)外国文学的国家社科项目负责人职称分布

根据可以获取到的外国文学的项目中所列出的研究者职称,本研究统计了承担外国文学的研究者所具备的职称,具体见表 17 - 2。

表 17 - 2 国家社科项目负责人职称分布

编号	专业职务	人数	百分比
1	初级	1	0.13%
2	中级	127	16.26%
3	副高级	303	38.80%
4	正高级	350	44.81%

从表 17 - 2 可以看出,外国文学的国家社科项目负责人的职称涵盖了初级、中级、副高和正高四个类别。其中占据最多的是正、副高职称两个类别,分别占 44.81% 和 38.80%,二者的和占了总体的 83.61%,说明从事外国文学研究的人员职称主要集中在正、副高级。其中最少的是初级职称者,仅为 0.13%,在外国文学这个学科中仅有 1 人。

(5)外国文学的国家社科项目承担单位分布情况

在对外国文学的国家社科项目承担单位进行统一整理的基础上,经过统计,本章获取到了承担国家各种类型社科项目的前 50 个单位,按照承担项目数量由多及少进行排序,具体分布情况见表 17 - 3。

表 17 - 3 承担国家社科项目的前 50 个单位分布情况

编号	单位名称	项目数量	编号	单位名称	项目数量
1	中国社会科学院	42	14	复旦大学	14
2	北京大学	39	15	上海外国语大学	14
3	南京大学	34	16	厦门大学	14
4	北京师范大学	28	17	东北师范大学	13
5	浙江大学	26	18	对外经济贸易大学	12
6	北京外国语大学	25	19	延边大学	12
7	四川外国语大学	24	20	首都师范大学	12
8	湖南师范大学	23	21	天津师范大学	12
9	四川大学	23	22	河南大学	11
10	华中师范大学	21	23	山东大学	11
11	南京师范大学	17	24	西南大学	10
12	华东师范大学	17	25	解放军外国语学院	10
13	中国人民大学	15	26	杭州师范大学	10

编号	单位名称	项目数量	编号	单位名称	项目数量
27	上海师范大学	9	39	四川师范大学	7
28	苏州大学	9	40	湘潭大学	7
29	武汉大学	9	41	中山大学	7
30	上海交通大学	8	42	同济大学	6
31	暨南大学	8	43	上海大学	6
32	江西师范大学	8	44	济南大学	6
33	南开大学	8	45	青岛大学	6
34	北京第二外国语学院	7	46	南昌大学	6
35	黑龙江大学	7	47	湖南大学	6
36	宁波大学	7	48	福建师范大学	6
37	清华大学	7	49	广西师范大学	6
38	吉林大学	7	50	北京航空航天大学	6

从前 50 个社科项目承担单位的分布情况来看,项目的承担单位主要为各地的高校和社会科学院。排在前三的为中国社会科学院、北京大学和南京大学,分别承担了 42、39、34 个,是仅有的承担项目上 30 个的大学。承担国家社科项目最少的为 6 个,为同济大学、中山大学、上海大学等。

从各个单位申请的项目数量和排名来看,可以分为 3 个比较集中的区域。排前 10 名的单位相对于其他 40 个单位优势较为明显,由此可见排名前 10 的单位承担的外国文学国家社科项目较多,研究成果也较多;从第 10 至 26 承担研究项目都为十几个左右,处于中等水平。从第 27 至最后的大学承担的研究项目均不超过 10,几近占据了总体的一半。其中承担项目 7 个的单位有 7 个,承担项目为 6 个的单位有 8 个。从整体选取的数据来看,相对分布比较集中。

17.2　外国文学国家社科项目标题分析

根据获取到的外国文学的国家社科项目的标题,基于分词的技术,结合内容分析的方法,本章对外国文学社科项目标题的字的长度分布、词的长度分布和高频词分布进行了统计和分析。

(1)外国文学的国家社科项目标题字的长度分布

根据汉字的编码,本章统计了外国文学中国家社科项目标题所用字的长度,具体长度分布见表 17 - 4。

表 17 – 4 社科项目标题字的长度分布

编号	标题字长度	项目数量分布	编号	标题字长度	项目数量分布
1	3	1	18	20	25
2	4	1	19	21	25
3	5	14	20	22	17
4	6	21	21	23	9
5	7	36	22	24	19
6	8	47	23	25	8
7	9	63	24	26	13
8	10	84	25	27	4
9	11	70	26	28	3
10	12	78	27	29	5
11	13	63	28	30	2
12	14	101	29	32	1
13	15	71	30	33	1
14	16	68	31	34	2
15	17	65	32	36	1
16	18	42	33	38	1
17	19	52	34	42	1

从表 17 – 4 可以看出,外国文学大部分社科项目标题字的长度主要集中在 9 到 15 之间,标题长度为 14 的国家社科项目数量最多,为 101 个,其次为长度为 10 的,整个项目数量为 84 个,再次为长度为 12 的,项目数量达到了 78 个。项目标题字长度最短为 3,项目数量为 1 个,而项目标题字长度最长为 42,项目数量为 1 个。

(2)外国文学的国家社科项目标题词的长度分布

在初步统计标题字长度之后,为了更进一步地统计和分析标题的组成内容,本文以词为单位统计了外国文学国家社科项目标题的长度分布情况,具体的以词为单位的外国文学的国家社科项目标题长度分布见表 17 – 5。

表 17 – 5 外国文学国家社科项目标题词的长度分布情况

编号	标题词长度	项目数量分布	编号	标题词长度	项目数量分布
1	1	1	6	6	125
2	2	25	7	7	112
3	3	47	8	8	138
4	4	91	9	9	113
5	5	123	10	10	59

续表

编号	标题词长度	项目数量分布	编号	标题词长度	项目数量分布
11	11	60	17	17	17
12	12	12	18	18	18
13	13	13	19	19	19
14	14	14	20	20	20
15	15	15	21	21	21
16	16	16	22	22	22

　　从标题词汇的长度可以看出,外国文学的国家社科项目的标题词长度主要集中在 5 到 9 之间,其中长度为 8 的标题最多,达到了 138 个,并且长度在 5 到 9 之间的标题长度均超过了 100 个。长度为 1 以下的国家社科项目最少,只有 1 个。长度为 2 和 3 的所占比例并不是最少的,它们分别为 25 个和 47 个。长度为 12 至 22 的标题项目数在 10 个到 22 个之间。

(3) 外国文学的国家社科项目标题高频词分析

　　在分析了国家社科项目标题的词汇长度分布基础上,为了更进一步地了解外国文学国家社科项目中所使用词汇的分布情况,本研究在对标题进行分词的基础上,获取到了常用的高频词。按照频次的高低获取到的前 50 个词汇具体见表 17 - 6。

表 17 - 6　社科项目标题中的前 50 个高频词

编号	标题中的词汇	频次	编号	标题中的词汇	频次
1	美国	57	17	朝鲜	9
2	当代	46	18	英	9
3	英国	33	19	现代	9
4	日本	32	20	从	9
5	中	27	21	莎士比亚	8
6	西方	26	22	德国	8
7	20	24	23	19	7
8	《	20	24	新	7
9	》	20	25	后	7
10	文化	15	26	德语	6
11	法国	14	27	近代	6
12	中国	13	28	英语	6
13	二十	12	29	文学	6
14	俄罗斯	11	30	比较文学	5
15	"	10	31	战后	5
16	"	10	32	韩国	5

续表

编号	标题中的词汇	频次	编号	标题中的词汇	频次
33	古	5	42	非	4
34	印度	5	43	澳大利亚	4
35	空间	5	44	现代化	4
36	阿拉伯	5	45	纳博科夫	3
37	历史	4	46	汉	3
38	比较	4	47	德里	3
39	现当代	4	48	弗吉尼亚	3
40	中外	4	49	欧	3
41	苏联	4	50	乔叟	3

在具体的统计过程中,标点符号也被作为一个单独的词进行了统计,在外国文学的国家社科项目标题中主要出现了《、》、"、"等四个高频的符号。

在前10个高频词中,并没有出现如"的、与、及"等虚词,由此可知虚词在外国文学国家社科项目中并不重要。在前10的高频词中,除了标点剩下的分别是美国、当代、英国、日本、中、西方和文化。这说明在外国文学国家社科项目中的研究重点集中在对美国、英国和日本的研究上。而在第21位出现的莎士比亚在非国家高频词中排名较高,说明莎士比亚在外国文学研究中占据的重要地位。排在后面的国家分别是澳大利亚、苏联、印度和韩国,仅出现了4次、4次、5次和5次。

17.3 外国文学国家社科项目的结项情况统计

结合外国文学项目已有的立项时间、结项时间、出版专著的出版社和项目评定的结果,本文对社科项目结项的时间跨度、专著出版社的分布和项目评定结果进行了统计分析。

(1)外国文学的国家社科项目结项时间跨度

通过结项时间与立项时间的差值,外国文学社科项目结项的时间跨度被逐一计算出来。根据时间跨度出现的频次,外国文学社科项目的结项时间跨度分布情况具体见图17－3。

在具体数据选取的过程中,凡是低于4的项目样本数据本次研究没有选取,在具体时间跨度上,凡是超过8年以上的时间跨度本研究没有列入。从图17－3中可以看出,外国文学国家社科项目的结项时间主要集中在3年和6年这一区间内,其中最多的是结项时间为4年的社科项目,数量为73项。其次这一区间内的项目数量均在50个以上。最短的结项时间为1年,共有4个项目数量。7年以上结项的项目相对较少,并且随着时间的增加,类似的项目数量呈现出直线下降的趋势,8年结项的项目数量仅有8个。

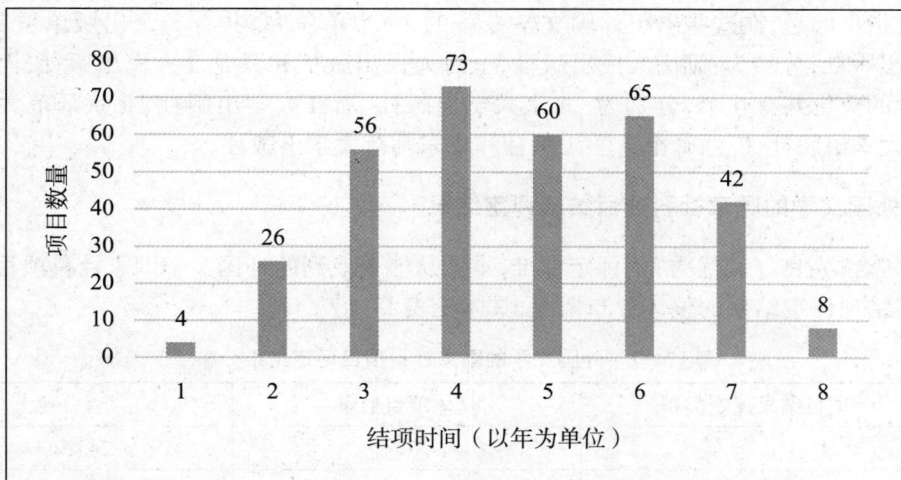

图 17 - 3　外国文学项目结项时间跨度分布

(2) 出版外国文学国家社科项目专著的机构统计分析

专著是外国文学国家社科项目重要的成果形式之一,具有较高的学术参考价值,所以本章从出版专著的机构这一角度出发,给出了出版外国文学国家社科专著的不同出版社的分布情况,具体情况见图 17 - 4。

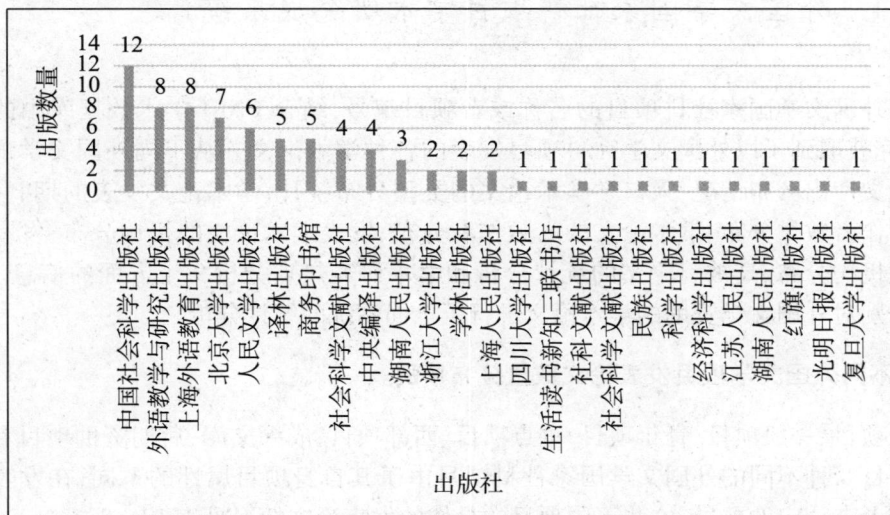

图 17 - 4　出版社分布图

由图 17 - 4 可知,中国社会科学出版社、外语教学与研究出版社、上海外语教育出版社、北京大学出版社是外国文学社科专著的主要出版机构,其中出版专著最多的是中国社会科学出版社,是仅有的出版专著数量上 10 部的单位。从整体上看,出版专著数量在 5 部以上的有 7 个单位,出版数量在 2 至 4 部的有 7 个单位,剩下的 12 个单位出版专著数量均为 1 部。

需要指出的是,在这些出版外国文学专著的 24 个单位中,共有 3 个出版单位属于"人民"类的出版社,分别为:湖南人民出版社、上海人民出版社和黑龙江人民出版社,而属于高校出版社的单位共有 6 个,分别为:北京大学出版社、浙江大学出版社、北京师范大学出版社、复旦大学出版社、广西师范大学出版社和华东师范大学出版社。

(3)外国文学的国家社科项目结项评定结果

根据"合格、良好和优秀"的评定标准,本文从能获取到的外国文学国家社科项目的评定统计出了结项评定结果的整体分布情况,具体见表 17 - 7。

表 17 - 7　外国文学的国家社科项目评定结果分布

编号	项目结果评定类别	具体项目数量	百分比
1	优秀	52	24.19%
2	合格	55	25.58%
3	良好	108	50.23%

从外国文学国家社科项目的类型分布上看,"良好"是外国文学国家社科项目评定结果中最主要的类别,达到了 108 个,占总体的 50.23%,其次"合格"和"优秀"所占比例接近,分别为 25.58% 和 24.19%。这说明项目的评审条件是较为公正严明、科学认真的。

17.4　外国文学国家社科项目学术研究成果统计

根据外国文学国家社科项目的名称或者项目编号,结合 CNKI 学术数据库中的学术论文,本研究获取到了以外国文学社科项目发表的各种学术论文并从不同外国文学项目类型的学术论文产出分布情况、人口学学术论文的类型分布统计、学术论文发表的期刊分布、学术论文的作者数量分布、学术论文的高频作者分布、发表学术论文的机构分布、发表学术论文的高频机构分布、高被引论文的统计分析和学术研究热点分析 9 个方面的信息。从这 9 个方面分别对外国文学资助的学术论文进行了全面系统的统计分析。

(1)不同外国文学项目发表论文数量分布情况

重大项目、一般项目、青年项目、重点项目、西部项目、成果文库、后期资助项目和中华学术外译项目 8 种不同的外国文学国家社科项目由于其自身项目属性的不同,在发表学术论文的数量上有一定的差异,这些不同项目的具体的发表论文情况见表 17 - 8。

表 17 - 8　不同社科项目发表学术论文数量的分布情况

编号	项目类型	发表论文数量	百分比
1	一般项目	1534	51.74%
2	青年项目	744	25.09%
3	重大项目	262	8.84%

续表

编号	项目类型	发表论文数量	百分比
4	西部项目	221	7.45%
5	后期资助项目	131	4.42%
6	重点项目	52	1.75%
7	成果文库	14	0.47%
8	中华学术外译项目	7	0.24%

从表 17 - 8 中可以看出,一般项目所占总体比重最大,发表论文为 1534 篇,占总体51.74%,其次是青年项目,发表论文 744 篇,占总体 25.09%。说明国家在外国文学国家社科项目上对青年项目的重视。二者发表论文数都在 700 篇以上,一般项目发表的论文篇数相当于青年项目的两倍,青年项目的发表论文篇数相当于重大项目的三倍。发表论文数最少的是成果文库和中华学术外译项目,分别为 14 个和 7 个,所占比例为 0.47%和 0.24%。

(2)外国文学项目所发表论文的类型及期刊分布情况

外国文学社科项目所发表的学术论文主要由会议论文和期刊论文两类论文构成,具体情况见表 17 - 9。

表 17 - 9　外国文学社科项目发表学术论文类型情况

编号	学术论文类型	论文数量	百分比
1	期刊	2932	98.89%
2	会议	33	1.11%

从表 17 - 9 可以看出,外国文学社科项目所发表的学术论文中,基本上全部都是期刊论文,在总的论文数量中占据了 98.89%的比重,会议论文的数量少之又少。不同期刊发表了不等数量的外国文学社科项目的学术论文,具体论文发表数量居前 50 的期刊分布见表 17 - 10。

表 17 - 10　发表外国文学社科项目论文前 50 的期刊分布

编号	期刊名称	论文数量	编号	期刊名称	论文数量
1	外国文学研究	162	8	外国文学评论	41
2	当代外国文学	109	9	解放军外国语学院学报	36
3	英美文学研究论丛	90	10	外语研究	32
4	外国文学	88	11	外语教学	31
5	国外文学	81	12	山东外语教学	30
6	俄罗斯文艺	63	13	湘潭大学学报(哲学社会科学版)	27
7	外国语文	54	14	外语与外语教学	27

续表

编号	期刊名称	论文数量	编号	期刊名称	论文数量
15	日语学习与研究	26	33	南京社会科学	15
16	名作欣赏	23	34	西安外国语大学学报	14
17	当代文坛	22	35	文艺争鸣	14
18	燕赵学术	22	36	戏剧艺术	14
19	东北师大学报(哲学社会科学版)	22	37	四川大学学报(哲学社会科学版)	14
20	江西社会科学	22	38	复旦外国语言文学论丛	14
21	文艺理论研究	21	39	上海师范大学学报(哲学社会科学版)	13
22	外语学刊	21	40	北京第二外国语学院学报	13
23	山东社会科学	21	41	中国翻译	13
24	世界文学评论(高教版)	20	42	四川戏剧	12
25	中外文化与文论	20	43	西南民族大学学报(人文社科版)	12
26	浙江大学学报(人文社会科学版)	20	44	中文学术前沿	12
27	中国比较文学	18	45	求索	12
28	东北亚外语研究	17	46	法国研究	12
29	淮阴师范学院学报(哲学社会科学版)	17	47	作家	12
30	马克思主义美学研究	16	48	世界文学评论	11
31	外语教学与研究	16	49	南京师范大学文学院学报	11
32	山花	16	50	四川外语学院学报	11

从表 17 - 10 中能够看出,发表论文数量超过 20(含 20)的期刊共有 26 个,其中发表论文最多的是《外国文学研究》,发表了 162 篇。排名一至七的期刊分别为《外国文学研究》《当代外国文学》《英美文学研究论丛》《外国文学》《国外文学》《俄罗斯文艺》《外国语文》,发表论文篇数均在 50 篇以上,这 7 种期刊占据了外国文学社科项目论文发表期刊的主体部分。

(3)外国文学项目所发表论文的作者分布情况

按照每篇论文包含的作者数量,本章统计了论文作者数量的分布情况,具体作者分布的情况见表 17 - 11。

表 17 - 11　外国文学学术论文作者数量分布情况

编号	作者数量	论文数量	百分比
1	1	2448	82.67%
2	2	490	16.55%
3	3	23	0.78%

根据表 17 - 11 列出的外国文学中学术论文作者整体分布的情况,可以看出,只有单一作者的学术论文占据了整体论文的主体地位,高达 82.67%,两个作者的学术论文数量为 16.55%,三个作者的学术论文数量仅为 0.78%。没有 4 个作者及其以上的学术论文。本章又对同一位作者出现的次数进行统计,并选取前 50 名高频作者,分布如表 17 - 12 所示。

表 17 - 12　学术论文高频作者分布表

编号	作者姓名	频次	编号	作者姓名	频次
1	殷企平	28	26	甘锋	13
2	张德明	26	27	郑永旺	12
3	傅其林	25	28	张军	12
4	李伟民	20	29	黄晖	12
5	王卓	19	30	彭青龙	12
6	邹惠玲	19	31	汪介之	12
7	邹威华	19	32	熊辉	12
8	麦永雄	18	33	欧阳灿灿	12
9	于琦	18	34	李凤亮	11
10	胡安江	17	35	耿海英	11
11	胡志红	16	36	陈礼珍	11
12	孟庆枢	16	37	王建平	11
13	杨金才	16	38	张杰	11
14	王向远	16	39	王予霞	11
15	屠友祥	15	40	周小莉	11
16	孙妮	15	41	冯亚琳	10
17	王晓平	15	42	赵毅衡	10
18	陈兵	14	43	王弋璇	10
19	庞好农	14	44	刘丽霞	10
20	刘研	14	45	唐蕾	10
21	聂珍钊	14	46	柯英	10
22	黎跃进	14	47	张帆	10
23	刘立辉	13	48	金衡山	10
24	伏珊	13	49	祝平	10
25	胡强	13	50	唐伟胜	10

在选取的前 50 个高频的作者中,出现的频次均到达了 10 次以上。其中出现频次在 15 次以上的有 17 个作者,其中出现频次最高的作者为殷企平,发表论文数为 28 篇,比第二名张德明高出两篇。出现最多的频次为 10 次,共有 10 个作者,且频次在 10 至 12 之间的作者分布相对较为集中。

(4)外国文学项目所发表论文的作者机构分布情况

基于一篇论文作者所属的机构不同,本章统计了每篇论文机构的整体分布情况,具体数据分布的情况见表17-13。

表17-13 外国文学学术论文机构数量分布情况

编号	论文机构数量	发表论文数量	百分比
1	1	2441	82.94%
2	2	441	14.98%
3	3	56	1.90%
4	4	5	0.17%

根据表17-13,可以看出一个机构所发表的学术论文数量占据了绝大部分,达到了82.94%,以两个机构发表的学术论文则呈指数下降,百分比为14.98%。相对一个机构发表的学术论文,四个机构发表的学术论文数量则微乎其微了。这说明,在外国文学研究中,跨机构合作的论文相比较少,各个机构大多更倾向于独自承担研究工作。

本章对论文所属的机构进行深入分析,将作者机构进一步细分,明确到各组织、高校的院系及学部等这一层面,选取其中数量最多的前20位进行分析,具体的外国文学国家社科项目的高频机构分布见表17-14。

表17-14 学术论文高频机构分布表

编号	作者姓名	论文数量	编号	作者姓名	论文数量
1	四川大学文学与新闻学院	79	11	浙江大学外语学院	27
2	南京大学外国语学院	58	12	南京师范大学文学院	26
3	华中师范大学文学院	55	13	南京师范大学外国语学院	25
4	天津师范大学文学院	48	14	安徽师范大学外国语学院	25
5	杭州师范大学外国语学院	35	15	中南大学外国语学院	24
6	东北师范大学文学院	33	16	湖南师范大学外国语学院	23
7	广西师范大学文学院	30	17	苏州大学外国语学院	22
8	济南大学外国语学院	30	18	浙江大学世界文学与比较文学研究所	21
9	东北师范大学外国语学院	29	19	江苏师范大学外国语学院	20
10	北京师范大学文学院	28	20	湘潭大学外国语学院	20

从表17-14可以看出,在20个机构里发表论文篇数均在20篇以上,前8位机构的发表论文篇数达到了30篇以上。发表论文数最多的是四川大学文学与新闻学院,达到了79篇。并且在这20个机构里,有19个都是各地的高校,可见在外国文学国家社科项目的论文发表方面各大高校占据了主体地位。同时我国的外国文学研究已日趋成熟,现已在高校中形成了较为完善的研究体系。

（5）外国文学社科项目的研究热点分析

通过获取外国文学社科项目发表论文的所有关键词，本研究统计出了外国文学社科项目学术论文的关键词分布，频次居于前 50 的外国文学的社科项目的关键词具体见表17－15。

表 17－15　外国文学社科项目研究的高频关键词

编号	关键词	频次	编号	关键词	频次
1	莎士比亚	47	26	现代主义	17
2	诗歌	39	27	俄罗斯文学	17
3	现代性	29	28。	自我	17
4	小说	29	29	后现代	16
5	翻译	28	30	空间	16
6	接受	27	31	文学传统	16
7	生态批评	25	32	经典化	16
8	文学批评	23	33	比较文学	16
9	文化	23	34	文化霸权	16
10	研究	22	35	成长小说	16
11	影响	21	36	文学	16
12	后现代主义	21	37	主题	15
13	村上春树	20	38	女性主义	15
14	民族主义	19	39	时间	15
15	文化身份	19	40	叙事	14
16	诗学	19	41	文学理论	14
17	意识形态	19	42	日本文学	14
18	译介	18	43	陀思妥耶夫斯基	14
19	自然	18	44	隐喻	14
20	文化研究	18	45	跨学科	14
21	身份	18	46	道德	14
22	中国	17	47	巴赫金	14
23	对话	17	48	现实主义	14
24	互文性	17	49	东方主义	14
25	文本	17	50	政治	14

从表 17－15 中可以看出，在 50 个关键词中仅出现了 4 个作者的名字，他们分别是英国的莎士比亚，日本的村上春树，俄国的陀思妥耶夫斯基和苏联的巴赫金，说明在外国文学的研究领域内这 4 人有着举足轻重的地位，是外国文学作者研究的重点。此外"莎士比亚"关键词出现次数最多达到了 47 次。出现有关文学体裁的关键词有"诗歌""小说"，出现次数

分别为 39 次和 29 次。

(6)外国文学社科项目的高被引学术论文分析

一篇论文的被引次数越高,说明该论文在其学术领域里引起的反响越大,受同行关注度越高,所以本章对发表论文的被引次数进行分析。本研究在 CNKI 论文数据库中获取论文的同时记录了每一篇论文的被引频次,将其按频次排序,选取被引频次排在前 20 的论文,同时附上该论文在 CNKI 中的被下载次数具体分布情况,如表 17 – 16 所示。

表 17 – 16　外国文学社科项目资助下的高被引论文分布

编号	论文标题名称	被引次数	下载次数
1	英汉文化动物词对比	219	5639
2	何为"不可靠叙述"?	164	4223
3	冲突性话语的语用学研究概述	143	2666
4	汉语的句法演变与词汇化	120	5590
5	冲突性话语趋异取向的语用分析	107	2211
6	舍伍德·安德森研究综论	98	1108
7	何为"隐含作者"?	85	3499
8	Goldberg 认知构式语法的基本观点——反思与前瞻	84	2351
9	谭恩美小说中的神秘东方——以《接骨师之女》为个案	63	1233
10	翻译文学与社会文化的关系——二十世纪初与二十世纪末我国翻译文学主题和来源的调查与分析	62	1645
11	性别、身份与叙事话语:西方女性主义叙事学的主流研究方法	58	2490
12	人际冲突中有意冒犯性话语的语用分析	57	2249
13	社会意识形态与外国文学译介转换策略——以狄更斯的《大卫·考坡菲》的三个译本为例	51	1244
14	《老人与海》与丛林法则	49	3851
15	国外索尔·贝娄研究述评	49	1161
16	康拉德在中国:回顾与展望	47	934
17	现代汉语词类体系效度研究——以《现代汉语词典》(第 5 版)词类体系为例	47	1119
18	从"不是我说你"类话语标记的形成看会话中主观性范畴与语用原则的互动	47	2405
19	光滑空间与块茎思维:德勒兹的数字媒介诗学	45	836
20	共生理论观照下的教育范式	39	1548

从所选取的前 20 个高被引的学术论文的被引次数来看,被引次数均超过了 30 次,其中被引次数超过 60 次的有 10 篇,被引次数超过 100 次的有 5 篇。被引次数最高的是《英汉文化动物词对比》,达到了 219 篇。被引次数越高说明论文被认可的程度就越高。

从所选取的前 20 个高被引的学术论文的下载次数来看,最高的达到了 5639 次,最低的有 836 次。并且下载次数最多的就是被引次数最多的论文。同时这 20 篇论文的下载次数均在 800 篇以上。

17.5　小结

本章主要通过对外国文学国家社科项目及其研究成果的统计与分析,分别从外国文学国家社科项目的项目基本信息、项目标题、结项情况及项目学术研究成果这四大方面进行描述。综合结合统计和内容分析的方法,在这四大方面下从外国文学社科项目的年度分布、项目类型分布、项目负责人、负责人职称分布、承担单位、标题的字(词)长度与高频词、项目结项时间跨度、专著出版机构、项目评定结果、项目类型发表论文数量、论文类型及期刊分布、作者数量及高频作者、机构数量及高频机构、研究热点统计和高频论文分析等诸多方面进行了系统、详尽的探究,从整体上把握住了外国文学国家社科项目的整体脉络。

在项目的基本信息中,对年度资助情况、项目类型分布、负责人出现频次、负责人职称分布及项目承担单位分布情况进行统计,从这几个不同的角度对人口学国家社科项目基本信息进行描述分析。在对项目标题分析中,进行了标题字长度、标题词长度及高频词分析,利用了汉字编码及分词技术等来对标题进行具体描述分析,可知外国文学国家社科项目研究的研究热点,等等。在对项目结项情况进行统计时,通过分析结项时间跨度分布、出版专著机构及结项评定结果几方面,来反映我国外国文学社科项目完成的质量。最后是对学术科研成果进行分析,本研究在 CNKI 中获取研究成果即项目所发表的论文的情况,分别统计发表论文数量、发表论文类型及期刊分布、论文作者分布、作者机构分布、研究热点分析及高被引论文分析。

18 语言学

语言学研究范式的演进"并不像生物的交替,一代去了才有下一代,而是新一代出现,老一代仍然存在"(赵世开 2003)。中国现代语言学的发展更是得益于对西方语言学研究的译介与借鉴,"西学入华始于译介,语言学也不例外。"(姚小平 2007:27)姚氏认为,中国现代语言学的发展历程就是在接受西方语言学的基础上逐渐发展壮大起来的历史。这就使得中国本土的语言学研究体现如下鲜明特征:每当西方语言学界在研究范式上出现新旧交替或深入发展,中国语言学界(尤其是外国语言学研究)总有一股"反思"或"展望"的情结,涌现出不少冠以"发展""趋势""热点""反思""展望""回顾""XX 年"等主题词的论文。这类论文的重要价值自不待言,论文作者多为学界翘楚,他们以切身所经历的语言学研究发展历程给出主观性的解读。然而,这类论文也存在不可忽视的缺点:缺乏对文献计量的客观数据的使用。不同于以往的研究思路,基于语言学学科的国家社科基金立项情况及相关研究成果状况,本研究旨在从数据统计分析的角度揭示语言学研究的"计量图景"。

18.1 语言学国家社科项目基本信息

本部分旨在从年度立项数量、项目类型分布、项目负责人出现频次、项目负责人职称分布以及项目承担单位分布等方面对语言学学科的国家社科基金立项情况展开基于统计数据的描述性分析。

(1)语言学的国家社科项目年度资助情况分析

基于全国哲学社会科学规划办公室公布的人文社科年度立项情况,以及清除不规范的项目之后,本研究获得如下数据:1991 年至 2014 年间语言学学科的资助总数为 2503 项,平均年度立项数约为 104 项。就项目年度资助情况来看(请见图 18 - 1),2000 年是一个分水

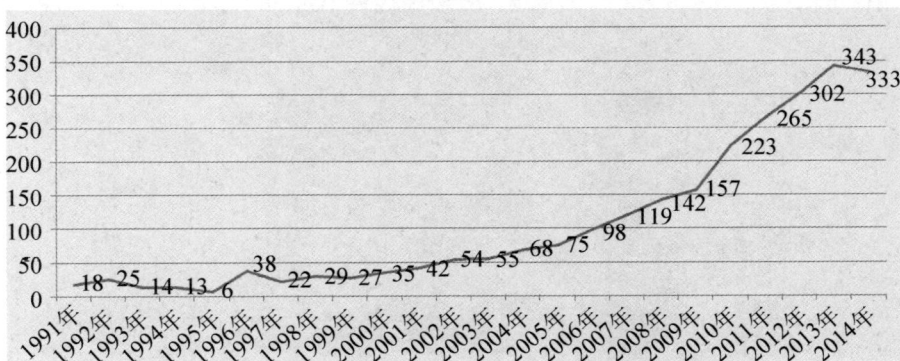

图 18 - 1　1991 年—2014 年语言学国家社科项目的年度分布情况

岭:2000年以前,语言学学科的项目年度资助数量均低于40项,1996年达到最低,仅为6项;新世纪以来,语言学学科的项目年度资助数量基本逐年递增(2014年略有回落),2008年以来,项目年度资助数量更是突破了100项以上。

(2)语言学的国家社科项目类型分布状况

总体而言,1991—2014年间,语言学学科的国家社科基金资助类型不断丰富:1991年仅有一般项目和青年项目两个类型,1992年增加了重点项目类型,2004年增加了西部项目类型,2008年增加了后期资助项目类型,2010年增加了重大项目,2012年增加了中华学术外译项目类型,2013年增加了成果文库类型。从资助项目类型的不断丰富可知国家对语言学研究的重视程度不断提高,在全国哲学社会科学规划办公室的指导和推动下,语言学研究项目得到了不同层面的全方位支持。就各类型的立项分布情况而言(请见图18-2),一般项目的立项数量最多,达到1373项(占立项总数的54.94%),成为语言学学科国家社科项目立项的主要类型;其次为青年项目,达到549项(占立项总数的21.97%),可见国家对青年学者从事语言学研究的扶持力度;中华学术外译项目的立项数量最少,截至2014年只有4项(占立项总数的0.16%),但是有其重要的风向标意义:无可否认,中国现代语言学发展离不开对西方范畴化的、系统的、科学的语言学理论的借鉴,但是中国本土生发的汉语语言研究思想(如文字学)也毋庸置疑是世界语言学研究版图中重要的组成部分,亟需对外传播与译介。

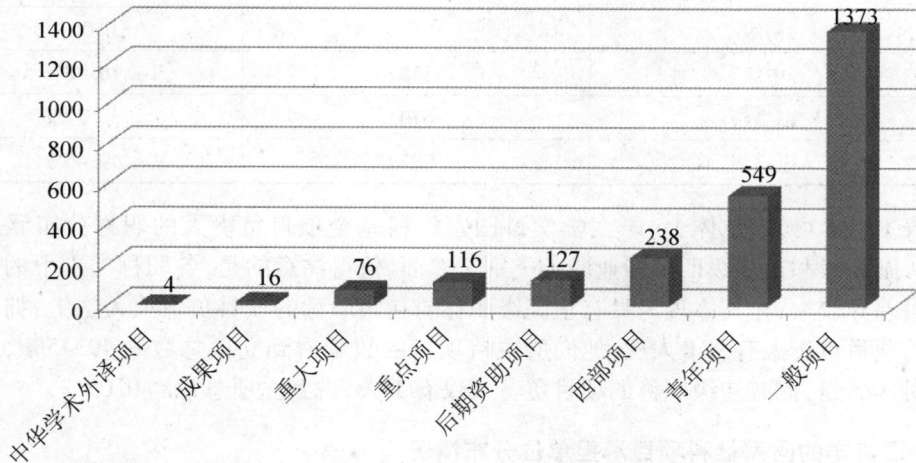

图18-2　1991—2014年语言学国家社科项目的类型分布情况

(3)语言学的国家社科项目负责人出现频次

从项目承担主体的角度,同时考虑同一姓名和同一单位的项目负责人,我们统计了语言学项目负责人的出现频次,请见表18-1:

表 18 - 1 1991—2014 年语言学国家社科项目负责人出现频次前 5 位

编号	主持项目频次	具体人数分布	百分比
1	1	1749	84.29%
2	2	246	11.86%
3	3	62	2.99%
4	4	14	0.67%
5	5	4	0.19%

从表 18 - 1 可知,仅主持过 1 个项目的研究者人数达到了 1749 人,占总立项数的 84.29%,这一数字是主持过两项及以上项目的研究者总和(326 人)的 5 倍之多,可见连续获得语言学项目立项的难度之大。从统计数据看,24 年间,研究者主持项目最多的数量为 5 项,而达到这一数量的研究者仅有 4 人。

(4)语言学的国家社科项目负责人职称分布

从项目负责人职称分布角度,本研究进一步统计分析了语言学学科国家社科基金项目负责人的基本情况,请见表 18 - 2:

表 18 - 2 1991—2014 年语言学国家社科项目负责人职称分布

编号	专业职务	人数	百分比
1	初级	1	0.05%
2	中级	332	16.73%
3	副高级	670	33.77%
4	正高级	981	49.45%

从表 18 - 2 可知,总体上,语言学学科国家社科基金项目负责人的职称分布涵盖了初级、中级、副高级和正高级四个专业职务类别。然而,值得注意的是,各职称类别下的项目负责人数量差异较大,尤其体现为具有正高级职称与初级职称的项目负责人人次上:拥有正高级职称的项目负责人有 981 人次,他们所主持项目的数量占到立项总数的 49.45%,与之形成鲜明对比的是,拥有初级职称的项目负责人仅有 1 人,占到立项总数的 0.05%。

(5)语言学的国家社科项目承担单位分布情况

从项目负责人所属的科研单位角度,本研究在对项目承担单位进行整理和分析的基础上,获取了排在前 50 位的名单,请见表 18 - 3:

表 18 - 3 1991—2014 年承担语言学国家社科项目的前 50 个单位分布情况

编号	单位名称	项目数量	编号	单位名称	项目数量
1	中国社会科学院	79	4	北京语言大学	45
2	北京大学	70	5	华中师范大学	45
3	中央民族大学	47	6	南京师范大学	42

续表

编号	单位名称	项目数量	编号	单位名称	项目数量
7	复旦大学	40	29	西北民族大学	23
8	浙江大学	39	30	安徽大学	21
9	中山大学	39	31	河南大学	21
10	华东师范大学	38	32	湖南大学	20
11	北京外国语大学	38	33	河北师范大学	20
12	南京大学	37	34	广西大学	20
13	上海师范大学	36	35	福建师范大学	20
14	北京师范大学	34	36	首都师范大学	20
15	黑龙江大学	34	37	苏州大学	20
16	暨南大学	33	38	清华大学	20
17	广东外语外贸大学	33	39	山西大学	20
18	新疆大学	30	40	中国人民大学	19
19	南开大学	29	41	上海交通大学	19
20	新疆师范大学	29	42	华南师范大学	19
21	解放军外国语学院	28	43	西南大学	18
22	湖南师范大学	28	44	青海师范大学	17
23	江苏师范大学	26	45	四川外国语大学	17
24	陕西师范大学	26	46	吉林大学	17
25	上海外国语大学	25	47	鲁东大学	16
26	内蒙古大学	25	48	宁波大学	16
27	厦门大学	25	49	延边大学	16
28	山东大学	24	50	内蒙古师范大学	15

　　从表18-3可知,中国社会科学院的立项总数排在第1位,立项总数为79项。尽管如此,语言学国家社科项目的承担单位主要还在高校,其中,师范类高校、民族类高校和语言类高校(尤其是外语类高校)作为承担单位表现更为突出,对语言教学、民族语言学、国外语言学的研究起到了积极的推动作用。

18.2　语言学国家社科项目标题分析

　　Wellman(1999)曾一语道破科研论文写作中标题的重要性,"用标题来推销你的论文(Use it to sell your paper)"。项目申请书的标题功用亦是如此。标题犹如项目申请书的"脸面",其重要性不言而喻。任何申请者想必都有在项目措辞表达上的字斟句酌的经历。基于获取到的语言学国家社科基金项目名称,借助自动分词技术,并结合内容分析法,本研究从

"字的长度分析""词的长度分析"和"高频词分布"三个角度对语言学国家社科项目的标题进行了计量分析。以下分述之。

(1)语言学的国家社科项目标题字的长度分布

国家社科基金项目对申请书的课题名称用字数量有着明确的规定:"应准确、简明地反映研究内容,一般不加副标题,不超过40个汉字(含标点符号)"。基于已获取的语言学国家社科基金项目标题,本研究统计了1991年至2014年间成功立项的项目标题用字长度,请见表18-4。

表18-4 1991—2014年语言学国家社科项目标题字的长度分布

编号	标题字长度	项目数量分布	编号	标题字长度	项目数量分布
1	4	3	21	24	51
2	5	17	22	25	42
3	6	47	23	26	39
4	7	56	24	27	18
5	8	106	25	28	20
6	9	108	26	29	15
7	10	152	27	30	16
8	11	129	28	31	12
9	12	167	29	32	6
10	13	138	30	33	3
11	14	202	31	34	1
12	15	196	32	35	1
13	16	184	33	37	1
14	17	163	34	38	1
15	18	130	35	39	1
16	19	122	36	40	2
17	20	114	37	44	1
18	21	94	38	45	1
19	22	77	39	50	1
20	23	65	40	---	---

从表18-4可知,大多数的语言学国家社科项目标题用字长度在8字到20字之间,这个区间的立项数量为1911项。标题用字长度为14字的语言学国家社科基金项目数量最多,达到202项;其次为用字长度为15字的语言学国家社科基金项目,立项数量为196项,再次为用字长度为16字的语言学国家社科基金项目,立项数量为184项。标题用字长度最少为4字,立项数量为3项,而标题用字长度最多的为50字,立项数量仅1个。

（2）语言学的国家社科项目标题词的长度分布

为进一步揭示语言学国家社科基金项目标题措辞的长度特征，在对标题进行分词的基础上，本研究以"词"为单位统计分析了标题用词的长度情况，请见表18－5。

表18－5　1991—2014年语言学国家社科项目标题词的长度分布情况

编号	标题词长度	项目数量分布	编号	标题词长度	项目数量分布
1	2	5	13	14	92
2	3	52	14	15	50
3	4	125	15	16	44
4	5	203	16	17	27
5	6	211	17	18	16
6	7	289	18	19	15
7	8	308	19	20	9
8	9	308	20	21	5
9	10	257	21	22	2
10	11	197	22	23	2
11	12	165	23	25	1
12	13	119	24	—	—

从表18－5可知，大多数的语言学国家社科项目标题用词长度在4词到13词之间，这个区间的立项数量为2182项，其中，标题用词长度为8词和9词的语言学国家社科基金项目数量最多，均为308项，其次为用词长度为7词的语言学国家社科基金项目，立项数量为289项，再次为用词长度为10词的语言学国家社科基金项目，立项数量为257项。标题用词长度最少为2词，立项数量为5项，而标题用词长度最多的为25词，立项数量仅1个。综合来看，表18－4和表18－5的相关数据从计量的角度揭示了语言学国家社科基金项目标题用字和用词长度特征，对今后项目申报中的名称措辞有着积极的数值启发意义。

（3）语言学的国家社科项目标题高频词分析

在分析了语言学国家社科基金项目标题的词汇长度分布基础上，本研究进一步统计了项目标题中词汇的使用频率情况，从中可窥见语言学研究的主要关注点，请见表18－6。

表18－6　1991—2014年语言学国家社科项目标题中的前50个高频词

编号	标题中的词汇	频次	编号	标题中的词汇	频次
1	汉语	210	6	《	90
2	基于	181	7	英	44
3	现代	129	8	语言	43
4	中国	116	9	面向	40
5	》	90	10	中	38

续表

编号	标题中的词汇	频次	编号	标题中的词汇	频次
11	新疆	32	31	对外	11
12	汉	31	32	战国	11
13	英语	28	33	晋	11
14	认知	24	34	当代	11
15	敦煌	20	35	出土	10
16	汉字	19	36	外语	10
17	翻译	19	37	朝鲜	10
18	新	17	38	上古	10
19	蒙古	16	39	明清	10
20	近代	16	40	外国	10
21	俄	15	41	从	9
22	我国	15	42	秦	9
23	维吾尔语	15	43	英汉	9
24	广西	14	44	普通话	9
25	"	13	45	云南	8
26	"	13	46	对	8
27	藏语	12	47	多	8
28	古	12	48	俄语	8
29	类型学	12	49	西部	8
30	汉英	11	50	蒙	8

　　基于表18－6的数据,语言学国家社科项目选题的主要关注点可从四个维度加以描述:一是语种维度。"汉语"是项目标题中出现次数最多的词汇(频次为210),可见国家和学界对汉语问题的关切程度。其他高频词,如"中国"(频次为116)、"中"(频次为38)、"汉"(频次为31)、"汉字"(频次为19)、"对外"(频次为11)、"普通话"(频次为9),也不同程度印证了汉语问题研究在语言学国家社科项目中的受重视程度。在少数民族语言问题的研究上,蒙、维、藏、朝鲜四种少数民族语言受到的关注较多,高频词数据体现为:"蒙古"(频次为16)、"维吾尔语"(频次为15)、"藏语"(频次为12)、"朝鲜"(频次为10)、"蒙"(频次为8)。在外语问题的研究上,英语和俄语两个外语语种更受重视,高频词数据体现为:"英"(频次为44)、"英语"(频次为28)、"俄"(频次为15)、"俄语"(频次为8)。在汉外语言对比研究上,英汉/汉英对比研究更受关注,高频词数据体现为:"汉英"(频次为11)、"英汉"(频次为9)。二是时间维度。现当代的语言问题研究最受重视,高频词数据体现为:"现代"(频次为129)、"当代"(频次为11);其次为古代语言问题的研究,涉及如下高频词数据:"敦煌"(频次为20)、"古"(频次为12)、"战国"(频次为11)、"晋"(频次为11)、"出土"(频次为10)、"上古"(频次为10)、"明清"(频次为10)、"秦"(频次为9);再次为近代语言问题研究,高频

词数据体现为："近代"(频次为16)。三是地域维度。中国语境下西部地区的语言问题研究更受关注,高频词数据体现为:"新疆"(频次为32)、广西(频次为14)、云南(频次为8)、西部(频次为8)。四是内容维度。现代语言学分支庞杂,研究内容丰富,但从语言学国家社科项目的立项来看,语言与认知、翻译、语言类型学三个分支最受关注,高频词数据体现为:"认知"(频次为24)、"翻译"(频次为19)、"类型学"(频次为12)。

18.3　语言学国家社科项目的结项情况统计

结合语言学国家社科项目的立项与结项时间、专著形式的项目成果出版的出版社和项目评定的结果,本研究从项目完成时间跨度、专著的出版社分布和项目评定结果三个方面对语言学国家社科项目的结项情况进行了统计分析。

(1)语言学的国家社科项目结项时间跨度

以年为单位,通过计算结项时间和立项时间的差值,语言学国家社科项目结项的时间跨度逐一计算出来,结果如表18-7所示。

表 18-7　1991—2014 年语言学国家社科项目结项时间跨度分布表

编号	结项时间(以年为单位)	项目数量
1	1	17
2	2	51
3	3	148
4	4	224
5	5	160
6	6	156
7	7	87
8	8	40

从表18-7可知,语言学国家社科项目结项的时间跨度主要集中在3—6年这一区间,历时4年结项的项目数量最多(有224项)。最短的结项时间为1年,共有17个项目。总体来看,语言学国家社科项目能够按时结项的比例较低,大多数项目的结项历时都比预期的有所延长。

(2)出版语言学国家社科项目专著的机构统计分析

专著是国家社科项目结项成果的主要形式之一,从专著出版的机构角度,本研究统计了语言学国家社科项目的专著式成果的出版社分布情况,结果如表18-8所示。

表 18 - 8　出版专著式语言学国家社科项目成果的前 25 家出版机构

编号	出版社名称	出版数量	编号	出版社名称	出版数量
1	商务印书馆	17	14	新疆大学出版社	2
2	外语教学与研究出版社	14	15	中央民族大学出版社	2
3	中国社会科学出版社	14	16	福建人民出版社	2
4	上海外语教育出版社	9	17	华中师范大学出版社	2
5	北京大学出版社	9	18	学林出版社	2
6	民族出版社	6	19	北京师范大学出版社	2
7	上海教育出版社	4	20	人民出版社	2
8	高等教育出版社	3	21	黑龙江朝鲜民族出版社	2
9	北京语言大学出版社	3	22	河南大学出版社	2
10	中华书局	3	23	上海辞书出版社	2
11	中山大学出版社	2	24	上海人民出版社	2
12	世界图书出版公司	2	25	清华大学出版社	1
13	巴蜀书社	2	26	——	——

从表 18 - 8 可知,总体而言,出版专著式的语言学国家社科项目成果的出版社类型主要为大学类出版社(如外语教学与研究出版社、上海外语教育出版社等)、社科类出版社(如商务印书馆、中国社会科学出版社)、教育类出版社(如上海教育出版社、高等教育出版社等)和古籍类出版社(如中华书局、巴蜀书社等)。具体而言,商务印书馆是出版语言学国家社科项目专著式成果最多的出版机构,排在第 2、3 位的分别是外语教学与研究出版社、中国社会科学出版社。

(3)语言学的国家社科项目结项评定结果

根据"优秀""良好"和"合格"三个等级,本研究对目前能获取到的语言学国家社科项目评定结果进行了统计分析,结果如表 18 - 9 所示。

表 18 - 9　1991—2014 年语言学国家社科项目评定结果分布

编号	项目结果评定类别	具体项目数量	百分比
1	优秀	152	22.65%
2	合格	181	26.97%
3	良好	338	50.37%

从表 18 - 9 可知,获得"良好"等级评定的语言学国家社科项目所占的比例最大,达到 50.37%。获得"优秀"等级评定的语言学国家社科项目所占的比例最小,仅为 22.65%。

18.4　语言学国家社科项目学术研究成果统计

根据语言学国家社科项目的名称及项目编号,同时结合中国知网数据库收录的论文情况,本研究对依托语言学国家社科项目发表的研究成果进行了全面系统的统计分析。具体而言,以下分析内容涉及学术论文产出分布、学术论文类型分布、学术论文发表的期刊分布、学术论文的作者数量分布、学术论文的高频作者分布、学术论文发表的机构分布、学术论文发表的高频机构分布、高被引论文的统计分析以及学术研究热点分析共 9 个维度。

(1)不同类型语言学项目发表论文数量分布情况

依托不同类型的语言学国家社科项目发表的学术论文产出情况在数量分布上呈现出较大差异,具体统计结果请见表 18 - 10。

表 18 - 10　依托不同类型语言学国家社科项目(1991—2014 年)发表的学术论文数量分布情况

编号	项目类型	发表论文数量	百分比
1	一般项目	6089	58.31%
2	青年项目	2029	19.43%
3	重大项目	834	7.99%
4	西部项目	761	7.29%
5	重点项目	420	4.02%
6	后期资助项目	276	2.64%
7	成果文库	34	0.33%

从表 18 - 10 可知,依托语言学国家社科一般项目发表的论文数量最多,共有 6089 篇,占到学术论文发表总数的 58.31%。结合 269 页对语言学国家社科项目立项类型分布情况的分析,一般项目的立项数量最多(共有 1373 项),也就不难理解上述比重。论文发表数量排在第 2 位的语言学国家社科项目类型为青年项目,共有 2029 篇,占到学术论文发表总数的 19.34%。同样结合对语言学国家社科项目立项类型分布情况的分析,青年项目的立项数量排在第 2 位,青年研究者的学术活跃度不容小觑。

(2)语言学项目所发表论文的类型及期刊分布情况

学术论文的发表形式主要有期刊论文和会议论文两种类型。表 18 - 11 呈现了这两种类型的语言学国家社科项目发表论文数量情况。

表 18 - 11　语言学国家社科项目(1991—2014 年)发表学术论文类型情况

编号	学术论文类型	论文数量	百分比
1	期刊	10151	97.17%
2	会议	296	2.83%

从表 18 - 11 可知,期刊论文是语言学国家社科项目发表论文的主要类型,共有 10151 篇,占到总数的 97.17%。为更清楚地揭示学术期刊中的论文发表情况,本研究进一步统计分析了各学术期刊发表基于语言学国家社科项目的论文数量,请见表 18 - 12。

表 18 - 12　发表基于语言学国家社科项目(1991—2014 年)的论文数量前 50 的期刊分布

编号	期刊名称	论文数量	编号	期刊名称	论文数量
1	外语学刊	260	26	南开语言学刊	80
2	外语教学	198	27	中国翻译	74
3	语言研究	182	28	当代语言学	74
4	外语教学与研究	159	29	中国俄语教学	73
5	解放军外国语学院学报	155	30	外国语文	71
6	外语与外语教学	150	31	方言	71
7	中国文字研究	142	32	汉语史研究集刊	70
8	中国语文	140	33	语言与翻译	69
9	语言科学	136	34	语言研究集刊	64
10	外国语(上海外国语大学学报)	131	35	外语电化教学	64
11	中国外语	124	36	外语界	60
12	古汉语研究	119	37	外语教学理论与实践	58
13	汉语学习	116	38	宁夏大学学报(人文社会科学版)	58
14	外语研究	107	39	西安外国语大学学报	55
15	语言教学与研究	101	40	当代修辞学	54
16	语文研究	96	41	辞书研究	54
17	现代外语	96	42	日语学习与研究	49
18	汉语学报	92	43	心理科学	48
19	民族语文	91	44	励耘语言学刊	46
20	世界汉语教学	86	45	中央民族大学学报(哲学社会科学版)	44
21	中文信息学报	86	46	中南大学学报(社会科学版)	44
22	山东外语教学	84	47	语文学刊	42
23	语言文字应用	81	48	燕赵学术	42
24	当代外语研究	81	49	计算机工程与应用	41
25	汉语史学报	80	50	东北师大学报(哲学社会科学版)	40

　　从表 18 - 12 可知,基于语言学国家社科项目发表的论文主要出现于语言学期刊,少量出现于高校学报(如《宁夏大学学报(人文社会科学版)》)、临近学科期刊(如《心理科学》《计算机工程与应用》)。发表论文数量超过 100 篇的期刊共有 15 个(其中,外语类语言学期刊有 8 个,汉语类语言学期刊有 7 个)。发表论文数量最多的期刊是《外语学刊》,达到 260篇,也是所有期刊中发表数量超过 200 篇的唯一一期刊。

(3)语言学项目所发表论文的作者分布情况

　　从论文发表者的角度,本节主要统计分析了基于语言学国家社科项目发表论文的作者基本情况。表 18 – 13 呈现了单独发表与合作发表的论文数量情况。

表 18 – 13　语言学学术论文作者数量分布情况

编号	作者数量	论文数量	百分比
1	1	6471	62.41%
2	2	3086	29.76%
3	3	564	5.44%
4	4	189	1.82%
5	5	59	0.57%

从表 18 – 13 可知,只有单一作者的学术论文数量有 6471 篇,比例高达 62.41%。可见,语言学研究在论文发表上的个体倾向。有两人合作发表的论文数量有 3086 篇,比例为 29.76%,排在第 2 位。三个作者及以上合作发表的论文数量锐减,分别为 5.44%(三个作者)、1.82%(四个作者)和 0.57%(五个作者)。为进一步揭示论文发表者的个体情况,根据同一个作者在所有论文篇数中出现的次数,本研究统计分析了同一作者出现的频次,表 18 – 14 呈现了排在前 50 位的高频作者情况。

表 18 – 14　语言学学术论文高频作者分布表

编号	作者姓名	频次	编号	作者姓名	频次
1	徐时仪	60	20	李照国	26
2	曾昭聪	42	21	倪传斌	26
3	施春宏	38	22	李斌	24
4	王东海	37	23	王军	24
5	蔡基刚	35	24	李娜	23
6	袁毓林	33	25	王克非	23
7	杨亦鸣	33	26	曲维光	23
8	张谊生	32	27	辜向东	22
9	黄忠廉	32	28	张智中	22
10	丁树良	31	29	李无未	22
11	陈小荷	31	30	朱军	21
12	宗守云	31	31	薄守生	21
13	张玉金	29	32	丁治民	21
14	张辉	28	33	常俊跃	21
15	敏春芳	28	34	杨连瑞	21
16	刘泽权	27	35	严兆府	21
17	谢世坚	26	36	王继红	21
18	乔全生	26	37	闫国利	20
19	刘海涛	26	38	陈保亚	20

续表

编号	作者姓名	频次	编号	作者姓名	频次
39	邢向东	20	45	李子君	20
40	张积家	20	46	杨军	19
41	穆雷	20	47	侯国金	19
42	宝玉柱	20	48	王文斌	19
43	王元鹿	20	49	石锋	19
44	王雪梅	20	50	秦晓晴	19

从表18-14可知,在排名前5的高频作者中,出现频次最高的作者为徐时仪,共出现了60次。在选取的前50位高频作者中,出现频次达到30次以上的共有12位作者,其中,有9位作者的研究方向主要为汉语语言学,分别为徐时仪、曾昭聪、施春宏、王东海、袁毓林、杨亦鸣、张谊生、陈小荷、宗守云。出现频次在20次到30次之间的作者人数有33人,分布相对较为集中。

（4）语言学项目所发表论文的作者机构分布情况

从论文发表者所属单位的角度,本研究统计分析了每篇基于语言学国家社科项目发表论文的机构分布情况。表18-15呈现了单一机构与机构合作发表的论文数量情况。

表18-15 语言学学术论文机构数量分布情况

编号	论文机构数量	发表论文数量	百分比
1	1	7501	72.51%
2	2	2174	21.01%
3	3	547	5.29%
4	4	70	0.68%
5	5	53	0.51%

从表18-15可知,单一机构所发表的学术论文数量占主导地位,共有7501篇,占比达72.51%。来自两个机构的作者合作发表论文数量为2174篇,占比达21.01%。来自三个及以上机构的作者合作发表论文数量明显锐减,分别为5.29%(三个机构合作)、0.68%(四个机构合作)和0.51%(五个机构合作)。由此可见,在语言学研究中,跨机构合作研究及发表论文的情况较少。为进一步揭示单个机构发表或参与发表论文的情况,本研究以学校(社科院)—院(系、所、中心)为组合条件筛选语言学学术论文发表高频机构数据,请见表18-16。

表 18 – 16　语言学学术论文发表 50 篇及以上的高频机构分布情况

编号	机构名称	论文数量	编号	机构名称	论文数量
1	南京师范大学文学院	116	11	塔里木大学人文学院	55
2	华东师范大学中国文字研究与应用中心	87	12	河北师范大学文学院	55
3	北京外国语大学中国外语教育研究中心	80	13	湖南师范大学文学院	54
4	北京语言大学对外汉语研究中心	74	14	安徽大学文学院	54
5	华中师范大学语言与语言教育研究中心	74	15	北京师范大学文学院	54
6	北京大学中文系	69	16	南京大学文学院	53
7	陕西师范大学文学院	62	17	广西大学文学院	52
8	中国社会科学院语言研究所	61	18	中国人民大学文学院	51
9	中山大学中文系	60	19	上海师范大学语言研究所	51
10	苏州大学外国语学院	56	20	南京师范大学外国语学院	50

　　从表 18 – 16 可知,前 5 位的机构发文量均在 70 篇以上,其中,南京师范大学文学院高居榜首,论文发表数量为 116 篇,也是唯一发文量在 100 篇以上的机构。在 20 所机构中,从事汉语言研究的高校文学院(系)占了主导地位。

(5)语言学社科项目的研究热点分析

　　通过统计基于语言学国家社科项目发表的论文标题中的关键词,本研究旨在从计量角度揭示语言学国家社科项目所关注的研究热点问题,统计结果如表 18 – 17 所示。

表 18 – 17　语言学社科项目研究的高频关键词

编号	关键词	频次	编号	关键词	频次
1	语料库	178	12	动词	62
2	语法化	164	13	词汇	61
3	翻译	129	14	英语	59
4	汉语	100	15	量词	55
5	认知	93	16	研究	55
6	隐喻	92	17	方言	54
7	语言接触	91	18	语言学	54
8	语义	76	19	认知语言学	53
9	词汇化	75	20	释义	53
10	维吾尔语	70	21	现代汉语	53
11	演变	69	22	特点	51

续表

编号	关键词	频次	编号	关键词	频次
23	中介语	50	37	形容词	39
24	二语习得	50	38	汉字	37
25	句法	48	39	语言政策	37
26	转喻	46	40	《朱子语类》	36
27	类型	45	41	主观性	36
28	中文信息处理	45	42	声调	36
29	对比	45	43	介词	35
30	构式	45	44	特征	35
31	词语	43	45	大学英语	35
32	外语教学	43	46	蒙古语	35
33	语言	41	47	汉语方言	35
34	语法	41	48	类型学	35
35	俗字	40	49	研究方法	34
36	语音	40	50	话语标记	34

从表 18 - 17 可知，排在前 10 位的高频关键词（频次均在 70 次及以上）分别为"语料库""语法化""翻译""汉语""认知""隐喻""语言接触""语义""词汇化"和"维吾尔语"。其中，"语料库"（178 次，第 1 位）、"语法化"（164 次，第 2 位）、"认知"（93 次，第 5 位）、"隐喻"（92 次，第 6 位）和"词汇化"（75 次，第 9 位）都是近些年来国外语言学领域新出现的研究思路，体现出国内语言学界对前沿问题的追踪。

(6) 语言学社科项目的高被引学术论文分析

基于中国知网（CNKI）中学术论文的被引频次，本研究选取了被引频次居于前 20 位的高被引论文。表 18 - 18 呈现了这些论文的标题、被引次数和下载次数。

表 18 - 18　语言学社科项目资助下的高被引论文分布

编号	论文标题名称	被引次数	下载次数
1	生态翻译学解读	510	7292
2	话语标记语 well 的语用功能	398	3651
3	生态翻译学的研究焦点与理论视角	375	8646
4	词语句法、语义的多功能性：对"构式语法"理论的解释	361	6398
5	翻译研究的后殖民视角	354	3706
6	关于我国大学英语教学重新定位的思考	314	4877
7	评述外语专业学生思维能力的发展	311	4585
8	构建我国外语类大学生思辨能力量具的理论框架	277	4951

编号	论文标题名称	被引次数	下载次数
9	外语阅读焦虑与英语成绩及性别的关系	258	2527
10	翻译中的隐和显	243	2161
11	从"头"认知——转喻、隐喻与一词多义现象研究	241	3882
12	多模态外语教学的设计与模态调用初探	233	3528
13	从语气、情态到评价	230	3183
14	多模态话语模态的协同及在外语教学中的体现	219	4030
15	心理空间与概念整合:理论发展及其应用	199	4809
16	我国英语专业与其他文科类大学生思辨能力的对比研究	187	6289
17	生态翻译学:译学研究的"跨科际整合"	185	3835
18	《中国日报》和《纽约时报》中转述方式和消息来源的比较分析	170	3642
19	归化异化,各具一格——从功能翻译理论角度评价《飘》的两种译本	170	3779
20	基于语料库学生英语中的语义韵对比研究	168	2818

从表 18－18 可知,就被引次数而言,在所选取的前 20 篇高被引学术论文中,被引次数在 300 次以上的学术论文有 7 篇,其中,"生态翻译学解读"的被引次数达到 510 次,也是唯一被引频次超过 500 次的学术论文。就下载次数而言,有 9 篇论文的下载次数超过了 4000次,其中,"生态翻译学的研究焦点与理论视角"被下载次数最高,达到 8646 次。综合被引次数和下载次数来看,基于语言学国家社科项目发表的学术论文中,翻译研究主题(尤其是"生态翻译学")的研究广受关注。其他研究主题如"外语教学"(特别是"多模态与外语教学")、"外语专业学生思辨(维)能力""认知语言学理论研究"等也较受关注。

18.5　小结

借助统计和内容分析的方法,本章从计量角度系统探讨了语言学国家社科项目的立项、结项、研究成果等维度上的相关问题,概要勾勒出语言学国家社科项目(1991—2014 年)的整体轮廓,旨在为语言学界及语言学国家社科项目主管部门提供一幅语言学研究的计量图景,希望为进一步推动依托国家社科项目的语言学研究提供客观参考数据。

19 新闻学与传播学

19.1 新闻学与传播学国家社科项目基本信息

本章主要从新闻学与传播学国家社科项目年度资助情况、社科项目类型分布、项目负责人出现频次、项目负责人的职称分布和各项目承担单位的分布几个方面进行统计,从而反映我国新闻学与传播学社科项目的一些基本信息。

(1)新闻学与传播学的国家社科项目年度资助情况分析

经过数据收集、数据整理,并使用人工的方式将不符合规范的一系列项目去除以后,得到 1071 个新闻学与传播学方向的国家社科基金项目。图 19 – 1 列出了每年的新闻学与传播学社科项目数量分布情况。

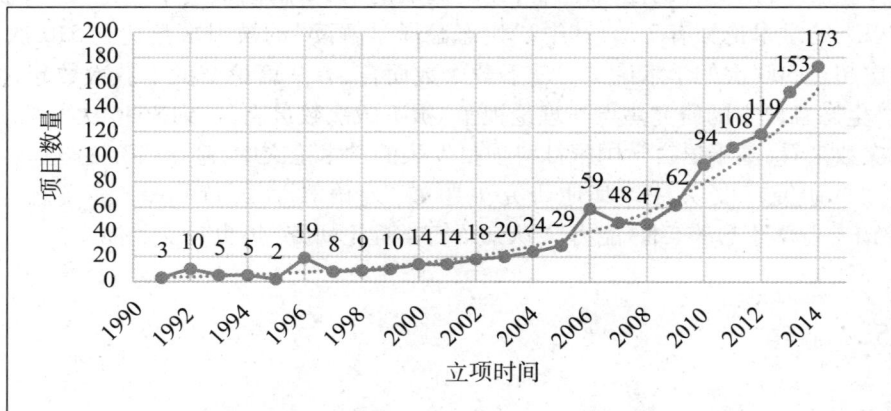

图 19 – 1 新闻学与传播学国家社科项目的年度分布情况

从上图中可以看出新闻学与传播学的社科项目近年来呈现出了指数式的增长。1991—1996 年,每年申请立项的项目数量较小且存在一定的波动。在 1995 年时数值达到最低,这一年仅申请了两个项目,占所有项目的 0.19%。1997—2005 年之间,项目申请数量基本处于平缓增长的态势,平均每年增长 0.22 个百分点,比前一年平均要多申请两个项目。2006 年出现一个快速增长点,比上一年多申请了 30 个项目,增长了 3 个百分点。到了 2008 年以后新闻学与传播学立项的课题涨幅又有了更大的提升,平均每年增长两个百分点,比前一年平均要多申请 21 个项目。

(2)新闻学与传播学的国家社科项目类型分布状况

国家社科项目类型总共有 8 种,分为重大项目、重点项目、一般项目、青年项目、西部项目、后期资助项目、中华学术外译项目和成果文库。具体类型分布情况可见表19－1。

表19－1　新闻学与传播学项目类型分布状况表

编号	项目类型名称	项目数量	百分比
1	一般项目	502	47.90%
2	青年项目	314	29.96%
3	重点项目	92	8.78%
4	西部项目	74	7.06%
5	重大项目	36	3.44%
6	后期资助项目	27	2.58%
7	中华学术外译项目	2	0.19%
8	成果文库	1	0.10%

从表19－1中可以看出，一般项目是新闻学与传播学国家社科基金项目中的主要项目类别，它的比重高达47.90%。其次是青年项目，在所有项目里也有29.96%的比例。重点项目和西部项目申请数目相差不大，平均占总体的8%。而重大项目、后期资助项目、中华学术外译项目和成果文库所占比例很小，加起来只占总项目的6.31%。

（3）新闻学与传播学的国家社科项目负责人出现频次

综合考虑到同名和同机构项目承担者的情况后，整理数据，得到在新闻学与传播学领域的研究者主持项目的频次分布情况。结果见表19－2。

表19－2　国家社科项目负责人出现频次

编号	主持项目频次	具体人数分布	百分比
1	1	818	88.91%
2	2	80	8.70%
3	3	18	1.96%
4	4	4	0.43%

在新闻学与传播学国家社科项目中，主持过项目最多的人有9个，他们每人均主持过4个项目。但这些负责人只占总体负责人的0.43%。而大部分情况下，一个人一般只主持过一个社科项目，这批人数占总体项目负责人的88.91%。这个分布与洛特卡定律所描述的发表文章数量的作者数分布非常相似，即主持过 n 个项目的国家社科项目负责人数占所有负责人的比例与其所负责的项目数 n 的平方成反比。

（4）新闻学与传播学的国家社科项目负责人职称分布

负责人职称有正高级、副高级、中级和初级四种。统计所有新闻学与传播学国家社科项目负责人的职称后得到表19－3的结果。

表 19-3　国家社科项目负责人职称分布

编号	专业职务	人数	百分比
1	初级	1	0.11%
2	中级	193	22.08%
3	副高级	342	39.13%
4	正高级	338	38.67%

其中由正高级和副高级的研究人员所主持的项目最多,他们加起来占到总体的77.80%,接近总体的五分之四。中级职称的负责人占总体比例的22.08%,超过了总体的五分之一。而初级职称负责新闻学与传播学国家社科项目的人数最为稀少,仅有一人,只有总体的0.11%。

(5)新闻学与传播学的国家社科项目承担单位分布情况

承担新闻学与传播学国家社科项目的单位数量很多,在此仅展示承担国家社科项目排名前50名的机构,这50个机构总共负责了611个项目,超过了新闻学与传播学所有社科项目的二分之一。结果展现在表19-4中。

表 19-4　承担国家社科项目的前50个单位分布情况

编号	单位名称	项目数量	编号	单位名称	项目数量
1	中国传媒大学	40	18	新疆大学	12
2	中国人民大学	32	19	华东师范大学	11
3	复旦大学	31	20	上海社会科学院	11
4	南京大学	29	21	内蒙古大学	10
5	武汉大学	24	22	华中师范大学	10
6	华中科技大学	21	23	湖南师范大学	10
7	清华大学	20	24	河北大学	10
8	中国社会科学院	20	25	上海大学	9
9	四川大学	18	26	天津师范大学	9
10	南京师范大学	18	27	四川省社会科学院	9
11	上海交通大学	16	28	西南政法大学	9
12	暨南大学	16	29	西藏民族学院	9
13	浙江大学	16	30	中国出版科学研究所	8
14	安徽大学	15	31	西北大学	8
15	郑州大学	13	32	湖南大学	8
16	南昌大学	13	33	北京大学	7
17	厦门大学	12	34	河南大学	7

编号	单位名称	项目数量	编号	单位名称	项目数量
35	陕西师范大学	7	43	苏州大学	6
36	江西师范大学	7	44	兰州大学	6
37	深圳大学	7	45	山东大学	6
38	云南师范大学	7	46	南开大学	6
39	中国人民解放军南京新闻学与传播学院	7	47	北京师范大学	6
40	浙江传媒学院	7	48	北京印刷学院	6
41	新华通讯社新闻研究所	6	49	北京广播学院	5
42	上海外国语大学	6	50	国家广播电影电视总局	5

从上表可以看出,在申请国家社科基金项目的所有机构当中,各地区高校在前50个机构中占据了43个,是新闻学与传播学国家社科项目申请和承担的主要机构。其次申请较多的机构是各地区社会科学院,然后是中国出版科学研究所申请了8个项目,中国人民解放军南京新闻学与传播学院申请了7个项目,新华通讯社新闻研究所申请了6个项目,国家广播电影电视总局也申请了5个项目。按照布拉德福定律,将主持新闻学与传播学国家社科项目的机构划分为3个区,每个区大概均有203个项目左右。第一个区域是从中国传媒大学到清华大学,即排名前7位的机构,他们每个机构至少承办了20项新闻学与传播学国家社科基金课题,可以说这些单位是新闻学与传播学研究的核心机构,有着极强的竞争力和研究能力,是新闻学与传播学研究的领头单位。第二个区域是从中国社会科学院到华中师范大学,即排名第8到22名的科研机构,他们承办课题的平均数为14.06项。第三个区域从湖南师范大学到国家广播电影电视总局,即为排名23到第50名的科研机构。这些单位平均申请项目的数量为7.31项。在所有科研机构当中,主持新闻学与传播学国家社科项目最多的是中国传媒大学,立项数有40个,其次是中国人民大学和复旦大学,负责超过30个项目,这三所大学属于新闻学与传播学研究的领先单位。

19.2 新闻学与传播学国家社科项目标题分析

利用自动分词技术对新闻学与传播学国家社科项目标题的字长、词长和词频进行了统计分析,期望挖掘到新闻学与传播学课题的标题特点,从而发现这一领域的研究热点。

(1)新闻学与传播学的国家社科项目标题字的长度分布

根据汉字编码的格式,对新闻学与传播学国家社科项目标题的字长进行统计,得到结果如图19-2。

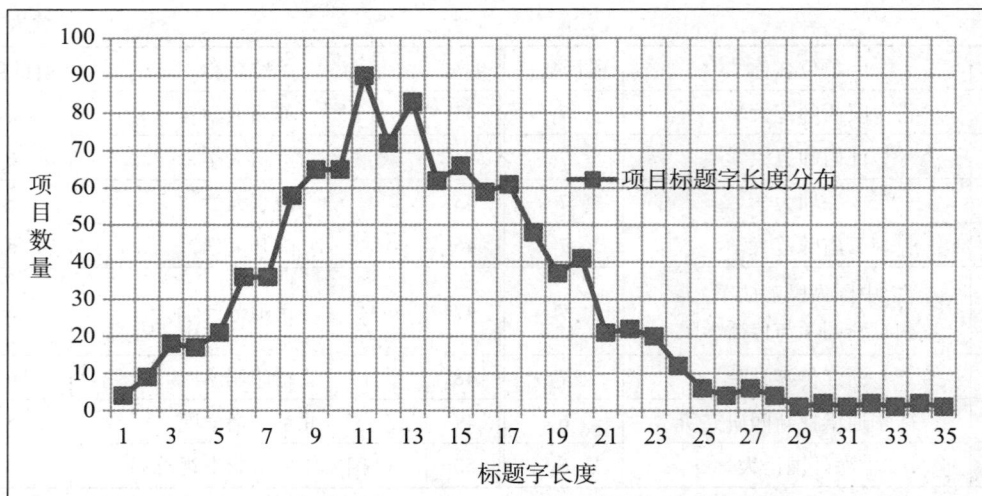

图 19 - 2　国家社科项目标题字的长度分布

根据统计结果发现，新闻学与传播学的社科项目标题字长度呈现一个正偏态分布趋势，一般都在 5—41 个字之间。5 个字的项目有 4 个，而 41 个字的项目只有 1 个。大部分社科项目的标题都集中在 10—24 个字之间，这个区间中每个字长下差不多都有 40—70 个左右的项目。而其中有 15 个字的项目最多，总共有 90 个。标题长度超过 30 个字的项目数只有 24 个，这区间每个字长标题下所对应的课题平均数仅为 2.40 个。

（2）新闻学与传播学的国家社科项目标题词的长度分布

对于一个文本而言，除了字长之外使用更加重要的就是词的分布情况。本节利用了开发自动分词软件对标题进行了处理，并统计了词长及其词频，以便对标题，也是对新闻学与传播学方向的国家社科课题有更进一步研究。项目标题的词长分布结果如图 19 - 3。

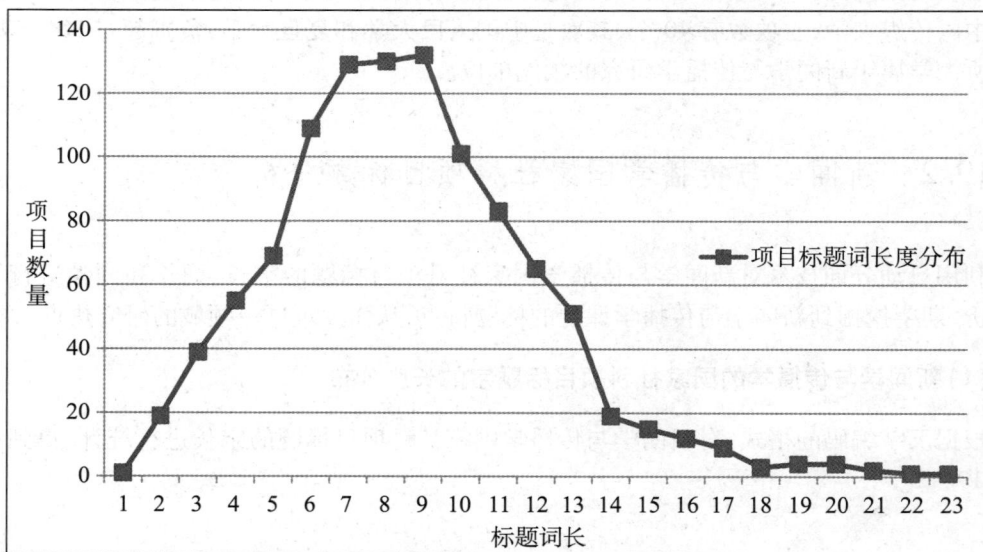

图 19 - 3　国家社科项目标题词的长度分布情况

　　将标题按照词长排序发现它呈现一个正偏态分布趋势,即标题的词长主要在 3 个词到 15 个词的词长之间类似于正态分布,有少数标题长于 17 个词长,但这个数量很小,有快速递减的趋势。标题在 10 个词长时达到峰值,总共有 132 个课题的标题由 10 个词组成。而与此相反的是,词长超过 18 个的项目标题只有 24 个,而这区间每个词长标题下所对应的课题平均数仅为 3.43 个。

(3)新闻学与传播学的国家社科项目标题高频词分析

　　在对标题进行分词的基础上,还对其中分布的单词词频进行统计,进一步分析标题内容。本节对将得到的词频分布表排名前 50 个的高频词汇进行展示。结果如表 19－5。

表 19－5　社科项目标题中的前 50 个高频词

编号	标题中的词汇	频次	编号	标题中的词汇	频次
1	中国	104	26	社会	8
2	新	64	27	互联网	7
3	我国	45	28	出版	7
4	网络	45	29	抗战	7
5	"	31	30	广播	7
6	"	31	31	文化	7
7	新闻	25	32	舆论	6
8	媒介	24	33	传播学	6
9	大众	23	34	社会主义	6
10	基于	18	35	《	6
11	电视	17	36	》	6
12	当代	15	37	国家	6
13	新疆	13	38	中外	6
14	微	12	39	西部	6
15	突发	12	40	党报	5
16	重大	11	41	对外	5
17	广告	10	42	台湾	5
18	传媒	9	43	移动	5
19	美国	9	44	近代	5
20	中	8	45	民国	5
21	社会化	8	46	多	5
22	数字	8	47	民族	5
23	社交	8	48	提高	4
24	传播	8	49	中华	4
25	国际	8	50	全球化	4

统计结果中没有去掉标点符号进一步处理,因此有少数标点符号也作为高频词被显示出来。可以看出高频词的使用频率递减严重。如果将单词出现的频率高于10,设为新闻学与传播学关注的热点研究的阈值条件,那么排名前17的关键词应该是新闻学与传播学领域比较关注的对象。其中,去掉没有意义的标点符号和没有实际意义的介词"基于",可以看出新闻学与传播学在国家社科基金课题中主要关注的对象是我们国家当代的媒介。而在这其中,最受关注的两个地区为西部和新疆,与网络有关的研究也是研究课题的关注热点。

19.3 新闻学与传播学国家社科项目的结项情况统计

新闻学与传播学国家社科项目的结项情况主要是从项目的结题时间跨度、专著出版社的分布情况和项目评定结果三个角度出发。项目的结题时间跨度数据是基于项目的立项时间和结题时间判定的,专著出版社的分布和项目评定结果数据则是对所有项目的专著出版社和项目评定结果统计分析得出的。

(1)新闻学与传播学的国家社科项目结项时间跨度

国家社科项目结项的时间跨度是将各社科项目的结项时间与立项时间相减得到的差值,统计不同时间长度的项目数量得到如表19-6的结果。本研究在数据整理时遵循的原则是:项目结题时间超过8年的一律不再进行结果分析。由此,表19-6展示了8年以内结项的新闻学与传播学社科项目课题,总计343项。

表19-6　新闻学与传播学社科项目结项时间跨度分布表

编号	结项时间(以年为单位)	项目数量
1	1	7
2	2	39
3	3	64
4	4	83
5	5	47
6	6	54
7	7	31
8	8	18

入选的343项课题占新闻学与传播学国家社科项目总数的32.02%,在8年内能结项的课题比例只有三分之一左右,说明新闻学与传播学社科项目有比较严重的延期现象。

结项的项目数量在8年里基本处于正态分布,其中,历时4年完成的项目最多,达到分布的峰值,总共83项。3年能够结题完成的项目位居第二,也有64项。能在1年内就完成的项目数目最少,仅有7项。

(2)出版新闻学与传播学国家社科项目专著的机构统计分析

专著是新闻学与传播学国家社科项目成果展现的重要形式之一。对专著的出版社统计也是一个可以了解其项目完成情况和水平的指标。本研究根据不同出版社出版的项目成果专著数量进行降序排序,得到结果如表 19 – 7。

表 19 – 7　出版新闻学与传播学专著的前 25 个单位

编号	出版社名称	出版数量	编号	出版社名称	出版数量
1	中国社会科学出版社	4	14	河南大学出版社	1
2	北京大学出版社	3	15	湖南大学出版社	1
3	新华出版社	3	16	湖南教育出版社	1
4	中国人民大学出版社	3	17	湖南文艺出版社	1
5	中国传媒出版社	2	18	科学出版社	1
6	中国传媒大学出版社	2	19	兰州大学出版社	1
7	中国大百科全书出版社	2	20	辽宁教育出版社	1
8	中国广播电视出版社	2	21	内蒙古教育出版社	1
9	学习出版社	2	22	南方日报出版社	1
10	复旦大学出版社	2	23	人民出版社	1
11	四川大学出版社	2	24	陕西人民教育出版社	1
12	北京广播学院出版社	2	25	商务印书馆	1
13	合肥工业大学出版社	1	26	--	--

中国社会科学出版社是新闻学与传播学国家社科项目出版专著最多的出版单位,其次是北京大学出版社、新华出版社和中国人民大学出版社。其后的出版社出版数量较少,大部分出版社只出版过一种相关专著。

(3)新闻学与传播学的国家社科项目结项评定结果

新闻学与传播学国家社科项目结项评定结果分为三个等级:"合格""良好"和"优秀"。依照这三个等级,研究对各个项目的结题评定结果进行整理统计,计算出不同等级的项目数量和其占总体的百分比。结果展示在表 19 – 8 当中。

表 19 – 8　新闻学与传播学的国家社科项目评定结果分布

编号	项目结果评定类别	具体项目数量	百分比
1	优秀	27	11.64%
2	合格	94	40.52%
3	良好	111	47.84%

所有已经结题并被评定的项目数量为 232,占项目总数的 21.66%。根据之前统计的项目时间跨度不难推测,有很多近几年申请的项目还在进行当中。从结果上来看,被评定为"良好"和"合格"的项目数量非常接近,均达到 40% 以上,而被定为"良好"的项目则达到47.84%,接近总体项目的二分之一。判定为"优秀"的项目数量非常少,仅有 27 项。这说明新闻学与传播学的国家社科项目评定标准比较严格。

19.4　新闻学与传播学国家社科项目学术研究成果统计

根据新闻学与传播学国家社科基金项目编号或者课题的名称,在中国知网(CNKI)学术论文数据库中,检索得出新闻学与传播学社科项目发表的学术论文及其信息。为了对新闻学与传播学社科项目资助的学术论文进行全面系统的分析,本章从11个角度对所得数据进行了讨论,具体为"不同类型项目类型的学术论文产出数量分布情况""新闻学与传播学学术论文的类型分布统计""学术论文发表的期刊分布""学术论文的作者数量分布""学术论文的高频作者分布""发表学术论文的机构分布""发表学术论文的高频机构分布""学术论文的基金数量分布""学术论文的高频基金分布""高被引论文的统计分析"和"学术研究热点分析"。

(1)不同类型项目发表论文数量分布情况

学术论文的产出量会因为资助的项目类型及其特点的不同而有非常大的变化。表19 - 9列举了6种类型的社科项目类型和这些项目下的发表论文数量,并计算出了论文所占总论文产出的比例。

表 19 - 9　不同社科项目发表学术论文数量的分布情况

编号	项目类型	发表论文数量	百分比
1	一般项目	1880	39.36%
2	青年项目	1225	25.64%
3	重点项目	628	13.15%
4	重大项目	609	12.75%
5	西部项目	381	7.98%
6	后期资助项目	54	1.13%

其中产出论文比重最高的是一般项目,论文数量为1880篇,产出论文超过项目资助发表论文数量的三分之一。其次是青年项目,发表论文篇数超过1000篇。但值得注意的是,结合前面数据就不难发现国家社科项目立项的重点项目和重大项目项目数分别为92个和36个,占总体比重分别为8.78%和3.44%,而发表学术论文数分别是总体的13.15%和12.75%,足见重点项目和重大项目的完成情况很好,重大项目更为明显。

(2)新闻学与传播学项目所发表论文的类型及期刊分布情况

学术论文主要分成"期刊论文"和"会议论文"两种类型。表19 - 10统计了这两种文献类型的论文数和所占百分比。

表 19－10　新闻学与传播学社科项目发表学术论文类型情况

编号	论文类型	论文数量	百分比
1	期刊	4703	98.43%
2	会议	75	1.57%

　　新闻学与传播学社科项目中发表的论文类型绝大多数都是期刊论文,占到总体的 98.43%。这些期刊论文分散在各种不同的刊物中。本研究对刊登论文的期刊进了统计,并按照各种刊物刊载的国家社科项目资助新闻学与传播学课题论文数量进行排序,最后选出刊登论文数量排名前 50 的期刊展示,见表 19－11。

表 19－11　发表新闻学与传播学社科项目论文前 50 的期刊分布

编号	期刊名称	论文数量	编号	期刊名称	论文数量
1	现代传播(中国传媒大学学报)	220	26	中国文化产业评论	28
2	当代传播	167	27	中国报业	28
3	新闻界	144	28	南京社会科学	27
4	国际新闻界	133	29	重庆社会科学	27
5	新闻爱好者	124	30	出版科学	26
6	新闻大学	122	31	中州学刊	26
7	青年记者	98	32	中国地质大学学报(社会科学版)	26
8	编辑之友	95	33	科技与出版	26
9	新闻与传播研究	93	34	新闻前哨	25
10	新闻与写作	93	35	新闻春秋	25
11	新闻记者	89	36	当代文坛	25
12	新闻知识	63	37	现代视听	25
13	中国出版	63	38	中国电视	24
14	对外传播	53	39	新闻世界	22
15	西南民族大学学报(人文社会科学版)	51	40	新闻研究导刊	21
16	东南传播	51	41	出版广角	21
17	中国媒体发展研究报告	46	42	新闻传播	20
18	出版发行研究	43	43	山西大学学报(哲学社会科学版)	20
19	中国记者	41	44	当代电影	19
20	今传媒	39	45	河南大学学报(社会科学版)	19
21	西北大学学报(自然科学版)	39	46	艺术百家	19
22	传媒	35	47	山东理工大学学报(社会科学版)	18
23	电视研究	35	48	西北大学学报(哲学社会科学版)	18
24	浙江传媒学院学报	29	49	广告大观(理论版)	18
25	中国广播电视学刊	29	50	新闻战线	17

刊载论文最多的期刊是《现代传播（中国传媒大学学报）》，刊载论文数为 220 篇，总共有 6 个期刊登载论文数超过 100 篇。将这些期刊与 CSSCI 收录的新闻学与传播学核心期刊进行对比，不难发现这 6 个期刊也是新闻学与传播学的核心期刊。

（3）新闻学与传播学项目所发表论文的作者分布情况

每一篇论文所包含的作者数量不相同，本节对论文作者数量进行探讨，试图得到新闻学与传播学社科项目中的论文作者的合作情况。将作者数量与论文数量进行统计得到表 19 - 12 中的结果。

表 19 - 12　新闻学与传播学学术论文作者数量分布情况

编号	作者数量	论文数量	百分比
1	1	2714	57. 12%
2	2	1616	34. 01%
3	3	313	6. 59%
4	4	84	1. 77%
5	5	24	0. 51%

新闻学与传播学国家社科项目发表论文当中，单独发表论文的作者所产出的论文数量超过了该领域论文总数的二分之一。由 2—3 人合作发表的论文数量呈线性下降，占到了所有论文中的 40.6%。而 4—5 人合作的论文仅有 108 篇。说明在新闻学与传播学领域合作产出论文并不是主流的选择，一篇论文一般合作人数也不会超过 3 人。

为了对学术论文作者分布情况深入分析，根据作者出现频次整理并筛选出排名前 50 名的高频作者进行展示，结果见表 19 - 13。

表 19 - 13　学术论文高频作者分布表

编号	作者姓名	频次	编号	作者姓名	频次
1	姚远	75	13	张一兵	24
2	郭全中	56	14	周葆华	24
3	朱春阳	41	15	姬建敏	23
4	郑保卫	35	16	童兵	23
5	王一川	35	17	陈娜	22
6	匡文波	34	18	靖鸣	22
7	喻国明	32	19	吴永和	21
8	张海	28	20	刘小燕	20
9	骆正林	28	21	蒋晓丽	20
10	殷俊	27	22	肖叶飞	19
11	丁柏铨	26	23	蔡尚伟	18
12	李春雷	25	24	王平	18

编号	作者姓名	频次	编号	作者姓名	频次
25	蒋建国	18	38	李宇	16
26	贾广惠	18	39	王斌	16
27	杨状振	18	40	刘宪阁	16
28	陈先红	17	41	曾凡斌	15
29	李哲	17	42	曾庆香	15
30	田中阳	17	43	赵文义	15
31	廖圣清	17	44	张涛甫	15
32	常凌翀	17	45	肖峰	15
33	夏德元	17	46	冯菊香	14
34	侯迎忠	17	47	郭小平	14
35	尹玉吉	17	48	张洪忠	14
36	陈堂发	17	49	郑素侠	14
37	燕道成	17	50	陶喜红	14

表中可以看出,发表论文超过30篇的作者有7人,超过50篇的仅有2人。而排名前50的作者至少发表过14篇论文。在这些高频作者当中,他们发表论文平均为22.26篇,而发表论文的中位数为18篇,说明排在最前面的高产作者如排名第一的姚远和第二的郭全中发表论文很多,远远超过其他人,是该领域的领军人物。

（4）新闻学与传播学项目所发表论文的作者机构分布情况

学术论文署名的机构与作者数量分布也相似,它们可以由单一机构完成,也可能是多个机构共同完成的。本节对论文研究机构分布数量进行探讨。根据论文中包含机构数量的递增顺序进行排列,统计各类型论文的数量及其占比,结果如下表19-14。

表 19-14　新闻学与传播学学术论文机构数量分布情况

编号	论文机构数量	发表论文数量	百分比
1	1	3159	66.79%
2	2	1235	26.11%
3	3	275	5.81%
4	4	61	1.29%

单一机构发表的论文数量最多,占到总体的66.79%,这一比例超过了之前统计的单一作者发表论文的数量,说明有很大部分的合作者是来自同一机构。两个机构联合发表的论文比例小于两人合著论文的比例也能印证这一点。随着论文机构数量的递增,它们发表的论文数量在急剧下降。仅有61篇论文是由4个机构共同完成的,只有总体的1.29%。说明在新闻学与传播学国家社科项目的研究中,跨机构跨平台的合作不是特别频繁。

为了解与认识学术论文所属机构,本节对参与新闻学与传播学国家社科项目的研究机构所发表学术论文数量进行了统计。表 19 – 15 选择了排名前 20 的研究机构进行展示和分析。

表 19 –15　学术论文高频机构分布表

编号	单位名称	论文数量	编号	单位名称	论文数量
1	中国人民大学新闻学院	193	11	清华大学新闻与传播学院	61
2	复旦大学新闻学院	188	12	湖南师范大学新闻与传播学院	59
3	四川大学文学与新闻学院	126	13	江西师范大学传播学院	59
4	华中科技大学新闻与信息传播学院	117	14	国家行政学院社会和文化教研部	53
5	暨南大学新闻与传播学院	108	15	天津师范大学新闻传播学院	53
6	武汉大学新闻与传播学院	99	16	中国传媒大学	45
7	中国人民大学新闻与社会发展研究中心	89	17	北京师范大学艺术与传媒学院	44
8	南京大学新闻传播学院	89	18	郑州大学新闻与传播学院	42
9	安徽大学新闻传播学院	73	19	四川大学文化产业研究中心	42
10	南京师范大学新闻与传播学院	67	20	北京师范大学文学院	38

　　表中显示发表论文排在前 20 的机构大多是各大高校。发表论文最多的机构为中国人民大学新闻学院,发表论文数量 193 篇,排名第二的复旦大学新闻学院发表了 188 篇论文。与立项数对比,承担项目资助最多的中国传媒大学在发表学术论文的频率上并不是最高的,只排在了论文发表数第 16 位。仔细对比可以发现,各机构论文成果数与所承担的课题并不是高度相关的,它还受到该机构项目类型、时间跨度等多方面因素的影响。

(5)新闻学与传播学社科项目的研究热点分析

　　论文中的关键词可以体现出一个专业中的研究热点。因此对新闻学与传播学学术论文中高频关键词的统计也是分析新闻学与传播学研究热点的重要环节。表 19 – 16 中统计了新闻学与传播学发表的学术论文中的高频关键词,按照词频排序并选出排名前 50 名的关键词进行展示,结果如下。

表 19 – 16　新闻学与传播学社科项目研究的高频关键词

编号	关键词	频次	编号	关键词	频次
1	新媒体	123	7	网络舆情	62
2	媒介融合	101	8	媒介素养	57
3	文化产业	89	9	突发事件	54
4	微博	83	10	新闻报道	54
5	国际传播	72	11	意见领袖	51
6	舆论引导	63	12	传播	49

续表

编号	关键词	频次	编号	关键词	频次
13	国家形象	48	32	新生代农民工	29
14	舆论监督	47	33	传播渠道	29
15	自媒体	44	34	媒介	29
16	大众传媒	42	35	学术期刊	28
17	报业集团	40	36	中国	28
18	媒体融合	40	37	议程设置	28
19	网络舆论	39	38	传媒产业	27
20	社交媒体	38	39	传播主体	27
21	传播策略	37	40	大学生	27
22	跨文化传播	37	41	网络传播	27
23	互联网	35	42	传播能力	27
24	社会化媒体	34	43	文化传播	26
25	传媒	33	44	危机传播	26
26	传播学	32	45	大数据	26
27	纽约时报	31	46	网络	25
28	腾讯	31	47	电视节目	24
29	文化软实力	31	48	对外传播	24
30	舆论	31	49	广播电视	23
31	三网融合	30	50	转型	23

从上表可以看出新闻学与传播学中的高频词汇是呈线性趋势平缓下降的。频次最高的"新媒体"出现了123次。可以看出新闻学与传播学的研究热点为新媒体与网络,另外"舆论""农民工""大数据"等都有很高的关注度。

(6)新闻学与传播学社科项目的高被引学术论文分析

本节主要讨论新闻学与传播学社科项目的高被引学术论文。数据来源于CNKI学术论文数据库中提供的论文被引频次。本研究展示了被引频次排名前20的论文的基本信息,具体情况列在表19 – 17 当中。

表19 – 17　新闻学与传播学社科项目资助下的高被引论文分布

编号	论文标题名称	被引次数	下载次数
1	微博舆论生成演变机制和舆论引导策略	157	5704
2	微博的历史、现状与发展趋势	133	7940
3	手机媒体的传播学思考	98	3146
4	突发公共事件中微博意见领袖的实证研究——以"温州动车事故"为例	95	5608

续表

编号	论文标题名称	被引次数	下载次数
5	突发事件中的微博舆论:基于新浪微博的实证研究	90	6042
6	微博影响力的形成机制与社会价值	73	2169
7	论全球化语境下中国电影的跨文化传播策略	66	3959
8	突发公共事件的信息公开与传媒的宣泄功能	62	1679
9	电子课本与电子书包技术标准体系框架的研究	57	2163
10	微博舆情监测指标体系研究	57	2552
11	双重话语空间:公共危机传播中的中国官方与非官方话语互动模式研究	54	2276
12	欧美文化产业投融资制度及其对我国的启示	53	2591
13	论中国大学学报现状与改革切入点	52	1079
14	上海市新生代农民工新媒体使用与评价的实证研究	51	2184
15	新媒介与青年亚文化转向	51	2133
16	微博影响力发生的技术关键与社会机理	50	1527
17	突发事件中的舆论生态及其影响:新媒体事件的视角	49	2053
18	国内新闻框架研究现状述评	49	1607
19	"文化软实力"指标体系的建构原则与构成要素	48	1274
20	描述乎?规范乎?——新闻专业主义之于我国新闻传播实践	48	2886

在列出的高被引论文当中,被引次数超过 100 篇的论文有 2 篇。被引频次在 50—100 之间的论文有 14 篇。被引频次低于 50 的论文有 4 篇。而被引次数、下载次数最多的几篇论文也并不是被引用最多的论文,但它们可能是比较被关注的热点问题。

19.5　小结

本研究在中国知网(CNKI)学术论文数据库中,经过检索研究项目的基金名与基金号,得到了关于新闻学与传播学国家社科项目的基本信息。文章利用"自动分词""统计和内容分析"相结合的方法,从"项目基本信息""项目标题分析""项目结题情况"和"学术研究成果"四大方面对所有项目进行了探讨和研究。其中"项目基本信息"包括年度资助情况、项目类型分布状况、项目负责人出现频次、项目负责人职称分布、项目承担单位分布情况几个方面;"项目标题分析"由标题字长分布、标题词长分布、高频词三个指标构成;"项目结题情况"讨论了项目结题时间跨度、项目专著的机构统计及项目结题评定结果几个部分;最后"学术研究成果"部分,列举了发表学术论文分布情况、发表学术论文期刊类型及刊载论文量的期刊分布、论文作者数量分布及高频作者分布、论文机构数量及高频机构分布、高频关键词、高被引论文分布的情况。讨论结果组成了新闻学与传播学国家社科项目的大体框架。

总体而言,新闻学与传播学的社科项目近年来呈现出指数式的增长。在这之中,一般项目占据了新闻学与传播学国家社科基金项目中的主要项目类别。而项目主要是由正高级和副高级的研究人员主持的,他们加起来超过所有项目负责人总体的五分之四。绝大多数研究人员只主持过一个社科项目。

就项目标题分析层次而言,新闻学与传播学的社科项目标题长度一般都在 5—41 个字之间。大部分社科项目的标题都集中在 10—24 个字之间,在词语这个级别上来说,社科项目标题一般多为 10 个词长。从标题的词频统计来看,新闻学与传播学在国家社科基金课题中主要关注的对象是我们国家当代的新媒体。其中,西部和新疆是最为关注的两个地区,与网络有关的研究也是研究课题的关注热点。

新闻学与传播学国家社科项目有严重的项目延期现象,在结题的项目当中历时 4 年完成的项目最多。对于项目成果专著出版,中国社会科学出版社是新闻学与传播学国家社科项目专著出版最多的出版单位。对于结项课题的评定而言,经统计发现,新闻学与传播学的国家社科项目评定标准比较严格,被定为"良好"的项目达到 47.84%,而被定为"优秀"的课题仅有 11.64%。

在学术研究成果方面的研究中发现,产出论文比重最大的是一般项目,占到总体论文的39.36%。但与它对比可以发现,重点项目和重大项目项目数分别为 92 个和 36 个,占总体比重为 8.78% 和 3.44%,而发表学术论文数分别是总体的 13.15% 和 12.75%。国家在新闻学与传播学领域应该多鼓励和支持重点项目和重大项目。在新闻学与传播学社科项目中发表的论文类型绝大多数都是期刊论文,刊载论文最多的期刊是《现代传播(中国传媒大学学报)》。在每篇论文的作者数量当中,单独发表论文的作者所产出的论文数量超过了论文总数的二分之一。由 2—3 人合作发表的论文数量呈线性下降。这说明在新闻学与传播学领域合作产出论文并不是主流的选择。同样的,在对单篇论文发表机构的统计中,由单一机构发表的论文数量最多,占到总体的 66.79%,有两个机构联合发表的论文数量占总体的26.11%。可以看出新闻学与传播学国家社科项目的研究中,跨机构跨平台的合作并不是特别频繁,有合作也多是两个机构。新闻学与传播学国家社科项目应该适当增加并支持作者合作与交流。此外,发表论文排在前 20 的机构大多为各大高校,发表论文最多的机构为中国人民大学新闻学院。与承担项目的机构相比,可以观察出各机构论文成果数与所承担的课题数量并不是高度相关的。最后对项目论文的关键词进行统计挖掘,又对项目成果中的高被引论文分析可以发现,新闻学与传播学的研究热点非常广泛,从"新媒体""网络""媒介""网络舆情"到"农民工""大数据"都有涉猎。

20　人口学

20.1　人口学国家社科项目基本信息

本研究是对人口学国家社科项目的基本信息进行的分析研究,内容主要围绕人口学国家社科项目的年度资助项目的数量、不同项目的类型分布、项目负责人出现的频次、项目负责人的职称分布以及项目的承担单位这五个方面展开,进而对人口学国家社科项目进行较为科学的描述分析研究。

(1)人口学的国家社科项目年度资助情况分析

本研究获取了 1997—2014 年这 18 年间的人口学科的国家社科项目,在对已经获取的数据进行筛选和严格整理之后,去除不规范的社科项目,共获取到 471 个不同类型的人口学国家社科项目,按照年度进行排序,具体见表 20 - 1。

表 20 - 1　人口学国家社科项目的年度分布情况

编号	项目立项时间	项目资助数量	百分比	编号	项目立项时间	项目资助数量	百分比
1	1997	8	1.70%	13	2006	20	4.25%
2	1998	8	1.70%	14	2007	21	4.46%
3	1999	7	1.49%	15	2008	21	4.46%
4	2000	8	1.70%	16	2009	20	4.25%
5	2001	10	2.12%	17	2010	37	7.86%
6	2002	9	1.91%	18	2011	50	10.62%
7	2003	10	2.12%	19	2012	60	12.74%
8	2004	18	3.82%	20	2013	69	14.65%
9	2005	28	5.94%	21	2014	67	14.23%

从表 20 - 1 可以清晰地看出,人口学的国家社科项目在 1997—2014 年期间大致呈逐步稳定上升趋势。从整体来看,在 1997—2000 年的这四年间,立项数目几乎没有波动,其中1999 年为历年中立项数目最少的一年,仅有 7 项,占整个年份统计量的 1.49%。在 2001—2003 年和 2006—2009 年这两个期间也是立项数目波动较小,这也从一定程度上反映出人口学的国家社科项目的发展相对稳定。但在 2009—2010 年间是立项数目增幅最大的一年,增幅数目为 17。

自 2009 年以后,社会学国家社科项目的立项数目稳步增长,并在 2013 年达到最高峰,占整个年份统计量的 14.65%。2014 年的国家社科项目占整个统计量的 14.23%,相较 2013年略微下降,但长远来看,这并不影响人口学的国家社科项目整体的增长趋势。根据表 20 -

1,可知人口学的国家社科项目将继续呈现稳步上升趋势,具有较好的发展前景。

(2)人口学的国家社科项目类型分布状况

人口学的国家社科项目覆盖了重大项目、后期资助项目、成果文库、重点项目、西部项目、青年项目和一般项目7种类型的国家社科项目重大项目,具体项目资助的项目类型的分布见表20-2。

表20-2 项目类型分布状况表

编号	项目类型名称	项目数量	百分比
1	重大项目	1	0.21%
2	后期资助项目	2	0.43%
3	成果文库	4	0.85%
4	重点项目	16	3.40%
5	西部项目	51	10.85%
6	青年项目	157	33.40%
7	一般项目	239	50.85%

根据表20-2可知,一般项目是人口学国家社科项目中的最主要的类别,占整个项目的50.85%,是人口学国家社科项目的主体。青年研究者是学术活动中最活跃的人群,在人口学中青年项目的数量仅次于一般项目,达到了33.40%,从中不难发现青年研究者的学术探索精神以及他们在人口学国家社科项目研究这一舞台上的表现力,同时也能发现国家对于青年研究者从事科研活动的大力支持。从各类型的项目在总体占的比重来看,重大项目虽然只占0.21%,但从一定程度上也说明了该学科在探究重大社会问题上依然具有较高的表现力。

(3)人口学的国家社科项目负责人出现频次

根据人口学研究者所承担项目的数量,结合考虑了同一姓名和同一单位的项目承担者,本研究统计了项目负责人的出现频次,具体见表20-3。

表20-3 国家社科项目负责人出现频次

编号	主持项目频次	具体人数分布	百分比
1	1	390	91.33%
2	2	32	7.49%
3	3	3	0.70%
4	4	2	0.47%

基于表20-3可以看出,在所有的项目主持人当中,只主持过1个项目的研究者占据了绝大部分,为91.33%,据此可得,国家社科项目的负责人一般只主持过一个项目,从这方面体现出了国家社科项目的公正性。主持过两个项目的研究者相比主持过1个项目的研究者,人数急剧下降,仅为7.49%。从统计的数据来看,研究者主持项目最多的数量为4个,而

达到这个数量的研究者人数仅有两位。

（4）人口学的国家社科项目负责人职称分布

根据可以获取到的人口学的项目中所列出的研究者职称,本研究统计了承担人口学的研究者所具备的职称,具体见表20 – 4。

表20 –4　国家社科项目负责人职称分布

编号	专业职务	人数	百分比
1	初级	1	0.25%
2	中级	110	27.03%
3	副高级	158	38.82%
4	正高级	138	33.91%

从表20 –4 可以看出,人口学的国家社科项目负责人的职称涵盖了初级、中级、副高级和正高级职称的四个类别。正、副高级职称在所有的职称类别中相差不大,占据了绝大部分,一共达到了72.73% ,而在这两个职称之中正高级的负责人占所有统计数目的33.91% 。中级职称者人数相对较少,仅为27.03% ,而初级职称者则在这四个类别中比重最低,仅为0.25% ,在人口学这个学科中仅有1 人。

（5）人口学的国家社科项目承担单位分布情况

在对人口学的国家社科项目承担单位进行统一整理的基础上,经过统计,本章获取到了承担国家各种类型社科项目的前50 个单位,按照承担项目数量由多及少进行排序,具体分布情况见表20 –5。

表20 –5　承担国家社科项目的前50 个单位分布情况

编号	单位名称	项目数量	编号	单位名称	项目数量
1	北京大学	22	14	贵州省社会科学院	
2	中国人民大学	20	15	吉林大学	6
3	中国社会科学院	20	16	济南大学	6
4	山东社会科学院	18	17	首都经济贸易大学	6
5	华东师范大学	14	18	广西壮族自治区委员会党校	6
6	西安交通大学	13	19	苏州大学	5
7	西南财经大学	9	20	陕西师范大学	5
8	上海社会科学院	9	21	石河子大学	5
9	南京人口管理干部学院	7	22	南开大学	5
10	河北大学	7	23	贵州大学	5
11	复旦大学	7	24	北京师范大学	5
12	中国人口与发展研究中心	7	25	北京市委党校	5
13	浙江大学	6	26	中南财经政法大学	5

续表

编号	单位名称	项目数量	编号	单位名称	项目数量
27	中央财经大学	5	39	上海工程技术大学	3
28	中央民族大学	4	40	杭州师范大学	3
29	中共河南省委党校	4	41	河海大学	3
30	东北财经大学	4	42	福建省委党校	3
31	华中科技大学	4	43	广东省社会科学院	3
32	辽宁大学	4	44	安徽大学	3
33	南京师范大学	3	45	云南大学	3
34	宁夏大学	3	46	重庆师范大学	3
35	陕西省社会科学院	3	47	重庆文理学院	2
36	西安财经学院	3	48	重庆大学	2
37	西北大学	3	49	中山大学	2
38	厦门大学	3	50	河南大学	2

从前49个社科项目承担单位的分布情况来看,项目的承担单位主要为各地的高校和社会科学院。排在首位的为北京大学,共承担了22个人口学类的项目,相对于并列第二位的中国人民大学和中国社会科学院来说,多出了两个。承担国家社科项目最少的为两个,分别为重庆文理学院、重庆大学和中山大学。从整个社科项目的承担单位情况来看,排在前10的单位中,社会科学院系统的单位占据了3个。从各个单位申请的项目数量和排名来看,可以分为3个比较集中的区域。排前6名的单位相对于其他44个单位优势较为明显,由此可见排名前6的单位承担的人口学国家社科项目较多,研究成果也较多;排名第7的西南财经大学到排名第26的中央财经大学处于中等水平;排名第27的中央财经大学到第50的河南大学相比其他单位还存在一定的差距。从整体选取的数据来看,相对分布比较集中,承担4个项目的单位为5个,承担5个项目的单位为9个,而承担3个项目的单位则达到了14个。

20.2　人口学国家社科项目标题分析

根据获取到的人口学的国家社科项目的标题,基于分词的技术,结合内容分析的方法,本章对人口学社科项目标题的字的长度分布、词的长度分布和高频词分布进行了统计和分析。

(1)人口学的国家社科项目标题字的长度分布

根据汉字的编码,本章统计了人口学中国家社科项目标题所用字的长度,具体长度分布见表20-6。

表 20 - 6　社科项目标题字的长度分布

编号	标题字长度	项目数量分布	编号	标题字长度	项目数量分布
1	5	2	21	22	28
2	6	1	22	23	23
3	7	1	23	24	19
4	8	5	24	25	15
5	9	6	25	26	7
6	10	8	26	27	9
7	11	8	27	28	11
8	12	16	28	29	5
9	13	22	29	30	6
10	14	17	30	31	6
11	15	29	31	32	2
12	16	25	32	33	3
13	17	40	33	34	3
14	18	35	34	35	1
15	19	39	35	38	2
16	20	45	36	39	2
17	21	30	37	—	—

从表 20 - 6 可以看出，人口学大部分社科项目标题字的长度主要集中在 12—25 字之间，标题长度为 20 字的国家社科项目数量最多，为 45 个，其次为长度为 17 字的，整个项目数量为 40 个，再次为长度为 19 字的，项目数量达到了 39 个。项目标题字长度最短为 5 字，项目数量为 2 个，而项目标题字长度最长为 39 字，项目数量为两个。

（2）人口学的国家社科项目标题词的长度分布

在初步统计标题字长度之后，为了更进一步地统计和分析标题的组成内容，本节以词为单位统计了人口学国家社科项目标题的长度分布情况，具体的以词为单位的人口学的国家社科项目标题长度分布见表 20 - 7。

表 20 - 7　人口学国家社科项目标题词的长度分布情况

编号	标题词长度	项目数量分布	编号	标题词长度	项目数量分布
1	2	3	6	7	48
2	3	5	7	8	53
3	4	9	8	9	51
4	5	28	9	10	74
5	6	32	10	11	51

续表

编号	标题词长度	项目数量分布	编号	标题词长度	项目数量分布
11	12	38	17	18	4
12	13	27	18	19	2
13	14	9	19	20	1
14	15	16	20	21	1
15	16	8	21	22	1
16	17	9	22	23	1

从标题词汇的长度可以看出,人口学的国家社科项目的标题长度主要集中在 5—13 词之间,其中长度为 10 词的标题最多,达到了 74 个。长度为 16 词以上的社科项目标题数量均在 10 个以下,其中最长的达到了 23 词。长度为 4 词以下的国家社科项目相对较少,其中由两个词构成的国家社科项目数量只有 3 个。长度在 19 词以上的社科项目标题词的数量比长度在 4 词以下的社科项目标题词的数量更少,标题词的长度在 20 词、21 词、22 词、23 词的项目数量均为 1。

(3)人口学的国家社科项目标题高频词分析

在分析了国家社科项目标题的词汇长度分布基础上,为了更进一步地了解人口学国家社科项目中所使用词汇的分布情况,本研究在对标题进行分词的基础上,获取到了常用的高频词。按照频次的高低获取到的前 50 个词汇具体见表 20－8。

表 20－8　社科项目标题中的前 50 个高频词

编号	标题中的词汇	频次	编号	标题中的词汇	频次
1	研究	277	16	政策	44
2	人口	222	17	养老	41
3	的	217	18	下	38
4	与	161	19	影响	38
5	社会	70	20	、	35
6	农村	67	21	健康	33
7	发展	64	22	地区	31
8	问题研究	59	23	和	31
9	及	58	24	"	28
10	中国	54	25	"	28
11	流动	51	26	服务	28
12	城市	47	27	迁移	28
13	家庭	46	28	中	27
14	对	45	29	对策研究	26
15	我国	45	30	生育	24

续表

编号	标题中的词汇	频次	编号	标题中的词汇	频次
31	就业	24	41	结构	19
32	保障	23	42	基于	18
33	老龄化	23	43	贫困	18
34	机制研究	22	44	变动	17
35	——	22	45	分析	17
36	西部	21	46	及其	17
37	经济	21	47	性别	17
38	老年	20	48	背景	17
39	体系	20	49	环境	17
40	制度	20	50	农民工	17

在具体的统计过程中,标点符号也被作为一个单独的词进行了统计,在人口学的国家社科项目标题中主要出现了——、"、"4个高频的符号。

在前10个高频词中,"的、与、及"这3个虚词分别处于第3、第4和第9位,占据了相当大的比重,可见虚词在国家社科项目的标题中出现率相比偏高。在排名前10的高频词中,"研究、人口、社会、农村、发展、问题研究、中国"这7个实词代表了人口学社科项目标题中的主要关注点。"农村、发展、流动、城市、家庭、政策、养老"等入选的高频词基本上涵盖了人口学这一学科在不同时间段内研究主体内容,充分展现了人口学研究的总体面貌。与此同时,"贫困、变动、性别、背景、环境、农民工"等研究问题也逐渐进入研究者的视线,表明人口学研究的关注点也开始包括"贫困"和"农民工"问题,这也从一定程度上表明了人口学研究的进步与成熟。

20.3 人口学国家社科项目的结项情况统计

结合人口学项目已有的立项时间、结项时间、出版专著的出版社和项目评定的结果,本研究对社科项目结项的时间跨度、专著出版社的分布和项目评定结果进行了统计分析。

(1)人口学的国家社科项目结项时间跨度

通过结项时间与立项时间的差值,人口学社科项目结项的时间跨度被逐一地计算出来。根据时间跨度出现的频次,人口学社科项目的结项时间跨度分布情况具体见图20-1。

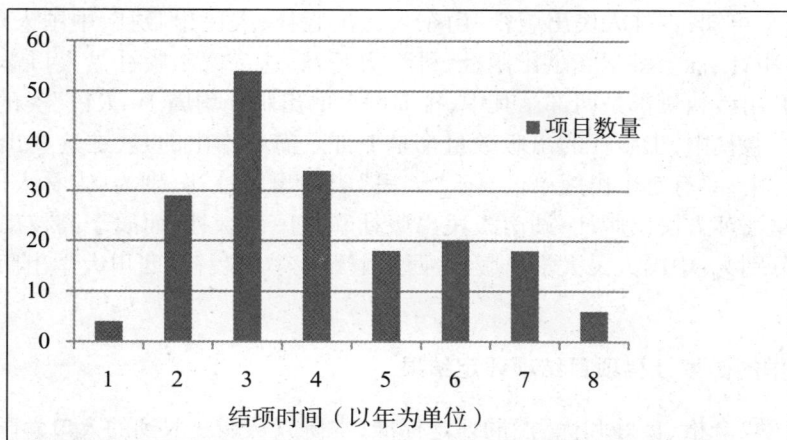

图 20 – 1　人口学社科项目结项时间跨度分布图

在具体数据选取的过程中,凡是低于 4 以下的项目样本数据本次研究没有选取,在具体时间跨度上,凡是超过 8 年以上的时间跨度本研究没有列入在内。

从图 20 – 1 中可以看出,人口学国家社科项目的结项时间主要集中在 2—4 年这一区间内,最多的时间跨度为 3 年,数量为 54 个,这比结项时间为 6 年、7 年、8 年的人口学国家社科项目的数量之和还要多 10 个。其次是结项时间为 4 年的人口学国家社科项目,数量为 34 个。最短的结项时间为 1 年,共有 4 个项目数量。6 年以上结项的项目相对较少,并且随着时间的增加,类似的项目数量呈现出直线下降的趋势,其中 8 年结项的项目数量仅有 6 个,是数量最少的。

(2)出版人口学国家社科项目专著的机构统计分析

专著是人口学国家社科项目重要的成果形式之一,具有较高的学术参考价值,所以本研究从出版专著的机构这一角度出发,给出了出版人口学国家社科专著的不同出版社的分布情况,具体情况见表 20 – 9。

表 20 – 9　出版人口学专著的 21 个单位

编号	出版社名称	出版数量	编号	出版社名称	出版数量
1	吉林人民出版社	2	12	复旦大学出版社	1
2	山东人民出版社	2	13	四川大学出版社	1
3	人民出版社	2	14	生活·读书·新知三联书店	1
4	中国人口出版社	2	15	知识产权出版社	1
5	中国社会科学出版社	2	16	民族出版社	1
6	社会科学文献出版社	2	17	经济科学出版社	1
7	科学出版社	2	18	江苏人民出版社	1
8	中国言实出版社	1	19	湖南人民出版社	1
9	中国人民大学出版社	1	20	红旗出版社	1
10	中国经济出版社	1	21	光明日报出版社	1
11	西南财经大学出版社	1			

由表 20 - 9 可知,吉林人民出版社、山东人民出版社、人民出版社、中国人口出版社、中国社会科学出版社、社会科学文献出版社、科学出版社,这 7 家出版社是人口学社科专著的主要出版机构,出版数量都是两部。其中,排前两名的出版社均属于"人民"类的出版社。在剩余的 14 家出版社中,出版社的出版数量都是 1 部。需要指出的是,在这些出版人口学专著的 21 个单位中,共有 5 个出版单位属于"人民"类的出版社,分别为:吉林人民出版社、山东人民出版社、江苏人民出版社、湖南人民出版社和人民出版社,而属于高校出版社的单位也共有 4 个,分别为:中国人民大学出版社、西南财经大学出版社、四川大学出版社和复旦大学出版社。

(3)人口学的国家社科项目结项评定结果

根据人口学"合格、良好和优秀"的评定标准,本研究从能获取到的人口学国家社科项目中统计出了结项评定结果的整体分布情况,具体见表 20 - 10。

表 20 - 10　人口学的国家社科项目评定结果分布

编号	项目结果评定类别	具体项目数量	百分比
1	合格	58	39.73%
2	良好	75	51.37%
3	优秀	13	8.90%

从人口学国家社科项目的类型分布上看,"良好"和"合格"是人口学国家社科项目评定结果中最主要的类别,分别达到了 75 个和 58 个。"优秀"这一类别的人口学国家社科项目评定结果是 3 个类别中最少的,仅占评定类别中的 8.90%,可见项目的评审条件是较为严格的,评审过程是较为科学和认真的。

20.4　人口学国家社科项目学术研究成果统计

根据人口学国家社科项目的名称或者项目编号,结合 CNKI 学术数据库中的学术论文,本研究获取到了以人口学社科项目发表的各种学术论文,以及不同人口学项目类型的学术论文产出分布情况、人口学学术论文的类型分布统计、学术论文发表的期刊分布、学术论文的作者数量分布、学术论文的高频作者分布、发表学术论文的机构分布、发表学术论文的高频机构分布、高被引论文的统计分析和学术研究热点分析 9 个方面的信息。从这 9 个方面分别对人口学资助的学术论文进行全面系统的统计分析。

(1)不同人口学项目发表论文数量分布情况

重大项目、一般项目、青年项目、重点项目、西部项目、成果文库和后期资助项目 7 种不同人口学的国家社科项目由于其自身项目属性的不同,在发表学术论文的数量上有一定的差异,这些不同项目具体发表论文情况见表 20 - 11。

表 20 - 11　不同社科项目发表学术论文数量的分布情况

编号	项目类型	发表论文数量	百分比
1	重大项目	295	33.99%
2	一般项目	214	24.65%
3	青年项目	178	20.51%
4	西部项目	91	10.48%
5	重点项目	67	7.72%
6	成果文库	18	2.07%
7	后期资助项目	5	0.58%

从表 20 - 11 可以看出,由于人口学的成果文库、后期资助项目这两类项目是以出版专著为主,所以这两类项目发表的学术论文数量非常少,分别占总体的 2.07% 和 0.58%。

人口学的重大项目是整个项目的主体,从发表的学术论文数量上看,重大项目的发表论文数量为 295 篇,这一类项目发表的论文数量比一般项目和重点项目的的学术论文之和还超出 14 篇。重大项目的数量相比重点项目、青年项目和西部项目来说都是较多的,从这一方面来看,国家对于人口学这一领域的研究还是相当重视的,人口学的国家社科项目影响力还是非常大的。

(2)人口学项目所发表论文的类型及期刊分布情况

人口学社科项目所发表的学术论文主要由会议论文和期刊论文这两类论文构成,具体的情况见表 20 - 12。

表 20 - 12　人口学社科项目发表学术论文类型情况

编号	论文类型	论文数量	百分比
1	期刊	864	99.54%
2	会议	4	0.46%

从表 20 - 12 可以看出,人口学社科项目所发表的学术论文中,基本上都是期刊论文,在总的论文数量中占据了 99.54% 的比重,会议论文的数量少之又少。不同期刊发表了不等数量的人口学社科项目的学术论文,具体论文发表数量居前 50 的期刊分布见表 20 - 13。

表 20 - 13　发表人口学社科项目论文前 50 的期刊分布

编号	期刊名称	论文数量	编号	期刊名称	论文数量
1	边疆考古研究	72	7	敦煌研究	24
2	考古	43	8	古代文明(辑刊)	24
3	考古与文物	38	9	华夏考古	21
4	东方考古	36	10	人类学学报	20
5	湖南省博物馆馆刊	30	11	深圳大学学报(人文社会科学版)	19
6	文物	25	12	第四纪研究	19

续表

编号	期刊名称	论文数量	编号	期刊名称	论文数量
13	西部考古	18	32	文史知识	7
14	中原文物	17	33	西藏研究	6
15	东南文化	15	34	北京大学学报(哲学社会科学版)	6
16	敦煌学辑刊	15	35	南方民族考古	6
17	考古学报	14	36	考古学研究	6
18	南方文物	13	37	民族艺术	6
19	藏学学刊	12	38	西北大学学报(哲学社会科学版)	6
20	江汉考古	12	39	吉林大学社会科学学报	5
21	北方文物	12	40	中原文化研究	5
22	中国国家博物馆馆刊	11	41	古代文明	5
23	华夏文化论坛	10	42	四川文物	5
24	石窟寺研究	10	43	西藏大学学报(社会科学版)	5
25	中华文化论坛	10	44	艺术设计研究	5
26	农业考古	9	45	中国农史	4
27	东方博物	8	46	郑州大学学报(哲学社会科学版)	4
28	西域研究	8	47	Journal of Geographical Sciences	4
29	地理学报	7	48	中国美术研究	4
30	草原文物	7	49	文博	4
31	文物春秋	7	50	社会科学战线	4

从表20-13中能够看出,发表论文数量超过20篇的期刊共有9个,其中发表论文最多的前15个期刊中,有6个是与考古学密切相关的期刊,可见在人口学研究中考古科学的研究也占有相当重要的地位。发表学术论文最多的期刊为《边疆考古研究》,达到72篇,远远高于其他任何一个期刊,论文数量排名第二的期刊为《考古》,数目为43篇。整体来看,论文数量集中分布在6—10篇。

(3) 人口学项目所发表论文的作者分布情况

按照每篇论文包含的作者数量,本研究统计了论文作者数量的分布情况,具体作者分布的情况见表20-14。

表20-14 人口学学术论文作者数量分布情况

编号	作者数量	论文数量	百分比
1	1	501	62.08%
2	2	133	16.48%
3	3	71	8.80%
4	4	66	8.18%
5	5	36	4.46%

表 20 - 14 列出了人口学中学术论文作者整体分布的情况,只有单一作者的学术论文占据了整体论文的主体地位,高达 62.08%。3 个作者的学术论文数量相对两个作者的学术论文数量则直线下降,仅为 8.80%。4 个以上作者的学术论文数量仅占 4.46%,相对于其他类型,5 个作者的学术论文是最为少见的。本研究又对具体同一位作者出现的次数进行统计,并选取前 46 名高频作者,具体分布如表 20 - 15 所示。

表 20 - 15　学术论文高频作者分布表

编号	作者姓名	频次	编号	作者姓名	频次
1	朱泓	39	24	武仙竹	9
2	沙武田	39	25	王强	9
3	靳桂云	30	26	朱华东	9
4	张全超	20	27	赵宾福	9
5	何志国	18	28	李学勤	8
6	王芬	15	29	赵永生	8
7	井中伟	14	30	凌雪	8
8	雷兴山	14	31	张善庆	8
9	韦正	13	32	陈靓	8
10	赵丛苍	13	33	赵欣	8
11	朱诚	12	34	马春梅	8
12	宋艳波	12	35	周亚威	8
13	赵俊杰	12	36	韩建业	8
14	聂菲	12	37	王宜飞	8
15	莫多闻	12	38	栾丰实	7
16	霍巍	12	39	苑世领	7
17	邵会秋	12	40	樊榕	7
18	吴文婉	12	41	蒋刚	7
19	袁泉	12	42	吴敬	7
20	王海玉	11	43	吴松岩	7
21	燕生东	10	44	吕红亮	6
22	徐天进	10	45	马卫东	6
23	李守奎	10	46	陈洪海	6

在选取的前 46 个高频的作者中,出现频次达到 15 次及以上的共有 6 个作者,频次达到 15 次以下 10 次及以上的作者共有 20 个。在出现的所有高频作者中,最多的频次为 12 次。在排名前 5 的高频作者中,出现次数超过 30 次以上的作者为两人,其中出现频次最高的作者为朱泓和沙武田,均出现了 39 次,并排第一,比排名第三的靳桂云高出了 9 次。从整体数据来看,出现频次处在 6 次到 9 次之间的作者分布相对较为集中。

(4)人口学项目所发表论文的作者机构分布情况

基于一篇论文作者所属的机构不同,本节统计了每篇论文机构的整体分布情况,具体数据分布的情况见表20－16

表20－16　人口学学术论文机构数量分布情况

编号	论文机构数量	发表论文数量	百分比
1	1	568	67.14%
2	2	161	19.03%
3	3	81	9.57%
4	4	36	4.26%

根据数据的分布,表20－16选取了数量为4上的学术论文发表机构的分布情况,从中可以看出一个机构所发表的学术论文数量占据了绝大部分,达到了67.14%,以两个机构发表的学术论文则呈指数下降,百分比为19.03%。相对一个机构发表的学术论文,4个机构发表的学术论文数量则微乎其微了。这说明,在人口学研究中,跨机构合作的论文相比较少,各个机构大多更倾向于独自承担研究工作。

本研究对论文所属的机构进行深入分析,将作者机构进一步细分,明确到各组织、高校的院系及学部这一层面,选取其中数量最多的前20位进行分析,具体的人口学国家社科项目的高频机构分布见表20－17。

表20－17　学术论文高频机构分布表

编号	作者姓名	论文数量	编号	作者姓名	论文数量
1	吉林大学边疆考古研究中心	128	11	四川大学中国藏学研究所	19
2	中国社会科学院考古研究所	50	12	兰州大学敦煌学研究所	16
3	清华大学出土文献研究与保护中心	33	13	北京大学城市与环境学院	16
4	北京大学中国考古学研究中心	33	14	山东大学文化遗产研究院	16
5	北京大学考古文博学院	31	15	陕西省考古研究院	15
6	湖南省博物馆	30	16	敦煌研究院文献研究所	14
7	山东大学考古学系	27	17	华东师范大学艺术研究所	12
8	西北大学文化遗产学院	24	18	吉林省文物考古研究所	12
9	安徽大学历史系	23	19	首都师范大学历史学院	11
10	敦煌研究院文献所	22	20	山东大学东方考古研究中心	11

从表20－17可以看出,前5位的机构发文量均在30篇以上,其中吉林大学边疆考古研究中心发文量排列第一,达到了128篇,远远超过其他19个单位。在前20个发表论文高频的机构中,标有考古研究中心或者考古研究所的机构共有5个,在整个高频机构统计中占有相当重要的比重,可见我国的人口学研究已日趋成熟,现已在高校中形成了较为完善的研究体系。

（5）人口学社科项目的研究热点分析

通过获取人口学社科项目发表论文的所有关键词,本研究统计出了人口学社科项目学术论文的关键词分布,频次居于前50的人口学的社科项目的关键词具体见表20-18。

表20-18　人口学社科项目研究的高频关键词

编号	关键词	频次	编号	关键词	频次
1	考古学文化	21	26	纪念碑性	8
2	年代	19	27	尚乞心儿	8
3	边疆考古研究	17	28	考古调查	8
4	灰坑	16	29	发掘简报	8
5	新石器时代	16	30	同位素分析	8
6	榆林窟第25窟	16	31	汉代	8
7	青铜文化	15	32	周公	8
8	人骨	15	33	全新世	8
9	考古工作	13	34	底径	8
10	清华简	13	35	夏家店上层文化	8
11	马王堆汉墓	12	36	唐蕃关系	8
12	大汶口文化	12	37	葬俗	8
13	二里头文化	12	38	砖室墓	8
14	西周早期	12	39	春秋时期	8
15	墓主	12	40	漆器	8
16	简文	11	41	演变	7
17	食物结构	11	42	周原遗址	7
18	青铜时代	10	43	发掘报告	7
19	分期	9	44	发掘面积	7
20	文化面貌	9	45	秦简	7
21	灰陶	9	46	唐代	7
22	石制品	9	47	西周晚期	7
23	出土文献	9	48	东周时期	7
24	商周时期	9	49	战国	7
25	旧石器时代晚期	8	50	胶东半岛	7

从表20-18中可以看出,频次超过15次以上的关键词有6个,分别为"考古学文化、年代、边疆考古研究、灰坑、新石器时代、榆林窟第25窟",由此再次可见,当前我国的人口学研究十分关注考古学文化。在其他出现频次超过10次的关键词上我们也可以看到,除了考古学文化问题,"青铜文化""人骨""考古工作""清华简""马王堆汉墓""大汶口文化""二里头文化"等也是人类学研究中十分关注的话题。

(6) 人口学社科项目的高被引学术论文分析

一篇论文的被引次数越高,说明该论文在其学术领域里引起的反响越大,受同行关注度越高,所以本研究对发表论文的被引次数进行分析。本研究在 CNKI 论文数据库中获取论文的同时记录了每一篇论文的被引频次,将其按频次排序,选取被引频次排在前 20 的论文,同时附上该论文在 CNKI 中的被下载次数,具体分布情况如表 20 - 19 所示。

表 20 - 19　人口学社科项目资助下的高被引论文分布

编号	论文标题名称	被引次数	下载次数
1	新整理清华简六种概述	40	1345
2	内蒙古林西县井沟子遗址西区墓地人骨研究	24	318
3	内蒙古赤峰地区青铜时代古马线粒体 DNA 分析	23	233
4	中国古代屈肢葬谱系梳理	22	890
5	周原新出西周甲骨文研究	22	598
6	古文字所见之商周盐政	21	538
7	河南偃师市二里头遗址的环境信息	21	263
8	敦煌莫高窟北区洞窟清理发掘简报	20	142
9	清华简《周公之琴舞》与周颂	18	828
10	试论清华简《系年》的编纂特点	17	523
11	色差计基本原理及其在文物修复作色中的实际应用	17	441
12	也谈仰月、日月菩萨冠饰——以麦积山石窟为例展开	16	286
13	北京大学藏秦简牍概述	15	846
14	论清华简《周公之琴舞》的结构	15	457
15	藏彝走廊研究中的几个问题	15	409
16	山东寿光市双王城盐业遗址 2008 年的发掘	15	571
17	全新世以来浙江地区史前文化对环境变化的响应	14	810
18	鲜卑墓葬研究	14	1375
19	即墨北阡遗址人骨稳定同位素分析:沿海先民的食物结构	13	294
20	繁昌汤家山出土青铜器的年代及其相关问题	12	421

从所选取的前 20 个高被引的学术论文来看,被引频次超过 20 次以上的学术论文共有 7 篇,在这 7 篇学术论文中,被引频次超过 30 次的只有一篇,即为《新整理清华简六种概述》这一论文,被引频次高说明该论文有较高的影响力及较高认可度。在给出高被引论文的被引频次的同时,本研究也列出了学术论文的下载次数,在选取的前 20 篇学术论文中,共有 15 篇学术论文的下载次数超过了 300 次,最高的达到了 1375 次,即为《鲜卑墓葬研究》这一论文。值得一提的是,在表 20 - 19 中,被引频次最高的论文并不是下载次数最高的论文,下载次数最高的论文的被引次数却排在第 18 位。从所选取的学术论文的标题可以看出,围绕清华简的相关研究是高频被引论文关注的热点,在 20 篇高被引学术论文中共有 4 篇学术论文直接与清华简问题相关。

20.5　小结

　　首先,本章主要通过对人口学的国家社科项目及其研究成果的统计与分析,从不同的角度,分别对人口学国家社科项目的项目基本信息、项目标题、结项情况及项目学术研究成果这四大方面进行描述。

　　其次,在这四个方面的框架之下,本研究围绕人口学的国家社科项目及其相应学术研究成果,结合统计和内容分析的方法,从人口学社科项目的年度分布、项目类型分布、项目负责人、负责人职称分布、承担单位、标题的字(词)长度与高频词、项目结项时间跨度、专著出版机构、项目评定结果、项目类型发表论文数量、论文类型及期刊分布、作者数量及高频作者、机构数量及高频机构、研究热点统计和高频论文分析等诸多方面进行了系统、详尽的探究,从整体上把握住了人口学国家社科项目的脉络。

　　最后,在项目的基本信息中,对年度资助情况、项目类型分布、负责人出现频次、负责人职称分布及项目承担单位分布情况进行统计,从这几个不同的角度对人口学国家社科项目基本信息进行描述分析。在对项目标题分析中,进行了标题字长度、标题词长度及高频词分析,利用了汉字编码及分词技术等来对标题进行具体描述分析,可知人口学科国家社科项目的研究热点,等等。在对项目结项情况进行统计时,通过分析结项时间跨度分布、出版专著机构及结项评定结果这几方面,来反映我国人口学社科项目完成的质量。最后是对学术科研成果进行分析,本研究在 CNKI 中获取研究成果即项目所发表的论文的情况,分别统计发表论文数量、发表论文类型及期刊分布、论文作者分布、作者机构分布、研究热点分析及高被引论文分析,从多方面来反映人口学国家社科项目的研究成果。一言以蔽之,本研究通过对以上四大方面的统计描述,能全方位地了解人口学国家社科项目的诸多方面信息,以便开展后续研究。

21　统计学

21.1　统计学国家社科项目基本信息

本部分对统计学国家社科项目的基本信息进行研究，将从统计学国家社科项目的年度分布、类型分布、项目负责人出现频次、项目负责人职称分布及项目承担单位等方面来对项目的基本信息进行描述分析。

（1）统计学的国家社科项目年度资助情况分析

本研究获取了1997—2014年的统计学科的国家社科项目，并对已获取的数据进行数据清洗及相关处理，共有467个项目，将其按年度排序，分布情况如表21-1所示。

表21-1　统计学国家社科项目的年度分布情况

编号	项目立项时间	项目资助数量	百分比	编号	项目立项时间	项目资助数量	百分比
1	1997	8	1.71%	10	2006	29	6.21%
2	1998	7	1.50%	11	2007	28	6.00%
3	1999	10	2.14%	12	2008	22	4.71%
4	2000	5	1.07%	13	2009	29	6.21%
5	2001	14	3.00%	14	2010	33	7.07%
6	2002	18	3.85%	15	2011	41	8.78%
7	2003	19	4.07%	16	2012	42	8.99%
8	2004	25	5.35%	17	2013	53	11.35%
9	2005	32	6.85%	18	2014	52	11.13%

由表21-1可知，1997—2014年期间，国家社科基金统计学资助项目的数量出现过几次较大的波动。第一次波动是1999—2001年这三年，期间2000年立项数量仅5项，是历年中最少的一年，但2000—2001年立项数量激增。从2000年开始至2005年立项数量逐年递增，但在2005—2008年发生回落，逐年递减。自2008年至今，统计学立项数量呈稳定上升趋势，在2012—2013年期间涨幅为历年最大，并在2013年达到历年立项数量最高53项，2013—2014年数量略有下降。（近年来项目数量稳定上升说明国家对统计学的资助力度不断加大，该学科的相关工作也愈发成熟）

（2）统计学的国家社科项目类型分布状况

表21-2显示统计学各类别项目立项数及其所占比例，主要由后期资助项目、成果文库、重大项目、西部项目、重点项目、青年项目和一般项目7种类型组成。

表 21 - 2　项目类型分布状况表

编号	项目类型名称	项目数量	百分比
1	后期资助项目	2	0.43%
2	成果文库	4	0.87%
3	重大项目	5	1.08%
4	西部项目	26	5.63%
5	重点项目	30	6.49%
6	青年项目	124	26.84%
7	一般项目	271	58.66%

由表 21 - 2 可知,一般项目是统计学国家社科项目中的主体,立项数 271 项占项目总量的 58%,其次是青年项目共 124 项,占总量的 26.84%,从中可以看出国家对青年人才研究工作的大力扶持与资助力度。重点项目和西部项目数量相差不多,分别为 30 项和 26 项,重大项目只有 5 项,占总数的 1.08%,但也能看出国家对这方面研究的支持。

(3) 统计学的国家社科项目负责人出现频次

表 21 - 3 是针对项目主持人主持项目的频次进行统计分析的结果,所有主持过统计学国家社科项目的主持人共有 373 人,我们在统计的过程中已经综合考虑过了同一姓名或单位的承担者这种情况。

表 21 - 3　国家社科项目负责人出现频次

编号	主持项目频次	具体人数分布	百分比
1	1	312	83.65%
2	2	48	12.87%
3	3	9	2.41%
4	4	4	1.07%

从表 21 - 3 可以看出,只主持过一个国家社科项目的负责人数量多达 312 人,占总体人数的 83.65%。其次是主持过两个项目的负责人,与 1 个项目的数量相比大幅减少,只有 48 人,占总数的 12.87%。在所有频次分析中,主持人最多主持过 4 个项目,但人数也最少,只有 4 位,仅占总数的 1.07%。

(4) 统计学的国家社科项目负责人职称分布

我们对承担统计学社科项目的负责人职称进行统计,所得结果如表 21 - 4 所示,其中职称有中级、副高级和正高级三个类别。

表 21 - 4　国家社科项目负责人职称分布

编号	专业职务	人数	百分比
1	中级	59	16.16%
2	副高级	125	34.25%
3	正高级	181	49.59%

从表 21 - 4 可以看出,项目负责人的职称多数为正高级,有 181 人,占总体人数的 49.59%。其次是副高级,数量有 125 人,占总体 34.25%。中级职称的人数较少,仅占 16.16%。结果显示,在统计学国家社科项目中,没有初级职称的项目负责人。

(5)统计学的国家社科项目承担单位分布情况

表 21 - 5 列出了承担统计学国家社科项目的单位。我们在对项目承担单位进行统计整理之后,选出承担项目数量最多的前 50 个单位并按照承担项目数量由多到少进行排序,得到具体承担单位分布情况。

表 21 - 5　承担国家社科项目的前 50 个单位分布情况

编号	单位名称	项目数量	编号	单位名称	项目数量
1	东北财经大学	29	26	云南财经大学	5
2	国家统计局	25	27	中南大学	4
3	中国人民大学	18	28	西北大学	4
4	厦门大学	17	29	清华大学	4
5	湖南大学	16	30	华东师范大学	4
6	江西财经大学	15	31	成都信息工程大学	4
7	浙江工商大学	14	32	河北大学	4
8	山西财经大学	14	33	北京工商大学	3
9	西南财经大学	12	34	河北经贸大学	3
10	中南财经政法大学	12	35	湖南科技大学	3
11	南京财经大学	10	36	济南大学	3
12	西安财经学院	10	37	南京审计学院	3
13	上海财经大学	9	38	江苏大学	3
14	中央财经大学	9	39	首都经济贸易大学	3
15	安徽财经大学	9	40	四川大学	3
16	山东工商学院	8	41	天津工业大学	3
17	天津财经大学	8	42	浙江大学	3
18	暨南大学	7	43	盐城工学院	3
19	浙江财经大学	6	44	南开大学	2
20	山东财经大学	6	45	西北师范大学	2
21	北京师范大学	6	46	西安交通大学	2
22	北京石油化工学院	5	47	天津大学	2
23	新疆财经大学	5	48	石河子大学	2
24	中国社会科学院	5	49	嘉兴学院	2
25	重庆工商大学	5	50	南京人口管理干部学院	2

由表 21 – 5 看出,排名前 50 的项目承担单位由 1 个国家统计局、1 个社会科学院及其余 48 个各地高校组成。不难发现,排前 20 名的单位中,财经工商类高校多达 15 个,在统计学领域中专业学科优势明显,然后才是综合类高校及其他类高校。可将项目及排名分为 3 个集中区域,以承担了 29 个项目的东北财经大学为首,前 6 名承担的项目在 15 个以上,数量较多,优势明显。从排名 22 的北京石油化工学院之后,承担项目数为 5 个及以下,数量较少。其余院校居于中等水平。

21.2 统计学国家社科项目标题分析

通过利用自动分词技术,我们对获取到的统计学社科项目的标题进行内容分析,对其标题字长度、词长度和高频词分布分别进行了统计分析。

(1)统计学的国家社科项目标题字的长度分布

通过利用汉字的编码,对获取到的统计学社科项目的标题字长度和项目数量分布进行分析,结果如表 21 – 6。

表 21 – 6 社科项目标题字的长度分布

编号	标题字长度	项目数量分布	编号	标题字长度	项目数量分布
1	6	1	17	23	23
2	7	1	18	24	17
3	9	4	19	25	8
4	10	9	20	26	10
5	11	6	21	27	10
6	12	20	22	28	11
7	13	22	23	29	7
8	14	40	24	30	4
9	15	37	25	31	3
10	16	38	26	32	2
11	17	36	27	33	3
12	18	38	28	34	2
13	19	29	29	35	3
14	20	26	30	37	1
15	21	24	31	39	1
16	22	31	32	—	—

如表 21 – 6 所示,标题字最短有 6 个字,对应的项目只有一项,最长的标题有 39 字,项目数量也仅有一个。由项目数量看出,大多数项目标题字的长度为 12—24 字,项目分布最多的标题字数是 14 个字,共有 40 项,其次是 16 字和 18 字,共有 38 项。

（2）统计学的国家社科项目标题词的长度分布

在初步统计标题字长度之后,对标题进行分词以更明确标题的组成内容,并将标题词长度及所对应的项目数量在表21–7中列举出来,用以了解标题词长度分布情况。

表21–7　统计学国家社科项目标题词的长度分布情况

编号	标题词长度	项目数量分布	编号	标题词长度	项目数量分布
1	3	2	11	13	36
2	4	3	12	14	23
3	5	11	13	15	15
4	6	22	14	16	15
5	7	48	15	17	12
6	8	55	16	18	5
7	9	76	17	19	2
8	10	53	18	20	2
9	11	51	19	22	1
10	12	35	20	—–	—–

由表21–7可知,统计学国家社科项目标题词长度明显呈正态分布,标题词长度最短为3词,项目数量为2。词长度在3—9词的范围内,项目数量逐渐增加,在长度为9词时达到峰值,项目数量有76个之多。当词长度超过9词之后,项目数量逐渐减少,至长度最长为22词,只有一项与之对应。项目主要分布在标题词长度为7—13词之间,共354项,占总项目数量467项的76%。

（3）统计学的国家社科项目标题高频词分析

对标题进行分词之后,先分析标题词长度对项目分布的影响,为了了解词汇在统计学国家社科项目中的被使用情况,将标题分词之后获取到的语词进行统计分析,按出现的词频排序,选取频率最高的前50个词汇,具体见表21–8。

表21–8　社科项目标题中的前50个高频词

编号	标题中的词汇	频次	编号	标题中的词汇	频次
1	中国	58	8	统计	7
2	我国	55	9	多	6
3	基于	46	10	国民经济	6
4	经济	15	11	社会	6
5	金融	11	12	宏观	6
6	大	8	13	现代	6
7	空间	7	14	国际	5

编号	标题中的词汇	频次	编号	标题中的词汇	频次
15	复杂	4	33	人力	2
16	非	4	34	信用	2
17	新疆	4	35	分	2
18	国家	4	36	信息化	2
19	西部	4	37	收入	2
20	资源	4	38	新	2
21	信息	3	39	分层	2
22	公共	3	40	过程	2
23	服务业	3	41	居民	2
24	重大	3	42	连续	2
25	可	3	43	国有	2
26	虚拟	3	44	非线性	2
27	政府	3	45	贝叶斯	2
28	农村	2	46	建立	2
29	住户	2	47	三峡	2
30	环境	2	48	综合	2
31	全面	2	49	保险	2
32	考虑	2	50	企业	2

在表 21-8 中,排名前 3 的分别是"中国、我国、基于",词频分别为 58 次、55 次和 46 次,词频远远高于其余词汇的词频。其中"中国"和"我国"表明我国统计学社科项目研究中心偏向国内,"基于"一词是介词,一般用法是用以形容研究基于某种模型或某种方法,这体现了统计学项目在进行研究时要大量运用各种模型或统计方法。排名第 4、5 的分别是"经济"及"金融",表明这类研究多数应用在经济金融领域,这与之前分析项目承担单位分布时发现项目主要分布在经济类高校这一结果不谋而合。在排名前 9 的词汇中,"大、多、空间"分别为无意义的形容词和名词。剩下的词汇词频为 6—2 次,差别不大,其中"西部"及"新疆"表明研究地域稍向西部偏移。"社会、服务业、政府、农村、住户、环境、居民、企业"等词汇则表明了统计学研究中与社会问题相结合的关注热点。"信息、资源、信息化"体现了研究对信息数据及技术的应用。

21.3 统计学国家社科项目的结项情况统计

(1)统计学的国家社科项目结项时间跨度

对所有项目的结项时间跨度进行计算并列出项目分布,其中结项时间跨度代表结项年份与立项年份的差值,具体项目分布见图 21-1。

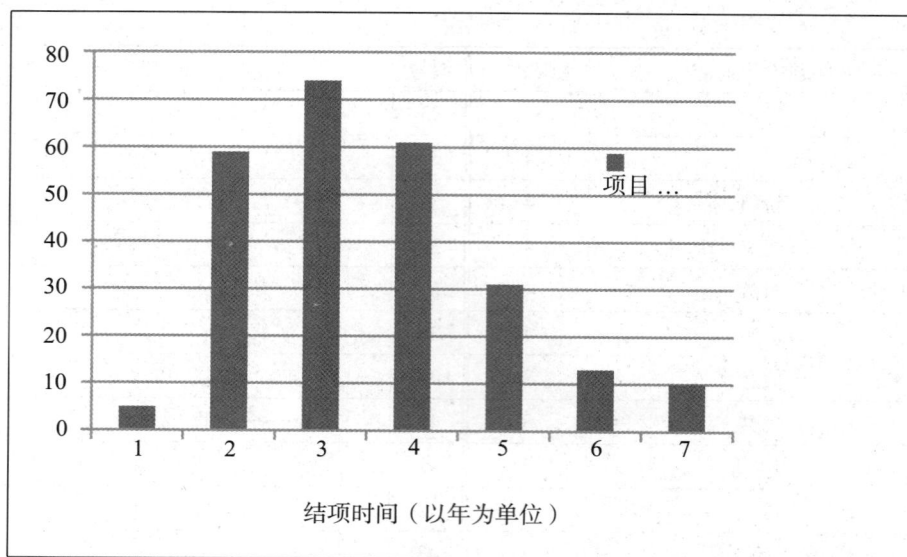

图 21 - 1　统计学社科项目结项时间跨度分布图

在进行数据选取时没有选取结项时间超过 7 年的项目。从图 21 - 1 看出,项目主要分布在结项时间跨度为 2—5 年这一区间内,其中 3 年结项的项目数量最多,达 74 项,结项时间超过 3 年的项目数量分布随着时间的增长而递减。项目分布最少的是仅一年就结项的项目,仅有 5 项。

(2)出版统计学国家社科项目专著的机构统计分析

专著是重要学科内科学研究成果的体现,具有较高的学术参考价值,所以本研究对统计学国家社科项目出版专著的机构进行了分析,表 21 - 9 是具体的专著出版机构的分布情况。

表 21 - 9　出版统计学专著的前 12 个单位

编号	出版社名称	出版数量
1	中国统计出版社	6
2	中国人民大学出版社	2
3	西南财经大学出版社	2
4	科学出版社	2
5	北京科学出版社	1
6	北京师范大学出版社	1
7	湖北人民出版社	1
8	经济科学出版社	1
9	商务印书馆	1
10	上海人民出版社	1
11	中国经济出版社	1
12	中国统计出版社、中国标准出版社	1

统计学国家社科项目出版的专著数量并不多,如表21-9所示,分布最多的出版机构是中国统计出版社,出版专著数量为6部,其余的出版机构出版数量均较低,为2部或1部。其中"人民"类和"经济"类出版社均占出版机构总数的25%。

(3)统计学的国家社科项目结项评定结果

本研究将获取到的统计学国家社科项目评定结果进行统计发现,统计学国家社科项目的结果评定类别有"优秀、良好及合格"3种,具体分布情况如表21-10所示。

表21-10 统计学的国家社科项目评定结果分布

编号	项目结果评定类别	具体项目数量	百分比
1	优秀	34	23.29%
2	良好	52	35.62%
3	合格	60	41.10%

由表21-10可知,统计学社科项目的评定结果中,"优秀"共有34项,占总数的23.29%,"良好"有60项,占总数的35.62%。"优秀"及"良好"类别所占比例不低,这可以说明统计学社科项目的完成质量较高。

21.4 统计学国家社科项目学术研究成果统计

本研究在CNKI学术数据库中,通过利用统计学国家社科项目的名称或项目编号进行检索,获取到了统计学国家社科项目发表的各种学术论文并对其信息数据进行抓取,利用这些数据对论文分布情况做进一步分析,分析共围绕以下几个方面展开:不同统计学社科项目发表学术论文数量的分布、统计学社科项目发表学术论文类型、发表统计学社科项目论文期刊分布、统计学学术论文作者数量分布、学术论文高频作者分布、学术论文机构数量分布、项目研究的高频关键词及统计学社科项目资助下的高被引论文分布。

(1)不同统计学项目发表论文数量分布情况

获取到的统计学国家社科项目发表论文共2284篇,论文发表的项目共有一般项目、青年项目、重点项目、西部项目、重大项目和后期资助项目6种类别。因为不同类别属性差异明显,所以各自对应发表论文数量差异也较大,具体数量分布见表21-11。

表21-11 不同社科项目发表学术论文数量的分布情况

编号	项目类型	发表论文数量	百分比
1	一般项目	1241	54.33%
2	青年项目	618	27.06%
3	重点项目	171	7.49%
4	西部项目	158	6.92%
5	重大项目	88	3.85%
6	后期资助项目	8	0.35%

由之前对项目类别分布的分析中可知,不同类别项目数量不同,发表论文数量最多的是一般项目,共有 1241 篇论文发表,占论文总数半数以上,因为一般项目是整个统计学国家社科项目中的主体。重大项目发表论文数量与其他类型相比较少,共 88 篇,占总数的 3.85%,但也可以看出统计学国家社科项目具有一定的影响力。在之前分析中还存在一类成果文库项目,共有 4 项,但并未发现这种项目有论文发表。

(2)统计学项目所发表论文的类型及期刊分布情况

期刊论文和会议论文是统计学社科项目论文的主要组成类型,具体分布见表 21 - 12。

表 21 - 12 统计学社科项目发表学术论文类型情况

编号	学术论文类型	论文数量	百分比
1	期刊	2219	96.82%
2	会议	73	3.18%

在表 21 - 12 中可以观察到有 96.82% 的论文都是期刊论文,是论文发表的主要类型。对所有的期刊论文进行发表期刊的统计分析,并选取发表统计学社科项目论文最多的前 50 项,所得具体期刊分布见表 21 - 13。

表 21 - 13 发表统计学社科项目论文前 50 的期刊分布

编号	期刊名称	论文数量	编号	期刊名称	论文数量
1	统计与决策	260	19	现代管理科学	12
2	统计研究	191	20	经济学动态	12
3	统计与信息论坛	110	21	财经研究	11
4	数量经济技术经济研究	45	22	生产力研究	10
5	数理统计与管理	43	23	中国软科学	10
6	经济统计学(季刊)	34	24	厦门大学学报(哲学社会科学版)	10
7	数学的实践与认识	28	25	西北人口	10
8	调研世界	25	26	当代财经	10
9	商业经济与管理	25	27	经济地理	10
10	应用概率统计	24	28	价格理论与实践	10
11	财经理论与实践	20	29	经济经纬	10
12	财经问题研究	20	30	华东经济管理	10
13	经济问题探索	20	31	商业时代	9
14	科技管理研究	20	32	统计与咨询	9
15	财贸经济	16	33	国际贸易问题	9
16	科技进步与对策	14	34	应用数学学报	8
17	重庆工商大学学报(自然科学版)	13	35	商业研究	8
18	统计教育	13	36	经济学家	8

续表

编号	期刊名称	论文数量	编号	期刊名称	论文数量
37	财经科学	8	44	数学物理学报	7
38	经济学(季刊)	8	45	运筹与管理	7
39	21世纪数量经济学	8	46	会计研究	7
40	工业技术经济	8	47	系统工程	7
41	暨南学报(哲学社会科学版)	8	48	Acta Mathematicae Applicatae Sinica (English Series)	6
42	技术经济	7	49	山东工商学院学报	6
43	软科学	7	50	当代经济科学	6

排名第一的期刊是《统计与决策》,数量为260篇,远远高于其他期刊。其次是《统计研究》和《统计与信息论坛》,发表论文数量均在100篇以上。以上3种期刊发表论文数占所有论文的46.87%,近半数。总体来看排名前50期刊中,经济财经类期刊及数理统计类期刊占大多数。

(3)统计学项目所发表论文的作者分布情况

每篇论文的作者数量不同,本研究对每篇论文的作者数量进行统计,具体作者数量分布情况见表21-14。

表21-14 统计学学术论文作者数量分布情况

编号	作者数量	论文数量	百分比
1	1	687	30.52%
2	2	1012	44.96%
3	3	478	21.24%
4	4	55	2.44%
5	5	19	0.84%

作者数量分布最多的是作者数量为两名的论文,共有1012篇论文,占论文总数的44.96%,将近一半。其次是1名作者和3名作者,论文数量占论文总数的51.76%。作者数量为4名和5名的论文数量极少。本研究又对具体同一位作者出现的次数进行统计,并选取前50名高频作者,具体分布如表21-15所示。

表21-15 学术论文高频作者分布表

编号	作者姓名	频次	编号	作者姓名	频次
1	许涤龙	50	5	晏路明	24
2	刘建平	31	6	陈光慧	23
3	赵喜仓	26	7	杨桂元	22
4	朱建平	26	8	侯志强	22

续表

编号	作者姓名	频次	编号	作者姓名	频次
9	苏为华	22	30	罗季	13
10	向书坚	21	31	程开明	13
11	李正辉	21	32	张小斐	13
12	胡桂华	21	33	任英华	12
13	朱启贵	19	34	王德青	12
14	龚日朝	18	35	李超	12
15	石培基	18	36	林金官	12
16	赵彦云	17	37	袁靖	12
17	曾五一	17	38	张焕明	12
18	张伦俊	17	39	沈友娣	12
19	张伟	17	40	孙晓琳	12
20	魏伟	17	41	朱慧明	12
21	欧阳资生	16	42	卢二坡	11
22	孙欣	16	43	凌亢	11
23	韦博成	15	44	曹洋	11
24	王丰效	15	45	任燕燕	11
25	赵进文	14	46	魏传华	11
26	李丽	14	47	宋旭光	11
27	洪兴建	14	48	谢邦昌	11
28	李勇	13	49	李庭辉	11
29	李竹渝	13	50	韩中	11

在前 50 名的作者中，出现频次主要集中在 11—13 次，频次高于 20 次的作者仅有 12 人，频次达到 50 次的仅许涤龙一人，是出现频次最高的作者。

（4）统计学项目所发表论文的作者机构分布情况

在同一篇论文中的作者机构也不尽相同，本研究对所有论文出现作者的机构进行了统计分析，如表 21 - 16 所示，是具体的机构数量分布情况，其中研究仅选取了 5 个以下的机构数量进行分析。

表 21 - 16   统计学学术论文机构数量分布情况

编号	论文机构数量	发表论文数量	百分比
1	1	1192	53.43%
2	2	656	29.40%
3	3	300	13.45%
4	4	49	2.20%
5	5	34	1.52%

由表 21 - 16 可知,只有一个作者机构的论文数量最多,共有 1192 篇,占总数的 53.43%,达半数以上,之后随着机构数量的增加,论文数量减少。两个机构作者的论文数量次之,共 656 项,占总数的 29.4%。作者机构数量为 4 个和 5 个的论文寥寥无几,数量共占总数的 3.72%。这可以表明,在统计学科的国家社科项目中,跨机构的合作研究相对来说较少,机构多数是独自承担科研项目并完成。

本研究对论文作者的机构进行深入分析,将作者机构进一步细分,明确到各组织、高校的院系及学部等这一层面,选取其中数量最多的前 20 位进行分析,具体的统计学国家社科项目的高频机构分布见表 21 - 17。

表 21 - 17　学术论文高频机构分布表

编号	单位名称	论文数量	编号	单位名称	论文数量
1	湖南大学金融与统计学院	76	11	重庆工商大学数学与统计学院	32
2	安徽财经大学统计与应用数学学院	74	12	江苏大学财经学院	30
3	中国人民大学统计学院	65	13	厦门大学经济学院统计系	30
4	厦门大学经济学院	58	14	山东工商学院统计学院	28
5	浙江工商大学统计与数学学院	56	15	西南财经大学统计学院	24
6	东北财经大学统计学院	41	16	中南财经政法大学统计与数学学院	24
7	暨南大学经济学院	40	17	中国人民大学应用统计科学研究中心	23
8	湖南大学统计学院	35	18	南京财经大学经济学院	21
9	山西财经大学统计学院	33	19	江西财经大学统计学院	21
10	北京师范大学国民核算研究院	32	20	西安交通大学经济与金融学院	20

由表可知,排名前 20 位的作者论文机构中,发表论文数量均在 20 篇以上,其中发表论文数量最多的作者机构是湖南大学金融与统计学院,共发表论文 76 篇,其次与之相近的是安徽财经大学统计与应用数学学院,发表数量达 74 篇。通过观察不难发现,以上机构都隶属于各个高校,并且以上高校院系均由两类组成,一类是统计及数学学院,所占比例达 75% 以上,另一类是经济与金融学院,这可以说明在高校中我国的统计学科的相关研究已经较为完善。

(5)统计学社科项目的研究热点分析

通常情况下,一篇论文的关键词会体现文献研究的主要内容,所以本研究为了对统计学社科项目研究热点进行分析,对获取的统计学科国家社科项目发表的论文中的所有关键词进行获取计次,并按照词频对词汇进行排序,将词频位于前 50 名的词汇列在表 21 - 18 中。

表 21 - 18 统计学社科项目研究的高频关键词

编号	关键词	频次	编号	关键词	频次
1	经济增长	76	26	实证分析	13
2	指标体系	38	27	竞争力	13
3	综合评价	37	28	投入产出	13
4	影响因素	37	29	人力资本	13
5	样本轮换	26	30	缺失数据	13
6	面板数据	25	31	技术创新	13
7	组合预测	25	32	基尼系数	13
8	可持续发展	24	33	股票市场	12
9	因子分析	24	34	CPI	12
10	聚类分析	21	35	测度	12
11	数据质量	20	36	层次分析法	12
12	虚拟经济	19	37	GDP	11
13	城市化	19	38	中国	11
14	主成分分析	18	39	变量选择	11
15	人口普查	18	40	能源效率	11
16	VAR 模型	17	41	信用风险	11
17	城镇化	17	42	能源消费	11
18	数据挖掘	16	43	线性模型	11
19	评价	15	44	统计数据	11
20	季节调整	15	45	协整检验	11
21	产业结构	15	46	半参数模型	11
22	分位数回归	15	47	贝叶斯推断	11
23	核算	14	48	收入差距	11
24	通货膨胀	14	49	测度方法	10
25	大数据	13	50	轮换模式	10

由表可知,词汇在词频为 10—13 时较为集中,频次最高的词汇是"经济增长",共出现了 76 次,可以看出,经济增长所带来的一系列相关问题是统计学国家社科项目的研究热点。同时发现,排在前 50 名的词汇中,不乏"组合预测""因子分析""聚类分析""主成分分析""VAR 模型""层次分析法"及"贝叶斯推断"等数理统计方法或模型的专业词汇,这说明在统计学国家社科项目的研究中,多数要通过应用这几种数理统计方法来实现数据的分析与统计。

(6)统计学社科项目的高被引学术论文分析

一篇论文的被引次数越高,说明该论文在其学术领域里引起的反响越大,受同行关注度越高,所以本研究对发表论文的被引次数进行分析。本研究在 CNKI 论文数据库中获取论文的同时记录了每一篇论文的被引频次,将其按频次排序,选取被引频次排在前 20 的论文,同时附上该论文在 CNKI 中的被下载次数,具体分布情况如表 21 - 19 所示。

表 21 - 19 统计学社科项目资助下的高被引论文分布

编号	论文标题名称	被引次数	下载次数
1	高级管理层激励与上市公司经营绩效相关性的实证分析	1370	8766
2	调查问卷的可信度和有效度分析	517	5103
3	高科技上市公司 R&D 投入绩效的实证研究	310	1303
4	上市公司股权激励的实证分析	225	1095
5	度量人力资本水平的三类统计方法	133	1157
6	金融集聚影响因素空间计量模型及其应用	129	3815
7	外国直接投资与中国经济增长的因果关系分析	119	818
8	我国高新技术企业 R&D 投入与绩效现状调查分析	116	1319
9	金融发展促进技术创新的效率研究——基于 Malmuquist 指数的分析	107	1425
10	我国文化产业投融资存在的问题及基本对策	98	3124
11	我国期货市场与国际期货市场关联度分析与协整检验	94	1228
12	两极分化测度方法述评与中国居民收入两极分化	85	1978
13	基于 ECM 模型的货币供给量与通货膨胀关系研究	85	1353
14	资本永续盘存法及其国内应用	85	1468
15	普通 Kriging 法的参数设置及变异函数模型选择方法——以福建省一月均温空间内插为例	82	1116
16	中国人力资本水平再估算:1995—2005	81	1346
17	高新技术企业 R&D 绩效评价方法探索	79	1009
18	现代贝叶斯分析与现代统计推断	79	1373
19	我国指数期货保证金水平设定方法及其实证研究——极值理论的应用	78	951
20	中国社会养老保险的省区差距分析	73	1360

由表可知,有 9 篇论文的被引频次在 100 次以上,其中《高级管理层激励与上市公司经营绩效相关性的实证分析》一文被引频次最高,多达 1370 次,其次是《调查问卷的可信度和有效度分析》,被引 517 次,被引频次高说明该论文有较高的影响力及较高认可度。前 20 篇论文中有 18 篇论文的下载次数在 1000 次以上,均值达到 2000 次左右,下载次数最高达到 8766 次。

21.5 小结

本研究主要通过对统计学的国家社科项目及其研究成果的统计与分析,从不同的角度,分别对统计学国家社科项目的项目基本信息、项目标题、结项情况及项目学术研究成果四大方面进行描述。

在项目的基本信息中,对年度资助情况、项目类型分布、负责人出现频次、负责人职称分布及项目承担单位分布情况进行统计,从这几个不同的角度对统计学国家社科项目基本信息进行描述分析。在对项目标题分析中,进行了标题字长度、标题词长度及高频词分析,利用了汉字编码及分词技术等来对标题进行具体描述分析,可知统计学科国家社科项目研究的侧重方向等。在对项目结项情况进行统计时,通过分析结项时间跨度分布、出版专著机构及结项评定结果几方面,来反映我国统计学社科项目完成的质量。最后是对学术科研成果进行分析,本研究在 CNKI 中获取研究成果即项目所发表的论文的情况,分别统计发表论文数量、发表论文类型及期刊分布、论文作者分布、作者机构分布、研究热点分析及高被引论文分析,从多方面来反映统计学国家社科项目的研究成果。通过对以上四大方面的统计描述,能从整体上大概了解统计学国家社科项目的多方面信息,以便展开后续研究。

22　图书馆、情报与文献学

22.1　图书馆、情报与文献学国家社科项目基本信息

本章主要是针对国家社科项目资助下的图书馆、情报与文献学,从年度资助情况、社科项目类型分布、项目负责人出现频次、项目负责人的职称分布和各项目承担单位的分布几个方面进行统计,从而反映我国社科项目的一些基本信息,进而反映图书馆、情报与文献学的发展现状和趋势。

(1)图书馆、情报与文献学的国家社科项目年度资助情况分析

经过对数据的收集整理,采用人工的方式去除不符合规范的项目后,经过数据清洗、加工后,本文得到 1178 个图书馆、情报与文献学方向的国家社科基金项目。表 22 - 1 列出了每年的图书馆、情报与文献学国家社科项目数量分布情况。

表 22 - 1　图书馆、情报与文献学国家社科项目的年度分布情况

编号	项目立项时间	项目资助数量	百分比	编号	项目立项时间	项目资助数量	百分比
1	1991	4	0.34%	13	2004	35	2.97%
2	1994	10	0.85%	14	2005	40	3.40%
3	1995	3	0.25%	15	2006	58	4.92%
4	1996	27	2.29%	16	2007	51	4.33%
5	1997	13	1.10%	17	2008	73	6.20%
6	1998	12	1.02%	18	2009	80	6.79%
7	1999	13	1.10%	19	2010	104	8.83%
8	2000	14	1.19%	20	2011	118	10.02%
9	2001	23	1.95%	21	2012	134	11.38%
10	2002	32	2.72%	22	2013	155	13.16%
11	2003	30	2.55%	23	2014	149	12.65%

从表 22 - 1 及图 22 - 1 中可以看出,图书馆、情报与文献学的社科项目数量呈指数增长。1991—1999 年,每年申请立项成功的项目数量存在一定的波动。在 1995 年时数值达到最低,这一年仅申请了 3 个项目,占所有项目的 0.25%。2000—2007 年之间,项目申请数量基本处于平缓增长的态势。到了 2008 年以后,图书馆、情报与文献学立项的课题涨幅又有了更大的提升,平均每年增长近 1 个百分点,比前一年平均要多申请 11 个项目。立项课题在 2013 年达到峰值,有 155 个,在 2014 年数值有小幅下降。

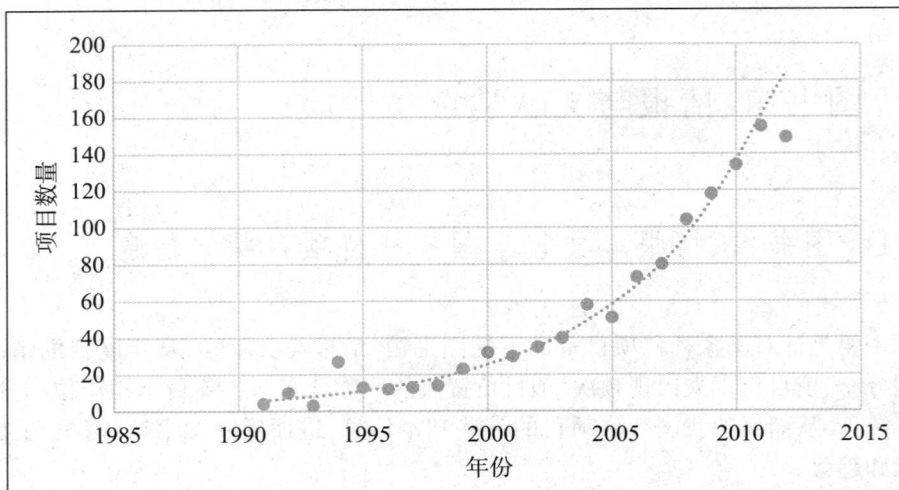

图 22 - 1　图书馆、情报与文献学国家社科项目的年度分布情况图

（2）图书馆、情报与文献学的国家社科项目类型分布状况

图书馆、情报与文献学的国家社科项目类型总共有 7 种,分为成果文库、重大项目、后期资助项目、重点项目、西部项目、青年项目和一般项目。具体类型分布情况可以参见表22 - 2。

表 22 - 2　项目类型分布状况表

编号	项目类型名称	项目数量	百分比
1	成果文库	6	0.51%
2	重大项目	12	1.03%
3	后期资助项目	22	1.88%
4	重点项目	70	5.99%
5	西部项目	104	8.90%
6	青年项目	327	27.97%
7	一般项目	628	53.72%

从表 22 - 2 中,明显可以看出一般项目占据了图书馆、情报与文献学国家社科基金项目中的主要项目类别,它的比重高达53.72%。其次占比较大的是青年项目,在所有项目里也有27.97%的比例。重点项目和西部项目申请数目较为接近,分别占比5.99%和8.90%。而后期资助项目、重大项目和成果文库所占比例很小,加起来只占总项目的3.42%。

（3）图书馆、情报与文献学的国家社科项目负责人出现频次

综合考虑到同名和同机构项目承担者的情况后,整理数据,得到在图书馆、情报与文献学领域的研究者主持项目的频次分布情况。结果列在表22 - 3 中。

表 22 – 3 国家社科项目负责人出现频次

编号	主持项目频次	具体人数分布	百分比
1	1	871	86.32%
2	2	115	11.40%
3	3	15	1.49%
4	4	8	0.79%

在图书馆、情报与文献学国家社科项目中,主持过项目最多的人有 8 个,他们每人均主持过 4 个项目。但这些负责人只占总体负责人的 0.79%。而大部分情况下,一个人一般只主持过一个社科项目,这批人数占总体项目负责人的 86.32%。这个分布与洛特卡定律所描述的发表文章数量的作者数分布非常相似,即主持过 n 个项目的国家社科项目负责人数占所有负责人的比例与其所负责的项目数 n 的平方成反比。

(4) 图书馆、情报与文献学的国家社科项目负责人职称分布

对所有图书馆、情报与文献学国家社科项目负责人的职称统计后得到表 22 – 4 的结果。负责人职称包括正高级、副高级和中级 3 种。

表 22 – 4 国家社科项目负责人职称分布

编号	专业职务	人数	百分比
1	中级	190	19.90%
2	副高级	390	40.84%
3	正高级	375	39.27%

其中由正高级和副高级的研究人员所主持的项目比重最高,他们加起来占到总体的 80.11%,超过总体的五分之四。中级职称的负责人占总体比例的 19.90%。

(5) 图书馆、情报与文献学的国家社科项目承担单位分布情况

承担图书馆、情报与文献学国家社科项目的单位数量很大,本研究按照各机构主持项目的数量进行降序排列。在此仅展示承担国家社科项目排名前 50 名的机构,这 50 个机构总共负责了 724 个项目,也占到了图书馆、情报与文献学所有社科项目的三分之二左右。结果展现在表 22 – 5 中。

表 22 – 5 承担国家社科项目的前 50 个单位分布情况

编号	单位名称	项目数量	编号	单位名称	项目数量
1	武汉大学	68	6	上海大学	26
2	北京大学	47	7	华中师范大学	26
3	南京大学	39	8	中国科学技术信息研究所	23
4	中国人民大学	31	9	国家图书馆	23
5	中山大学	31	10	湘潭大学	21

续表

编号	单位名称	项目数量	编号	单位名称	项目数量
11	安徽大学	19	31	中国社会科学院	10
12	郑州大学	18	32	甘肃省社会科学院	9
13	南开大学	17	33	上海图书馆	8
14	黑龙江大学	16	34	苏州大学	8
15	北京师范大学	16	35	大连理工大学	7
16	华东师范大学	15	36	复旦大学	7
17	南京农业大学	14	37	解放军南京政治学院	7
18	四川大学	13	38	江苏大学	7
19	天津师范大学	12	39	兰州大学	7
20	上海社会科学院	12	40	清华大学	7
21	云南大学	11	41	上海交通大学	7
22	中国科学院大学	11	42	西藏大学	7
23	宁夏大学	11	43	山东理工大学	6
24	河北大学	11	44	宁波大学	6
25	吉首大学	10	45	南昌大学	6
26	吉林大学	10	46	江西财经大学	6
27	华南师范大学	10	47	河南大学	6
28	山西大学	10	48	东北师范大学	6
29	中国科学院	10	49	中南大学	6
30	郑州航空工业管理学院	10	50	重庆大学	5

这里可以看出,在申请国家社科基金项目的所有机构当中,各地区高校在前50个机构中占据了42个,成为图书馆、情报与文献学国家社科项目申请和承担的主要机构。而其次申请较多的机构是研究所科学院和图书馆,最后是中国科学技术信息研究所。

按照布拉德福定律可以将主持图书馆、情报与文献学国家社科项目的机构大概分为3个区,每个区大概均有240个项目左右。第一个区域是从武汉大学到华中师范大学,即排名前6位的机构,他们每个机构至少承办了26项图书馆、情报与文献学国家社科基金课题,可以说这些单位是图书馆、情报与文献学研究的核心机构,有着极强的竞争力和研究能力,是图书馆、情报与文献学研究的领头单位。第二个区域是从中国科学技术信息研究所到"上海社会科学院",即排名第7到20名的科研机构,他们承办课题的平均数为16.92。第三个区域从云南大学到重庆大学,即为排名21到第50名的科研机构。这些学校平均申请项目的数量为8.07。

在所有科研机构当中,主持图书馆、情报与文献学国家社科项目最多的是武汉大学,立项数有68个,北京大学和南京大学紧随其后,也分别负责过47个和39个项目,这三所大学都属于图书馆、情报与文献学研究的领先单位。

22.2　图书馆、情报与文献学国家社科项目标题分析

本章利用自动分词技术对图书馆、情报与文献学国家社科项目标题的字长、词长和词频进行了统计分析,以期望挖掘到图书馆、情报与文献学课题的标题特点,从而发现这一领域的研究热点。

(1)图书馆、情报与文献学的国家社科项目标题字的长度分布

根据汉字编码的格式,对图书馆、情报与文献学国家社科项目标题的字长进行了统计,得到结果如表22－6。

表 22－6　社科项目标题字的长度分布

编号	标题字长度	项目数量分布	编号	标题字长度	项目数量分布
1	4	1	20	23	68
2	5	2	21	24	47
3	6	8	22	25	33
4	7	10	23	26	29
5	8	10	24	27	27
6	9	20	25	28	16
7	10	29	26	29	13
8	11	28	27	30	7
9	12	30	28	31	5
10	13	61	29	32	2
11	14	66	30	33	7
12	15	72	31	34	—
13	16	95	32	35	1
14	17	86	33	36	2
15	18	81	34	38	2
16	19	85	35	39	2
17	20	75	36	40	2
18	21	87	37	42	1
19	22	66	38	——	——

不难发现,图书馆、情报与文献学的社科项目标题长度一般都在4—42个字之间。4个和42字项目数量均为1。大部分社科项目的标题都集中在13—23个字之间,这个区间中每个字长下差不多都有60—90个左右的项目。而其中有16个字的项目又占绝大多数,总共有95个。

（2）图书馆、情报与文献学的国家社科项目标题词的长度分布

除了字长之外，对于一个文本而言更加重要的就是单词的分布情况。本节利用自动分词技术对标题进行处理，并统计了词长及其词频，以便对标题，也是对图书馆、情报与文献学方向的国家社科课题有更进一步研究。项目标题的词长分布结果如表22-7。

表22-7　图书馆、情报与文献学国家社科项目标题词的长度分布情况

编号	标题词长度	项目数量分布	编号	标题词长度	项目数量分布
1	3	11	12	14	47
2	4	26	13	15	44
3	5	41	14	16	18
4	6	73	15	17	13
5	7	113	16	18	3
6	8	119	17	19	4
7	9	160	18	20	2
8	10	148	19	22	3
9	11	141	20	23	1
10	12	116	21	25	1
11	13	94	22	——	——

将标题按照词长排序可以发现，它呈现一个正偏态分布趋势，即标题的词长主要在4个词到15个词的词长之间类似于正态分布，有少数标题长于16个词长，但这个数量很少，有快速递减的趋势。标题在9个词长时达到峰值，总共有160个课题的标题由9个词组成。而与此相反的是，词长超过16个的项目标题有45个，而这区间每个词长标题下所对应的课题平均数仅为5.62个。

（3）图书馆、情报与文献学的国家社科项目标题高频词分析

在对标题进行分词的基础上，还可以对其中分布的单词词频进行统计，对词汇分布有更深刻的认识，进一步分析标题内容。本节对得到的词频分布表进行筛选，仅截取排名前50个的高频词汇进行展示。结果如表22-8。

表22-8　社科项目标题中的前50个高频词

编号	标题中的词汇	频次	编号	标题中的词汇	频次
1	基于	161	7	数字	36
2	我国	58	8	信息	32
3	中国	49	9	电子	21
4	网络	41	10	大	18
5	图书馆	40	11	公共	16
6	面向	36	12	档案	16

编号	标题中的词汇	频次	编号	标题中的词汇	频次
13	新	15	32	云南	6
14	西部	15	33	西南	6
15	社会	14	34	中外	6
16	知识	12	35	西夏	6
17	西北	11	36	泛	6
18	《	11	37	虚拟	5
19	》	11	38	藏文	5
20	国家	10	39	学术	5
21	政府	10	40	新型	5
22	移动	9	41	科研	5
23	云	9	42	20	5
24	企业	9	43	民国	5
25	高校	8	44	社会化	4
26	社会科学	8	45	全国	4
27	文献	7	46	敦煌	4
28	现代	7	47	晚	4
29	以	7	48	当代	4
30	"	7	49	国际	4
31	"		50	农村	4

统计结果中没有去掉标点符号进一步处理,因此有少数标点符号也作为高频词被显示出来。可以看出高频词的使用频率递减严重。如果将单词出现的频率必须高于 20 次,设为图书馆、情报与文献学关注的热点研究的阈值条件,那么排名前 9 的关键词应该是图书馆、情报与文献学领域比较关注的对象。可以看出图书馆、情报与文献学在国家社科基金课题中主要关注的对象是我们国家的数字图书馆建设和网络。而在这其中,最为关注的两个地区为西部和云南,与电子有关的研究也是研究课题的关注热点。

22.3　图书馆、情报与文献学国家社科项目的结项情况统计

图书馆、情报与文献学国家社科项目的结项情况主要是考察其项目的结题时间跨度、专著出版社的分布情况和项目评定结果。项目的结题时间跨度数据是基于项目的立项时间和结题时间判定的,专著出版社的分布和项目评定结果数据则是对所有项目的专著出版社和项目评定结果统计分析得出的。

（1）图书馆、情报与文献学的国家社科项目结项时间跨度

将各社科项目的结项时间与立项时间相减得到差值，即为国家社科项目结项的时间跨度，统计不同时间长度的项目数量得到结果。本研究在数据整理时遵循的原则是：项目结题时间超过7年的一律不进行结果分析。由此，表22-9展示了7年以内结项的图书馆、情报与文献学社科项目课题，总计501项。

表22-9　图书馆、情报与文献学社科项目结项时间跨度分布表

编号	结项时间（以年为单位）	项目数量
1	1	9
2	2	54
3	3	167
4	4	122
5	5	87
6	6	38
7	7	24

入选的501项课题占图书馆、情报与文献学国家社科项目总数的42.5%，在7年内能结项的课题比例不到二分之一，说明图书馆、情报与文献学社科项目延期现象比较严重。

结项的项目数量在7年里基本处于正态分布，这其中，历时3年完成的项目最多，达到分布的峰值，总共167项。4年能够结题完成的项目位居第二，也有122项。能在1年内就完成的项目数目最少，仅有9项。

（2）出版图书馆、情报与文献学国家社科项目专著的机构统计分析

专著是图书馆、情报与文献学国家社科项目成果展现的重要形式之一。对专著的出版社统计也成为了一个可以了解其项目完成情况和水平的指标。本次研究依据不同出版社出版的项目成果专著数量进行排序，得到结果如表22-10。

表22-10　出版图书馆、情报与文献学专著的前24个单位

编号	出版社名称	出版数量	编号	出版社名称	出版数量
1	科学出版社	5	10	档案出版社	1
2	学习出版社	4	11	河北人民出版社	1
3	中国社会科学出版社	3	12	吉林人民出版社	1
4	中国档案出版社	3	13	内蒙古人民出版社	1
5	国家图书馆出版社	2	14	宁夏人民出版社	1
6	商务印书馆	2	15	青海人民出版社	1
7	军事科学出版社	2	16	人民出版社	1
8	甘肃人民出版社	2	17	上海科学技术文献出版社	1
9	中华书局	1	18	上海人民出版社	1

续表

编号	出版社名称	出版数量	编号	出版社名称	出版数量
19	社会科学文献出版社	1	22	武汉大学出版社	1
20	世界图书出版社	1	23	西安出版社	1
21	四川大学出版社	1	24	西南交通大学出版社	1

科学出版社、学习出版社、中国社会科学出版社、中国档案出版社是图书馆、情报与文献学国家社科项目出版专著最靠前的 4 家出版单位,这 4 个单位所出版的专著占到所有图书馆、情报与文献学社科项目出版专著的五分之二。其后的出版社出版数量则缓慢递减,大部分出版社只出版过一两种相关专著。总体来说,出版数量最多的"科学出版社"在图书馆、情报与文献学领域的领先地位是不言而喻的。

(3) 图书馆、情报与文献学的国家社科项目结项评定结果

图书馆、情报与文献学国家社科项目结项评定结果分为三个等级:"合格""良好"和"优秀"。依照这三个等级,研究对各个项目的结题评定结果进行整理统计,计算出不同等级的项目数量和其占总体的百分比。结果展示在表 22 – 11 当中。

表 22 – 11　图书馆、情报与文献学的国家社科项目评定结果分布

编号	项目结果评定类别	具体项目数量	百分比
1	优秀	44	14.67%
2	良好	121	40.33%
3	合格	135	45.00%

所有已经结题并被评定的项目数量为 300 个,占项目总数的 25.47%。根据之前统计的项目时间跨度不难推测,有很多近几年申请的项目还在进行当中。从结果上来看,被评定为"良好"和"合格"的项目数量非常接近,均达到 40% 以上,而被定为"良好"的项目则达到 40.33%,接近总体项目的二分之一。判定为"优秀"的项目数量非常少,仅有 44 项。这说明图书馆、情报与文献学的国家社科项目评定标准比较严格。

22.4　图书馆、情报与文献学国家社科项目学术研究成果统计

在中国知网(CNKI)学术论文数据库中,根据图书馆、情报与文献学国家社科基金课题的名称或者项目编号,检索得出图书馆、情报与文献学社科项目发表的各类学术论文及其信息。为了对图书馆、情报与文献学社科项目资助的学术论文进行全面系统的分析,本章从 9 个角度对所得数据进行了讨论,具体分析角度为不同类型图书馆、情报与文献学项目类型的学术论文产出数量分布情况,图书馆、情报与文献学学术论文的类型分布统计,学术论文发表的期刊分布,学术论文的作者数量分布,学术论文的高频作者分布,发表学术论文的机构分布,发表学术论文的高频机构分布,高被引论文的统计分析和学术研究热点分析。

（1）不同图书馆、情报与文献学项目发表论文数量分布情况

学术论文的产出量会因为资助的项目类型及其特点的不同而有非常大的变化。表22-12列举了7种类型的社科项目类型和这些项目下的发表论文数量，并计算出了论文所占总论文产出的比例。

表22-12 不同社科项目发表学术论文数量的分布情况

编号	项目类型	发表论文数量	百分比
1	一般项目	3733	53.48%
2	青年项目	1809	25.92%
3	西部项目	463	6.63%
4	重大项目	410	5.87%
5	重点项目	402	5.76%
6	后期资助项目	89	1.28%
7	成果文库	74	1.06%

由于成果文库和后期资助项目这两种类型的项目原本所产生的成果形式多以专著为主，所以这两类项目发表的学术论文数量比较少，总共发表的论文数量也只有163篇，只占总体的2.34%。在这其中产出论文比重最大的是一般项目，论文数量为3733篇，产出论文超过项目资助发表论文数量的二分之一。居于其下的是青年项目，发表论文篇数超过1500篇。但值得注意的是，结合前面数据就不难发现国家社科项目立项的一般项目有628项，而资助的青年项目仅有327项，大约是一般项目数目的52%，这里足见青年项目的完成情况。重大项目和重点项目立项的数量略微小于西部项目，但其论文成果分别只有占总体论文数量的5.87%和5.76%，这也说明西部项目在国家社科项目上的影响力度。

（2）图书馆、情报与文献学项目所发表论文的类型及期刊分布情况

学术论文主要分成期刊论文和会议论文两种类型。表22-13统计了这两种文献类型的论文数和所占百分比。

表22-13 图书馆、情报与文献学社科项目发表学术论文类型情况

编号	学术论文类型	论文数量	百分比
1	期刊	6888	98.32%
2	会议	118	1.68%

图书馆、情报与文献学社科项目中发表的论文类型绝大多数都是期刊论文，占到总体的98.32%。这些期刊论文分散在各种不同的刊物中。本研究对刊登论文的期刊进了统计，按照各项刊物刊载国家社科项目资助的图书馆、情报与文献学课题论文数量进行排序，最终选出刊登论文数量排名前50的期刊展示在表22-14中，进行分析。

表 22 - 14　发表图书馆、情报与文献学社科项目论文前 50 的期刊分布

编号	期刊名称	论文数量	编号	期刊名称	论文数量
1	图书情报工作	772	26	浙江档案	46
2	情报理论与实践	502	27	Chinese Journal of Library and Information Science	42
3	情报杂志	362	28	科技进步与对策	42
4	情报科学	345	29	新世纪图书馆	41
5	中国图书馆学报	238	30	档案与建设	38
6	现代图书情报技术	207	31	农业图书情报学刊	38
7	情报资料工作	194	32	出版科学	32
8	档案学通讯	188	33	北京档案	30
9	图书与情报	186	34	情报探索	26
10	图书情报知识	166	35	科学学研究	26
11	图书馆理论与实践	163	36	科技与出版	25
12	图书馆论坛	161	37	高校图书馆工作	25
13	图书馆学研究	148	38	四川图书馆学报	23
14	图书馆	138	39	档案	23
15	现代情报	117	40	图书馆学刊	22
16	图书馆杂志	112	41	计算机工程与应用	21
17	档案学研究	101	42	信息资源管理学报	21
18	图书馆建设	98	43	西南民族大学学报（人文社会科学版）	19
19	大学图书馆学报	86	44	中文信息学报	18
20	国家图书馆学刊	70	45	电子政务	18
21	科技管理研究	66	46	科学学与科学技术管理	17
22	兰台世界	57	47	中华医学图书情报杂志	16
23	图书馆工作与研究	47	48	现代管理科学	16
24	档案管理	46	49	科研管理	16
25	山东图书馆学刊	46	50	统计与决策	16

　　刊载论文最多的期刊是《图书情报工作》，刊载论文数为 772 篇，是排序第二的《情报理论与实践》发布论文数量的 1.5 倍左右。登载论文数超过 100 篇的期刊总共有 17 个。我们还可以将这些期刊与 CSSCI 收录的图书馆、情报与文献学核心期刊进行对比，不难发现这 17 个期刊基本上也是图书馆、情报与文献学的核心期刊。

（3）图书馆、情报与文献学项目所发表论文的作者分布情况

　　每一篇论文所包含的作者数量各不相同，本节对论文作者数量进行探讨，试图解释图书馆、情报与文献学社科项目中的论文作者的合作情况。将作者数量与论文数量结合对应起来可以得到表 22 – 15 中的结果。

表 22 – 15　图书馆、情报与文献学学术论文作者数量分布情况

编号	作者数量	论文数量	百分比
1	1	2145	31.04%
2	2	2776	40.17%
3	3	1430	20.69%
4	4	441	6.38%
5	5	118	1.71%

　　图书馆、情报与文献学国家社科项目发表论文当中,单独发表论文的作者所产出的论文数量基本是论文总数的三分之一。而其后由 2—3 人合作发表的论文数量也较多,占到了所有论文中的 60.86%。而 4—5 人合作的论文仅有 559 篇。说明在图书馆、情报与文献学领域较多人合作产出论文并不是主流的选择,一篇论文一般合作人数也不会超过 3 人。

　　在对学术论文的深入分析中,根据作者出现频次进行整理并筛选出排名前 50 名的高频作者进行展示,结果见表 22 – 16。

表 22 – 16　学术论文高频作者分布表

编号	作者姓名	频次	编号	作者姓名	频次
1	邱均平	76	19	贾君枝	28
2	郭东强	70	20	袁勤俭	28
3	朱庆华	54	21	李勇	27
4	储节旺	52	22	胡德华	27
5	霍国庆	50	23	王学东	27
6	赵蓉英	43	24	盛兴军	27
7	郑建明	42	25	柯平	26
8	程孝良	39	26	张正强	26
9	刘磊	39	27	奉国和	26
10	罗贤春	38	28	程结晶	26
11	马海群	34	29	杨思洛	25
12	张建华	34	30	马仁杰	25
13	周林兴	33	31	孙祯祥	25
14	邓胜利	33	32	汪传雷	25
15	俞立平	32	33	肖希明	25
16	朱学芳	31	34	黄如花	25
17	娄策群	30	35	夏立新	24
18	任树怀	30	36	李纲	24

编号	作者姓名	频次	编号	作者姓名	频次
37	田生伟	24	44	侯汉清	23
38	王国华	24	45	郑彦宁	23
39	邓三鸿	24	46	夏翠娟	23
40	文庭孝	24	47	黄晓斌	23
41	易明	24	48	王知津	23
42	王子舟	24	49	陈能华	23
43	秦珂	24	50	张晓东	22

从表中可以看出,发表论文超过40篇的作者有7人,超过50篇的作者仅有4人。而排名前50的作者至少都发表过22篇论文。在这些高频作者当中,发表论文的平均数为31.08篇,而发表论文的中位数26篇,说明排在最前面的高产作者如排名第一的邱均平和第二的郭东强发表论文较多,远远超过其他人,使得高频作者发表论文数整体呈现正偏态分布。

(4)图书馆、情报与文献学项目所发表论文的作者机构分布情况

因为前述的论文合作者数量最多的是5人,因此这里也只截取了合作机构数量在4个以内的机构进行统计研究。

表22-17 图书馆、情报与文献学学术论文机构数量分布情况

编号	论文机构数量	发表论文数量	百分比
1	1	4101	59.71%
2	2	1788	26.03%
3	3	835	12.16%
4	4	144	2.10%

单一机构发表的论文数量最多,占到总体的59.71%,这一比例超过了之前统计的单一作者发表论文的数量,说明有很大部分的合作者也是来自同一机构。两个机构联合发表的论文比例大于两人合著论文的比例。随着论文机构数量的递增,他们发表的论文数量在急剧下降。仅有144篇论文是由4个机构共同完成的,不足总体3%。可以看出,图书馆、情报与文献学国家社科项目的研究中,跨机构跨平台的合作并不是特别频繁。

为增加对学术论文所属机构的了解与认识,本节又依照发表学术论文数量对参与图书馆、情报与文献学国家社科项目并发表论文的研究机构进行了统计。表22-18选择了排名前20的研究机构进行展示和分析。

国家社会科学基金及其学术成果统计报告:1991—2015

表 22－18　学术论文高频机构分布表

编号	单位名称	论文数量	编号	单位名称	论文数量
1	武汉大学信息管理学院	594	11	南开大学商学院信息资源管理系	83
2	南京大学信息管理学院	353	12	吉林大学管理学院	81
3	湘潭大学公共管理学院	182	13	上海大学图书馆	79
4	中国科学技术信息研究所	156	14	上海大学图书情报档案系	77
5	安徽大学管理学院	154	15	华中师范大学信息管理学院	74
6	北京大学信息管理系	140	16	黑龙江大学信息管理学院	73
7	华中师范大学信息管理系	120	17	武汉大学中国科学评价研究中心	67
8	华侨大学工商管理学院	112	18	湘潭大学管理学院	66
9	中山大学资讯管理学院	94	19	山西大学管理学院	65
10	中国人民大学信息资源管理学院	92	20	黑龙江大学信息资源管理研究中心	60

　　表中显示发表论文排在前20的机构有17所高校,之前展示的承担国家社科项目图书馆、情报与文献学方向课题的其他研究机构仅上榜3所。发表论文最多的机构为武汉大学信息管理学院,发表论文数量594篇。排名第二的南京大学信息管理学院要比其少了近241篇论文。比较立项数排第2的北京大学和排名第9的湘潭大学来看,湘潭大学承担的项目数仅为北京大学的44%,但在发表学术论文的数量上,湘潭大学的发文量却是北京大学的1.3倍。通过比较可以发现国家社科基金项目资助数排在前10的10所学校除上海大学外发表论文的频率也在前10中,值得一提的是论文发表量排第8的华侨大学并未进入承担国家社科基金项目排名前50的队伍中,由此可见华侨大学在图书馆、情报与文献学领域的独立自主的研究能力是非常强的。仔细对比可以发现,各机构论文成果数与所承担的课题并不是高度相关的,它还受到该机构项目类型、时间跨度等多方面因素的影响。

(5)图书馆、情报与文献学社科项目的研究热点分析

　　一个专业中的研究热点可以由论文中的关键词体现出来。因此对图书馆、情报与文献学学术论文中高频词的统计也是分析图书馆、情报与文献学研究热点的重要环节。表 22－19中统计了图书馆、情报与文献学发表的学术论文中的高频关键词,按照词频排序并选出排名前50名的关键词进行展示,结果如下。

表 22－19　图书馆、情报与文献学社科项目研究的高频关键词

编号	关键词	频次	编号	关键词	频次
1	图书馆	420	7	电子政务	117
2	知识管理	188	8	高校图书馆	108
3	公共图书馆	149	9	知识转移	103
4	数字图书馆	144	10	影响因素	98
5	信息服务	135	11	本体	93
6	信息资源	124	12	情报学	81

344

续表

编号	关键词	频次	编号	关键词	频次
13	知识共享	74	32	知识产权	45
14	关联数据	70	33	数字档案馆	45
15	企业	62	34	比较研究	44
16	社会网络分析	62	35	信息公开	44
17	信息需求	58	36	政府信息公开	44
18	知识服务	57	37	资源共享	43
19	竞争情报	56	38	社会网络	43
20	中国	54	39	数字资源	42
21	知识图谱	54	40	信息化	41
22	Web2.0	52	41	实证研究	41
23	可视化	51	42	网络舆情	40
24	信息检索	49	43	阅读推广	39
25	知识组织	48	44	模型	39
26	大数据	47	45	评价	38
27	信息共享空间	47	46	信息组织	38
28	信息资源共享	47	47	图书馆服务	38
29	电子文件	46	48	对策	38
30	图书馆学	46	49	云计算	38
31	综述	45	50	信息生态系统	37

可以看出,图书馆、情报与文献学中的高频词汇除"图书馆"外是以线性趋势平缓下降的。频次最高的"图书馆"出现了 420 次,远高于其他高频词,说明图书馆是研究的热点和重点。而出现频次在 100—200 次之间的词汇有 8 个,50—100 次之间的词汇有 14 个,而词频在 50 次以下的词有 27 个,占到高频词的二分之一多。图书馆、情报与文献学的研究涉及方方面面,从图书馆、信息资源、情报和信息检索的探讨,到大数据、可视化、信息生态系统等都有很高的关注度。

(6)图书馆、情报与文献学社科项目的高被引学术论文分析

本节主要讨论图书馆、情报与文献学社科项目的高被引学术论文。数据来源于 CNKI 学术论文数据库中提供的论文被引频次。本研究展示了被引频次排名前 20 的论文的基本信息,具体情况列在表 22-20 当中。

表 22－20　图书馆、情报与文献学社科项目资助下的高被引论文分布

编号	论文标题名称	被引次数	下载次数
1	互联网络舆情预警机制研究	216	2800
2	国外知识管理研究范式——以共词分析为方法	206	5653
3	SVM 分类核函数及参数选择比较	182	2431
4	Web2.0 的研究与应用综述	171	3830
5	知识转移及其相关概念辨析	156	1138
6	图书馆危机管理的基本概念及内容	133	1490
7	学习共享空间的构建	106	1347
8	TAM 模型研究进展——模型演化	104	2237
9	图书馆阅读推广亟待研究的若干问题	103	2506
10	基于社交网络的信息传播模式探微	101	3768
11	网站评价指标体系的构建方法与过程	101	1782
12	网络用户信息行为研究述略	101	2162
13	公共图书馆存在的理由：来自图书馆使命的注解	95	1245
14	基于 3G 的图书馆信息服务模式初探	93	997
15	科研团队知识创新绩效影响要素研究——基于我国国立科研机构的调查分析	91	1898
16	国内外农业信息化研究述评	88	2076
17	谈谈个性化信息服务	88	262
18	探索公共图书馆的使命：英美历程借鉴	81	1249
19	数字图书馆网络个性化定制服务现状分析	79	409
20	企业核心竞争力理论透视	77	1741

在列出的高被引论文当中，被引次数超过 200 次的论文有两篇。被引频次在 100—200 次之间的论文有 9 篇。被引频次在 70—100 之间的论文有 7 篇。下载次数最多的几篇论文也并不是被引用最多的论文，但它们可能是比较被关注的热点问题。从高被引论文中也可以看出图书馆、情报与文献学研究热点非常广泛，与上面呈现的关键词分布有一定的相似程度。

22.5　小结

本研究在中国知网（CNKI）学术论文数据库中，经过检索研究项目的基金名与基金号，得到了关于图书馆、情报与文献学国家社科项目的基本信息。文章利用自动分词、统计和内容分析相结合的方法，从项目基本信息、项目标题分析、项目结题情况和学术研究成果四大方面对所有项目进行了探讨和研究。其中项目基本信息包括年度资助情况、项目类型分布状况、项目负责人出现频次、项目负责人职称分布、项目承担单位分布情况几个方面；项目标

题分析由标题字长分布、标题词长分布、高频词三个指标构成;项目结题情况讨论了项目结题时间跨度、项目专著的机构统计及项目结题评定结果几个部分;最后学术研究成果部分,列举了发表学术论文分布情况、发表学术论文期刊类型及刊载论文量的期刊分布、论文作者数量分布及高频作者分布、论文机构数量及高频机构分布、高频关键词、高被引论文分布的情况。讨论结果组成了图书馆、情报与文献学国家社科项目的大体框架。

总体而言,图书馆、情报与文献学的社科项目近年来呈现出指数式的增长。在这之中,一般项目占据了图书馆、情报与文献学国家社科基金项目中的主要项目类别。而项目主要是由正高级和副高级的研究人员主持的,他们加起来超过所有项目负责人总体的五分之四。绝大多数研究人员只主持过一个社科项目。

就项目标题分析层次而言,图书馆、情报与文献学的社科项目标题长度一般都在5—43个字之间。大部分社科项目的标题都集中在14—23个字之间,在词语这个级别上来说,社科项目标题一般多为9个词长。从标题的词频统计来看,图书馆、情报与文献学在国家社科基金课题中主要关注的对象是我们国家数字图书馆建设和网络。而在这其中,最为关注的两个地区为西部和云南,与电子有关的研究也是研究课题的关注热点。

图书馆、情报与文献学国家社科项目有比较严重的项目延期现象,在结题的项目当中历时3年完成的项目最多。对于项目成果专著出版,科学出版社、学习出版社、中国社会科学出版社、中国档案出版社是图书馆、情报与文献学国家社科项目出版专著最靠前的4家出版单位,这4个单位所出版的专著占到所有图书馆、情报与文献学社科项目出版专著的五分之二。对于结项课题的评定而言,经统计发现,图书馆、情报与文献学的国家社科项目评定标准比较严格,被定为"良好"的项目则达到40.33%,而被定为"优秀"的课题仅有14.67%。

在学术研究成果方面的研究中发现,产出论文比重最大的是一般项目,占到总体论文的53.48%。但与它对比可以发现,青年项目仅有1809项,大约是一般项目项目数的48.46%,而所发表的论文也达到了总体的25.92%。国家应该多鼓励和支持青年项目。在图书馆、情报与文献学社科项目中发表的论文类型绝大多数都是期刊论文,刊载论文最多的期刊是《图书情报工作》。在每篇论文的作者数量当中,单独发表论文的作者所产出的论文数量占到论文总数的31.04%。由2—3人合作发表的论文数量也较多,占到了所有论文中的60.86%。这说明在图书馆、情报与文献学领域合作产出论文并不是主流的选择。同样的,在对单篇论文发表机构的统计中,由单一机构发表的论文数量最多,占到总体的59.71%。可以看出图书馆、情报与文献学国家社科项目的研究中,跨机构跨平台的合作并不是特别频繁。图书馆、情报与文献学国家社科项目应该适当增加并支持作者合作与交流。此外,发表论文排在前20的机构有17所为各大高校,在这之中,发表论文最多的机构为武汉大学信息管理学院。与承担项目的机构相比,可以观察出各机构论文成果数与所承担的课题数量并不是高度相关的。最后对项目论文的关键词进行统计挖掘,又对项目成果中的高被引论文分析可以发现,图书馆、情报与文献学的研究热点非常广泛,从网络舆情、知识管理、数字图书馆到网络用户行为研究、信息服务模式都有涉猎。

23 体育学

23.1 体育学国家社科项目基本信息

本章将从 5 个方面对体育学国家社科项目的基本信息展开具体分析:体育学国家社科项目的年度资助情况、项目类型分布状况、项目负责人出现频次、项目负责人职称分布和承担单位分布情况。

(1)体育学国家社科项目年度资助情况分析

本研究首先进行了大量的数据收集工作,接着利用计算机技术对数据进行筛选和整理,进而再通过人工核查,去除重复、错误和其他不符合标准的的国家社科项目,最终获取了1997—2014 年总计 1014 个不同类型的体育学国家社科项目。表 23 – 1 是体育学国家社科项目年度资助情况。

表 23 – 1 体育学国家社科项目年度分布情况

编号	项目立项时间	项目资助数量	百分比	编号	项目立项时间	项目资助数量	百分比
1	1997	20	1.97%	10	2006	46	4.54%
2	1998	14	1.38%	11	2007	54	5.33%
3	1999	10	0.99%	12	2008	65	6.41%
4	2000	19	1.87%	13	2009	64	6.31%
5	2001	31	3.06%	14	2010	90	8.88%
6	2002	32	3.16%	15	2011	97	9.57%
7	2003	29	2.86%	16	2012	107	10.55%
8	2004	34	3.35%	17	2013	125	12.33%
9	2005	44	4.34%	18	2014	133	13.12%

通过表 23 – 1 可以看出,1997—2006 年间,体育学国家社科项目年度资助数量有所波动,呈现不稳定趋势。2005 年之后年度资助数量则总体上呈上升趋势。在 1997—2006 年的早期阶段,国家社科项目的年度资助数量相对较少,均在 50 个以下。1999 年的国家社科项目的资助数量达到最小值,仅有 10 项,占整体的 0.99%。而从 2007 年开始,体育学的国家社科项目资助数量不断增长,增幅也比较大。在后期阶段,体育学的国家社科立项数量总体上逐年增多。2010 年是体育学国家社科项目的一个转折点,立项数量从上年的 64 个迅速增加为 90 个,所占比重变为 8.88%。2012 年度整个项目的立项数量更是首次突破了两位数,达到了 107 个。接下来的两年,立项数量也在不断增加,2013 年的立项增至 125 个,2014 年

的立项达到最大数量 133 个,占了 13.12%。由上可以得出,在前期阶段,国家社科项目在体育学学科的投入相对较小,体育学领域的国家社科研究刚开始起步,发展尚不完善。而在后期,尤其是在 2010 年之后的几年,体育学的国家社科立项数量明显增多,国家社科逐渐开始重视对体育学的调查研究。

(2)体育学国家社科项目类型分布状况

体育学的国家社科项目涵盖了 8 种类型:中华学术外译项目、成果文库、后期资助项目、重大项目、重点项目、西部项目、青年项目和一般项目。具体的项目类型名称以及该类型下项目数量和所占的百分比参见表 23-2。

表 23-2 项目类型分布状况表

编号	项目类型名称	项目数量	百分比
1	中华学术外译项目	1	0.10%
2	成果文库	2	0.20%
3	后期资助项目	11	1.09%
4	重大项目	15	1.48%
5	重点项目	41	4.05%
6	西部项目	65	6.42%
7	青年项目	253	25.00%
8	一般项目	624	61.66%

表 23-2 基于项目数量的大小对项目类型进行排序。从表 23-2 可以看出,中华学术外译项目和成果文库这两个类型的国家社科项目数量最少,分别仅有 1 项和两项,所占比例为 0.10% 和 0.20%。后期资助项目和重大项目相对于前两个类型,项目数量较多,但也仅占总体的 1.09% 和 1.48%。重点项目的立项相对前几个类型在数量上有明显增加,所占比例为 4.05%,表现出该学科的项目也具备较大的重要性,值得重点研究。西部项目的立项数量也首次超过 50 个,达到 65 个,所占比例达到了 6.42%,从一定程度上说明了体育学科的国家社科项目在西部地区上具有一定的偏向。在体育学国家社科项目中,青年项目的数量首次突破两位数,达到了 253 个,占 25.00%,表明青年学者在体育学领域的学术活动中扮演重要的角色,是体育学研究者的主体。一般项目是体育学国家社科项目中的主要类别,数量达到最大值 624 个,占整个项目的 61.66%,是体育学国家社科项目的最主要组成部分。

(3)体育学的国家社科项目负责人出现频次

在所获取的体育学国家社科项目的数据的基础之上,本研究综合考虑了同名和同机构项目承担者,更加具体地统计了项目负责人的出现频次,和相应的体育学国家社科负责人人数分布,具体见表 23-3。

表 23 – 3　国家社科项目负责人出现频次

编号	主持项目频次	具体人数分布	百分比
1	4	6	0.72%
2	3	27	3.24%
3	2	108	12.95%
4	1	693	83.09%

表 23 – 3 按照主持项目频次由大到小进行排序,并给出相应的具体人数和所占的白分比。从统计数据来看,主持频次为 4 次的研究者最少,仅有 6 位,所占比例仅为 0.72%。主持过 3 次的研究者虽突破了个位数,达到 27 人,但所占比例仍较低。主持过两个项目的研究者数量迅速增长至 108 人,所占比例变为 12.95%。在所有的项目主持人当中,主持过 1 个项目的研究者数量最为庞大。比起主持过两次的研究者,主持 1 个项目的研究者数量大幅增加,研究者人数达到 693 人,占据了整体的绝大部分,比例高达 83.09%。

(4)体育学的国家社科项目负责人职称分布

从搜集到的整体数据中,本研究提取了项目负责人的专业职务,经过统计,获取到承担体育学国家社科项目负责人的专业职务和相应的人数和百分比,具体数据参见表 23 –4。

表 23 –4　国家社科项目负责人职称分布

编号	专业职务	人数	百分比
1	初级	2	0.24%
2	中级	110	13.30%
3	副高级	279	33.74%
4	正高级	436	52.72%

表 23 –4 将专业职务从低到高分为 4 个层级:初级、中级、副高级和正高级。此外,将各职务相对应的体育学国家社科项目负责人的人数及其所占的百分比也列入表格以便做具体分析。在初级、中级、副高级和正高级 4 个类别中,体育学国家社科项目负责人为初级职称的人数最少,仅有两人,占 0.24%。中级职称研究者人数迅速增多,突破两位数,但所占比例仍较低,为 13.73%。副高级职称的研究者人数相对较多,比例占到 33.74%。正高级职称的负责人占据了所有负责人的大部分,人数达到 436 人,比例达到了 52.72%,由此体现出体育学国家社科项目的负责人专业水平较高,研究能力较强。

(5)体育学国家社科项目承担单位分布情况

体育学国家社科项目的承担单位较多,在对项目承担单位进行收集和整理的基础上,本节获取到了承担国家各种类型社科项目的前 50 个单位,具体单位名称和所承担的项目数量参见表 23 –5。

表 23 – 5 承担国家社科项目的前 50 个单位分布情况

编号	单位名称	项目数量	编号	单位名称	项目数量
1	北京体育大学	61	26	辽宁师范大学	10
2	上海体育学院	51	27	集美大学	9
3	成都体育学院	45	28	上海大学	9
4	武汉体育学院	40	29	浙江大学	8
5	国家体育总局	32	30	江西师范大学	8
6	天津体育学院	25	31	杭州师范大学	8
7	华南师范大学	24	32	哈尔滨体育学院	8
8	吉首大学	23	33	河南大学	7
9	西安体育学院	20	34	湖北大学	7
10	首都体育学院	19	35	宁波大学	7
11	苏州大学	19	36	新疆师范大学	7
12	广州体育学院	19	37	青海师范大学	6
13	沈阳体育学院	18	38	西华师范大学	6
14	福建师范大学	16	39	国家体委	6
15	华中师范大学	14	40	贵州师范大学	5
16	南京师范大学	13	41	吉林大学	5
17	华东师范大学	12	42	河南师范大学	5
18	吉林体育学院	11	43	石河子大学	5
19	安徽师范大学	11	44	上海交通大学	5
20	曲阜师范大学	11	45	山东大学	5
21	沈阳师范大学	11	46	山东师范大学	5
22	清华大学	10	47	山西大学	5
23	西北师范大学	10	48	西南大学	5
24	江西财经大学	10	49	云南民族大学	5
25	湖南师范大学	10	50	云南师范大学	5

表 23 – 5 按项目数量大小列出前 50 个社科项目承担单位和项目数量。从具体项目的分布上看,承担社科类项目数量高于 30 个的有 5 个单位,承担 10 个以上 30 个以下项目的单位为 16 个,承担 10 个及其以下项目的单位则达到了 29 个。从分布情况来看,承担了最大数量,即 61 个体育类的国家社科项目的单位是排在首位的北京体育大学。排名第 2 的是上海体育学院,承担的项目数量为 51 个,略低于北京体育大学。成都体育学院和武汉体育学院项目数量位于三、四位。从整个社科项目的承担单位情况来看,排在前 10 的单位中,体育类的单位占据了 8 个,体现出体育类单位对体育学国家社科项目承担的项目较多,影响力较大,而排名靠后和承担量较少的大都为综合性大学,所在的地区也以中西部地区为主,体现出一定的机构单位偏向和地理偏向。总的来说,体育学国家社科项目可以分为三个比较集

中的区域。排前 5 名的单位相对于其他各个单位优势明显,排名第 6 的天津体育学院到第 21 的沈阳师范大学处于中等水平,排名第 22 的清华大学到第 50 的云南师范大学相比其他单位还存在一定的差距。

23.2 体育学国家社科项目标题分析

在收集到的体育学国家社科项目的标题的基础之上,本章利用自动分词以及数据分析和处理的技术,对体育学国家社科项目的标题字的长度分布、词的长度分布和高频词分布进行了统计和整理,以期通过对项目标题和关键词等的分析,找到体育学国家社科项目研究的热点,为后来的研究提供方向。

(1)体育学国家社科项目标题字的长度分布

在熟悉掌握汉字编码知识的前提下,本节统计了体育学国家社科项目标题字的长度及其对应的项目数量。具体数据参见表 23 –6。

表 23 –6　社科项目标题字的长度分布

编号	标题字长度	项目数量分布	编号	标题字长度	项目数量分布
1	5	2	20	23	75
2	6	2	21	24	49
3	7	5	22	25	28
4	8	15	23	26	35
5	9	13	24	27	27
6	10	18	25	28	15
7	11	21	26	29	14
8	12	39	27	30	12
9	13	35	28	31	9
10	14	46	29	32	6
11	15	39	30	33	6
12	16	56	31	34	4
13	17	70	32	35	3
14	18	80	33	36	1
15	19	54	34	37	3
16	20	92	35	38	2
17	21	78	36	39	1
18	22	59	37	––	––

表 23－6 按照标题字的长度大小排序,从中可以看出,体育学国家社科项目的标题在 5—36 字之间,标题长度在 8 字以下和 30 字以上的国家社科项目数量均不超过 10 个,大部分标题字的长度分布集中在 14—24 字之间。标题字为 20 字的国家社科项目最多,为 92 个,其次为标题长度 18 字的,项目数量为 80 个,再次为长度 21 字的,项目数量是 78 个。因此,体育学国家社科项目的标题长度在 18—20 字之间最为常见,在一定程度上也较为适宜。

（2）体育学国家社科项目标题词的长度分布

本节在整个标题基础上进行分词,以便分析体育学国家社科项目标题的组成内容。以词为单位,本研究统计了体育学国家社科项目标题的长度分布情况,具体的体育学国家社科项目标题的长度和相应的项目数量分布参见表 23－7。

表 23－7　体育学国家社科项目标题词的长度分布情况

编号	标题词长度	项目数量分布	编号	标题词长度	项目数量分布
1	3	4	12	14	50
2	4	21	13	15	43
3	5	43	14	16	17
4	6	54	15	17	17
5	7	83	16	18	7
6	8	88	17	19	4
7	9	99	18	20	6
8	10	138	19	21	4
9	11	131	20	22	2
10	12	117	21	23	2
11	13	84	22	——	——

表 23－7 按标题词汇的长度大小排序,可以看出,体育学国家社科项目的标题长度从 3—23 词不等。最长的社科项目标题有达到 22 词和 23 词,数量都仅为 2 个。长度为 5 词以下和 15 词以上的国家社科项目相对较少。标题词在 7 词到 13 词之间的居多,其中标题长度为 10 词的项目最多,达到了 138 个,长度为 11 词的项目数量次之,为 131 个,长度为 12 词的项目数量有 117 个,使得体育学国家社科项目的标题词长度集中在 10—12 词之间,体现出这一区间的标题词长度较为普遍和适宜。

（3）体育学的国家社科项目标题高频词分析

在分析标题词长度之后,本研究进一步探讨体育学国家社科项目中词汇的使用情况。在对标题进行分词之后得到了常用的高频词。表 23－8 按照频次的高低列出收集到的前 50 个高频词汇。

表 23 - 8　社科项目标题中的前 50 个高频词

编号	标题中的词汇	频次	编号	标题中的词汇	频次
1	我国	191	26	青少年	7
2	中国	103	27	转型期	6
3	体育	80	28	职业	6
4	新	31	29	文化	6
5	基于	21	30	大型	6
6	社会	15	31	现代	5
7	2008 年	14	32	青海	5
8	北京	14	33	湘	5
9	新疆	13	34	西南	5
10	竞技	12	35	改革	5
11	当代	12	36	社会主义	4
12	西部	12	37	论	4
13	城市	11	38	社区	4
14	中	11	39	促进	4
15	构建	10	40	新型	4
16	中外	9	41	武陵	4
17	对	9	42	城镇	4
18	关于	9	43	少数民族	4
19	国际	8	44	从	4
20	全民	8	45	武术	3
21	公共	8	46	和谐	3
22	建设	8	47	闽	3
23	西北	8	48	运动	3
24	民族	7	49	小康	3
25	国家	7	50	2010 年	3

从上表可知,在前 50 个高频词中,使用频次最高的词汇是"我国、中国",频次均在 100 次以上,最大值达到 191 次,表明该体育学国家社科项目对研究的区域范围加以了限定,通常是研究中国的体育事业。此外,作为体育学国家社科项目中的关键词"体育"自然也是使用频次较高的词汇,频次也达到了 80 次。而表示时间的词"2008"和表示地点的"北京"的频次也相对不低,在很大程度上表明了体育学国家社科项目曾将我国 2008 年奥运会作为一大主要聚焦点。"新疆、西部、西北"等入选的高频词也透露出国家社科对西部地区体育事业的侧重,呼应西部项目的项目类型。"新、中、对"等词虽也是高频词,但并无实际意义,研究价值不大。而"中外、国际、全民"等入选高频词也在某种程度上表明了体育学关注该学科事业在国内外的发扬和对全民体育的号召。

23.3 体育学国家社科项目的结项情况统计

本研究的前半部分主要关注体育学国家社科项目的立项情况,本章则主要聚焦于体育学国家社科项目的结项情况,主要从结项时间跨度、出版专著的机构和项目评定的结果三个方面展开探讨。

(1)体育学国家社科项目结项时间跨度

本节根据整理出的立项和结项时间,计算出体育学国家社科项目的结项时间与立项时间的跨度,并根据时间跨度的大小,列出相应的项目数量,在此基础上做具体分析。情况具体见图23-1。

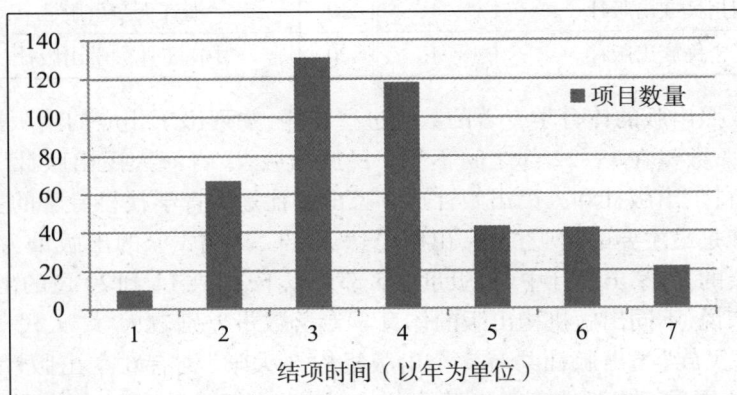

图23-1　体育学社科项目结项时间跨度分布图

在具体的数据选取和整理过程中,本研究将数量在10以下国家社科项目不做考虑,同时将结项时间在8年以上的项目也没有列入在内。从图23-1中可以看出,体育学国家社科项目的时间跨度为1—7年,并以2—4年的项目居多。最多的时间跨度为3年,项目数量高达131个。最短的结项时间为1年,总共只有10个项目。随着时间推移,结项时间在4年以上的项目数量迅速变少,时间跨度为7年的项目相对偏少。由此可见,体育学国家社科项目虽有时间跨度较长的,但通常在4年内可以结项,效率较高,但是1和2年即可结项的项目数量也较少,研究效率仍有待提高。

(2)出版体育学国家社科项目专著的机构统计分析

专著是体育学国家社科项目的成果形式之一,为了发现哪些出版社对体育学专著有所偏重和帮助体育学项目负责人发表研究成果,本节从出版专著的机构的角度出发,讨论出版了体育学国家社科项目成果的专著的不同出版社和其出版数量,具体见表23-9。

表 23 – 9　出版体育学专著的前 20 个单位

编号	出版社名称	出版数量	编号	出版社名称	出版数量
1	民族出版社	22	11	清华大学出版社	1
2	青海人民出版社	9	12	山东人民出版社	1
3	内蒙古人民出版社	8	13	四川教育出版社	1
4	中国社会科学出版社	8	14	四川科学技术出版社,高等教育出版社	1
5	人民出版社	7	15	武汉理工大学出版社	1
6	社科文献出版社	5	16	西藏人民出版社	1
7	中央民族大学出版社	4	17	西南师范大学出版社	1
8	内蒙古教育出版社	4	18	陕西人民出版社	1
9	四川民族出版社	4	19	浙江大学出版社	1
10	辽宁民族出版社	4	20	中南工业大学出版社	1

　　表 23 – 9 按照出版的体育学专著的数量进行排序,并列出了相应的出版社。前 20 个机构中,体育学专著数量在 1—22 部之间不等。民族出版社、青海人民出版社、内蒙古人民出版社、中国社会科学出版社和人民出版社这 5 家出版社是体育学社科专著的主要出版机构,其中民族出版社是最主要的出版机构,出版量达 22 部,其他 3 家的出版量为 7 部,8 部和 9 部不等。在剩余的 17 家出版社中,出版量在 5 部及以下,排在 11 到 20 位的出版社出版量均为 1 部。总的来说,不同出版机构出版的体育学专著数量差别较大。"人民"类出版社共有 6 个出版机构,"民族"类出版社共有 5 个出版机构,"大学"类有 6 个出版社。西北地区的"人民"类出版社更乐于出版体育学专著,而"大学"类出版社体育学专著出版量较低,并不倾向于出版体育学专著。

（3）体育学国家社科项目结项评定结果

　　体育学国家社科项目结果评定有 3 个类型:"合格""良好"和"优秀"。本节从获取到的关于体育学国家社科项目的结果评定,整理统计出了这 3 个类型的具体项目数量,具体见表 23 – 10。

表 23 – 10　体育学国家社科项目评定结果分布

编号	项目结果评定类别	具体项目数量	百分比
1	优秀	42	11.73%
2	合格	144	40.22%
3	良好	172	48.04%

　　从表 23 – 10 可知,"优秀"这一评定结果类别的体育学国家社科项目数量是 3 个类别中最少的,仅为 42 个,只占总体的 11.73%,比例较低。"合格"是体育学国家社科项目评定结果中的主要类别,达到了 172 个,占 40.22%。"良好"类别的项目数量为 144 个,所占比例较高,为 48.04%。由此可见,体育学国家社科项目总体上成果较好,但是优秀成果偏少,合格

偏多,因此在后来的项目中应更加注重研究成果的优劣。

23.4　体育学国家社科项目学术研究成果统计

　　基于体育学国家社科项目的名称或者项目编号,通过检索中国知网学术论文数据库(CNKI),本研究获取到了体育学国家社科项目下发表的各类学术论文。本章从"不同体育项目发表论文数量""体育学项目所发表论文的类型及期刊分布情况""体育学项目所发表论文的作者分布情况""体育学项目所发表论文的作者机构分布情况""体育学社科项目的研究热点分析""体育学社科项目的高被引学术论文分析"对国家社科项目资助的体育学学术论文进行系统的统计,并加以详细分析。

(1)不同体育学项目发表论文数量分布情况

　　国家社科项目通常下分为不同的具体项目,一般项目、青年项目、重点项目、重大项目、西部项目和后期资助项目6种体育学的国家社科项目往往由于项目类型的不同导致在学术论文的发表数量上存在一定的差异。表23-11列举出不同国家社科项目类型的体育学论文发表情况以及计算出了相应的百分比。

表23-11　不同社科项目发表学术论文数量的分布情况

编号	项目类型	发表论文数量	百分比
1	一般项目	2805	55.88%
2	青年项目	1257	25.04%
3	重点项目	253	5.04%
4	重大项目	240	4.78%
5	西部项目	444	8.84%
6	后期资助项目	21	0.42%

　　从表23-11可以看出,体育学国家社科的一般项目是整个项目的主要组成部分,该项目类型下的论文发表量为2805篇,占整个国家社科项目学术论文的55.88%,达到一半以上。其次论文发表量较多的是青年项目,占25.04%,体现出了青年学者对体育学领域的热忱。西部项目也是论文发表数量较多的一种类型,数量可达444篇,凸显出国家对西部地区体育学科研究的投入。重点项目和重大项目的论文发表量大致相同,所占比例都在5%左右。由于体育学的后期资助项目发表的学术论文数量非常少,所占比重也仅为0.42%,在整个国家社科项目中的影响力较小。

(2)体育学项目所发表论文的类型及期刊分布情况

　　体育学社科项目所发表的学术论文主要由期刊论文和会议论文这两类构成,具体的类型和发表量见表23-12。

表 23 - 12　体育学社科项目发表学术论文类型情况

编号	论文类型	论文数量	百分比
1	期刊	4967	98.83%
2	会议	59	1.17%

从表 23 - 12 可以得出,体育学社科项目所发表的学术论文中,期刊论文数量极其庞大,共 4967 篇,占了很大比重,共达到 98.83%。会议论文的数量和比重极小。为方便体育学国家社科项目负责人选取期刊投稿,本节还统计和整理了不同期刊发表的体育学国家社科项目论文,最终得到了详细的数据。本节将论文发表数量居前 50 的期刊列出,并给出相应的论文数量。具体分布见表 23 - 13。

表 23 - 13　发表体育学社科项目论文前 50 的期刊分布

编号	期刊名称	论文数量	编号	期刊名称	论文数量
1	武汉体育学院学报	367	26	山东体育科技	37
2	北京体育大学学报	344	27	运动	33
3	体育文化导刊	302	28	四川体育科学	33
4	成都体育学院学报	254	29	当代体育科技	26
5	体育学刊	243	30	体育研究与教育	25
6	上海体育学院学报	243	31	福建体育科技	23
7	西安体育学院学报	242	32	军事体育进修学院学报	21
8	体育科学	230	33	湖北体育科技	21
9	沈阳体育学院学报	141	34	辽宁体育科技	21
10	天津体育学院学报	141	35	安徽体育科技	19
11	山东体育学院学报	129	36	贵州民族研究	18
12	体育与科学	110	37	军事体育学报	16
13	中国体育科技	92	38	南京体育学院学报(自然科学版)	16
14	南京体育学院学报(社会科学版)	90	39	山西师大体育学院学报	13
15	体育科学研究	85	40	吉首大学学报(自然科学版)	12
16	广州体育学院学报	77	41	哈尔滨体育学院学报	12
17	首都体育学院学报	76	42	新疆师范大学学报(自然科学版)	11
18	体育成人教育学刊	73	43	兰台世界	11
19	河北体育学院学报	53	44	内蒙古体育科技	11
20	吉林体育学院学报	50	45	民族论坛	11
21	搏击·武术科学	50	46	搏击(体育论坛)	11
22	体育科研	46	47	中国老年学杂志	10
23	体育科技	44	48	河南师范大学学报(自然科学版)	10
24	浙江体育科学	40	49	西北师范大学学报(自然科学版)	10
25	体育科技文献通报	37	50	安徽师范大学学报(自然科学版)	10

表 23 –13 按照论文发表量的大小列出了相应的期刊。由表可知,发表论文数量在 10—367 篇之间不等。最多的 3 家期刊论文发表量均超过 300 篇,其中《武汉体育学院学报》发表学术论文最多,达到了 367 篇,其次分别为《北京体育大学学报》和《体育文化导刊》,二者论文发表量也均远高于其他期刊。超过 200 篇的期刊有 8 个。论文发表量在 30 篇以下的有 22 家期刊,大多数为"学报"类和"体育科技"类期刊。在发表论文最多的前 8 个期刊中,有 5 个为体育学院学报,而在整个期刊分布中共有 16 家为体育院校学报,由此体现出体育类院校对体育学国家社科项目论文的侧重。

(3)体育学项目所发表论文的作者分布情况

本节统计了不同作者数量的论文数量情况,由此得出具体作者数量分布的情况,参见表 23 – 14。

表 23 –14 体育学学术论文作者数量分布情况

编号	作者数量	论文数量	百分比
1	1	1541	31.23%
2	2	1816	36.80%
3	3	1044	21.16%
4	4	349	7.07%
5	5	185	3.75%

表 23 –14 列出了体育学学术论文作者数量从 1 位到 5 位的论文数量。有两位作者的论文数量最多,共计 1541 篇,占 36.80%。只有 1 个作者的学术论文量仅次于两位作者,占 31.23%。3 位作者的论文量也较多,约占 21.16%。超过 3 个作者的学术论文数量相对上述 3 种情况学术论文数量直线下降,总共约占 10%。在对学术论文作者数量进行分析之后,本节根据作者名称,统计了同一个作者出现的频次,并按照频次高低列出前 50 名作者,具体数据见表 23 – 15。

表 23 –15 学术论文高频作者分布表

编号	作者姓名	频次	编号	作者姓名	频次
1	王健	82	11	黄海燕	28
2	季浏	56	12	黄璐	28
3	陈元欣	40	13	杨海晨	28
4	白晋湘	39	14	肖林鹏	27
5	朱梅新	35	15	胡庆山	27
6	刘少英	34	16	杨建营	27
7	龙佩林	31	17	李志清	26
8	王岗	29	18	邱丕相	26
9	田雨普	29	19	沈建华	26
10	王斌	29	20	刘玉	26

续表

编号	作者姓名	频次	编号	作者姓名	频次
21	张小林	26	36	芦平生	21
22	刘志敏	26	37	郭玉成	21
23	张林	25	38	周平	20
24	石岩	25	39	万义	20
25	高强	24	40	吴贻刚	20
26	胡小明	24	41	李启迪	19
27	吉灿忠	23	42	陈青	19
28	孙庆祝	23	43	蔡智忠	19
29	邵伟德	23	44	李乃琼	19
30	谢军	23	45	仇军	19
31	陈善平	22	46	熊文	19
32	田祖国	22	47	熊少波	18
33	邵桂华	22	48	鲁长芬	18
34	方新普	22	49	蔡仲林	18
35	张天成	22	50	易剑东	18

选取的前50个高频作者出现的频次在18—82次之间不等。在前5个高频作者中,出现次数超过40次以上的作者有3个,达到50次以上的作者有两个,频次最高的作者是王健,共82次,远高于其他作者,一定程度上体现出该作者的高产,前5个作者同样也是学术能力极强,对体育学研究十分热爱。频次达到30次以上的共有7个作者,频次在20次及以上的就有40个作者。由此可见,高频作者频次主要集中在20次到30次之间,其中频次在26次的作者最多,共有6个。频次低于20次以下的作者分布也相对较为集中,19次的为6个作者、18次的为4个作者。

(4)体育学项目所发表论文的作者机构分布情况

一篇学术论文有时会涉及一个或几个不同的机构,本节根据一篇论文涵盖的机构进行统计,列出机构数量依次在1—5个之间的论文发表数量,并统计不同机构数量下体育学论文的发表数量及其百分比,结果见表23-16。

表23-16 体育学学术论文机构数量分布情况

编号	论文机构数量	发表论文数量	百分比
1	1	2505	50.60%
2	2	1496	30.22%
3	3	702	14.18%
4	4	159	3.21%
5	5	89	1.80%

根据表 23 – 16 可以看出,以 1 个机构所发表的学术论文数量最大,有 2505 篇,达到了 50.60%,超过一半的比例。以两个机构发表的学术论文数量下降明显,但也可以占到 30.22%。以 3 个机构发表的学术论文相对以上两种数量较小。4 个和 5 个机构合作发表的学术论文数量则更少。由此可以看出体育学国家社科项目覆盖 1 个和两个机构较为适宜。多机构参与可能会出现管理不当、意见难统一等弊端。在统计不同机构的发文数量后,本研究对学术论文作者所在机构进行统计,并按论文数量大小列出位于前 20 的机构,具体的机构及其发文数量见表 23 – 17。

表 23 – 17　学术论文高频机构分布表

编号	作者机构	论文数量	编号	作者机构	论文数量
1	华中师范大学体育学院	158	11	上海体育学院体育教育训练学院	58
2	吉首大学体育科学学院	133	12	上海体育学院武术学院	56
3	华东师范大学体育与健康学院	95	13	新疆师范大学体育学院	52
4	苏州大学体育学院	89	14	重庆师范大学体育学院	52
5	南京师范大学体育科学学院	88	15	安徽师范大学体育学院	49
6	福建师范大学体育科学学院	76	16	集美大学体育学院	47
7	华南师范大学体育科学学院	75	17	广西师范大学体育学院	45
8	西北师范大学体育学院	65	18	北京体育大学研究生院	44
9	河南师范大学体育学院	61	19	辽宁师范大学体育学院	42
10	石河子大学体育学院	60	20	湖南农业大学体育艺术学院	42

从表 23 – 17 可以得出,位于前 20 位的机构大多属于体育学院类的机构,该类型机构的发文量较多。位于前 5 位的机构发文量均在 80 篇以上,其中华中师范大学体育学院和吉首大学体育科学学院两个机构的发文量在 130 篇以上,位居第一和第二。在前 20 个发表论文高频的机构中,除排名第 12 的上海体育学院武术学院和排名第 18 的北京体育大学研究生院不是严格意义上的学院层面的专门的体育学院机构外,其他均为专门的体育学院或者体育科学学院之类的机构。由此得出,体育学院类机构的体育学论文的需求和发表均较大。

(5)体育学社科项目的研究热点分析

通过收集体育学社科项目发表论文的所有关键词,本节统计整理出了体育学国家社科项目学术论文的高频关键词,并列出频次居于前 50 的关键词,结果见表 23 – 18。

表 23 – 18　体育学社科项目研究的高频关键词

编号	关键词	频次	编号	关键词	频次
1	民族传统体育	215	6	群众体育	118
2	中国	209	7	发展	117
3	竞技体育	184	8	体育产业	116
4	体育	137	9	武术	114
5	体育文化	126	10	学校体育	110

续表

编号	关键词	频次	编号	关键词	频次
11	现状	100	31	体育消费	46
12	体育管理	94	32	体育社会学	46
13	对策	93	33	农村	42
14	传统体育	81	34	影响因素	41
15	农村体育	75	35	启示	39
16	少数民族	72	36	美国	39
17	奥运会	70	37	北京奥运会	38
18	文化	69	38	青少年	38
19	全民健身	67	39	体育教学	37
20	运动员	67	40	非物质文化遗产	37
21	体育旅游	63	41	体育强国	37
22	公共体育服务	62	42	体育经济	37
23	传承	60	43	体育史	36
24	体育公共服务	59	44	体育锻炼	36
25	特征	58	45	武术文化	36
26	新疆	55	46	休闲体育	35
27	民俗体育	54	47	高校	35
28	体育赛事	51	48	研究	34
29	传统武术	50	49	可持续发展	33
30	体育教育	47	50	改革	32

从表 23 - 18 中可以看出,频次超过 150 次的有 3 个,其中频次最高达 215 次,关键词为"民族传统体育",其次为"中国"和"竞技体育",频次分别为 209 次和 184 次。体现出以上 3 个关键词是研究的重点。频次超过 100 次的关键词共有 10 个,其中"体育文化""群众体育""体育产业"和"学校体育"属于高频词,凸显出国家社科项目对体育文化及体育产业的关注,主张通过体育事业拉动文化产业的发展。此外在群众体育生活方面,不仅注重校内也注重校外体育的发展。

(6)体育学社科项目的高被引学术论文分析

通过检索 CNKI 中学术论文的被引次数,本节节选了被引次数居于前 20 个的高被引论文,具体论文名称和被引及下载次数见表 23 - 19。

表 23 – 19　体育学社科项目资助下的高被引论文分布

编号	论文标题名称	被引次数	下载次数
1	对我国城市居民体育消费的研究	283	980
2	21 世纪我国竞技体育人才资源可持续开发的思考	221	764
3	我国优秀运动员退役安置的现状及对策研究	188	1703
4	我国业余体育教练员培养现状与对策	184	636
5	我国当代体育价值观的研究	183	3454
6	体育赛事类型的分类及特征	181	2173
7	论体育行为的多维特征	167	622
8	小康社会体育休闲娱乐理论的研究	152	1609
9	现代奥运会体育场馆建设及赛后利用研究	141	2473
10	论农村体育的新发展	131	1034
11	非物质文化遗产与我国传统体育文化保护	129	2981
12	中国武术:尴尬的境遇与发展的新策略	129	1623
13	中国民间武术的传承特征、当代价值与发展方略	124	2186
14	民族传统体育发展中的问题:文化模仿	118	1502
15	Snake 模型综述	118	1603
16	大型体育赛事对城市形象的塑造	116	1839
17	我国体育健身娱乐市场的现状与存在的问题	108	778
18	博斯曼法案的国际政治经济本质	101	264
19	中国城市不同类型社区居民体育活动现状的调查研究	101	1367
20	中国高校校园体育文化指标体系研究	93	2969

　　以上 20 个高被引的学术论文,被引频次超过 150 次以上的共有 8 篇,在这 8 篇学术论文中,被引频次超过 200 次以上的共有两篇,依次为《对我国城市居民体育消费的研究》和《21 世纪我国竞技体育人才资源可持续开发的思考》,表明该学科学者对这两篇研究成果的认同。除了给出高被引论文的被引频次,本研究也列出了学术论文的下载次数,在选取的前 20 篇学术论文中,共有 14 篇学术论文的下载次数超过了 1000 次以上,最高的为《我国当代体育价值观的研究》,达到了 3454 次。从给出的学术论文的标题可以看出,围绕城市居民体育消费的相关研究是学者关注和认同的热点,而围绕体育价值观的研究则是许多学者可能感兴趣的方向。此外,在 20 篇高被引学术论文中还有 3 篇学术论文与体育价值密切关联,3 篇与体育文化有关,也是两个常被研究的方向。

23.5　小结

　　本研究利用计算机技术收集体育学国家社科项目和相应的成果信息,再进行整理、去重、统计和分析,从体育学社科项目基本信息、项目标题分析、结项情况和学术研究成果四大方面进行了系统的数据展示和阐释。具体又在每个方面下分小点,如年度分布、项目类型分布、项目负责人、负责人职称分布、承担单位、标题的字(词)长度与高频词、项目结项时间跨度、专著出版机构、项目评定结果、项目类型发表论文数量、论文类型及期刊分布、作者数量及高频作者、机构数量及高频机构、研究热点统计和高频论文分析等不同方面进行具体探讨。

在基本信息层面,在年度资助上,虽然在不同年份之间资助数量出现波动,但2010年之后体育学的国家社科项目立项数量明显增多,不断增加,国家社科项目逐渐开始重视对体育学的调查研究。在项目类型分布方面,在体育学国家社科项目中,青年项目的数量较多,比重较大,表明青年学者在体育学领域的学术活动中扮演重要的角色,是体育学研究者的主体。一般项目是体育学国家社科项目中的主要类别,数量最多,比重最大,是体育学国家社科项目的最主要组成部分。在项目负责人出现频次方面,主持过1个和两个项目的研究者数量较为显著,主持过1次的研究者所占比重最大。项目负责人职称分布方面,副高级职称的研究者人数相对较多,正高级职称的研究者是主要负责人,由此体现出体育学国家社科项目的负责人专业水平较高,研究能力较强。承担单位分布情况方面,排在首位的是北京体育大学,然后依次是上海体育学院、成都体育学院和武汉体育学院。

从项目标题分析层面,体育学国家社科项目的标题长度在18—20字之间最为常见,标题词的长度分布集中在在10—12词之间,标题高频词主要是"我国、中国"。

从结项情况来看,以2—4年的项目居多,最多的时间跨度为3年。从出版体育学国家社科项目专著的机构统计分析情况来看,民族出版社、青海人民出版社、内蒙古人民出版社、中国社会科学出版社和人民出版社是体育学社科专著的主要出版机构。在结项评定结果方面,"良好"类别的项目所占比例较高,但是"优秀"成果偏少,"合格"偏多,因此在后来的项目中应更加注重研究成果的优劣。

从研究成果统计层面,从不同体育学项目发表论文数量分布情况来看,体育学国家社科项目的一般项目是整个项目的主要组成部分,占整个国家社科项目学术论文的一半以上,其次论文发表量较多的是青年项目。从发表论文的类型及期刊分布情况看,期刊论文数量极其庞大,占了很大比重。在所有期刊中,《武汉体育学院学报》发表学术论文最多,其次为《北京体育大学学报》和《成都体育学院学报》。从发表论文的作者分布情况,有两位作者的论文数量最多。在所有作者中,王健出现的次数最多,表明该学者学术能力极强,对体育学研究十分热爱。从作者机构分布情况看,以1个机构所发表的学术论文数量最大,比例超过一半,以两个机构发表的学术论文所占比重也不小。在所有机构中,华中师范大学体育学院和吉首大学体育科学学院两个机构的发文量位居第1和第2。关于研究热点的问题,"民族传统体育""中国"和"竞技体育"是主要研究热点。围绕城市居民体育消费的相关研究是学者关注和认同的热点,而围绕体育价值观的研究则是许多学者可能感兴趣的方向。从不同层面的着手,本研究较为清晰透彻地分析了1997—2014年间体育学国家社科项目及其研究成果,希望本研究可以为后来的研究者提供一定的借鉴和指导。

参考文献

[1] Ben S,Gerhard F,Mary C,et al. Creativity Support Tools:Report From a U. S. National Science Foundation Sponsored Workshop[J]. International Journal of Human-Computer Interaction,2006,20(2):61 – 77.

[2] Colón W,Chitnis P,Collins J P,et al. Chemical biology at the US National Science Foundation[J]. Nature Chemical Biology,2008,4(9):511 – 514.

[3] E H. Centralization and documentation:final report to the National science foundation[J]. Journal of document,1964,20(4):242 – 243.

[4] G. F S. The frequency distribution of scientific productivity[J]. Journal. washington Academy of Sciences Washington D. C,1926,202(2):271.

[5] Gorman M E. Doing Science,Technology and Society in the National Science Foundation[J]. Science & Engineering Ethics,2011,17(4):839 – 849.

[6] Hall M J,Layson S K,Link A N. The returns to R&D:Division of Policy Research and Analysis at the National Science Foundation[J]. Science & Public Policy,2013,41:458 – 463.

[7] Harden V A. Shaping biology:The National Science Foundation and American biological research[J]. Journal of the History of Medicine and Allied Sciences,2003,58(1):107 – 108.

[8] Micah J,Roos. Measuring science or religion? A measurement analysis of the National Science Foundation sponsored science literacy scale 2006 – 2010[J]. Public Understanding of Science,2014,23(7):797 – 813.

[9] Jeffrey M. National Science Foundation. The money to meet the president's priorities[J]. Science,2009,324 (5931).

[10] Kamenetzky J R. Opportunities for impact:Statistical analysis of the National Science Foundation's broader impacts criterion[J]. Science & Public Policy,2013,40(1):72 – 84.

[11] Madsen L D,White,A. A. Investments in ceramic science,engineering and education for sustainability by the USA National Science Foundation[J]. Journal of Electroceramics,2014,32(1):60 – 65.

[12] Mata T,Scheiding T. National Science Foundation Patronage of Social Science,1970s and 1980s:Congressional Scrutiny,Advocacy Network,and the Prestige of Economics[J]. Minerva,2012,50(4):423 – 449.

[13] Nichols L G. A topic model approach to measuring interdisciplinarity at the National Science Foundation[J]. Scientometrics,2014,100(3):741 – 754.

[14] Resnikoff H L. Information science and technology at the national science foundation[J]. Information Processing and Management,1980,16(4 – 5):243 – 50.

[15] Simpson T W,Martins J R R A. Multidisciplinary Design Optimization for Complex Engineered Systems:Report from a National Science Foundation Workshop[J]. Journal of Mechanical Design,2011,133(10):1490 – 1495.

[16] Watts S M,George M D,Levey D J. Achieving Broader Impacts in the National Science Foundation,Division of Environmental Biology[J]. Bioscience,2015,65(4):397 – 407.

[17] Willwacher T. The obstruction to the existence of a loopless star product[J]. Ritorno Al Numero,2014,352 (11):881 – 883.

[18] 柏媛,曾建勋. 国家社会科学基金 2000～2009 年年度项目论文产出的计量学研究[J].科技管理研究, 2011,31(11):45 – 48.

[19] 蔡尚伟,刘锐.新闻学与传播学国家社科基金项目统计分析[J].现代传播:中国传媒大学学报,2008 (2):43 – 46.

[20] 曾梁羚.学术期刊未来发展态势的思考——基于国家社科基金资助学术期刊的统计分析[J].传播与版权,2013(3):40-42.

[21] 常安.从国家社科基金立项项目看法学研究状况——一种知识社会学的视角[J].现代法学,2006,28(2):174-185.

[22] 陈梅芬.国家社科基金视角下语言学研究状况分析——基于1999—2011年国家社科基金语言学研究立项的量化分析[J].社会科学管理与评论,2012(4):47-55.

[23] 陈秋玲.我国外国文学研究现状及趋势分析——基于1993—2008年国家社科基金项目的统计分析[J].新乡学院学报:社会科学版,2009(5):112-114.

[24] 陈雪梅.图书情报学研究热点扫描——以近十年国家社科基金立项为例[J].图书馆建设,2005(2):23-26.

[25] 陈媛媛,周鑫.近21年国家社科基金"图书馆、情报与文献学"立项的地域分布与计量分析[J].图书馆论坛,2015(5):32-37.

[26] 崔雁黎.图书情报文献学发展趋势分析——基于2003—2012年国家社会科学基金立项资料[J].四川图书馆学报,2013(6):96-100.

[27] 董明.中共党史党建学科国家社科基金项目(1993—2010)统计解析[J].理论与改革,2010(6):156-160.

[28] 杜芳娟,朱竑.中国民族文化研究态势与审思——基于国家社会科学基金资助角度[J].人文地理,2010(4):72-76.

[29] 鄂丽君.从论文产出角度看图情国家社科基金项目研究现状[J].情报科学,2009(8):1186-1190.

[30] 鄂丽君.高校系统承担图书馆·情报与文献学国家社科基金项目分析研究[J].情报资料工作,2009(2):80-83.

[31] 方付建.当代民族问题的研究态势——基于2006—2011年国家社科基金立项数据的分析[J].中南民族大学学报:人文社会科学版,2012,32(1):32-37.

[32] 冯昆思.民族问题研究国家社科基金立项分析[J].中央民族大学学报:哲学社会科学版,2005(2):14-17.

[33] 凤元杰,范全青.对浙江省国家社科基金立项项目的统计分析[J].嘉兴学院学报,2008,20(2):124-127.

[34] 凤元杰,范全青.国家社科基金立项项目的学科与地区分布研究[J].学术界,2005(3):14-21.

[35] 高毅.知识社会学视阈下的法学知识生产状况——基于国家社会科学基金法学项目的统计分析[J].内蒙古社会科学:汉文版,2013,34(2):74-78.

[36] 耿庆军,刘文云,李勇.从国家社会科学基金项目的主题看我国图书馆情报文献学研究现状及趋势[J].情报理论与实践,2007,30(4):463-465.

[37] 韩兆洲,安康.我国统计学发展导向研究——基于国家社科基金项目的统计分析[J].统计研究,2008,25(5):3-9.

[38] 何小贞,廉超.2003—2013年图情类国家社科基金项目立项的空间差异及演变特征研究[J].图书馆界,2014(4):11-15.

[39] 贺显斌.国家社科基金1993~2004年外语研究立项分析[J].现代外语,2005(2):193-196.

[40] 胡锦涛.在国家社会科学基金项目优秀成果颁奖大会上的讲话[C]//北海市全面建设小康社会理论研讨会论文集,2003.

[41] 黄华伟,傅秀兰.近十年社科院系统获国家社科基金项目统计分析[J].社会科学管理与评论,2012(1):69-75.

[42] 黄华伟."十一五"期间我国高校社科研究现状——基于国家社科基金项目的统计分析[J].情报科学,2012(4):553-558.

［43］黄华伟.近十年农林高校社科发展状况——基于国家社科基金项目的分析［J］.中南林业科技大学学报:社会科学版,2012,6(1):120 – 123.

［44］黄建伟.近十年我国失地农民问题研究的现状与研究建议——基于对相关国家社科基金项目及其成果的分析［J］.农林经济管理学报,2012,11(1):9 – 14.

［45］纪蔚蔚.科学学国家基金论文生产力发展水平计量分析［J］.科技管理研究,2009,29(3):77 – 81.

［46］金曼,李锋.2009—2013 年江苏省获批国家社科基金体育学项目的分析研究［J］.运动,2015(19):54 – 56.

［47］金霞,闫振龙,吕晓林,等.国家社科基金体育学立项区域分布与趋势分析［J］.体育世界(学术版),2015(8):22 – 25.

［48］李秋杰.近十年来我国图书情报学研究进展——基于国家社科基金项目的计量分析［J］.情报科学,2012(7):1109 – 1114.

［49］李英.我国图书情报与档案管理学科研究现状剖析——基于 2009—2013 年国家自然科学基金和国家社会科学基金立项的分析［J］.图书情报工作,2014,58(9):31 – 36.

［50］李振.从国家社会科学基金立项项目看中国政治学科发展状况——基于 1993—2008 年国家社科基金政治学类立项项目的分析［J］.社会科学管理与评论,2010(1):59 – 66.

［51］林艳丽,李坚.我国社会保障问题研究进展综述——基于国家社会科学基金课题指南及资助项目的统计分析［J］.社会保障研究,2012(1):97 – 109.

［52］刘婧.国家社科基金艺术学项目中戏曲学立项情况研究［J］.戏曲艺术,2012(3):116 – 121.

［53］刘君.积极参与国家社科基金项目研究 提高贵州哲学社会科学发展水平——对 15 年来贵州省国家社科基金项目立项情况的分析与思考［J］.贵州大学学报:社会科学版,2008(5):110 – 117.

［54］刘文云,耿庆军,李勇.国家社会科学基金"图书馆·情报与文献学"立项分析研究［J］.中国图书馆学报,2007(4):82 – 87.

［55］刘雪梅.近十年来新闻学与传播学研究动态与趋势——基于 1999～2009 年国家社科基金资助项目的分析［J］.广州大学学报:社会科学版,2012(2):53 – 56.

［56］刘泽梅.对 2006—2012 年度国家社会科学基金体育类立项项目的分析与思考［J］.当代体育科技,2013(3):143 – 144.

［57］吕国光.湖北省社会科学竞争力研究——国家社科基金项目立项课题的视角［J］.中国地质大学学报:社会科学版,2008(3):81 – 85.

［58］吕国光.我国社会科学学术生产力布局研究——国家社科基金项目立项课题的视角［J］.武汉理工大学学报:社会科学版,2008,21(4):500 – 505.

［59］年晓萍.国家社会科学基金翻译研究立项 10 年观——基于翻译研究分类的统计分析［J］.上海翻译,2014(4):64 – 67

［60］庞弘.2010～2012 年新闻学热点聚焦——基于新闻学国家社会科学基金立项项目的调查报告［J］.西南交通大学学报:社会科学版,2013,14(3):50 – 56.

［61］彭云,王伦安.四川省 2003—2007 年度国家社科基金资助项目统计分析［J］.科技管理研究,2009(6):223 – 225.

［62］秦嘉杭.图书馆、情报与文献学热点研究主题分布及其发展趋势——基于 2011—2013 年国家社科基金项目分析［J］.图书与情报,2013(6):112 – 115.

［63］邱海洪,王俊云,陶晓斌,等.从国家社会科学基金立项看体育学科发展状况［J］.军事体育进修学院学报,2011,30(1):25 – 28.

［64］邱均平.信息计量学［M］.武汉大学出版社,2007:35 – 37.

［65］邵伟德,王守钧.我国体育社会科学研究热点的发展——对近五年来国家社科基金立项项目的分析［J］.广州体育学院学报,2003,23(4):10 – 12.

［66］石磊,谢婉若,庞弘,等.我国当前新闻学与传播学研究热点解析——基于国家社科基金立项项目

(2009—2013)的视阈[J].现代传播:中国传媒大学学报,2014,36(8):57 – 62.

[67] 石磊,谢婉若,田大菊.我国当前影视学研究热点分析——基于国家社科基金立项项目(2009—2012)[J].中国电视,2013.

[68] 苏新宁.中国人文社会科学图书学术影响力报告[M].中国社会科学出版社,2011.

[69] 苏新宁.中国人文社会科学学术影响力报告[M].中国社会科学出版社,2007:103 – 105.

[70] 孙艳,曾润喜.基于2000—2012年国家社科基金项目的出版研究[J].编辑之友,2013(8):29 – 32.

[71] 唐雪琼,朱竑,王浩.从国家社科基金资助情况看中国女性研究的发展态势[J].妇女研究论丛,2008(5):76 – 82.

[72] 唐雅琳.2011～2013年国家社科基金情报学研究立项计量分析[J].图书情报研究,2015(3):72 – 76.

[73] 田时中,曾伟,郭晓伟.中国管理学学科研究现状评估——以国家社会科学基金立项项目为分析数据[J].湖北行政学院学报,2014(1):37 – 40.

[74] 田雨普,张文静.国家社会科学基金项目体育学研究的回顾与展望[J].体育科学,2006,26(4):9 – 13.

[75] 汪静媛,赵良英.近十五年国家社科基金资助经济学项目的统计分析[J].现代财经:天津财经大学学报,2008,28(6):57 – 61.

[76] 王东波.国家社会科学基金资助下的论文影响力分析——以科学学项目为例[J].西南民族大学学报:人文社科版,2015(1):235 – 238.

[77] 王海宏,王健.问题与思考:基于国家社科基金体育学项目的文本研究[J].成都体育学院学报,2014,(9):30 – 32.

[78] 王红玲,张齐增.图书馆、情报与文献学国家社科基金十年立项浅析[J].图书馆理论与实践,2005(5):41 – 43.

[79] 王慧,刘莉,王际强.2000～2009年国家社会科学基金"图书馆·情报与文献学"资助项目的统计分析[J].情报探索,2011(2):9 – 11.

[80] 王晴.国内图书馆学学科研究热点透视与特征分布——基于2012年国家社科基金项目及课题指南的统计分析[J].新世纪图书馆,2013(2):15 – 18.

[81] 王守炳.党校系统国家社科基金立项分析[J].情报资料工作,2003(3):23 – 24.

[82] 王晓华,董明.国家社科基金考古学学科立项项目统计与分析[J].延边党校学报,2010(6):33 – 36.

[83] 王晓丽,赵勇,张云婕.甘肃省哲学社会科学研究竞争力分析——以国家社科基金立项为视角[J].技术与创新管理,2015,36(4):360 – 364.

[84] 王玉琴.国家社科基金宗教学学科资助项目数据统计与特点分析[J].社会科学管理与评论,2009(2):35 – 42.

[85] 伍玉伟.1999—2008我国档案学研究特点及未来的展望——基于国家社科基金立项的统计分析[J].档案学通讯,2009(3):7 – 10.

[86] 谢征.国家社科基金旅游学术专著出版及利用分析[J].中国出版,2014(18):38 – 40.

[87] 徐俊,风笑天.近十年来中国社会学研究进展——基于国家社科基金立项的统计分析[J].北京社会科学,2014(9):118 – 124.

[88] 徐俊,张传文,年晓萍.国家社会科学基金立项统计分析之述评[J].武汉科技大学学报:社会科学版,2014(4):430 – 433.

[89] 徐元君.对1997～2003年国家社科基金体育学研究项目申报立项状况的统计分析——兼论我国体育社会科学研究热点及发展方向[J].体育与科学,2004,25(4):39 – 42.

[90] 徐芝兰.基于国家社科基金项目安徽省社会科学竞争力考察[J].重庆科技学院学报:社会科学版,2012(18):147 – 150.

[91] 许新军.近十年来图书情报学国家社科基金资助项目的统计分析[J].图书与情报,2007(2):10 – 13.

[92] 闫洁.国家社科基金外国文学课题立项情况历时分析(2003—2012)[J].绥化学院学报,2013,33(3):

67 – 71.

[93] 闫洁.基于语料库的国家社科基金外国文学立项热点分析[J].河南科技学院学报:社会科学版,2013
(5):62 – 64.

[94] 杨光,白玉.图书馆、情报与文献学研究热点及发展趋势分析——以近5年国家社科基金立项项目为
例[J].晋图学刊,2013(6):1 – 5.

[95] 杨荔媛,朱庆华.我国图书馆、情报与档案管理学科的研究现状——基于2000—2006年国家社会科学
基金和自然科学基金立项的分析[J].情报理论与实践,2008,30(6):756 – 759.

[96] 杨素萍,王兆鹏.1993—2009年国家社会科学基金古代文学立项项目的统计分析[J].贵州社会科学,
2011(2):40 – 47.

[97] 姚嘉慧,赵兵,郭才正.1994—2012年国家社科基金项目中图书馆和情报与文献学研究立项状况分析
[J].科技情报开发与经济,2015,24(24):87 – 89.

[98] 姚颉靖,彭辉.从国家社科基金立项项目看上海市社会科学竞争力——基于1993—2011年国家社科
基金立项的统计分析[J].理论月刊,2012(3):63 – 66.

[99] 余春燕.当前我国文献学研究的热点分析及研究展望——基于国家社科基金项目(2009—2013)的统
计分析[J].四川图书馆学报,2014(4):91 – 95.

[100] 张佳慧.国家社会科学基金项目低碳研究的回顾与展望[J].经济体制改革,2013(6):31 – 35.

[101] 张俊瑞,王鹏.国家社科基金应用经济学科资助项目统计分析[J].软科学,2008,22(6):82 – 87.

[102] 张茜."十一五"以来国家社会科学基金资助体育学立项统计分析[J].当代体育科技,2012,(17):7 – 9.

[103] 张文娟.著作权问题的国家社会科学基金立项分析[J].中州学刊,2012(2):207 – 210.

[104] 张晓阳,窦美玉."图书馆、情报和文献学"国家社会科学基金结项项目计量分析[J].图书馆论坛,
2012,32(2):167 – 169.

[105] 张永汀.国家社科基金视角下我国政治学科研究状况分析——基于1993—2012年国家社科基金立
项数据的量化分析[J].理论与改革,2013(3).

[106] 张永汀.国家社科基金视角下我国政治学科研究状况分析——基于1993—2012年国家社科基金立
项数据的量化分析[J].理论与改革,2013(3).

[107] 周霞.国家社科基金论文产出成效分析——以2002~2011年期间基金论文产出为例[J].评价与管
理,2013(1):4 – 5.

[108] 周志峰.基于国家社科基金的图书情报学研究计量分析[J].情报杂志,2009,28(5):29 – 33.

[109] 朱瑞云.国家社会科学基金、自然科学基金专利领域课题状况研究——以1999—2011立项课题为考
察对象[J].邵阳学院学报:社会科学版,2012,11(3):43 – 48.

后　记

　　2014 年我承担了由南京大学苏新宁教授主持的国家社科基金特别委托项目"国家社科基金项目成果学术影响力评估"(14@ZH051)中的子课题"国家社科基金项目成果学术影响力平台",该课题主要是针对国家社科基金项目中的成果文库、后期资助及中华学术外译这三种项目及其主要成果进行统计和评估。由于这三类项目的主要成果形式为专著,所以在评估过程中主要使用了专著在 CNKI、万方、维普中的被引用数据和专著在当当、豆瓣、亚马逊、读秀中的主观评论数据。在完成这一国家社科基金特别委托项目的过程中,我和项目的另一承担者南京中医药大学的谢靖副教授设想能不能用信息计量的方法对自 1991 年以来被资助的所有不同种类的国家社科基金项目及其研究成果进行一个基本的整体统计和分析。受这一设想的启发,再加上到 2015 年这一时间点,国家社会科学基金设立 25 年,从时间跨度上考虑也具备了统计和分析的意义与价值。在上述各种机缘下,2014 年下半年,我和本书的其他几个作者正式制定了对国家社科基金项目及其成果进行统计和分析的整体框架。在此,感谢苏老师让我参加了国家社科基金特别委托项目,从某种意义上说,如果我没有参加这一特别委托项目,就不可能有撰写这一专著的意念,同时也非常感激谢靖副教授,是他的鼓励和支持让我坚定了做这一探究的信念。

　　在确定的写作框架的基础上,我与白云副研究员、朱丹浩助理馆员和姜霖博士三位作者对国家社科基金立项基本信息的统计要点及要分析的国家社科基金的成果进行了多次的讨论和协商。在讨论中,从项目申报者的角度考虑,白云副研究员提出能不能对国家社科基金项目的标题按照字和词的长度进行全面而细致的统计,并在统计的词汇基础上,对不同学科项目的标题常用词进行一个频次统计,这样对于项目申请者确定自己所申请项目标题的长度和研究主题具有一定的借鉴意义。在把这一设想向不同的研究者进行咨询后,我们决定在专著中增加一项针对国家社科基金项目标题内容的统计和分析。结合国家社科基金项目的结题数据,在确定评价国家社科基金成果类型的过程中,结合具体的实际工作经验,考虑数据获取的难易程度,朱丹浩助理馆员提出主要评价以国家社科基金项目资助发表的学术论文。在这一提议的基础上,从数据的丰富度、抓取的难易度角度考虑,我们确定使用 CNKI 中收录的被国家社科基金项目资助发表的学术论文。根据国家社科基金的项目名称或者编号,姜霖博士历经两个月的时间,从 CNKI 网站上获取了由国家社科基金所资助的各个学科的学术论文。在此,对本专著的三位合作者表示由衷的感谢,没有他们的辛苦付出和全力支持,就不会有这本统计和分析报告的面世,再次表示感谢。

　　25 年的时间跨度,特别是在中国发生翻天覆地变化的这 25 年内,项目承担者所在的单位或更改名称,或被裁撤,或被并入了另一单位,如何对项目承担者所在的单位进行确认,这一工作仅仅依靠计算机是根本不能完成的。对于这一任务,由我指导的 SRT(Student Research Training)项目的南京农业大学信息科学技术学院的刘睿伦、刘笑、雷文、屈雷、于哲、赵南煜、郑丹、陈嘉骅八位同学首先根据项目承担者所在的单位名称,设计统计程序,按照出现频次的高低进行了降序排列,然后,通过搜索引擎逐一检索了单位的演变情况,最后,在检索的基础上,制定了针对国家社科基金项目承担者的单位名称列表。这一工作是非常繁琐和浩大的,但上述八位同学通过分工协作的方式在规定的时间内完成了这一任务,在此对他们表示深深的感谢。

由于本书涵盖了人文社会科学的 22 个学科,基于统计出来的数据对这 22 个学科进行细致而全面的分析是一项较为系统而复杂的工作。在由我和三位作者确定的具体分析框架和撰写相应学科分析报告的基础上,我们组织了南京大学、南京邮电大学、南京中医药大学、江苏警官学院、武汉大学、安徽大学、南京理工大学、中国药科大学、金陵科技学院、南京农业大学的教师、学生完成了对报告内容的撰写。他们分别是:余加柱、费益佳、姜霖、刘浏、程竹仪、韩普、陶李春、赵连振、耿云冬、朱玉彬、王化桃、周姗姗、沈思、谢靖、毕蓉、范文洁、韩璐、秦贺然、阮妹、叶文豪、杨韵寒、梁继文、华康、韦贤周、张启帆、吴玺煜。上述撰写分析报告的人员或者是我的学生,或者是我的朋友,或者是我的同门,没有他们的积极参与,我们这一本专著是不可能完成的,在此我对他们献上我最真挚的感谢。谢谢他们对我的信任、理解和支持。

这本专著是我本人第一次动员这么多的人通过密切协作的方式所完成的一项研究结果,不仅是对我研究能力的一种检验,更是对我本人组织能力、协调能力和管理能力的一种考验。在此,我特别想表达一下对南京农业大学信息科学技术学院的黄水清教授的感谢。自我工作至今的三年多时间内,通过言传身教、谆谆教诲,黄老师不仅提升了我的学术研究能力,而且培养了我的组织能力、协调能力和管理能力。如果是在三年前,我是没有能力来完成这一研究工作的。

这部统计报告得以出版,还要特别感谢国家图书馆的马学良博士和国家图书馆出版社的方自今社长、金丽萍和王炳乾编辑,谢谢他们的支持、帮助和付出。

本专著中的研究内容是我有关信息计量研究方向的一个探究,也算我工作三年多以来在信息计量方面的一个小结。最后,以一首在工作之余胡乱涂鸦的《志学一则》小诗结束本书的后记,既是对这三年多工作心情的一种梳理,也是对后续工作的某种期许吧。

志学一则

迁得幽室弘毅性,终年无往亦无请。

有时独望环翠丁,披星戴月行思影。

王东波

乙未年畅月于钟山之畔